Dezentrale Entscheidungsstrukturen und freier Warenverkehr

Europäische Hochschulschriften

Publications Universitaires Européennes
European University Studies

Reihe II
Rechtswissenschaft

Série II Series II
Droit
Law

Bd./Vol. 4067

PETER LANG
Frankfurt am Main · Berlin · Bern · Bruxelles · New York · Oxford · Wien

Jan Heinemann

Dezentrale Entscheidungsstrukturen und freier Warenverkehr

Ein Vergleich zwischen der Europäischen Gemeinschaft und Australien

PETER LANG
Europäischer Verlag der Wissenschaften

Bibliografische Information Der Deutschen Bibliothek
Die Deutsche Bibliothek verzeichnet diese Publikation in der Deutschen Nationalbibliografie; detaillierte bibliografische Daten sind im Internet über <http://dnb.ddb.de> abrufbar.

Zugl.: Bonn, Univ., Diss., 2004

D 5
ISSN 0531-7312
ISBN 3-631-52950-3

www.peterlang.de

Vorwort

Die vorliegende Arbeit hat die Rechts- und Staatswissenschaftliche Fakultät der Rheinischen Friedrich-Wilhelms-Universität Bonn im Mai 2004 als Dissertation angenommen; eingereicht habe ich sie im November 2002. Nach der Einreichung erschienene Rechtsprechung und Literatur konnte nur noch teilweise berücksichtigt werden.

Zu Dank verpflichtet bin ich meinem Doktorvater Prof. Dr. Wulf-Henning Roth. Er hat diese Arbeit angeregt. Prof. Dr. Matthias Herdegen gilt mein Dank für die zügige Erstellung des Zweitgutachtens. Dem Deutschen Akademischen Austauschdienst (DAAD) und dem Graduiertenkolleg für Internationales und Europäisches Wirtschaftsrecht der Universität Bonn (DFG) danke ich für ihre großzügige finanzielle Unterstützung, die ganz wesentlich zum Entstehen dieser Arbeit beigetragen hat.

Besonderer Dank gebührt meinen lieben Eltern für ihre vorbildliche Förderung während meiner gesamten Ausbildung. Schließlich danke ich herzlichst meiner künftigen Frau Rita Fuary Linnane für ihre liebevolle Unterstützung, ihr Verständnis und ihre Geduld. Ohne diese Arbeit hätten wir uns wohl nie getroffen.

Frankfurt am Main, im August 2004 Jan Heinemann

Inhaltsverzeichnis

Abkürzungsverzeichnis

a.A.	anderer Ansicht
ABl.	Amtsblatt der Europäischen Gemeinschaften
ACT	Australian Capital Territory
a.F.	alte Fassung
AöR	Archiv des öffentlichen Rechts (Zeitschrift)
ALJ	Australian Law Journal
ALJR	Australian Law Journal Reports
ALR	Australian Law Reports
AWD	Außenwirtschaftsdienst des Betriebsberaters/Recht der Internationalen Wirtschaft (Zeitschrift)
BayVBl.	Bayerische Verwaltungsblätter
BB	Betriebsberater
CDE	Cahiers de Droit Européen
CJ	Chief Justice
CLR	Commonwealth Law Reports
CMLRev	Common Market Law Review
COAG	Council of Australian Governments
DB	Der Betrieb (Zeitschrift)
ders.	derselbe (Autor)
dies.	dieselbe(n) (Autorin/en)
DÖV	Die Öffentliche Verwaltung
DVBl.	Deutsche Verwaltungsblatt
DZWir	Deutsche Zeitschrift für Wirtschaftsrecht
EAG	Vertrag zur Gründung der Europäischen Atomgemeinschaft
EG	Vertrag zur Gründung der Europäische Gemeinschaft
EKSV	Vertrag über die Gründung der Europäischen Gemeinschaft für Kohle und Stahl
ELRev	European Law Review
EuGH	Europäischer Gerichtshof
EuGRZ	Europäische Grundrechte Zeitschrift
EuR	Europarecht (Zeitschrift)
EuZW	Europäische Zeitschrift für Wirtschaftsrecht
EWS	Europäisches Wirtschafts- und Steuerrecht (Zeitschrift)
ex rel	on the relation of

FCR	Federal Court Reports
FIW	Forschungsinstitut für Wirtschaftsverfassung und Wettbewerb
FLR	Federal Law Review
Fordham Int'l L.J.	Fordham International Law Journal
GA	Generalanwalt
GATT	General Agreement on Tariffs and Trade
GRUR	Gewerblicher Rechtsschutz und Urheberrecht (Zeitschrift)
GRUR Int.	Gewerblicher Rechtsschutz und Urheberrecht, Auslands- und internationaler Teil
HS.	Halbsatz
i.V.m.	in Verbindung mit
ICLQ	International and Comparative Law Quarterly (Zeitschrift)
IStR	Internationales Steuerrecht (Zeitschrift)
J	Justice
JJ	Justices
JöR n.F.	Jahrbuch des öffentlichen Rechts der Gegenwart - neue Folge
JURA	Juristische Ausbildung (Zeitschrift)
JuS	Juristische Schulung (Zeitschrift)
JZ	Juristenzeitung (Zeitschrift)
LMBG	Gesetz über den Verkehr mit Lebensmitteln, Tabakerzeugnissen, kosmetischen Mitteln und sonstigen Bedarfsgegenständen
m.w.N.	mit weiteren Nachweisen
n.F.	neue Fassung
NJW	Neue Juristische Wochenschrift
NSW	New South Wales
NT	Northern Territory
NuR	Natur und Recht (Zeitschrift)
NVwZ	Neue Zeitschrift für Verwaltungsrecht
ÖJZ	Österreichische Juristen-Zeitung

Qld	Queensland
RabelsZ	Rabels Zeitschrift für ausländisches und internationales Privatrecht
reg.	Regulation
RIW	Recht der Internationalen Wirtschaft (Zeitschrift)
RMC	La Revue de Marché Commun
RMUE	Revue du Marché Unique Européen
Rs.	Rechtssache
RTDE	Revue trimestrielle du droit européen
S.	Seite
SA	South Australia
SCR	Supreme Court Reports (Kanada)
Slg.	Sammlung
US	United States Supreme Court Reports
UWALRev	University of Western Australia Law Review
UWG	Gesetz gegen den unlauteren Wettbewerb
verb. Rs.	verbundene Rechtssache
Vic	Victoria
Vol.	Volume
VR	Victorian Reports
VVDStRL	Veröffentlichungen der Vereinigung der Deutschen Staatsrechtslehrer
WA	Western Australia
WiB	Wirtschaftsrechtliche Beratung (Zeitschrift)
WRP	Wettbewerb in Recht und Praxis (Zeitschrift)
WuW	Wirtschaft und Wettbewerb (Zeitschrift)
YEL	Yearbook of European Law
ZBB	Zeitschrift für Bankrecht und Bankwirtschaft
ZEuP	Zeitschrift für Europäisches Privatrecht
ZEuS	Zeitschrift für Europarechtliche Studien
ZHR	Zeitschrift für das gesamte Handels- und Wirtschaftsrecht
ZIP	Zeitschrift für Wirtschaftsrecht
ZLR	Zeitschrift für das gesamte Lebensmittelrecht
ZÖR	Zeitschrift für öffentliches Recht

Einleitung

Die vorliegende Arbeit untersucht, wie der Konflikt zwischen einzelstaatlichen Interessen und dem Ziel eines freien Warenverkehrs innerhalb der Grenzen eines aus mehreren Einzelstaaten zusammengesetzten Wirtschaftsraums gelöst wird. Diese Frage tritt in allen föderal organisierten Märkten auf.[1] Ein derart strukturierter Markt kann völlige Freiheit des Warenverkehrs nicht gewährleisten, da einzelstaatliche Regelungsgewalt in einem solchen System keine Ausnahme zum freien Warenverkehr, sondern einen gleichgewichtigen Topos darstellt.[2]

Eine föderale Organisation muß es den einzelnen Staaten zugestehen, eigene Ziele – etwa in den Bereichen Sozial-, Umwelt-, Gesundheits- oder Verbraucherschutz – zu verfolgen, die frei von wirtschaftsprotektionistischen Hintergedanken sind. Dies kann das gemeinsame Ziel *aller* den Wirtschaftsraum konstituierenden Einzelstaaten in Frage stellen, einen möglichst freien zwischenstaatlichen Warenverkehr innerhalb der Grenzen des jeweiligen Marktgebiets zu erreichen. Lediglich bei völliger Uniformität aller rechtlichen Regelungen und Entscheidungen für den gesamten Markt könnte eine vollkommene Integration von Volkswirtschaften gelingen.[3] Dezentrale Normsetzung gefährdet also potentiell die Vorteile des grenzüberschreitenden Warenverkehrs, wie etwa die Optimierung von Ressourcenallokation und Wettbewerb sowie die Förderung von Massenproduktion.[4] Jeder föderal organisierte Markt muß daher ausloten, inwieweit Einzelstaaten eigene Interessen zu Lasten des zwischenstaatlichen Warenverkehrs verfolgen dürfen. Letztlich handelt es sich hierbei um ein Wertungsproblem.[5]

---

[1] *Jackson/Davey/Sykes*, International Economic Relations, S. 503; *Roth*, Freier Warenverkehr und staatliche Regelungsgewalt in einem Gemeinsamen Markt, S. 2; *Lane*, (1961) 35 Australian Law Journal 278, 279.

[2] *Steindorff*, ZHR 148 (1984), 338, 344 unter Hinweis auf EuGH, Rs. 193/80 (Kommission/Italien), Slg. 1981, 3019, 3034 und *Page*, (1977) 2 ELRev 105, 110.

[3] *Ackermann*, RIW 1994, 189, 192.

[4] *Roth*, Freier Warenverkehr und staatliche Regelungsgewalt, S. 5 ff.; siehe auch *Kommers/Waelbroeck*, in: Cappelletti/Seccombe/Weiler, Integration Through Law, Vol. I, Book 3, S. 165, 166; *Geradin*, (1993) 13 YEL 151 ff.; dazu noch näher unten Teil 1, § 1, I.

[5] *Moore*, in: Craig/de Búrca, The Evolution of EU Law, S. 517, 526; *Wils*, (1993) 18 ELRev 475; *Ackermann*, RIW 1994, 189, 192; *Bernard*, (1996) 45 ICLQ 82; *Kommers/Waelbroeck*, in: Cappelletti/Seccombe/Weiler, Integration Through Law, Vol. 1, Book 3, S. 165, 166 und 218.

Hemmnisse für den zwischenstaatlichen Warenverkehr durch einzelstaatliche Regelungen lassen sich in die zwei folgenden Gruppen einteilen:[6]

(1) Einzelstaatliche Maßnahmen diskriminieren den zwischenstaatlichen Warenverkehr. Diese Benachteiligungen erfolgen in offener (formeller/ unmittelbarer/rechtlicher) oder versteckter (materieller/mittelbarer/faktischer) Form.[7]

(2) Belastungen für den zwischenstaatlichen Warenverkehr können zudem entstehen, wenn Einzelstaaten gleichförmig anwendbare Maßnahmen ergreifen, die keine versteckte Diskriminierung enthalten. Unterliegen Sachverhalte nicht nur einem einzigen marktweit einheitlichen Regelungsregime, sondern gelten von Einzelstaat zu Einzelstaat variierende Vorschriften, so kann dies dazu führen, daß Produkte mehreren, möglicherweise unterschiedlich strengen oder sich widersprechenden Normen und Standards genügen müssen. Der Zugang von Produkten zu einzelstaatlichen Märkten innerhalb eines integrierten Wirtschaftsraums kann so behindert oder ganz unterbunden werden.[8] Belastungen für den zwischenstaatlichen Warenverkehr entstehen allein aufgrund der Territorialität des Rechts.

Die Märkte der Europäischen Gemeinschaft und des bundesstaatlich organisierten Commonwealth of Australia weisen beide eine dezentrale, auf föderale Prinzipien zurückgehende Entscheidungsstruktur auf.[9] Die Mitgliedstaaten der

---

[6] Vgl. *Craig/de Búrca*, EC Law, S. 584; *Weatherill*, Law and Integration in the European Union, S. 232 f.; *Coper*, Crayfish and Credit Unions, S. 8; *ders.*, in: Craven, Australian Federation, S. 131 ff.; *Wilkins*, in: Grabosky/Braithwaite, Business Regulation and Australia's Future, S. 181, 186; *Geradin/Stewardson*, (1995) 44 ICLQ 41, 42; *Wils*, (1993) 18 ELRev 475, 476 ff.; *Marenco*, CDE 1984, 291, 305 ff.

[7] Zu den Begriffen der offenen und versteckten Diskriminierung, siehe *Kingreen*, Die Struktur der Grundfreiheiten des Europäischen Gemeinschaftsrechts, S. 38 f.; *Streinz*, in: Festschrift für Rudolf, S. 199, 218.

[8] Vgl. *Cecchini*, The European Challenge 1992 – The Benefits of a Single Market, S. 24 ff.; *Kapteyn/VerLoren van Themaat/Gormley*, Introduction to the Law of the European Communities, S. 578; *Chalmers/Szyszczak*, European Union Law – Vol. II, S. 290; *Poiares Maduro*, We The Court, S. 68 f.; *Ebenroth*, in: Festschrift für Piper, S. 133, 144 f.; *Ackermann*, RIW 1994, 189, 192.

[9] Für den Markt der Europäischen Gemeinschaft sei auf die folgende Literatur verwiesen: *Weatherill*, Law and Integration in the European Union, S. 38 ff.; *Boeck*, Die Abgrenzung der Rechtsetzungskompetenzen von Gemeinschaft und Mitgliedstaaten in der Europäischen Union, S. 122 ff.; *Everling*, in: Festschrift für Doehring, S. 179 ff.; *ders.*, CMLRev 29 (1992), 1053 ff.; *Dashwood*, (1998) 23 ELRev 201 ff.; *Fischer/Neff*, (1995) 44 ICLQ 904 ff.; *Lenaerts*, (1998) 22 Fordham International Law Journal 947 ff.; *Krislov/Ehlermann/Weiler*,

Europäischen Gemeinschaft sowie die Gliedstaaten und Territorien des Commonwealth of Australia können unabhängig von der jeweiligen Zentralebene über politische, kulturelle und soziale Belange entscheiden, soweit sie die Zentralebene nicht geregelt hat. In beiden Wirtschaftsräumen ist der einzelne Staat in der Lage, eigene Grundentscheidungen und Wertungen zu treffen. Diese weichen je nach Ausmaß der Entscheidungsautonomie mehr oder weniger von den entsprechenden Entscheidungen der anderen Staaten ab. In Anbetracht dessen müssen in der Europäischen Gemeinschaft und in Australien jeweils Lösungen für die beschriebene Interessenkollision gefunden werden.

In der Europäischen Gemeinschaft illustriert die kaum noch überschaubare Fülle von Urteilen des EuGH und Stimmen in der Literatur zu den Art. 28 ff. EG die herausragende praktische und wissenschaftliche Bedeutung dieses Problems. In Australien hat dieser Konflikt, der dort bereits mit der Gründung des Commonwealth of Australia im Jahr 1901 aktuell wurde, ebenfalls eine Flut höchstrichterlicher Rechtsprechung und Stellungnahmen im Schrifttum ausgelöst. Section 92 der Australischen Bundesverfassung[10] gibt einen Anhaltspunkt dafür, wie ein Ausgleich zwischen dem freien Warenverkehr und den Regelungsbefugnissen der australischen Gliedstaaten zu finden ist. Sie wird als die australische Entsprechung zu Art. 28 EG bezeichnet[11] und besagt:

„*On the imposition of uniform duties and customs, trade, commerce, and intercourse among the States, whether by means of internal carriage or ocean navigation shall be absolutely free.*“[12]

Angesichts der föderalen Organisationsstruktur der Europäischen Gemeinschaft und des Commonwealth of Australia liegt es nahe, die in beiden Märkten gewählten Ansätze miteinander zu vergleichen. Zu untersuchen ist, ob und inwieweit einschlägige Erfahrungen, die in dem einen Wirtschaftsraum gesammelt wurden, auch für den jeweils anderen Markt fruchtbar gemacht werden können. Diese Überlegung ist nicht neu. Im Schrifttum finden sich zahlreiche Beiträge,

---

in: Cappelletti/Seccombe/Weiler, Integration Through Law, Vol. I, Book 2, S. 3 ff.; *Soares*, (1998) 23 ELRev 132 ff.; *Dehousse*, in: Dehousse, Europe After Maastricht – An Ever Closer Union?, S. 103 ff.; *Pernice*, in: Pernice, Harmonization of Legislations in Federal Systems: Constitutional, Federal and Subsidiarity Aspects, S. 9 ff.; *Martenczuk*, EuR 2000, 351, 353 f.; siehe auch *Sawer*, Modern Federalism, S. 47 ff.; die dezentrale Entscheidungsstruktur des australischen Marktes wird erläutert in Teil 1, § 2.

[10] Alle folgend mit „*Section*“ und ohne weiteren Zusatz bezeichneten Normen sind solche der Australischen Bundesverfassung; andere australische Gesetze werden ausdrücklich benannt.

[11] *Moens*, (1990) 17 Melbourne University Law Review 733, 734.

[12] Der zweite Absatz der Section 92 sah eine Übergangsregelung vor, die seit 1904 ihre Bedeutung verloren hat.

die den ebenfalls auf einem dezentralen Entscheidungssystem beruhenden US-amerikanischen Markt untersuchen, um ihn dann mit dem europäischen oder australischen Markt zu vergleichen.[13]

Die europäischen und australischen Konzepte zum freien Warenverkehr wurden bislang erst selten miteinander verglichen;[14] hier besteht Nachholbedarf. Dieser wird um so deutlicher, wenn man sich vor Augen hält, daß Australien kein verschlafener Platz am anderen Ende der Welt ist, sondern sich als Stätte neuer Entwicklungen und Ansätze präsentiert. Diese sollen zwar nicht ungeprüft übernommen werden, können aber wichtige Anregungen für aktuelle und künftige Diskussionen geben.[15]

Auch der ehemalige australische Prime Minister *Bob Hawke* wies auf das beschriebene Problem für den australischen Markt hin und deutete die australischen Parallelen zur Europäischen Gemeinschaft an. In seiner berühmten Rede „*Towards a Closer Partnership*", die er am 19. Juli 1990 vor dem *National Press Club* hielt, sagte er:

---

[13] Im europäischen Schrifttum siehe umfassend *Roth*, Freier Warenverkehr und staatliche Regelungsgewalt in einem Gemeinsamen Markt (1977); ferner *von Wilmowsky*, Europäisches Kreditsicherungsrecht, S. 27 ff.; *Poiares Maduro*, We The Court, S. 90 ff.; *Gormley*, Prohibiting Restrictions on Trade within the EEC, S. 107; *Roth*, in: Festschrift für Großfeld, S. 929, 946; *ders.*, ZHR 159 (1995), 78, 83; *ders.*, in: FIW (Hrsg.), Marktwirtschaft und Wettbewerb im sich erweiternden europäischen Raum, S. 21, 36; *Steindorff*, ZHR 158 (1994), 149, 162; *von Wilmowsky*, EuR 1996, 362, 371 ff.; *ders.*, RabelsZ 54 (1990), 692 ff.; *Geradin*, (1993) 2 Florida State University Journal of Transnational Law & Politics 141 ff.; *Müller-Graff*, NJW 1993, 13, 18; *Kommers/Waelbroeck*, in: Cappelletti/Seccombe/Weiler, Integration Through Law, Vol. I, Book 3, S. 165 ff.; *Trubek*, in: Cappelletti/Seccombe/Weiler, Integration Through Law, Vol. III, S. 1 ff.; *Wellinghausen*, EuR 1975, 322, 325 f.; *Ulmer*, AWD 1973, 349, 360; *Béraud*, RTDE 4 (1968), 265, 291.

Auf amerikanische Erfahrungen verweisen etwa folgende australische Autoren: *Coper*, Freedom of Interstate Trade under the Australian Constitution, S. v; *Winterton/Lee/ Glass/ Thomson*, Australian Federal Constitutional Law, S. 198 ff.; *Nygh*, (1966-67) 2 Federal Law Review 183 ff.; *ders.*, (1967) 5 Sydney Law Review 353 ff.; *Lane*, (1961) 35 Australian Law Journal 278 ff.; *Lord Wright of Durley*, (1954) 1 Sydney Law Review 145, 149 ff.; auch die Rechtsprechung des High Court griff gleich in einer ganzen Reihe von Entscheidungen auf die Urteile des US-amerikanischen Supreme Court zurück, siehe etwa *Bank of New South Wales v Commonwealth* (1948) 76 CLR 1, 386 f., *Dixon* J; *Cole v Whitfield* (1988) 165 CLR 360, 405; *Castlemaine Tooheys Ltd v South Australia* (1990) 169 CLR 436, 468 ff.; *Barley Marketing Board (NSW) v Norman* (1990) 171 CLR 182, 203.

[14] *Smith*, (1998) 72 Australian Law Journal 465 ff.; *Geradin/Stewardson*, (1995) 44 ICLQ 41 ff.; *Staker*, (1990) 10 YEL 209 ff.; *ders.*, (1990) 19 Federal Law Review 322 ff.

[15] Vgl. *von Münch*, NJW 1996, 3324 f.; *Kötz/Zweigert*, Einführung in die Rechtsvergleichung, S. 217.

„Our railways remain burdened with the legacy of differences between our colonial engineers. A cargo container being sent by rail between Sydney and Perth may be subjected to: three non-integrated rail systems; four changes of locomotives; five different safe working systems; six different sizes of loading gauge; ten different engineering standards of the basic standard gauge track; twelve or more hours at sidings or junctions for crew changes, refuelling, inspections.“

Er führte weiter aus, Margarine dürfe in einem Gliedstaat ausschließlich in würfelförmigen Verpackungen verkauft werden – ein Sachverhalt, auf dem auch ein vom EuGH entschiedener Fall basierte.[16] In zwei Gliedstaaten sei der Vertrieb von bestimmten Fahrzeugen für den Schwerlastverkehr ganz untersagt, während ihn die übrigen Gliedstaaten erlaubten. Der australische Markt sei – so *Hawke* – *„balkanised“*.[17] Er kam schließlich zu dem ernüchternden Ergebnis, in der damaligen Europäischen Wirtschaftsgemeinschaft existierten insgesamt weniger Handelsbarrieren als in Australien.[18] Dies nahm er zum Anlaß, die Gliedstaaten zu einer verstärkten Zusammenarbeit einzuladen, um interne Handelshemmnisse abzubauen. Infolgedessen vereinbarten die Regierungen des Bundes und der Gliedstaaten im Jahr 1992 ein sog. *Mutual Recognition Scheme.*[19] Dabei ließ man sich maßgeblich von den damaligen Bemühungen der Europäischen Gemeinschaft inspirieren, die darauf gerichtet waren, daß ihre Mitgliedstaaten die noch nicht harmonisierten Normen der übrigen Mitgliedstaaten als den eigenen Regelungen gleichwertig anerkennen.[20]

Die vorliegende Untersuchung gliedert sich wie folgt: Teil 1 der Arbeit erarbeitet die Grundlagen. Skizziert werden zunächst die Vor- und Nachteile des grenzüberschreitenden Warenverkehrs in einem Gemeinsamen Markt. Daraufhin wird das im europäischen Rechtsraum weitgehend unbekannte dezentrale Entscheidungssystem Australiens beschrieben. Abgerundet wird dieser Teil mit einer Darstellung des europäischen Lösungsansatzes zu dem bezeichneten Problem. Erläutert werden vor allem die Art. 23 ff. und 94 f. EG samt ihrer

---

[16] Siehe EuGH Rs. 261/81 (Rau/De Smedt), Slg. 1982, 3961.

[17] Zum Problem der „Balkanisierung“ im US-amerikanischen Markt in den zwanziger und dreißiger Jahren, siehe *Roth*, Freier Warenverkehr und staatliche Regelungsgewalt in einem Gemeinsamen Markt, S. 59 f. m.w.N.

[18] *Hawke*, Towards a Closer Partnership, Speech delivered to the National Press Club, Canberra, July 19th 1990, S. 1 ff.

[19] *Heads of Government Agreement Relating to Mutual Recognition* (1992), abgedruckt in *Thomas/Saunders*, The Australian Mutual Recognition Scheme: A New Approach to an Old Problem, Appendix C (S. 82 ff.).

[20] *Spriggs*, Viva La Difference: Mutual Recognition in the Federation of Australian States, S. 3 f.

Auslegung durch den EuGH. Aufgrund der zahlreichen und erschöpfenden Veröffentlichungen zum europäischen Warenverkehr[21] werden die einzelnen Problemfelder nur knapp angesprochen.

Den Schwerpunkt dieser Arbeit bildet das Verhältnis dezentraler Entscheidungsautonomie zu den Zielen des freien Warenverkehrs im australischen Markt. Um diese Problematik zu verdeutlichen, wird das auch 100 Jahre nach Gründung des Commonwealth of Australia noch immer bestehende Konfliktpotential aufgezeigt (Teil 2). Zu diesem Zweck ist zunächst das Ausmaß positiver Integration[22] im australischen Markt zu ermitteln. Es wird erörtert, inwieweit der Bund von der ihm durch Section 51 Nr. 1 zugewiesenen Gesetzgebungskompetenz für den *interstate trade and commerce* und der sog. *corporations power* der Section 51 Nr. 20 Gebrauch gemacht hat, um einheitliche Normen für den gesamten australischen Markt zu setzen (Teil 2, § 1). Darüber hinaus wird

---

[21] Siehe etwa *Millarg*, Die Schranken des freien Warenverkehrs in der EG (2001); *Füller*, Grundlagen und inhaltliche Reichweite der Warenverkehrsfreiheiten nach dem EG-Vertrag (2000); *Schmitz*, Die kommerzielle Kommunikation im Binnenmarkt im Lichte der neueren Rechtsprechung zur Warenverkehrsfreiheit (2000); *Poiares Maduro*, We The Court: The European Court of Justice and the European Economic Constitution (1998); *Jarvis*, The Application of EC Law by National Courts – The Free Movement of Goods (1998); *Hammer*, Handbuch zum freien Warenverkehr (1998); *Weyer*, Freier Warenverkehr und staatliche Regelungsgewalt in der Europäischen Union (1997); *Keßler*, Das System der Warenverkehrsfreiheit im Gemeinschaftsrecht – zwischen Produktbezug und Verkaufsmodalitäten (1997); *Lang*, Die Freiheit des Warenverkehrs (1997); *Hödl*, Die Beurteilung von verkaufsbehindernden Maßnahmen im Europäischen Binnenmarkt (1997); *Solbach*, Staatliche Regelungen von Verkaufsmodalitäten als Maßnahmen gleicher Wirkung wie mengenmäßige Einfuhrbeschränkungen im Sinne des Artikels 30 EGV (1996); *Oliver*, Free Movement of Goods in the European Community (1996); *Mercier*, L'union européenne et la circulation des marchandises – les échanges entre Etats membres (1995); *Lichtenwalder*, Die Anwendung von Art. 30 EGV in der mitgliedstaatlichen Rechtsprechung (1995); *Falkenstein*, Freier Warenverkehr in der EG (1989); *Gormley*, Prohibiting Restrictions on Trade within the EEC (1985).

[22] Positive Integration meint, daß gleiche Bedingungen für das Funktionieren der einzelnen, zu integrierenden Volkswirtschaften gesetzt werden; sie geht regelmäßig mit der Regulierung des gesamten Marktes durch die Zentralebene einher. Unter negativer Integration versteht man das Beseitigen von Handelshemmnissen in einem zu integrierenden Wirtschaftsraum; hier stehen Deregulierung und Liberalisierung im Vordergrund. Marktintegration bedient sich in der Regel beider Instrumente, siehe *Molle*, The Economics of European Integration, S. 11 f.; *Tinbergen*, International Economic Integration, S. 76; *Kapteyn/VerLoren van Themaat/ Gormley*, Introduction to the Law of the European Communities, S. 114; *Weatherill*, Law and Integration in the European Union, S. 226 und 282 ff.; *Becker*, in: Schwarze, EU-Kommentar, Art. 28 EG Rn. 4; *von Wilmowsky*, Europäisches Kreditsicherungsrecht, S. 7; *Craig/de Búrca*, EC Law, S. 1105; *Pinder*, in: Lodge, The European Community and the Challenge of the Future, S. 94, 107; *Joerges*, EuR 2002, 17, 25 f.; *McGee/Weatherill*, (1990) 53 Modern Law Review 578, 580 f.

beschrieben, welche anderweitigen Formen der Regelungsharmonisierung es in Australien gibt. In den Vordergrund rücken hier insbesondere intergouvernementale Kooperationen zwischen Gliedstaaten, Territorien und Bund. Sie können dazu beitragen, Hemmnisse für den Warenverkehr zu beseitigen oder gar nicht erst entstehen zu lassen. In diesem Zusammenhang wird zudem der Beitrag australischer Industrieorganisationen für den freien Warenverkehr gewürdigt (Teil 2, § 2). Aus der Zusammenschau dieser beiden Abschnitte läßt sich auf den aktuellen Umfang positiver Integration schließen (Teil 2, § 3).

In Teil 3 und Teil 4 wird das Ausmaß negativer Integration durch Section 92 im australischen Entscheidungssystem untersucht. Teil 3 gibt einen Überblick über die Entwicklung der Rechtsprechung des High Court zu dieser Norm von 1909 – dem Jahr der ersten einschlägigen höchstrichterlichen Entscheidung – bis zur (vorerst) letzten Rechtsprechungswende im Jahr 1988. Die aus heutiger Sicht wesentlichen der etwa 140 relevanten Entscheidungen des High Court und des Privy Council werden nachgezeichnet. Sie sollen die wechselhafte und oft widersprüchliche Interpretation[23] der für das zu untersuchende Problem maßgeblichen Norm illustrieren. Deren Auslegung gilt als eine der umstrittensten Fragen des australischen Verfassungsrechts.[24] *Michael Coper* merkte an, daß *„[Section 92] has driven usually composed judges to the depths of despair, and usually sedate commentators to paradoxyms of purple prose.“*[25]

Teil 4 präsentiert die aktuelle Rechtsprechung des High Court zu Section 92. Einschlägig sind die Entscheidung *Cole v Whitfield*[26] sowie drei weitere Judikate[27]. Diese Urteile werden zunächst ausführlich dargestellt (Teil 4 § 1). Die sich aus ihnen ergebende Rechtslage wird dann in abstrakter Form zusammengefaßt (Teil 4, § 2) und analysiert (Teil 4, § 3); noch offene Fragen werden in Teil 4, § 4 aufgeworfen.

Die Arbeit schließt in Teil 5 mit einem Vergleich beider Ansätze, der ebenfalls zwischen positiver und negativer Integration differenziert. Gemeinsamkeiten

---

[23] *Coper*, in: Blackshield/Coper/Williams, The Oxford Companion to the High Court of Australia, S. 354.

[24] *Cole v Whitfield* (1988) 165 CLR 360, 383 f.; *Coper*, Encounters with the Australian Constitution, S. 279; *Detmold*, The Australian Commonwealth: A Fundamental Analysis of its Constitution, S. 32; *Staker*, (1990) 10 YEL 209, 220; *Beasley*, (1948-50) 1 University of Western Australia Law Review 97.

[25] *Coper*, Freedom of Interstate Trade under the Australian Constitution, S. 3.

[26] (1988) 165 CLR 360.

[27] *Bath v Alston Holdings Pty Ltd* (1988) 165 CLR 411; *Castlemaine Tooheys Ltd v South Australia* (1990) 169 CLR 436; *Barley Marketing Board (NSW) v Norman* (1990) 171 CLR 182.

und Unterschiede der beiden Tests werden herausgearbeitet. Darüber hinaus soll die Frage beantwortet werden, ob und in welchem Umfang die in einem Markt für das hier in Rede stehende Problem gesammelten Erfahrungen im jeweils anderen Markt fruchtbar gemacht werden können. Dabei muß ein eventueller Transfer den unterschiedlichen rechtlichen und sozialen Rahmenbedingungen des jeweils anderen Marktes Rechnung tragen.[28]

---

[28] Vgl. *Müller-Graff*, in: Groeben/Thiesing/Ehlermann, Kommentar zum EU-/EG-Vertrag (Band 1), Art. 30 EG Rn. 8 Fn. 24; *ders.*, NJW 1993, 13, 18.

Teil 1: Grundlagen

§ 1 Ziele des grenzüberschreitenden Warenverkehrs

Ausgangspunkt dieser Untersuchung ist das Spannungsverhältnis, das zwischen den Zielen des freien Warenverkehrs und der dezentralen Entscheidungsautonomie in der Europäischen Gemeinschaft und dem Commonwealth of Australia besteht. Die Ziele des freien grenzüberschreitenden Warenverkehrs lassen sich in zwei Gruppen einteilen:[1]

I. Ökonomische Ziele

Die erste Gruppe bilden die ökonomischen Ziele. Man erhofft sich von der Integration mehrerer, ursprünglich voneinander getrennter Wirtschaftsräume die hier nur stichwortartig aufgeführten Effekte:

(1) Freihandel bewirkt eine Vergrößerung der Absatzmärkte und bringt dadurch Massenproduktionsvorteile mit sich, die über ein höheres Versorgungsniveau und geringere Preise allen Verbrauchern zugute kommen.[2]

(2) Wirtschaftsintegration fördert eine ländertypische Spezialisierung der Produktion. Dies führt zu einer wirkungsvolleren Nutzung der einzelstaatlichen Ressourcen und zu einer allgemeinen Steigerung der Produktivität.

(3) Internationaler Technologietransfer wird unterstützt und nationale unternehmerische Innovationsbereitschaft durch internationalen Konkurrenzdruck angeregt.

(4) Durch einen Gemeinsamen Markt wird eine Zollunion errichtet. Sie schafft Wohlstandsgewinne für die Volkswirtschaften der beteiligten Staaten, da tarifäre Handelshemmnisse im Gebiet der Zollunion nicht

---

[1] *Müller-Graff*, Unternehmensinvestitionen und Investitionssteuerung, S. 281 ff.; *Beschel/Vaulont*, in: Groeben/Thiesing/Ehlermann, Kommentar zum EU-/EG-Vertrag (Band 1), Art. 9 EG Rn. 1 f.

[2] *Cecchini*, The European Challenge 1992 – The Benefits of a Single Market, S. 24 ff.; *Trubek*, in: Cappelletti/Seccombe/Weiler, Integration Through Law, Vol. III, S. 1, 2.

mehr existieren und die Staatsquote sowie Transaktionskosten reduziert werden.[3]

(5) Freihandel führt zu einem höheren Einkommens- und Beschäftigungsniveau; von ihm gehen zudem nachhaltige Wachstumsimpulse aus.

Die aufgezählten Wirkungen des Freihandels sollen idealerweise die Wohlfahrt in allen Ländern steigern, die ihre Außenhandelspolitik am Vorbild des Freihandels orientieren.[4] Man stützt sich dabei vor allem auf das von *David Ricardo* (1772-1823) entwickelte Theorem der komparativen Kostenvorteile,[5] das heutzutage als die einflußreichste Theorie der Außenwirtschaftslehre gilt und zwischenzeitlich in unterschiedliche Richtungen weiterentwickelt worden ist.[6]

Die Grundidee ist folgende: Ein Staat kann sich zwischen zwei Extrempositionen hinsichtlich seiner Außenhandelspolitik entscheiden. Entweder er strebt Autarkie an oder er wählt internationale Arbeitsteilung und damit einhergehend den Außenhandel. Nach *Ricardo* sollte sich ein Staat im eigenen Interesse für den Außenhandel entscheiden. Denn der Außenhandel sei sogar dann noch ökonomisch vorteilhaft für einen Staat, wenn er sämtliche für den Handel in Frage kommenden Güter preiswerter produzieren kann als alle anderen Staaten. In diesem eher theoretischen Fall profitiere das derart günstig produzierende Land vom Außenhandel, wenn es seine relativ billigsten Güter exportiert und die relativ teuersten importiert.[7]

Die positiven Auswirkungen einer Integration der Märkte treten jedoch nicht zwangsläufig ein. Vielmehr hängen sie von mehreren Faktoren ab, die sich nicht immer sicher vorhersagen lassen.[8] So ist der Einfluß der allgemeinen weltwirt-

---

[3] *Steinberger*, GATT und regionale Wirtschaftszusammenschlüsse, S. 99; *Siebert*, in: Handwörterbuch der Wirtschaftswissenschaft – Band 9, S. 666, 673 f.; grundlegend *Haberler*, Der internationale Handel, S. 93 ff., 162 ff., 287 ff.; speziell für den Markt der Europäischen Gemeinschaft *Molle*, The Economics of European Integration, S. 10 ff.; siehe auch *Ebenroth*, RIW 1994, 1, 7.

[4] Zu den Wohlstandseffekten des internationalen Handels siehe *Kenen*, The International Economy, S. 19 ff.; *Dieckheuer*, Internationale Wirtschaftsbeziehungen, S. 205 ff.

[5] Diese Theorie veröffentlichte *Ricardo* erstmals im Jahr 1817 in „*The Principles of Political Economy*"; siehe dazu *Borchert*, Außenwirtschaftslehre, S. 26 ff.; *Dieckheuer*, Internationale Wirtschaftsbeziehungen, S. 50 ff.; *Viner*, Studies in the Theory of International Trade, S. 437 ff.

[6] Ausführlich *Borchert*, Außenwirtschaftslehre, S. 25 ff.; *Kenen*, The International Economy, S. 19 ff. und 46 ff.; *Viner*, Studies in the Theory of International Trade, S. 437 ff.

[7] *Jackson/Davey/Sykes*, International Economic Relations, S. 7 ff. m.w.N. in Fn. 1; *Gilpin*, The Political Economy of International Relations, S. 173 f.

[8] *Gilpin*, The Political Economy of International Relations, S. 22.

schaftlichen Lage und die jeweilige wirtschaftliche Struktur der beteiligten Märkte genauso zu berücksichtigen wie die bisherige und künftige Außenhandelspolitik. Hinzu kommen der restriktive Effekt bisheriger und künftiger Zölle, die sog. *terms of trade*, gegenüber dritten Gebieten, die externe finanzielle Situation der beteiligten Gebiete sowie die Verteilung des Realeinkommens.[9]

Das Theorem der komparativen Kostenvorteile setzt ferner eine freie und marktwirtschaftliche Bildung der Preise voraus. Nur wenn sie vorliegt, kann sich eine optimale Ressourcenallokation einstellen. In der Regel ist in einem Gemeinsamen Markt ein solch liberaler Freihandel nicht gegeben, da Wirtschaftskrisen die ordnende Hand des Staates fordern. Staatliche Eingriffe können je nach Reichweite und Intensität die Wohlfahrtseffekte des Freihandels gefährden.[10]

II. Weitergehende Zielvorstellungen

Neben den ökonomischen Aspekten sind noch weitere Ziele des freien Warenverkehrs zu nennen. So gehen die Wohlstandseffekte, die durch die Errichtung eines Gemeinsamen Marktes angestrebt werden, eng einher mit den sog. Friedenseffekten.[11] Ist freier Wettbewerb gewährleistet, führt die Integration von Wirtschaftsräumen tendenziell zum Ausgleich nationaler Handelsbilanzen. Sie trägt auf diese Weise dazu bei, Konflikte zwischen den am Wirtschaftsraum beteiligten Staaten zu vermeiden.[12]

Die Europäische Gemeinschaft wurde insbesondere geschaffen, um ein neues europäisches Gemeinwesen zu etablieren.[13] Es sollte die Erfahrung fruchtbar gemacht werden, daß sich Handel und wirtschaftlicher Austausch dazu anbieten, dauerhafte grenzüberschreitende Kontakte aufzubauen und zu erhalten.[14] Die Wirtschaft sollte somit eine Vorreiterrolle auf dem Weg zu einem Europa der Europäer einnehmen.

---

[9] *Steinberger*, GATT und regionale Wirtschaftszusammenschlüsse, S. 99 f.

[10] *Grabitz/von Bogdandy*, JuS 1990, 170.

[11] *Gilpin*, The Political Economy of International Relations, S. 171 ff..

[12] *Molle*, The Economics of European Integration, S. 9; *Jackson/Davey/Sykes*, International Economic Relations, S. 37 ff.; *Polachek*, Journal of Conflict Resolution 24 (1980), 55 ff.

[13] *Müller-Graff*, in: Dauses, Hdb. EU-WirtschaftsR (Band 1), A. I. Rn. 104; *ders.*, Unternehmensinvestition und Investitionssteuerung, S. 282 f.

[14] Vgl. *von Ihring*, Zweck im Recht (Band 1), S. 280, der den Handel als „Herold des Friedens“ und „Fackelträger der Kultur“ bezeichnet.

III. Exkurs: Mögliche Nachteile von Wirtschaftsintegration

Wirtschaftsintegration muß nicht nur Vorteile in Form des sog. *trade creating* haben; sie kann auch Handelsablenkungen oder -verzerrungen bewirken (sog. *trade diverting)*. Zu diesen Nachteilen kommt es, wenn die Integration der Märkte eben nicht zu der gewünschten Ausdehnung des Handels mit Drittmärkten führt, sondern die bisherigen Handelsströme aus dritten Gebieten auf interne Quellen des Zusammenschlusses umleitet. Es handelt sich dann möglicherweise um Handelsströme, die fernab der durch die komparativen Kosten angezeigten Kanäle fließen.[15]

Zudem können sich Probleme ergeben, die weit über den rein ökonomischen Horizont hinausgehen. Die Gefahr besteht, daß periphere Gebiete verelenden. Zudem mögen sich soziale Spannungen entwickeln, weil im Rahmen eines Gemeinsamen Marktes unbeschränkte Immigration und Emigration möglich sein muß. Im übrigen treten politische Schwierigkeiten regelmäßig dann auf, wenn eine gemeinsame einheitliche Handelspolitik zu entwerfen ist oder unterschiedliche Handelspolitiken der Mitgliedstaaten zu koordinieren sind. Auch muß ein Konsens unter allen Marktteilnehmerstaaten über die meist hochbrisanten Fragen der Besteuerung von Arbeits- und Kapitalerträgen gefunden werden.[16] Dies sind Aspekte, die einfachere volkswirtschaftliche Modelle regelmäßig nicht berücksichtigen,[17] denen eine Diskussion über das Für und Wider der Integration von Märkten aber Rechnung tragen muß.

---

[15] *Steinberger*, GATT und regionale Wirtschaftszusammenschlüsse, S. 100; zum *trade diverting*: *Kenen*, The International Economy, S. 267 ff.

[16] *Rose/Sauernheimer*, Theorie der Außenwirtschaft, S. 633.

[17] *Rose/Sauernheimer*, Theorie der Außenwirtschaft, S. 633.

§ 2 Dezentrale Entscheidungsautonomie im australischen Markt

Die tragende Säule des australischen Organisationsgefüges ist die Bundesverfassung. Nach einer Skizze einiger geschichtlicher Grundlagen soll sie im Mittelpunkt des Interesses stehen.

I. Geschichtlicher Hintergrund

Ende des 19. Jahrhunderts bestand aufgrund der Kolonialisierungen der Deutschen in Neuguinea und der Franzosen im Westpazifik für Australien das Bedürfnis, sich militärisch verteidigen zu können.[18] Ferner führten in der zweiten Hälfte des 19. Jahrhunderts sowohl die gute wirtschaftliche Entwicklung der Kolonien als auch die sich ständig verbessernden Transport- und Kommunikationsmöglichkeiten zu einer lebhaften Diskussion darüber, die einzelnen Kolonien in einer Föderation zu vereinigen.[19] Des weiteren richteten die inneraustralischen Handelsschranken in Form von Zöllen enormen wirtschaftlichen Schaden an. Bestehende Handelsbarrieren galt es abzubauen.[20] Im übrigen mußten kontinentweite Regelungen getroffen werden, um die ausufernde Einwanderung nach Australien kontrollieren und kanalisieren zu können.[21]

Dies alles sprach dafür, *ein* Australien zu schaffen, das die britischen Kolonien auf dem australischen Kontinent vereinte. Diskutiert wurde nicht nur ein Zusammenschluß der australischen Kolonien zu einem Bundesstaat. Man überlegte auch, Neuseeland und die Fiji-Inseln mit den australischen Kolonien zu einem staatlichen Gebilde zusammenzufassen.[22]

---

[18] *Parkinson*, Tradition and Change in Australian Law, S. 128; *Gleeson*, The Rule of Law and the Constitution, S. 21 ff.; *Lumb/Moens*, The Constitution of the Commonwealth of Australia Annotated, Rn. 3; *Sawer*, The Australian Constitution, S. 5; *Deakin*, The Federal Story: The Inner History of the Federal Cause (1880-1900), S. 11; *Dawson*, in: Craven, Australian Federation – Towards the Second Century, S. 1, 4.

[19] *Joske*, Australian Federal Government, S. 34 f.; *Sawer*, Modern Federalism, S. 31; *La Nauze*, The Making of the Australian Constitution, S. 2; *Deakin*, The Federal Story: The Inner History of the Federal Cause (1880-1900), S. 9; *Moore*, The Constitution of the Commonwealth of Australia, S. 17 ff.

[20] *Cockburn*, Australian Federation, S. 48; *Coper*, The Curious Case of the Callow Crayfish, S. 2; *ders.*, Crayfish and Credit Unions, S. 3; *Howard*, (1968) 6 Melbourne University Law Review 237, 239.

[21] *Vermeesch/Lindgren*, Business Law of Australia, Rn. 2.20; *Latimer*, Australian Business Law, Rn. 1-460; *Turner*, Australian Commercial Law, S. 9 f.

[22] *Latimer*, Australian Business Law, Rn. 1-460.

In den Jahren 1890 bis 1897 kamen die Gründungsväter auf mehreren Konventen zusammen,[23] um einen Verfassungsentwurf zu erarbeiten. Trotz einiger Schwierigkeiten, den Begriff „*Federation*" näher zu präzisieren,[24] entschieden sie sich gegen eine unitarische Staatsorganisation nach dem Vorbild Großbritanniens. Die Gründungsväter wollten sich so die Unterstützung der Kolonien – der späteren Gliedstaaten Australiens – sichern. Alles andere als eine föderale Staatsorganisation wäre gleichbedeutend gewesen mit dem „politischen Selbstmord" der einzelnen Kolonien.[25] Deren Abgeordnete wachten mit Argusaugen über den Erhalt der damaligen kolonialen Machtpositionen.[26] Ihrer Meinung nach sollte der Bund lediglich eine beschränkte Rolle im zu errichtenden Organisationsgefüge spielen.[27] Letztendlich übertrug die Australische Bundesverfassung, die am 1. Januar 1901 in Kraft trat, dem Parlament des Bundes zahlreiche Gesetzgebungskompetenzen[28] und gestaltete die Gliedstaaten als sich selbst regierende politische Einheiten aus, die jeweils eigene Verfassungen, Parlamente und Gerichte besitzen.

II. Die Bundesverfassung und dezentrale Entscheidungsstrukturen

Die formale Einteilung des Kontinents in das Commonwealth of Australia (den Bund), sechs Gliedstaaten und zwei sich selbst regierende Territorien indiziert eine dezentrale Entscheidungsstruktur. Zudem spricht die Präambel der Australischen Bundesverfassung von einem „*Federal Commonwealth*". Im Hinblick auf die zu untersuchende Fragestellung ist vor allem maßgeblich, wie die Regelungsbefugnisse zwischen dem Bund als Zentralebene einerseits und den Gliedstaaten bzw. Territorien andererseits aufgeteilt werden.

---

[23] Sog. Constitutional Conventions der Mitglieder der Federation League; siehe dazu aus der deutschen Literatur *Münch*, Der Staat 1996, 284 ff.

[24] Symptomatisch ist dafür die Frage des Delegierten *Sir Richard Baker* im Jahr 1891 auf der Constitutional Convention in Sydney „*Now, what is federation*?", siehe Official Report of the National Australasian Convention Debates Vol. I – Sydney, 2 March to 9 April 1891, S. 111.

[25] So *Vermeesch/Lindgren*, Business Law of Australia, Rn. 2.21.

[26] *Sawer*, The Australian Constitution, S. 16; *Starke*, (1987) 61 Australian Law Journal 1, 2; *ders.*, (1990) 64 Australian Law Journal 611 f.; Ausdruck dieser Wachsamkeit ist insbesondere Section 107 der Australischen Bundesverfassung. Dazu näher unten Teil 1, § 2, II., 1., b.

[27] *McMillan/Evans/Storey*, Australia's Constitution – Time for Change?, S. 46 f.

[28] Sehr kritisch dazu *Crommelin*, in: Craven, Australian Federation – Towards the Second Century, S. 33, 43 f., der die durch die Bundesverfassung vorgesehene Verteilung der Regelungsbefugnisse als das Ergebnis einer von „Mißverständnissen" und „fundamentalen Irrtümern" geprägten Arbeit bezeichnet, die in erster Linie durch „Asymmetrien" und „Inkonsistenz" beeindrucke.

1. Regelungsbefugnisse des Bundes und der Gliedstaaten

Hinsichtlich der Aufteilung der Gesetzgebungskompetenzen zwischen Bund und Gliedstaaten folgt die Australische Bundesverfassung dem US-amerikanischen Vorbild. Sie überträgt dem Bund einzelne Gesetzgebungskompetenzen für bestimmte Bereiche; die übrigen Sachgebiete verbleiben den Gliedstaaten zur Regelung.[29] Die Entscheidung für dieses Modell – im Gegensatz etwa zum kanadischen Modell, das genau umgekehrt eine ausdrückliche Zuweisung an die Gliedstaaten vornimmt und die verbleibenden Bereiche dem Bund beläßt[30] – fiel bereits 1891.[31]

Im Rahmen ihrer Gesetzgebungsbefugnisse können sowohl das Bundesparlament als auch die Parlamente der einzelnen Gliedstaaten Regelungstätigkeiten an die jeweilige Exekutive delegieren.[32]

a. Exklusive Gesetzgebungskompetenzen

Die Bundesverfassung überträgt dem Bund exklusive und konkurrierende Regelungsbefugnisse. Im Bereich exklusiver Gesetzgebungskompetenzen ist es den Gliedstaaten verwehrt, gesetzgeberisch tätig zu werden.[33] Section 52 der Australischen Bundesverfassung sieht exklusive Gesetzgebungskompetenzen des Bundes unter anderem für folgende Bereiche vor:

(1) die Bestimmung des Sitzes der Bundesregierung;

(2) Bereiche, die die Bundesverfassung als exklusive Gesetzgebungskompetenz des Bundes ausweist. Zu erwähnen ist hier insbesondere Section 90, die dem Bund das Recht überträgt, einheitliche Zölle und Verbrauchssteuern zu erheben („*to impose uniform customs und excise duties*").[34]

---

[29] *Galligan*, A Federal Republic, S. 33; *Vermeesch/Lindgren*, Business Law of Australia, Rn. 2.19; *Bothe*, Die Kompetenzstruktur des modernen Bundesstaates, S. 194.

[30] Siehe dazu *McMillan/Evans/Storey*, Australia's Constitution – Time for Change?, S. 40; *Nygh*, (1966-67) 2 Federal Law Review 183, 208.

[31] *Vermeesch/Lindgren*, Business Law of Australia, Rn. 2.22.

[32] *Lane*, Commentary on the Australian Constitution, S. 424 ff.; *ders.*, An Introduction to the Australian Constitutions, S. 134 f. und 215; kritisch *Sawer*, (1961) 35 Australian Law Journal 177, 183 ff.

[33] *Vermeesch/Lindgren*, Business Law of Australia, Rn. 2.37.

[34] Siehe dazu näher *Lane*, An Introduction to the Australian Constitutions, S. 231 ff.; zu den darüber hinaus noch existierenden *implied exclusive powers*, siehe *Howard*, Australian Federal Constitutional Law, S. 10 f.

b. Konkurrierende Gesetzgebungskompetenzen

Die meisten Gesetzgebungskompetenzen des Commonwealth sind konkurrierender Natur,[35] so daß die Gliedstaaten neben dem Bund Normen setzen können. Sollte Bundesrecht gliedstaatlichen Regelungen widersprechen, gilt gemäß Section 109 insoweit Bundesrecht.[36] Gliedstaatliches Recht ist nur in dem Ausmaß ungültig, in dem es mit Bundesrecht konfligiert.

Die 40 konkurrierenden Gesetzgebungskompetenzen der Section 51 lassen sich in folgende sieben Sachgebiete einteilen:[37]

(1) Verteidigung und auswärtige Angelegenheiten;
(2) Finanzen;
(3) Bevölkerungspolitik;
(4) Öffentliche und soziale Einrichtungen;
(5) Familienrecht;
(6) Handels- und Wirtschaftsrecht und
(7) Beziehung zu den Gliedstaaten.

Die beschriebene Aufteilung der Regelungsbefugnisse zwischen Bund und Gliedstaaten bewirkte unter anderem, daß die Gliedstaaten weite Bereiche des Privatrechts, wie etwa das Vertrags- und Deliktsrecht, und des Strafrechts normiert haben.[38]

2. Beschränkungen staatlicher Regelungstätigkeit

Einige Vorschriften der Australischen Bundesverfassung beschränken staatliche Regelungstätigkeiten. So legt etwa Section 114 fest, daß kein Gliedstaat eigene Streitkräfte errichten und unterhalten darf. Dieselbe Bestimmung untersagt den Gliedstaaten ferner, Eigentum des Bundes ohne dessen Zustimmung zu besteuern. Darüber hinaus verbietet Section 115 den Gliedstaaten, eigenes Geld herzustellen.

---

[35] *Lane*, An Introduction to the Australian Constitutions, S. 83; *Bothe*, Die Kompetenzstruktur des modernen Bundesstaates, S. 267.

[36] Section 109 der Bundesverfassung lautet: „*When a law of a State is inconsistent with a law of the Commonwealth, the latter shall prevail, and the former shall, to the extent of the inconsistency, be invalid.*"

[37] Einteilung nach *Sawer*, The Australian Constitution, S. 24.

[38] *Turner*, Australian Commercial Law, S. 11.

Für den Bund gelten ebenfalls Beschränkungen. Auch er darf unter anderem das Eigentum der Gliedstaaten nicht besteuern (Section 114) und muß bei eigenem Eigentumserwerb Section 51 Nr. 31 Rechnung zu tragen.[39] Section 116 gewährleistet die Religionsfreiheit. Ferner ist Section 107 zu nennen, die auf starken Druck der Kolonien in die Verfassung aufgenommen wurde.[40] Demnach stehen den ehemaligen Kolonien und heutigen Gliedstaaten selbst nach dem Inkrafttreten der Bundesverfassung diejenigen Kompetenzen zu, die sie bereits vor deren Inkrafttreten innehatten, sollte die Bundesverfassung nicht eine abweichende Regelung vorsehen.[41] Section 117 schützt schließlich die Einwohner eines Gliedstaates vor Diskriminierungen in einem anderen Gliedstaat, die sich aus Normen der Gliedstaaten oder des Bundes ergeben. Noch ausführlich werden die Restriktionen besprochen, die sich heutzutage aus Section 92 für Regelungstätigkeiten des Bundes und der Gliedstaaten ergeben.[42]

III. Self-governing Territories

Die Territorien sind eine Besonderheit der australischen Staatsorganisation.[43] Relevant ist hier vor allem Section 122 der Bundesverfassung. Sie besagt:

„The Parliament may make laws for the government of any territory surrendered by any State to and accepted by the Commonwealth, or of any territory placed by the Queen under the authority of and accepted by the Commonwealth, or otherwise acquired by the Commonwealth, and may allow the representation of such territory in either House of the Parliament to the extent and on the terms which it thinks fit.“

Demgemäß hat der Bund eine umfassende Gesetzgebungskompetenz für die australischen Territorien;[44] er wird nicht etwa durch Section 51 in seiner

---

[39] Section 51 Nr. 31 lautet: *„The Parliament shall, subject to this Constitution, have power to make laws for the peace, order, and good government of the Commonwealth with respect to: [...] The acquisition of property on just terms from any State or person for any purpose in respect of which the Parliament has power to make laws.“*

[40] *Starke*, (1990) 64 Australian Law Journal 611 f.

[41] Section 107 der Bundesverfassung lautet: *„Every power of the Parliament of a Colony which has become or becomes a State, shall, unless it is by this Constitution exclusively vested in the Parliament of the Commonwealth or withdrawn from the Parliament of the State, continue as at the establishment of the Commonwealth, or as at the admission or establishment of the, as the case may be.“*

[42] Siehe dazu unten Teil 4.

[43] Näher dazu *Lane*, An Introduction to the Australian Constitutions, S. 111 ff.

[44] Siehe *Svikart v Stewart* (1994) 181 CLR 548, 563, *Mason* CJ, *Deane*, *Dawson* und *McHugh* JJ: *„[Section 122] is a largely unfettered ... power to legislate.“*

Regelungskompetenz beschränkt.[45] Der Bund kann zudem eine territoriale Legislative schaffen, die selbst Gesetze für das jeweilige Territorium verabschiedet. Im letzteren Fall entsteht ein sog. *self-governing territory.*[46] Zur Zeit sind das *Northern Territory* und das *Australian Capital Territory* mit einer eigenen Legislative ausgestattet.[47] Gesetze der territorialen Parlamente sind keine Gesetze des Bundes,[48] sondern sind mit denen der Gliedstaaten vergleichbar.[49] Die beiden *self-governing territories* können somit – ebenso wie die Gliedstaaten – durch ihre Regelungstätigkeiten Normen setzen, die den freien Warenverkehr möglicherweise behindern.[50]

IV. Local Governments – eine dritte Ebene?

Unterhalb der Ebene der Gliedstaaten und Territorien befinden sich die sog. Local Governments. Sie gibt es in allen Gliedstaaten und im Northern Territory. Obwohl diese Verwaltungseinheiten schon lange vor der Gründung Australiens existierten,[51] werden sie in der Bundesverfassung nicht erwähnt.[52] Lediglich die gliedstaatlichen Verfassungen erkennen sie ausdrücklich an.

---

[45] *Buchanan v Commonwealth* (1913) 16 CLR 315, 327, *Barton* CJ; *R v Bernasconi* (1915) 19 CLR 629, 637, *Isaacs* J; *A-G (WA); ex rel Ansett Transport Industries (Operations) Pty Ltd v Australian National Airlines Commission* (1976) 138 CLR 492, 514, *Stephen* J, 523 und 526, *Mason* J.

[46] *Lumb/Moens*, The Constitution of thc Commonwealth of Australia Annotated, Rn. 761.

[47] Siehe den *Northern Territory (Self-Government) Act* 1978 in Verbindung mit *Northern Territory (Self-Government) Regulations* sowie den *Australian Capital Territory (Self-Government) Act* 1988; näher dazu *Fletcher*, The Australian Territories and New Federalism, S. 6 ff. und 19 f.; *Nicholson*, (1985) 59 Australian Law Journal 698 ff.

[48] *Capital Duplicators Pty Ltd v Australian Capital Territory (No. 1)* (1992) 177 CLR 248, 269 ff. und 281, *Brennan*, *Deane* und *Toohey* JJ.

[49] *R v Toohey; ex parte Northern Land Council* (1981) 151 CLR 170, 279, *Wilson* J für das Northern Territory.

[50] Das Northern Territory und das Australian Capital Territory haben aber über Section 49 des *Northern Territory (Self-Government) Act* 1978 bzw. über Section 69 Abs. 1 des *Australian Capital Territory (Self-Government) Act* 1988 die inhaltliche Substanz von Section 92 inkorporiert. Section 92 findet keine unmittelbare Anwendung, wenn der *trade and commerce* zwischen Territorien bzw. zwischen einem Territorium und einem Gliedstaat in Rede steht. Im Gegensatz zu Section 92 handelt es sich bei diesen beiden territorialen Vorschriften nicht um Normen mit Verfassungsrang, siehe dazu *Coper*, Crayfish and Credit Unions, S. 13; *ders.*, The Curious Case of the Callow Crayfish, S. 26; *Horan*, (1997) 25 Federal Law Review 97, 116 ff.

[51] *Lonie/Bryant/Groom*, Victorian Local Government Law – A New System, S. 2; *McMillan/Evans/Storey*, Australia's Constitution – Time for Change?, S. 45.

[52] *Lane*, An Introduction to the Australian Constitutions, S. 222.

Je nach Bevölkerungsdichte und Region gibt es Local Governments in Form von sog. Muncipal Councils, Shire Councils, District Councils oder City Councils.[53] Ihre Aufgabe besteht unter anderem darin, örtliche Krankenhäuser, Kläranlagen, Parks, Straßen und Wege zu unterhalten, die Einhaltung von Bau- und Lebensmittelvorschriften zu überwachen sowie Bauplanungen[54] zu übernehmen.[55] In diesen Grenzen können Local Governments regelmäßig auch Normen mit örtlichem Geltungsbereich setzen.[56] Local Governments sind stets den Local Government Departments der jeweiligen Gliedstaaten verantwortlich und an die einschlägigen gliedstaatlichen Local Governments Acts gebunden. Die gliedstaatlichen Local Government Minister sind berechtigt, Local Governments unter bestimmten Umständen zu entlassen.

Schon diese wenigen Punkte indizieren, daß die kleinsten australischen Verwaltungseinheiten gegenüber den Gliedstaaten nicht das hohe Maß an Autonomie besitzen, wie es die Gliedstaaten wiederum im Verhältnis zum Bund innehaben. Demzufolge kann man nur eingeschränkt davon sprechen, daß die Local Governments eine dritte Ebene im dezentralen Entscheidungsgefüge Australiens bilden.[57]

---

[53] *Lane*, An Introduction to the Australian Constitutions, S. 223.

[54] Dazu nur *Department of Immigration, Local Government and Ethnic Affairs*, Local Government Regulation of Land and Building Development (1990).

[55] Siehe beispielsweise für New South Wales die Sections 21 und 22 des *Local Government Act* 1993 (NSW); dazu näher *Stuckey*, Bluett Local Government Handbook (New South Wales), S. 13 ff.; für Victoria: Section 8 (1) in Verbindung mit Schedule 1 des *Local Government Act* 1989 (Vic); dazu näher *Lonie/Bryant/Groom*, Victorian Local Government Law – A New System, S. 20 f.

[56] Etwa für Victoria Section 111 (1) des *Local Government Act* 1989 (Vic); dazu näher *D. Lane*, (1996) 1 Local Government Law Journal 123 ff.; allgemein *Douglas/Jones*, Administrative Law – Commentary and Materials, S. 9 f.

[57] Siehe schon die Entscheidung des High Court in *Sydney MC v Commonwealth* (1904) 1 CLR 208, 240: „*The State, being the repository of the whole executive and legislative powers of the community, may create subordinate bodies, such as muncipalities, hand over to them the care of local interest, and give them such powers of raising money by rates or taxes as may be necessary for the proper care of these interests. But in all such cases these powers are exercised by the subordinate body as agent of the power that created it. ... Muncipal corporations are mere instrument[alities] of the State for the more convenient administration of local government. Their powers are such as the legislature may confer, and these may be enlarged, abridged or entirely withdrawn, at its pleasure*“; *Lonie/Bryant/Groom*, Victorian Local Government Law – A New System, S. 3; *McMillan/Evans/Storey*, Australia's Constitution – Time for Change?, S. 148 f.; *Lane*, An Introduction to the Australian Constitutions, S. 223 f.

V. Ergebnis

Im dezentralen Regelungssystem Australiens findet staatliche Normsetzung auf den drei verschiedenen Ebenen Bund, Gliedstaaten oder Territorien und Local Governments statt. Wesentlich für die hier zu untersuchende Fragestellung ist jedoch die durch die Bundesverfassung festgelegte Aufteilung der Gesetzgebungskompetenzen zwischen Bund und Gliedstaaten. Die in ihrem Umfang beschränkten Regelungstätigkeiten der Local Governments spielen wegen der starken Abhängigkeit der Local Governments von den Gliedstaaten lediglich eine untergeordnete Rolle für die Normierung des australischen Marktes. Diese Arbeit wird sich somit auf die ersten beiden Ebenen konzentrieren.

§ 3 Freier Warenverkehr im dezentralen Entscheidungssystem der Europäischen Gemeinschaft

Mitgliedstaatliche Regelungsgewalt in der Europäischen Gemeinschaft ist nur in denjenigen Bereichen eingeschränkt oder untersagt, in denen das primäre Gemeinschaftsrecht die Regelungskompetenz und damit die politische Verantwortung auf die Europäische Gemeinschaft übertragen hat.[58] Alle übrigen Komplexe sind für mitgliedstaatliche Regelungstätigkeit offen und damit grundsätzlich geeignet, aufgrund unterschiedlicher mitgliedstaatlicher Regelungen Behinderungen des innergemeinschaftlichen Warenverkehrs hervorzurufen.

Die Integration der einzelnen Volkswirtschaften der Mitgliedstaaten ist ein zentrales Anliegen des EG. Dies ergibt sich vor allem aus den Art. 2, 3 Abs. 1 lit. a)-c), 14 und 23 EG.[59] Marktintegration kann ihre Ziele ökonomischer und anderweitiger Natur[60] nur dann erreichen, wenn der freie Warenverkehr als ihre wesentliche Grundlage[61] im Marktgebiet hergestellt wird und gewährleistet bleibt.[62]

Art. 3 EG, der die in Art. 2 EG vorgegebenen Vertragsziele erläutert,[63] gibt die Mittel vor, wie ein Gemeinsamer Markt der Mitgliedstaaten der Europäischen Gemeinschaft zu errichten ist und Behinderungen des freien Warenverkehrs beseitigt werden. Relevant für das in Rede stehende Problem sind vor allem:

- Art. 3 Abs. 1 lit. a) EG, der die Abschaffung von Zöllen und mengenmäßigen Beschränkungen bei der Ein- und Ausfuhr von Waren sowie aller sonstigen Maßnahmen gleicher Wirkung zwischen den Mitgliedstaaten vorsieht;

- Art. 3 Abs. 1 lit. b) EG, der eine gemeinsame Handelspolitik der Mitgliedstaaten fordert;

---

[58] *Steindorff*, ZHR 148 (1984), 338, 344.

[59] *Leible*, in: Grabitz/Hilf, Das Recht der Europäischen Union (Band 1), vor Art. 28-31 EG Rn. 2.

[60] Siehe dazu oben Teil 1, § 1, I. und II.

[61] *Dauses*, in: Dauses, Hdb. EU-WirtschaftsR (Band 1), C. I. Rn. 8; *Müller-Graff*, in: Groeben/Thiesing/Ehlermann, Kommentar zum EU-/EG-Vertrag (Band 1), Vorbemerkung zu den Artikeln 30 bis 37 EG Rn. 2.

[62] *Roth*, Freier Warenverkehr und staatliche Regelungsgewalt in einem Gemeinsamen Markt, S. 11.

[63] EuGH, Rs. 32/65 (Italien/Rat), Slg. 1966, 457, 483; EuGH, Rs. C-177/94 (Perfili), Slg. 1996, I-161, 174.

- Art. 3 Abs. 1 lit. c) EG, der von einem Binnenmarkt spricht, der durch die Beseitigung der Hindernisse für den freien Waren-, Personen-, Dienstleistungs- und Kapitalverkehr gekennzeichnet ist;

- Art. 3 Abs. 1 lit. g) EG, demgemäß ein System zu errichten ist, das den Wettbewerb innerhalb des Binnenmarktes vor Verfälschungen schützt; und

- Art. 3 Abs. 1 lit. h) EG, der die Angleichung nationaler Rechtsvorschriften verlangt, soweit dies für ein ordnungsgemäßes Funktionieren des Gemeinsamen Marktes erforderlich ist.

Die in Art. 3 EG vorgezeichneten Wege spiegeln sich in zahlreichen Vorschriften des EG wider. Nur auf die wesentlichen Normen ist hier – unterteilt in positive und negative Integration – einzugehen.

I. Positive Integration

1. Allgemeines

Rechtsangleichung beseitigt oder mildert Hindernisse für den innergemeinschaftlichen Warenverkehr, die sich aus den unterschiedlichen mitgliedstaatlichen Rechts- und Verwaltungsvorschriften ergeben.[64] Die Freiheit des Warenverkehrs kann der europäische Gesetzgeber in den Grenzen des Prinzips der begrenzten Einzelermächtigung (Art. 5 Abs. 1 EG)[65] über die Rechtsangleichungskompetenzen des EG – insbesondere über die Art. 94 f. EG – fördern.[66] Anders als in Australien besteht kein ausführlicher Kompetenzkatalog.[67]

---

[64] EuGH, Rs. 193/80 (Kommission/Italien), Slg. 1981, 3019, 3033; *Dauses*, RIW 1984, 197, 206.

[65] Siehe EuGH, Rs. C-376/98 (Deutschland/Parlament und Rat), Slg. 2000, I-8419, 8524.

[66] Weitere Rechtsgrundlagen im EG für Rechtsangleichung sind beispielsweise Art. 44 Abs. 1 und Abs. 2 lit. g), Art. 46 Abs. 2, Art. 47 Abs. 1 und 2, Art. 55, Art. 93, Art. 96 Abs. 2, Art. 137 Abs. 2-5 und Art. 175 EG. Soweit die ausdrücklichen Handlungsermächtigungen der Europäischen Gemeinschaft nicht ausreichen, um die Vertragsziele zu erreichen, kann gegebenenfalls auf Art. 308 EG zurückgegriffen werden. Dessen Anwendungsbereich hat sich jedoch im Verlaufe der Jahre durch das Hinzufügen zahlreicher ausdrücklicher Kompetenzbestimmungen ständig verringert. Im übrigen kann Rechtsangleichung mittels völkerrechtlicher Verträge – vor allem über Art. 293 EG – erreicht werden; kritisch dazu *Schneider*, NJW 1998, 576, 577.

[67] Zu den Vor- und Nachteilen eines solchen Katalogs umfassend *Boeck*, Die Abgrenzung der Rechtsetzungskompetenzen von Gemeinschaft und Mitgliedstaaten in der EU (2000).

Art. 94 EG ist die Grundnorm der Gemeinschaft zur Rechtsangleichung.[68] Die Vorschrift ermächtigt den Rat dazu, ausschließlich Richtlinien für die Angleichung derjenigen Rechts- und Verwaltungsvorschriften zu erlassen, die sich unmittelbar auf die Errichtung oder das Funktionieren des Gemeinsamen Marktes auswirken. Der Rat muß seinen Beschluß einstimmig fassen.

2. Rechtsangleichung über Art. 95 EG

Art. 95 EG, der durch die Einheitliche Europäische Akte eingefügt wurde, hat Art. 94 EG aus seinem klassischen Anwendungsbereich weitgehend verdrängt.[69] Art. 95 EG ermächtigt den Rat zur Angleichung derjenigen nationalen Rechts- und Verwaltungsvorschriften, die „die Errichtung und das Funktionieren des Binnenmarktes zum Gegenstand haben." Die Norm ist damit zielbezogen und nicht sachgegenständlich begrenzt. Sie ist eine sog. Querschnittskompetenz; ihr Anwendungsbereich umfaßt nahezu sämtliche Sachbereiche.[70]

Ausgenommen sind gemäß Art. 95 Abs. 2 EG lediglich Bestimmungen über Steuern, Freizügigkeit sowie Rechte und Interessen der Arbeitnehmer. Die Gemeinschaft macht insbesondere im Bereich warenverkehrsrelevanter Rechts- und Verwaltungsvorschriften von Art. 95 EG Gebrauch; diese Norm ist hier die wichtigste Harmonisierungsgrundlage.[71]

Als Konsequenz des EuGH-Urteils *Cassis de Dijon*[72] beschränkt sich Rechtsangleichung in diesem Bereich auf mitgliedstaatliche Normen, die durch die sog. zwingenden Erfordernisse oder die in Art. 30 Satz 1 EG genannten Gründe gerechtfertigt sind und Handelshemmnisse im europäischen Binnenmarkt bilden.[73] Dabei hat sich Rechtsangleichung in den Bereichen Gesundheit, Sicherheit, Umwelt- und Verbraucherschutz gemäß Art. 95 Abs. 3 EG an einem hohem Schutzniveau zu orientieren. Gemäß Art. 95 Abs. 1 EG kann Rechts-

---

68 *Herrnfeld*, in: Schwarze, EU-Kommentar, Art. 94 EG Rn. 6

69 *Herrnfeld*, in: Schwarze, EU-Kommentar, Art. 94 EG Rn. 27; *Oppermann*, Europarecht, Rn. 1208.

70 GA *Fennelly* in seinen Schlußanträgen zu EuGH, Rs. C-376/98 (Deutschland/Parlament und Rat), Slg. 2000, I-8419, 8449 f.; *Möstl*, EuR 2002, 318, 324; *Götz*, JZ 2001, 34, 35; *Jarass*, AöR 121 (1996), 173, 178.

71 *Herrnfeld*, in: Schwarze, EU-Kommentar, Art. 95 EG Rn. 9, der dort auch Art. 95 EG vorgehende Sondervorschriften zur Rechtsangleichung und gemeinschaftlichen Rechtsetzung nennt. Siehe dazu ebenfalls die Aufstellung von *Oppermann*, Europarecht, Rn. 1221 ff.

72 Dazu näher unten Teil 1, § 3, II., 2., a., bb., bbb.

73 Zu den Bereichen, die bislang durch den Gemeinschaftsgesetzgeber harmonisiert worden sind, siehe die Aufstellungen bei *Herrnfeld*, in: Schwarze, EU-Kommentar, Art. 94 EG Rn. 27; *Oppermann*, Europarecht, Rn. 1238 ff.

angleichung durch alle Rechtsakte des Art. 249 EG, also auch durch Verordnungen und Einzelmaßnahmen, betrieben werden.

In seinem Urteil zum umstrittenen gemeinschaftsrechtlichen Tabakwerbeverbot durch die Richtlinie 98/43/EG forderte der EuGH noch jüngst, daß der harmonisierende Rechtsakt tatsächlich zur Beseitigung von Hemmnissen des freien Warenverkehrs und der Dienstleistungsfreiheit sowie von Wettbewerbsverzerrungen beizutragen hat. Er muß einen spezifischen Gewinn für den Binnenmarkt bewirken.[74] Die zu beseitigenden Wettbewerbsverzerrungen müssen spürbar sein.[75] Die bloße Feststellung von Unterschieden zwischen den nationalen Normen, die abstrakte Gefahr der Beeinträchtigung von Grundfreiheiten oder die daraus gegebenenfalls resultierenden Wettbewerbsverzerrungen reichen nicht aus, um Rechtsangleichungsakte auf Art. 95 EG zu stützen. Denn anderenfalls könnte die richtige Wahl der Rechtsgrundlage nicht mehr gerichtlich kontrolliert werden.[76]

Sollen künftige, auf divergierenden mitgliedstaatlichen Regelungen beruhende Handelshemmnisse mittels Art. 95 EG beseitigt werden, so muß das Entstehen solcher Hindernisse wahrscheinlich sein; der fragliche Harmonisierungsakt hat ihre Vermeidung zu bezwecken.[77] Laut GA *Fennelly* sei der Binnenmarkt „kein wertfreies Synonym für eine allgemeine Wirtschaftsregulierung."[78] Die Vorschrift ist demzufolge ein sehr weitreichendes, aber keineswegs unbegrenztes Instrument, um bislang mitgliedstaatliche Regelungskompetenzen auf Gemeinschaftsebene zu ziehen.[79]

Da Art. 95 EG das Prinzip der qualifizierten Mehrheit vorsieht, räumen dessen Abs. 4 bis 10 EG den Mitgliedstaaten die Möglichkeit ein, für bestimmte Sachgebiete abweichend von einer gemeinschaftlichen Rechtsangleichungsmaßnahme ein höheres Schutzniveau im Wege eines nationalen Alleinganges zu verfolgen. Art. 95 Abs. 4 EG ermächtigt die Mitgliedstaaten, ihre nationalen Regelungen beizubehalten, die durch die in Art. 30 EG genannten Rechtsgüter sowie den Schutz der Arbeitsumwelt oder den Umweltschutz gerechtfertigt sind

---

[74] EuGH, Rs. C-376/98 (Deutschland/Parlament und Rat), Slg. 2000, I-8419, 8527.
[75] EuGH, Rs. C-376/98 (Deutschland/Parlament und Rat), Slg. 2000, I-8419, 8529.
[76] EuGH, Rs. C-376/98 (Deutschland/Parlament und Rat), Slg. 2000, I-8419, 8524.
[77] EuGH, Rs. C-376/98 (Deutschland/Parlament und Rat), Slg. 2000, I-8419, 8524.
[78] Siehe seine Schlußanträge zu EuGH, Rs. C-376/98 (Deutschland/Parlament und Rat), Slg. 2000, I-8419, 8524; prägnant auch *Stein*, EWS 2001, 12, 16, der ausführt, daß der bloße Gebrauch des Wortes „Binnenmarkt" kein „Sesam öffne Dich" für jeglichen Gemeinschaftsrechtsakt darstellt.
[79] *Möstl*, EuR 2002, 318, 342; *Götz*, JZ 2001, 34; ähnlich auch die Einschätzungen von *Hilf/Frahm*, RIW 2001, 128, 133; *Stein*, EWS 2001, 12; *Calliess*, JURA 2001, 311, 316.

(sog. *escape* oder *opting out clause*). Neue nationale Bestimmungen darf ein Mitgliedstaat nach Erlaß einer einschlägigen Harmonisierungsmaßnahme nur unter den engen Voraussetzungen des Art. 95 Abs. 5 EG einführen. Darüber hinaus kann die Harmonisierungsmaßnahme selbst in geeigneten Fällen mit einer Schutzklausel verbunden werden, die es den Mitgliedstaaten ermöglicht, vorläufige Maßnahmen aus den in Art. 30 EG genannten Gründen zu treffen (Art. 95 Abs. 10 EG).

Die Art. 96 f. EG spielen in der Gemeinschaftspraxis nur eine ganz untergeordnete Rolle.[80] Sie zielen darauf ab, Verzerrungen des Wettbewerbs durch vorhandene oder neue nationale Normen zu vermeiden oder zu beseitigen.

II. Negative Integration

1. Tarifäre Handelshemmnisse

Zölle und Abgaben mit zollgleicher Wirkung sind althergebrachte Mittel, um wirtschaftsprotektionistische Ziele effektiv durchzusetzen.[81] Die Zollunion umfaßt neben dem gemeinsamen Zolltarif gemäß Art. 26 EG das Verbot von Ein- und Ausfuhrzöllen sowie von Abgaben gleicher Wirkung zwischen den Mitgliedstaaten (Art. 25 EG). Gemäß Art. 25 Satz 2 EG sind auch Finanzzölle untersagt. Im Zusammenspiel mit Art. 90 EG, der ein steuerliches Diskriminierungsverbot aufstellt,[82] bietet Art. 25 EG umfassenden Schutz vor jeglichen finanziellen Belastungen hoheitlicher Art, die den freien Warenverkehr belasten.[83]

a. Zollverbot im innergemeinschaftlichen Handel

Der Zollbegriff ist klar konturiert. Der EuGH versteht unter Zoll jede hoheitliche Abgabe, die aus Anlaß des Grenzübertritts von Waren nach einem im Zolltarif verankerten Satz erhoben wird.[84] Diese weite Definition umfaßt alle

---

[80] *Herrnfeld*, in: Schwarze, EU-Kommentar, Art. 96/97 EG Rn. 4; *Oppermann*, Europarecht, Rn. 1208 und 1218.

[81] *Dauses*, in: Dauses, Hdb. EU-WirtschaftsR (Band 1), C. I. Rn. 9.

[82] Dazu näher unten Teil 1, § 3, II., 5.

[83] EuGH, verb. Rs. 2/62 und 3/62 (Kommission/Luxemburg und Belgien), Slg. 1962, 867, 881; EuGH, Rs. 24/68 (Kommission/Italien), Slg. 1969, 193, 200.

[84] EuGH, Rs. C-426/92 (Deutschland/Deutsche Milch-Kontor), Slg. 1994, I-2757, 2784; EuGH, Rs. 87/75 (Bresciani/Italienische Finanzverwaltung), Slg. 1976, 129, 138; EuGH, Rs. 24/68 (Kommission/Italien), Slg. 1969, 193, 200; EuGH, verb. Rs. 2/69 und 3/69 (Sociaal

Arten von Zöllen. Es kommt nicht darauf an, ob Zölle erhoben werden, um einheimischen Produkten einen Wettbewerbsvorteil zu sichern oder dem jeweiligen Staatshaushalt Einnahmen zu verschaffen.[85]

b. Verbot zollgleicher Abgaben

Abgaben zollgleicher Wirkung müssen funktionell dem Zoll entsprechen, so daß bei einer Definition ein Vergleich mit Zöllen naheliegt.[86] Auch Abgaben zollgleicher Wirkung führen zu Preiserhöhungen der belasteten Produkte; sie behindern den zwischenstaatlichen Warenverkehr wie Zölle.[87] Es muß sich um eine den Waren wegen ihres Grenzübertritts einseitig auferlegte finanzielle Belastung handeln.[88] Im Gegensatz zum Zoll werden die Abgaben zollgleicher Wirkung nicht als Zoll bezeichnet. Zudem werden sie regelmäßig nicht gemäß einem Zolltarif erhoben. Ihre Bezeichnung, Höhe, Verwendungszweck und Wirkung spielen keine Rolle.[89]

Eine zollgleiche Abgabe liegt indes nicht vor, wenn die finanzielle Belastung einer der folgenden Fallgruppen zuzuordnen ist:

(1) Die Abgabe gehört zu einem allgemeinen inländischen Abgabensystem, das inländische und eingeführte Waren nach identischen Kriterien erfaßt.[90]

(2) Die Abgabe stellt eine angemessene Gegenleistung für dem Ein- und Ausführer geleistete Dienste dar. Sie bringt ihm einen besonderen Vor-

---

Fonds voor de Diamantarbeiders/S.A. Ch. Brachfeld and Sons und Chougol Diamond Co.), Slg. 1969, 211, 221; siehe auch *Kohler*, Abgaben zollgleicher Wirkung, S. 26, der als ergänzendes Kriterium fordert, daß die hoheitliche Abgabe auch als Zoll bezeichnet wird.

[85] Ständige Rechtsprechung, jüngst noch EuGH, verb. Rs. C-441/98 und C-442/98 (Kapniki Michaïlidis/IKA), Slg. 2000, I-7145, 7172.

[86] *Streinz*, Europarecht, Rn. 716; *Schweitzer/Hummer*, Europarecht, Rn. 1092.

[87] EuGH, Rs. 7/68 (Kommission/Italien), Slg. 1968, 633, 635; EuGH, Rs. 90/79 (Kommission/Frankreich), Slg. 1981, 283.

[88] EuGH, verb. Rs. C-441/98 und C-442/98 (Kapniki Michaïlidis/IKA), Slg. 2000, I-7145, 7172.

[89] EuGH, Rs. C-16/94 (Dubois u.a./Garonor), Slg. 1995, I-2421, 2438.

[90] Jüngst noch EuGH, verb. Rs. C-441/98 und C-442/98 (Kapniki Michaïlidis/IKA), Slg. 2000, I-7145, 7172; problematisch ist hier vor allem die Abrenzung zwischen Art. 25 und Art. 90 EG. Siehe dazu *Balke*, Steuerliche Gestaltungsfreiheit der Mitgliedstaaten und freier Warenverkehr im Europäischen Binnenmarkt, S. 149 ff.

teil.[91] Die Gebühr entspricht dabei den tatsächlich von der Verwaltung für die Dienstleistung aufgewandten Kosten.[92]

(3) Die Gebührenerhebung läßt sich durch eine spezifische, den freien Warenverkehr fördernde Regelung der Gemeinschaft rechtfertigen.[93]

(4) Die Gebühr wird von den Mitgliedstaaten unter bestimmten Voraussetzungen aufgrund internationaler Abkommen erhoben.[94]

2. Nichttarifäre Handelshemmnisse (Art. 28-30 EG)

Nichttarifäre Handelshemmnisse gehören seit jeher zum Grundbestand wirtschaftsprotektionistischer Handels- und Wirtschaftspolitik.[95] Sowohl in Art. XI des GATT als auch in den Satzungen nahezu aller zwischenstaatlichen Wirtschaftszusammenschlüsse finden sich Bestimmungen, die sich gegen solche mengenmäßigen Beschränkungen und Maßnahmen mit vergleichbarer Wirkung richten.[96]

Die Art. 28 ff. EG im Gemeinschaftsrecht zu verankern, war unumgänglich, da mengenmäßige Beschränkungen die Schutzfunktion von Zöllen leicht ersetzen können.[97] Ohne diese Normen hätte ein Gemeinsamer Markt/Binnenmarkt in der Europäischen Gemeinschaft nicht errichtet werden können.[98] Sie bilden eine hohe Hürde für mitgliedstaatliche Normsetzung.[99]

Die Art. 28-30 EG wenden sich gegen Behinderungen des innergemeinschaftlichen Handels, die nicht schon unter das Verbot der Zölle und zollgleichen Abgaben fallen. Sie untersagen mengenmäßige Beschränkungen und Maß-

---

[91] EuGH, Rs. 340/87 (Kommission/Italien), Slg. 1989, 1483, 1511 f.

[92] Sog. Kostendeckungsprinzip; siehe zu diesem Problem näher *Grabitz/Voß*, in: Grabitz/Hilf, Das Recht der Europäischen Union (Band 1), Art. 12 EG Rn. 15; *Dauses*, in: Dauses, Hdb. EU-WirtschaftsR (Band 1), C. I. Rn. 31.

[93] Siehe dazu näher *Beschel/Vaulont*, in: Groeben/Thiesing/Ehlermann, Kommentar zum EU-/EG-Vertrag (Band 1), Art. 12 EG Rn. 6 m.w.N.

[94] Dazu näher *Beschel/Vaulont*, in: Groeben/Thiesing/Ehlermann, Kommentar zum EU-/EG-Vertrag (Band 1), Art. 12 EG Rn. 28.

[95] *Dauses*, in: Dauses, Hdb. EU-WirtschaftsR (Band 1), C. I. Rn. 75; *Roth*, Freier Warenverkehr und staatliche Regelungsgewalt in einem Gemeinsamen Markt, S. 13.

[96] *Dauses*, in: Dauses, Hdb. EU-WirtschaftsR (Band 1), C. I. Rn. 75.

[97] *Schweitzer/Hummer*, Europarecht, Rn. 1111.

[98] *Dauses*, in: Dauses, Hdb. EU-WirtschaftsR (Band 1), C. I. Rn. 75.

[99] *Roth*, Freier Warenverkehr und staatliche Regelungsgewalt in einem Gemeinsamen Markt, S. 13.

nahmen gleicher Wirkung wie mengenmäßige Beschränkungen für die Ein- und Ausfuhr von Waren (Art. 28 und Art. 29 EG). Durchbrochen wird dieses Verbot – laut Vertragstext – von Art. 30 EG, der bestimmte Ausnahmetatbestände aufzählt.

Während die Frage des persönlichen Anwendungsbereichs der Section 92 in Australien lange umstritten war,[100] ist laut EuGH neben den Mitgliedstaaten als ihren unmittelbaren Adressaten auch der Gemeinschaftsgesetzgeber bei seinen Maßnahmen (zumindest mittelbar) an die Grundfreiheiten des EG gebunden.[101] Denn Art. 3 Abs. 1 lit. a) und lit. c) EG verpflichtet die Gemeinschaft, Hindernisse für die Wahrnehmung der Grundfreiheiten zu beseitigen.[102]

a. Tragweite der Art. 28 f. EG

Art. 28 f. EG sind heutzutage uneingeschränkt[103] und unmittelbar[104] anwendbar.[105] Sie betreffen zwei Arten von Ein- und Ausfuhrbeschränkungen. Verboten

---

[100] Problematisch war insbesondere, ob auch der Bund Adressat der Section 92 ist; siehe unten Teil 3, § 2, II.-IV., 1. sowie Teil 4, § 1, I., 3. und Teil 5, § 2, II., 1.

[101] EuGH, verb. Rs. 80/77 und 81/77 (Commissionaires Réunies/Receveur des douanes), Slg. 1978, 927, 947; EuGH, Rs. 15/83 (Denkavit Nederland/Hoofdproduktschap voor Akkerbouwprodukten), Slg. 1984, 2171, 2184; EuGH, Rs. C-51/93 (Meyhui/Schott Zwiesel Glaswerke), Slg. 1994, I-3879, 3898; EuGH, verb. Rs. C-427/96, 429/96 und 436/96 (Bristol-Myers Squibb u.a.), Slg. 1996, I-3457, 3529; EuGH, Rs. C-114/96 (Kieffer und Thill), Slg. 1997, I-3629, 3655; EuGH, Rs. C-284/95 (Safety Hi-Tech), Slg. 1998, I-4301, 4350; EuGH, Rs. C-341/95 (Bettati), Slg. 1998, I-4355, 4380; siehe auch *Roth*, in: Festschrift für Mestmäcker, S. 725, 731 f.; *ders.*, ZBB 1997, 373, 378 ff.; *ders.*, Beiheft 1 zu EuR 1994, 45, 48; zum Meinungsstand in der Literatur siehe jüngst noch *Möstl*, EuR 2002, 318, 322 Fn. 17; das Spektrum reicht von einer weitgehenden Gleichstellung der Gemeinschaft mit den Mitgliedstaaten, über eine nach Art der gemeinschaftlichen Maßnahme differenzierende Ansicht bis hin zu der Auffassung, die lediglich eine begrenzte, nur an der Einheit des Marktes orientierte Bindung annimmt; monographisch zu dieser Frage *Schwemer*, Die Bindung des Gemeinschaftsgesetzgebers an die Grundfreiheiten (1995) und *Scheffer*, Die Marktfreiheiten des EG-Vertrages als Ermessensgrenze des Gemeinschaftsgesetzgebers (1997).

[102] *Roth*, in: Festschrift für Mestmäcker, S. 725, 731 f.; *ders.*, ZBB 1997, 373, 379; insbesondere zur Tragweite der Gemeinschaftsbindung noch näher unten Teil 5, § 2, II., 1.

[103] *Müller-Graff*, in: Groeben/Thiesing/Ehlermann, Kommentar zum EU-/EG-Vertrag (Band 1), Art. 30 EG Rn. 9.

[104] EuGH, Rs. 74/76 (Iannelli & Volpi/Meroni), Slg. 1977, 557, 576; EuGH, Rs. 83/78 (Pigs Marketing Borchard/Redmond), Slg. 1978, 2347, 2374; zur unmittelbaren Anwendbarkeit der Grundfreiheiten und ihren Grenzen siehe *Steindorff*, EG-Vertrag und Privatrecht, S. 107 ff.

sind mengenmäßige Beschränkungen und Maßnahmen gleicher Wirkung wie mengenmäßige Beschränkungen.

aa. Mengenmäßige Ein- und Ausfuhrbeschränkungen

Der Begriff der mengenmäßigen Ein- und Ausfuhrbeschränkung ist unproblematisch.[106] Der EuGH faßt darunter alle staatlichen Maßnahmen, die die Einfuhr, Durchfuhr oder Ausfuhr von Waren nach der Menge, dem Wert oder dem Zeitraum begrenzen (Kontingente) oder ganz bzw. teilweise untersagen.[107] Eine exakte Abgrenzung zum Begriff der „Maßnahme gleicher Wirkung" ist nicht nötig, da sich daraus keine praktischen Konsequenzen ergeben.[108] Der EuGH prüft unter Verzicht auf eine saubere terminologische Trennung lediglich, ob ein Verstoß gegen Art. 28 f. EG vorliegt.[109]

bb. Maßnahmen gleicher Wirkung wie Einfuhrbeschränkungen

Der Begriff „Maßnahmen gleicher Wirkung wie Ein- und Ausfuhrbeschränkungen" ist nicht aus anderen Regelungswerken entlehnt worden. Seine inhaltliche Tragweite ist daher originär zu bestimmen.[110] Sie war lange heftig umstritten und ist auch heutzutage noch nicht endgültig geklärt.[111]

Eine Definition des Begriffs „Maßnahme gleicher Wirkung wie Ein- und Ausfuhrbeschränkungen" fällt schwer, da die Art. 28 ff. EG die Maßnahmen – anders als Art. 23 ff. EG, die von „Abgaben" sprechen – ihrer Art nach nicht eingrenzen, sondern deren Wirkung in den Vordergrund stellen.[112]

---

105 *Müller-Graff*, in: Groeben/Thiesing/Ehlermann, Kommentar zum EU-/EG-Vertrag (Band 1), Art. 31 EG Rn. 2.

106 *Dauses*, RIW 1984, 197, 201.

107 EuGH, Rs. 2/73 (Geddo/Ente Nazionale Risi), Slg. 1973, 865, 879.

108 So *Leible*, in: Grabitz/Hilf, Das Recht der Europäischen Union (Band 1), Art. 28 EG Rn. 2; *Dauses*, in: Dauses, Hdb. EU-WirtschaftsR (Band 1), C. I. Rn. 82; *Schweitzer/Hummer*, Europarecht, Rn. 1113; *Streinz*, Europarecht, Rn. 730; siehe zum Streitstand näher *Müller-Graff*, in: Groeben/Thiesing/Ehlermann, Kommentar zum EU-/EG-Vertrag (Band 1), Art. 30 EG Rn. 24-27.

109 Siehe EuGH, verb. Rs. 51-54/71 (International Fruit Company u.a./Produktschap voor groenten en fruit), Slg. 1971, 1107, 1116 ff.; EuGH, Rs. 53/76 (Procureur de la République, Besançon/Bouhelier), Slg. 1977, 197 ff.

110 So schon *Graf*, Maßnahmen gleicher Wirkung, S. 59 ff.; *Béraud*, RTDE 4 (1968), 265, 266 f.

111 *Fezer*, JZ 1994, 317, 319.

112 *Bleckmann*, Europarecht, Rn. 1498.

Maßnahmen gleicher Wirkung wie Ein- und Ausfuhrbeschränkungen treten in unterschiedlichen Formen auf. Hauptsächlich erscheinen sie in Gestalt von technischen, sanitären, wirtschaftslenkenden, preis- oder ordnungsrechtlichen Regelungen.[113] Der Begriff erschließt sich nur vollständig, wenn man die einschlägige Rechtsprechung des EuGH näher betrachtet.

aaa. Die *Dassonville*-Rechtsprechung des EuGH

Erstmals definierte der EuGH den Begriff Maßnahme gleicher Wirkung im *Dassonville*-Urteil.[114] Demnach ist eine Maßnahme gleicher Wirkung „jede Handelsregelung der Mitgliedstaaten, die geeignet ist, den innergemeinschaftlichen Handel unmittelbar oder mittelbar, tatsächlich oder potentiell zu behindern."[115] Diese Formel ist bis heute ständige Rechtsprechung des EuGH geblieben.[116] Maßnahmen fallen jedoch nicht mehr in den Anwendungsbereich des Art. 28 EG, wenn ihre den zwischenstaatlichen Warenverkehr beschränkende Wirkung so ungewiß und indirekt ist, daß sie sich nicht dazu eignen, den Warenverkehr zwischen den Mitgliedstaaten zu behindern.[117]

Die Maßnahme muß lediglich objektiv und generell geeignet sein, den innergemeinschaftlichen Warenverkehr zu behindern.[118] Dafür wird ein hypothetischer, auf der allgemeinen wirtschaftlichen Erfahrung beruhender Vergleich angestellt zwischen dem tatsächlich vorliegenden Sachverhalt und der Situation, die ohne die fragliche Maßnahme eingetreten wäre.[119] Es muß nicht nachgewiesen werden, daß eine Maßnahme wirklich den Warenverkehr behindert.[120] Des weiteren ist der Grad der Handelsbeeinträchtigung durch die jeweilige Maßnahme – anders als im kommunitären Wettbewerbsrecht – nicht ent-

---

[113] *Dauses*, in: Dauses, Hdb. EU-WirtschaftsR (Band 1), C. I. Rn. 83.

[114] EuGH, Rs. 8/74 (Staatsanwalt/Dassonville), Slg. 1974, 837. In diesem Fall war zu entscheiden, ob belgische Vorschriften, die Parallelimporteuren auferlegen, für Einfuhren aus anderen Mitgliedstaaten ein am Ursprungsort ausgestelltes Echtheitszeugnis vorzulegen, als verbotene Maßnahmen gleicher Wirkung im Sinne des Art. 28 EG einzustufen sind.

[115] EuGH, Rs. 8/74 (Staatsanwalt/Dassonville), Slg. 1974, 837, 852.

[116] Jüngst noch in EuGH, Rs. C-254/98 (Schutzverband gegen unlauteren Wettbewerb/TK-Heimdienst Sass), Slg. 2000, I-151, 169.

[117] EuGH, Rs. C-44/98 (BASF/Präsident des Deutschen Patentamts), Slg. 1999, I-6269, 6294; EuGH, Rs. C-412/97 (Ed/Fenocchio), Slg. 1999, I-3845, 3879 f.; EuGH, Rs. C-266/96 (Corsica Ferries France/Gruppo Antichi Ormeggiatori del porto di Genova), Slg. 1998, I-3949, 3992 f.; kritisch zu dieser de minimis-Regel, *Oliver*, CMLRev 36 (1999), 783, 790 ff.

[118] *Dauses*, in: Dauses, Hdb. EU-WirtschaftsR (Band 1), C. I. Rn. 88.

[119] *Leible*, in: Grabitz/Hilf, Das Recht der Europäischen Union (Band 1), Art. 28 EG Rn. 15; *Dauses*, in: Dauses, Hdb. EU-WirtschaftsR (Band 1), C. I. Rn. 88.

[120] EuGH, Rs. 12/74 (Kommission/Deutschland), Slg. 1975, 181, 198.

scheidend.[121] Unwesentlich ist ferner, ob der freie Warenverkehr anläßlich des Grenzübergangs oder erst danach behindert wird.[122]

Da auch mittelbare und potentielle Behinderungen unter den Begriff der Maßnahme gleicher Wirkung fallen, hat die *Dassonville*-Formel eine enorme Tragweite. Der Anwendungsbereich des Art. 28 EG erfaßt zahlreiche nationale Maßnahme rechtlicher und tatsächlicher Natur. Die Norm will zwar die Freiheit des Warenverkehrs sichern, doch soll die Befugnis der Mitgliedstaaten nicht angetastet werden, im öffentlichen Interesse gebotene und gemeinschaftsrechtlich anerkannte Ziele selbständig zu verfolgen, falls gemeinschaftsweite Regelungen nicht vorliegen.[123]

Die fragliche Maßnahme muß dem Mitgliedstaat als Hoheitsträger zuzurechnen sein. Die Art. 28 ff. EG erfassen die unmittelbare und mittelbare Staatsverwaltung.[124] Sollten Maßnahmen Privater den Warenverkehr behindern, sind wohl nicht die Art. 28 ff. EG, sondern die Art. 81-86 EG einschlägig.[125]

---

[121] EuGH, verb. Rs. 177/82 und 178/82 (van de Haar und Kaveka de Meern), Slg. 1984, 1797, 1813; EuGH, Rs. 41/76 (Donckerwolcke/Procureur de la République), Slg. 1976, 1921, 1922; EuGH, Rs. C-304/88 (Kommission/Belgien), Slg. 1990, I-2801, 2815.

[122] *Dauses*, in: Dauses, Hdb. EU-WirtschaftsR (Band 1), C. I. Rn. 92; vgl. dazu auch schon die erste Entscheidung des High Court zu Section 92 *Fox v Robbins* (1909) 8 CLR 115; zu diesem Urteil noch näher unten Teil 3, § 2, I., 1.

[123] *Leible*, in: Grabitz/Hilf, Das Recht der Europäischen Union (Band 1), Art. 28 EG Rn. 8; *Müller-Graff*, in: Groeben/Thiesing/Ehlermann, Kommentar zum EU-/EG-Vertrag (Band 1), Art. 30 EG Rn. 183; *Deringer*, in: Festschrift für Kutscher, S. 95 ff.; *Ehlermann*, in: Festschrift für Hans Peter Ipsen, S. 579 ff.; *Barents*, CMLRev 18 (1981), 271, 283 f.; *Daniele*, RMC 1984, 477, 480.

[124] Unerheblich ist also, ob lediglich eine Teilgliederung des Mitgliedstaates oder eine Körperschaft öffentlichen Rechts tätig wird, siehe EuGH, Rs. 53/76 (Procureur de la République, Besançon /Bouhelier u.a.), Slg. 1977, 197, 203; EuGH, Rs. 222/82 (The Apple and Pear Development Council/Lewis), Slg. 1983, 4083 ff.; EuGH, Rs. 266/87 (The Queen/Royal Pharmaceutical Society), Slg. 1989, 1321 ff.

[125] EuGH, Rs. 311/85 (Vereniging van Vlaamse Reisebureaus/Sociale Dienst van de Plaatselijke en Gewestelijke Overheidsdiensten), Slg. 1987, 3801, 3830; EuGH, Rs. 65/86 (Bayer und Maschinenfabrik Hennecke/Süllhöfer), Slg. 1988, 5249, 5285 entgegen seiner früheren Rechtsprechung in EuGH, Rs. 58/80 (Dansk Supermarked/Imerco), Slg. 1981, 181, 195; so auch *Leible*, in: Grabitz/Hilf, Das Recht der Europäischen Union (Band 1), Art. 30 EG Rn. 44; *Dauses*, in: Dauses, Hdb. EU-WirtschaftsR (Band 1), C. I. Rn. 93; siehe zur heftig umstrittenen Frage der „Drittwirkung" oder auch „horizontalen Direktwirkung" des Art. 28 EG bzw. der Grundfreiheiten allgemein, ablehnend etwa *Roth*, in: Festschrift für Everling, S. 1231 ff.; *Matthies*, in: Gedächtnisschrift für Constantinesco, S. 471, 476 f.; zustimmend *Schaefer*, Die unmittelbare Wirkung des Verbots der nichttarifären Handelshemmnisse, S. 180 f., 189 ff.; *Steindorff*, EG-Vertrag und Privatrecht, S. 277 ff.; *ders.*, in: Festschrift für Lerche, S. 575 ff.; siehe ferner *Kluth*, AöR 122 (1997), 557 ff.; monographisch *Ganten*, Die Dritt-

In einer jüngeren Entscheidung führt der EuGH aus, daß Mitgliedstaaten nicht nur eigene handelshemmende Handlungen oder Verhaltensweisen zu unterlassen haben. Sie selbst können auch Schutzpflichten treffen. Aus Art. 28 EG in Verbindung mit Art. 10 EG (dem Grundsatz der Gemeinschaftstreue) leiten die Richter ab, die Mitgliedstaaten seien verpflichtet, alle geeigneten und erforderlichen Maßnahmen zu ergreifen, um die Beachtung der Grundfreiheiten in ihren Staatsgebieten zu gewährleisten.[126]

Mitgliedstaatliche Regelungen können zunächst über Art. 30 EG gerechtfertigt werden. Darüber hinaus beschneidet der EuGH die *Dassonville*-Formel, indem er im Rahmen des Art. 28 EG mittels der *Cassis*-Formel[127] immanente Schranken des Begriffs einer unzulässigen Maßnahme gleicher Wirkung wie eine mengenmäßige Beschränkung errichtet. Schließlich reduziert die sog. *Keck*-Rechtsprechung[128] den Anwendungsbereich des Art. 28 EG.

bbb. Die *Cassis de Dijon*-Rechtsprechung des EuGH

Der EuGH entwickelte seine Rechtsprechung zum Begriff der Maßnahme gleicher Wirkung auf der Basis der *Dassonville*-Formel weiter. Er orientierte sich dabei vor allem an zwei Bedürfnissen: Zunächst sollte die Verkehrsfähigkeit von Gütern in der Gemeinschaft gesteigert werden. Darüber hinaus erkannte man, daß die Rechtfertigungsgründe des Art. 30 EG allein nicht ausreichen, um eine uferlose Anwendung der *Dassonville*-Formel zu beschränken.[129] Beiden Anliegen trug die Entscheidung *Cassis de Dijon* Rechnung.

---

wirkung der Grundfreiheiten (2000); *Jaensch*, Die unmittelbare Drittwirkung der Grundfreiheiten (1997).

[126] EuGH, Rs. C-265/95 (Kommission/Frankreich), Slg. 1997, I-6959, 6999. In dieser Entscheidung des EuGH ging es um die Frage, ob Frankreich gegen Art. 28 EG i.V.m. Art. 10 EG verstößt, weil es nicht alle zum Schutz des freien Warenverkehrs mit Obst und Gemüse erforderlichen und angemessenen Maßnahmen gegen französische Landwirte – also Privatpersonen – ergriffen hatte. Die Bauern hatten ungehindert Gewalttaten gegen landwirtschaftliche Erzeugnisse aus anderen Mitgliedstaaten verüben können. LKWs wurden angehalten, ihre ausländische Ladung vernichtet und französische Einkaufszentren genötigt, ausländische Waren nicht feilzubieten. Dazu näher *Meier*, EuZW 1998, 85 f.; *Schärf*, EuZW 1998, 617 f.; *Schorkopf*, EuZW 1998, 237 ff.; *Szczekalla*, DVBl. 1998, 219 ff.; *Meurer*, EWS 1998, 196 ff.; *Schwarze*, EuR 1998, 53 ff.

[127] Siehe EuGH, Rs. 120/78 (REWE/Bundesmonopolverwaltung für Branntwein), Slg. 1979, 649; dazu sogleich.

[128] EuGH, verb. Rs. C-267/91 und C-268/91 (Keck und Mithouard), Slg. 1993, I-6097.

[129] *Dubach*, DVBl. 1995, 595, 597.

aaaa. Unterschiedslos anwendbare Maßnahmen und zwingende Erfordernisse

In diesem Fall befaßte sich der EuGH erstmals mit Handelshemmnissen, die aus unterschiedslos anwendbaren Regelungen resultierten. Unterschiedslos anwendbar ist eine Regelung immer dann, wenn ihr Geltungsanspruch nicht zwischen inländischen und aus Gemeinschaftsstaaten importierten Waren unterscheidet.[130]

Die in der Entscheidung *Cassis de Dijon* entscheidungserhebliche deutsche Vorschrift, die einen bestimmten Weingeistgehalt für Liköre festlegte, differenzierte nicht zwischen inländischen und eingeführten Erzeugnissen; sie war also unterschiedslos anwendbar. Sie verwehrte denjenigen Likören den Marktzugang, die den geforderten Alkoholgehalt nicht aufwiesen. Somit war die *Dassonville*-Formel einschlägig. Die fragliche Vorschrift verstieß zunächst gegen Art. 28 EG, da sie nicht über Art. 30 EG gerechtfertigt werden konnte.

An dieser Stelle beendete der EuGH seine Prüfung jedoch nicht, sondern führte weiter aus, daß es bei fehlender Gemeinschaftsregelung den Mitgliedstaaten obliegt, die für ihr Hoheitsgebiet erforderlichen Vorschriften zu erlassen. Falls variierende mitgliedstaatliche Normen zu Behinderungen des innergemeinschaftlichen Handels führen, müssen diese hingenommen werden, soweit sie „notwendig sind, um zwingenden Erfordernissen gerecht zu werden."[131] Gleichförmig anwendbare Maßnahmen der Mitgliedstaaten können demzufolge sowohl über Art. 30 EG als auch über zwingende Erfordernisse des Allgemeinwohls gerechtfertigt werden. Unerheblich ist dabei, ob eine unterschiedslos anwendbare Maßnahme materiell diskriminiert.[132] Hingegen ist im Hinblick auf

---

[130] *Müller-Graff*, in: Groeben/Thiesing/Ehlermann, Kommentar zum EU-/EG-Vertrag (Band 1), Art. 30 EG Rn. 195; *Reuter*, in: Salger, Handbuch der europäischen Rechts- und Wirtschaftspraxis, § 11 Rn. 7; *Schweitzer/Hummer*, Europarecht, Rn. 1137; *Heermann*, WRP 1999, 579, 580; *von Wilmowsky*, EuR 1992, 414, 415.

[131] EuGH, Rs. 120/78 (REWE/Bundesmonopolverwaltung für Branntwein), Slg. 1979, 649, 662.

[132] Jüngst noch EuGH, Rs. C-254/98 (Schutzverband gegen unlauteren Wettbewerb/TK-Heimdienst Sass), Slg. 2000, I-151, 170 ff.; EuGH, Rs. C-389/96 (Aher-Waggon/Deutschland), Slg. 1998, 4473, 4489; EuGH, verb. Rs. C-34-36/95 (Konsumentenombudsmannen/De Agostini/TV-Shop), Slg. 1997, I-3843, 3891; *Becker*, in: Schwarze, EU-Kommentar, Art. 30 EG Rn. 41; *Oppermann*, Europarecht, Rn. 1299 f.; *Hobe*, Europarecht, Rn. 256; *Lecheler*, Einführung in das Europarecht, S. 245 f.; *Fetsch*, Eingriffsnormen und EG-Vertrag, S. 93; *Ehlers*, JURA 2001, 482, 487; *Roth*, WRP 2000, 979, 982; *Heermann*, WRP 1999, 579, 580; gegenteiliger Ansicht sind indessen *Kingreen*, Die Struktur der Grundfreiheiten des Europäischen Gemeinschaftsrechts, S. 47 ff.; *Schmitz*, Die kommerzielle Kommunikation im Binnenmarkt im Lichte der neueren Rechtsprechung zur Warenverkehrsfreiheit, S. 272 f. Fn. 943; *Koenig/Haratsch*, Europarecht, Rn. 511; *Emmert*, Europa-

eine Rechtfertigung formal diskriminierender Bestimmungen ein Rückgriff auf die zwingenden Erfordernisse wohl nicht gestattet; einschlägig soll hier allein Art. 30 EG sein.[133]

Zwingende Erfordernisse sind gegeben, wenn sie Ziele verfolgen, die im Allgemeininteresse liegen.[134] Teilweise spricht der EuGH in diesem Zusammenhang auch von „Erwägungen des Gemeinwohls".[135] Aufgrund des hohen Stellenwertes der Ziele des freien Warenverkehrs müssen diese Erfordernisse zwingend, und nicht nur zweckmäßig sein.[136]

Als zwingende Erfordernisse hat der EuGH zunächst eine wirksame steuerliche Kontrolle, den Schutz der öffentlichen Gesundheit[137], den Schutz der Lauterkeit

---

recht, § 29 Rn. 4 und 34; *Steinberg*, EuGRZ 2002, 13, 23; *Kühne*, JZ 2001, 759, 760; *Weiß*, EuZW 1999, 493, 496; *Kingreen/Störmer*, EuR 1998, 263, 267; wohl auch *Hirsch*, ZEuS 1999, 503, 510 f.; differenzierend *Müller-Graff*, in: Groeben/Thiesing/Ehlermann, Kommentar zum EU-/EG-Vertrag (Band 1), Art. 30 EG Rn. 196; *Streinz*, in: Festschrift für Rudolf, S. 199, 218 f.; dazu kritisch wiederum *Gundel*, JURA 2001, 79, 81 Fn. 23.

[133] Ständige Rechtsprechung, siehe etwa EuGH, Rs. 229/83 (Edouard Leclerc/Au blé vert), Slg. 1985, 1, 35; jüngst noch EuGH, Rs. C-224/97 (Ciola/Land Vorarlberg), Slg. 1999, I-2517, 2536 (zur Dienstleistungsfreiheit); siehe auch *Poiares Maduro*, We The Court, S. 51 f.; *Roth*, in: Festschrift für Mestmäcker, S. 725 f. m.w.N.; *Heselhaus*, EuZW 2001, 645, 646 f.; *Heermann*, WRP 1999, 579, 589 f.; *Weyer*, EuR 1998, 435, 448; *Stuyck*, CMLRev 34 (1997), 1445, 1466; *Weatherill*, (1988) 13 ELRev 87, 91; *Gundel*, JURA 2001, 79, 82 ff.; von diesem Grundsatz wich der EuGH indessen vereinzelt ab, siehe EuGH, Rs. 113/80 (Kommission/Irland), Slg. 1981, 1625, 1639; EuGH, Rs. C-2/90 (Kommission/Belgien), Slg. 1992, I-4431, 4480; EuGH, verb. Rs. C-34-36/95 (Konsumentenombudsmannen/De Agostini/TV-Shop), Slg. 1997, I-3843, 3891; EuGH, Rs. C-120/95 (Decker/Caisse de maladie des employés privés), Slg. 1998, I-1831, 1884; EuGH, Rs. C-379/98 (PreussenElektra/Schleswag), Slg. 2001, I-2099, 2185; siehe auch *Leible*, in: Grabitz/Hilf, Das Recht der Europäischen Union (Band 1), Art. 28 EG Rn. 20; *Becker*, in: Schwarze, EU-Kommentar, Art. 30 EG Rn. 43; *Hakenberg*, in: Lenz, EG-Kommentar, Art. 49/50 Rn. 20 und 26; *dies.*, Grundzüge des Europäischen Wirtschaftsrechts, S. 99; *Kingreen*, Die Struktur der Grundfreiheiten des Europäischen Gemeinschaftsrechts, S. 154 ff.; *Steinberg*, EuGRZ 2002, 13, 23 f.; *Roth*, WRP 2000, 979, 984; *Nowak/Schnitzler*, EuZW 2000, 627 ff.; *Streinz/Leible*, EuZW 2000, 459, 463; *Weiß*, EuZW 1999, 493, 497 f.; *Oliver*, CMLRev 36 (1999), 783, 804 ff.; *Poiares Maduro*, Maastricht Journal of European and Comparative Law 6 (1998), 298, 310 f.; *Novak*, DB 1997, 2589, 2592.

[134] EuGH, Rs. 120/78 (REWE/Bundesmonopolverwaltung für Branntwein), Slg. 1979, 649, 664.

[135] EuGH, Rs. 27/80 (Fietje), Slg. 1980, 3839, 3840; EuGH, Rs. 130/80 (Keldermann), Slg. 1981, 527, 535.

[136] *Müller-Graff*, in: Groeben/Thiesing/Ehlermann, Kommentar zum EU-/EG-Vertrag (Band 1), Art. 30 EG Rn. 205.

[137] Insbesondere im Hinblick auf den Schutz der öffentlichen Gesundheit, der sowohl in der *Cassis de Dijon*-Rechtsprechung als zwingendes Erfordernis eingeordnet wird als auch im

des Handelsverkehrs und den Verbraucherschutz[138] anerkannt.[139] In späteren Entscheidungen stufte er auch den Umweltschutz in seiner kommunitären Tragweite[140], die Aufrechterhaltung der Medienvielfalt[141], den ordnungsgemäßen Betrieb eines öffentlichen Telekommunikationsnetzes[142], die ausreichende Versorgung der Bevölkerung[143], das finanzielle Gleichgewicht des Systems der sozialen Sicherheit[144] und kulturelle Zwecke[145] als zwingende Erfordernisse ein. Diese Aufzählung ist nicht abschließend, wie sich aus der Formulierung („insbesondere")[146] der Entscheidung entnehmen läßt.

Inhalt und Umfang der zwingenden Erfordernisse werden im Interesse einer gemeinschaftsweit einheitlichen Praxis durch den EuGH festgelegt.[147] Zu den

---

Rahmen des Art. 30 EG genannt ist, stellt sich die Frage, wie das Verhältnis zwischen den zwingenden Erfordernissen des Art. 28 EG und den Rechtfertigungsgründen des Art. 30 EG zu charakterisieren ist; dazu *Dauses*, in: Dauses, Hdb. EU-WirtschaftsR (Band 1), C. I. Rn. 109. Mittlerweile prüft der EuGH das Schutzgut „Gesundheit" nur noch im Rahmen des Art. 30 EG, siehe EuGH, Rs. C-405/98 (Konsumentombudsmannen/Gourmet International Products AB), Slg. 2001, I-1795, 1825; EuGH, verb. Rs. C-1/90 und C-176/90 (Aragonesa de Publicidad Exterior und Publivía/Departamento de Sanidad y Seguridad Social de la Generalitat de Cataluña), Slg. 1991, I-4151, 4183.

[138] Dazu noch jüngst EuGH, Rs. C-30/99 (Kommission/Irland), Slg. 2001, I-4619, 4660 f.; EuGH, Rs. C-448/98 (Guimont), Slg. 2000, I-10663, 10689 ff.

[139] EuGH, Rs. 120/78 (REWE/Bundesmonopolverwaltung für Branntwein), Slg. 1979, 649, 662.

[140] EuGH, Rs. C-389/96 (Aher-Waggon/Deutschland), Slg. 1998, I-4473, 4489; EuGH, Rs. 302/86 (Kommission/Dänemark), Slg. 1988, 4607, 4608. Die Qualifizierung des Umweltschutzes und des Schutzes der Arbeitsumwelt als zwingende Erfordernisse im Sinne der *Cassis de Dijon*-Entscheidung ergibt sich heute auch aus Art. 95 Abs. 4 und 5 EG.

[141] EuGH, Rs. C-368/95 (Vereinigte Familiapress Zeitungsverlags- und Vertriebs GmbH/Heinrich Bauer Verlag), Slg. 1997, I-3689, 3715.

[142] EuGH, Rs. C-202/88 (Frankreich/Kommission), Slg. 1991, I-1223, 1268; EuGH, Rs. C-314/93 (Rouffetau und Badia), Slg. 1994, I-3257, 3277.

[143] EuGH, Rs. C-254/98 (Schutzverband gegen unlauteren Wettbewerb/TK-Heimdienst Sass), Slg. 2000, 151, 172 f.

[144] EuGH, Rs. C-120/95 (Decker/Caisse de maladie des employés privés), Slg. 1998, I-1831, 1884 f.

[145] Implizit EuGH, verb. Rs. 60/84 und 61/84 (Cinéthèque/Fédération nationale des cinémas français), Slg. 1985, 2605, 2626; anders EuGH, Rs. 229/83 (Leclerc/Au blé vert), Slg. 1985, 1, 17.

[146] EuGH, Rs. 120/78 (REWE/Bundesmonopolverwaltung für Branntwein), Slg. 1979, 649, 662.

[147] *Müller-Graff*, in: Groeben/Thiesing/Ehlermann, Kommentar zum EU-/EG-Vertrag (Band 1), Art. 30 EG Rn. 206.

einzelnen zwingenden Erfordernissen hat der EuGH mittlerweile eine umfangreiche Kasuistik entwickelt, die hier nicht ausgebreitet werden soll.[148]

Die Bedeutung der Entscheidung *Cassis de Dijon* liegt vor allem darin, daß alle Erzeugnisse, die in einem Mitgliedstaat rechtmäßig in Verkehr gebracht wurden, in der Europäischen Gemeinschaft nun frei vermarktbar sind, wenn nicht ein „zwingendes Erfordernis" oder ein Rechtfertigungsgrund des Art. 30 EG eingreift.[149] Durch *Cassis de Dijon* vollzog sich also der Wechsel vom Bestimmungsstaatsprinzip zum Ursprungsstaatsprinzip.[150] Damit einher ging eine nachhaltige Förderung der innergemeinschaftlichen Warenverkehrsfreiheit.[151]

bbbb. Verhältnismäßigkeitsgrundsatz und zwingende Erfordernisse

Zwingende Erfordernisse werden den Zielen des freien Warenverkehrs vorgezogen, falls die eingesetzten Mittel verhältnismäßig sind, um diese legitimen Allgemeininteressen zu erreichen.[152] Eine handelsbeschränkende Maßnahme eines Mitgliedstaates, die zwingenden Erfordernissen genügt, muß also geeignet, erforderlich und angemessen ist.[153] Schließlich ist in Anlehnung an Art. 30

---

[148] Ausführlich zu den einzelnen zwingenden Erfordernissen im Sinne des Rechtsprechung des EuGH: *Müller-Graff*, in: Groeben/Thiesing/Ehlermann, Kommentar zum EU-/EG-Vertrag (Band 1), Art. 30 EG Rn. 203 ff.; *Oliver*, Free Movement of Goods in the European Community, Rn. 8.80 ff.; *Ahlfeld*, Zwingende Erfordernisse im Sinne der Cassis-Rechtsprechung des EuGH zu Art. 30 EG (1997).

[149] *Dauses*, in: Dauses, Hdb. EU-WirtschaftsR (Band 1), C. I. Rn. 104; *Poiares Maduro*, We The Court, S. 51; *Müller-Graff*, Binnenmarktrecht, S. 32; *Everling*, ZLR 1989, 304, 310.

[150] *Mestmäcker*, Die Wirtschaftsverfassung in der Europäischen Union, Zentrum für Europäisches Wirtschaftsrecht – Vorträge und Berichte Nr. 28 (1993), S. 9 f.

[151] Vgl. *Dauses*, in: Dauses, Hdb. EU-WirtschaftsR (Band 1), C. I. Rn. 104; *Mestmäcker*, Die Wirtschaftsverfassung in der Europäischen Union, Zentrum für Europäisches Wirtschaftsrecht – Vorträge und Berichte Nr. 28 (1993), S. 9 f.

[152] Ständige Rechtsprechung; jüngst noch EuGH, Rs. C-77/97 (Österreichische Unilever/Smithkline Beecham Markenartikel), Slg. 1999, I-431, 478; EuGH, Rs. C-389/96 (Aher-Waggon/Deutschland), Slg. 1998, I-4473, 4489 m.w.N. sowie EuGH, Rs. C-184/96 (Kommission/Frankreich), Slg. 1998, I-6197, 6224.

[153] Einhellig gehen der EuGH und die Literatur davon aus, daß eine am Verhältnismäßigkeitsgrundsatz orientierte Prüfung vorzunehmen ist. Jedoch variiert die verwendete Terminologie ganz erheblich. Während *Leible*, in: Grabitz/Hilf, Das Recht der Europäischen Union (Band 1), Art. 28 EG Rn. 19 ausführt, daß eine nationale Maßnahme „notwendig" und „verhältnismäßig" (so auch EuGH, Rs. 274/87 (Kommission/Deutschland), Slg. 1989, 229, 252) sein muß, wird ebenda, Rn. 21 gefordert, daß die Maßnahme „geeignet, notwendig und angemessen" zu sein hat. *Müller-Graff*, in: Groeben/Thiesing/Ehlermann, Kommentar zum EU-/EG-Vertrag (Band 1), Art. 30 EG Rn. 231 stellt unter der Überschrift „Notwendigkeit" fest, daß die in Rede stehende Maßnahme „erforderlich, geeignet und das den freien Waren-

Satz 2 EG zu prüfen, ob die mitgliedstaatliche Maßnahme ein Mittel zur willkürlichen Diskriminierung oder zur verschleierten Beschränkung des Handels zwischen den Mitgliedstaaten darstellt.[154] Es sei an dieser Stelle schon vorweggenommen, daß auch in Australien der Verhältnismäßigkeitsgrundsatz eine ganz entscheidende Rolle im Rahmen der Abwägung zwischen dezentralen Interessen und dem freien Warenverkehr spielt.[155]

(1.) Geeignetheit

Die nationale Maßnahme muß zunächst geeignet sein, das legitime Allgemeininteresse zu erreichen; ein völlig untaugliches Mittel kann eine handelsbeeinträchtigende Maßnahme nicht rechtfertigen.[156] Eine nur unzulängliche, aber nicht völlig untaugliche Maßnahme eines Mitgliedstaates ist hingegen noch „geeignet".[157] Denn es liegt grundsätzlich im weiten Ermessen der Mitgliedstaaten, geeignete Mittel zur Gefahrenbeseitigung zu finden.[158] Dieser Ermessensspielraum ermöglicht es den Mitgliedstaaten, den Schutz legitimer Allgemeininteressen entsprechend ihren nationalen Ziel- und Ordnungsvor-

---

verkehr am wenigsten einschränkende Mittel sein sowie insgesamt den Anforderungen des Verhältnismäßigkeitsgrundsatzes unter Berücksichtigung der Regel des Art. 36 S. 2 EG entsprechen" muß. Wiederum abweichend *Krämer*, CMLRev 30 (1993), 111, 120; hingegen: *Epiney*, in: Calliess/Ruffert, EUV/EG, Art. 30 EG Rn. 51 ff.; *Hailbronner*, in: Hailbronner/Klein/Magiera/Müller-Graff, Handkommentar zum Vertrag über die Europäische Union (EUV/EG), Art. 36 EG Rn. 14; *Schwarze*, Europäisches Verwaltungsrecht (Band 2), S. 831 ff.; *von Wilmowsky*, Europäisches Kreditsicherungsrecht, S. 13 ff.; *Streinz*, Europarecht, Rn. 737; *Schweitzer/Hummer*, Europarecht, Rn. 1131, *Emmert*, Europarecht, § 29 Rn. 37; *de Búrca*, (1993) 13 YEL 105, 113; *Hirsch*, Das Verhältnismäßigkeitsprinzip im Gemeinschaftsrecht, Zentrum für Europäisches Wirtschaftsrecht – Vorträge und Berichte Nr. 80 (1997), S. 9 f.; *Dauses*, EuZW 1995, 425; *Jarass*, EuR 1995, 202, 225 f.; *ders.*, EuR 2000, 705, 721 f.; *Becker*, EuR 1994, 162, 168 und *Roth*, ZHR 159 (1995), 78, 79 prüfen entsprechend der deutschen Grundrechtsdogmatik, ob die Maßnahme „geeignet, erforderlich und angemessen bzw. verhältnismäßig im engeren Sinne" ist. Dem wird hier gefolgt. Umfassend zu dieser Problematik *Emiliou*, The Principle of Proportionality in European Law: A Comparative Study (1996).

[154] *Leible*, in: Grabitz/Hilf, Das Recht der Europäischen Union (Band 1), Art. 28 EG Rn. 21; ausführlicher zu den Begriffen „willkürliche Diskriminierung" und „verschleierte Beschränkung" des Handels noch unten Teil 1, § 3, II., 2., b., dd.

[155] Dazu näher Teil 4, § 1, III. und Teil 5, § 2, II., 4., b.

[156] *Leible*, in: Grabitz/Hilf, Das Recht der Europäischen Union (Band 1), Art. 30 EG Rn. 8; *Müller-Graff*, in: Groeben/Thiesing/Ehlermann, Kommentar zum EU-/EG-Vertrag (Band 1), Art. 36 EG Rn. 130.

[157] Vgl. EuGH, Rs. 152/78 (Kommission/Frankreich), Slg. 1980, 2299, 2316.

[158] EuGH, Rs. C-293/93 (Houtwipper), Slg. 1994, I-4249, 4269; *Müller-Graff*, in: Groeben/Thiesing/Ehlermann, Kommentar zum EU-/EG-Vertrag (Band 1), Art. 36 EG Rn. 130.

stellungen auszugestalten. Vor allem der Schutzumfang und die Strenge der dazu nötigen Kontrollen können somit national festgelegt werden.[159] Die nationale Maßnahme darf schließlich nicht das Ergebnis eines groben Ermessensfehlers sein. Dem EuGH wird insoweit eine Kontrollbefugnis zugestanden.[160] Bislang hat der Gerichtshof nur in wenigen Fällen die Geeignetheit mitgliedstaatlicher Maßnahmen verneint.[161]

(2.) Erforderlichkeit

Die nationale Maßnahme hat zudem erforderlich zu sein. Sie muß also im Vergleich zu anderen, ebenfalls geeigneten Maßnahmen den freien Warenverkehr am wenigsten beschränken.[162] Sollte das bedrohte Schutzgut durch eine genauso wirksame, aber den innergemeinschaftlichen Warenverkehr weniger belastende Maßnahme verteidigt werden können, scheidet ihre Rechtfertigung aus.[163]

Beispielsweise kann ein mitgliedstaatliches Reinheitsgebot für Bier[164] zu Einfuhr- oder Vertriebsverboten für diejenigen Biere führen, die nicht die geforderte Zusammensetzung aufweisen. Diese Beschränkungen des freien Warenverkehrs sind unverhältnismäßig, falls eine entsprechende Information des Konsumenten – etwa auf dem Etikett – ausgereicht hätte. Zu diesem zentralen Punkt der Verhältnismäßigkeitsprüfung hat sich inzwischen eine facettenreiche Kasuistik entwickelt, die in der einschlägigen Literatur umfassend aufbereitet wurde.[165]

---

[159] Siehe EuGH, Rs. 104/75 (de Peijper), Slg. 1976, 613, 635.

[160] EuGH, Rs. C-293/93 (Houtwipper), Slg. 1994, I-4249, 4270.

[161] Ein jüngeres Beispiel ist das Urteil EuGH, Rs. C-17/93 (van der Veldt), Slg. 1994, I-3537, 3559 f.

[162] *Leible*, in: Grabitz/Hilf, Das Recht der Europäischen Union (Band 1), Art. 30 EG Rn. 8; *Dauses*, in: Dauses, Hdb. EU-WirtschaftsR (Band 1), C. I. Rn. 159.

[163] Ständige Rechtsprechung, siehe etwa: EuGH, Rs. 324/93 (The Queen/Evans Medical und Macfarlan), Slg. 1995, I-563, 608; siehe auch die ausführlichen Rechtsprechungsnachweise bei *Müller-Graff*, in: Groeben/Thiesing/Ehlermann, Kommentar zum EU-/EG-Vertrag (Band 1), Art. 36 EG Rn. 135 Fn. 297.

[164] Siehe EuGH, Rs. 178/84 (Kommission/Deutschland), Slg. 1987, 1227.

[165] Ausführlich etwa *Müller-Graff*, in: Groeben/Thiesing/Ehlermann, Kommentar zum EU-/EG-Vertrag (Band 1), Art. 36 EG Rn. 136 ff. m.w.N.

(3.) Angemessenheit

Schließlich ist im Rahmen der Verhältnismäßigkeitprüfung zu untersuchen, ob die nationale Maßnahme angemessen ist. Hier ist abzuwägen zwischen der Intensität der Belastung für den innergemeinschaftlichen Handel durch die in Rede stehende nationale Maßnahme und den aktuellen oder künftigen Vorteilen, die aus dieser Maßnahme für das schützenswerte Rechtsgut erwachsen.[166] Es handelt sich also um den Grundsatz des Übermaßverbotes, dem mittels einer Zweck-Mittel-Relation Rechnung zu tragen ist.[167]

cccc. Umgekehrte Diskriminierungen

Die Weiterentwicklung der *Dassonville*-Formel durch *Cassis de Dijon* zu einem Beschränkungsverbot wirft das Problem der sog. Inländerdiskriminierung auf.[168] Dieser Begriff bezeichnet das Phänomen, daß EG-Ausländer aufgrund der Grundfreiheiten besser behandelt werden als Inländer, da jenen nationale Regelungen nicht entgegengehalten werden dürfen.[169]

Trotz kritischer Stimmen in der Literatur[170] befindet der EuGH in ständiger Rechtsprechung, daß Inländerdiskriminierungen nicht gegen Gemeinschafts-

---

[166] *Müller-Graff*, in: Groeben/Thiesing/Ehlermann, Kommentar zum EU-/EG-Vertrag (Band 1), Art. 36 EG Rn. 135, 157.

[167] *Lang*, Die Freiheit des Warenverkehrs, S. 44.

[168] *Mestmäcker*, Die Wirtschaftsverfassung in der Europäischen Union, Zentrum für Europäisches Wirtschaftsrecht – Vorträge und Berichte Nr. 28 (1993), S. 10; dazu ausführlich *Epiney*, Umgekehrte Diskriminierungen (1995); *Burmester*, Inländerdiskriminierung (1994); *Hammerl*, Inländerdiskriminierung (1997); siehe auch *Everling*, in: Festschrift für Mestmäcker, S. 365, 372 Fn. 41 m.w.N. sowie *Balthasar*, ZÖR 53 (1998), 143 ff.; *Weyer*, EuR 1998, 435, 447 ff. m.w.N.; *Graser*, DÖV 1998, 1004 ff.

[169] *Streinz*, Europarecht, Rn. 682.

[170] Etwa *Dauses*, in: Dauses, Hdb. EU-WirtschaftsR (Band 1), C. I. Rn. 116-116 b; *Balthasar*, ZÖR 53 (1998), 143, 163 ff.; *Spätgens*, in: Festschrift für Freiherr von Gamm, S. 201, 205 ff.; *Mülbert*, ZHR 159 (1995), 2, 19 f.; *Kleier*, RIW 1988, 623 ff.; *Schöne*, RIW 1989, 450 ff.; *Ensthaler*, RIW 1990, 734 ff.; *Nicolaysen*, EuR 1991, 95 ff.; umfassend *Epiney*, Umgekehrte Diskriminierungen (1995); *Burmester*, Inländerdiskriminierung (1994). Kritisiert wird vor allem, daß Art. 28 EG nicht nur die Abschottung der mitgliedstaatlichen Märkte verhindern möchte, sondern sich auch gegen innerstaatliche Handelshemmnisse wendet. Nur aufgrund dieser Interpretation könne der Binnenmarkt effektiv vollendet und das Ziel eines unverfälschten Wettbewerbs im Binnenmarkt erreicht werden. Schließlich widerspräche Inländerdiskriminierung der Philosophie des Gemeinsamen Marktes.

recht verstoßen.[171] Laut EuGH ist der Anwendungsbereich des Gemeinschaftsrechts bei Inländerdiskriminierungen nicht eröffnet, da die Grundfreiheiten nur für binnenmarktbezogene Sachverhalte gelten, die ein grenzüberschreitendes Element aufweisen.[172] Reine Inlandssachverhalte bleiben als interne Vorgänge der Regelungsgewalt des jeweiligen Mitgliedstaates überlassen, soweit nicht Rechtsangleichung die daraus resultierenden Wettbewerbsverzerrungen beseitigt.[173] Art. 28 EG zielt nur darauf ab, Einfuhrhindernisse für den innergemeinschaftlichen Warenverkehr zu beseitigen.[174] Die Norm gewährleistet jedoch nicht die Gleichbehandlung von einheimischen und importierten Erzeugnissen.[175] Nationale Produktions- und Vermarktungsvorschriften können also nur dann gegen Art. 28 EG verstoßen, wenn sie Einfuhrerzeugnisse in ihren Anwendungsbereich aufnehmen. Dies mag aufgrund der innerstaatlichen Wirkung des Art. 28 EG und des Vorrangs des Gemeinschaftsrechts dazu führen, daß nationale Regelungen für Importprodukte nicht eingreifen, einheimische Produkte aber weiterhin rigiden mitgliedstaatlichen Vorschriften genügen müssen.[176] Auch in Australien hat das Problem der Inländerdiskriminierungen im Rahmen der Auslegung von Section 92 ein gewichtige Rolle gespielt.[177]

ccc. Die *Keck*-Rechtsprechung des EuGH

Der EuGH konkretisierte im sog. *Keck*-Urteil[178] den Begriff der Maßnahme gleicher Wirkung noch näher.

---

[171] Unbenommen bleibt eine Prüfung anhand nationalen Verfassungsrechts, siehe *Dauses*, in: Dauses, Hdb. EU-WirtschaftsR (Band 1), C. I. Rn. 114; *Streinz*, Europarecht, Rn. 685; *Nicolaysen*, EuR 1994, 95, 107 ff.

[172] EuGH, Rs. 355/85 (Driancourt/Cognet), Slg. 1986, 3231, 3242; siehe auch die ausführlichen Rechtsprechungsnachweise bei *Nicolaysen*, EuR 1994, 95, 96 Fn. 5; *Schöne*, RIW 1989, 450, 454.

[173] *Dauses*, in: Dauses, Hdb. EU-WirtschaftsR (Band 1), C. I. Rn. 116; *Streinz*, Europarecht, Rn. 685; *Oliver*, CMLRev 36 (1999), 783, 784 m.w.N.; *Nicolaysen*, EuR 1994, 95, 96.

[174] *Leible*, in: Grabitz/Hilf, Das Recht der Europäischen Union (Band 1), Art. 28 EG Rn. 24.

[175] EuGH, verb. Rs. 80/85 und 159/85 (Nederlandse Bakkerij Stichting u.a./Edah), Slg. 1986, 3359, 3382; *Dauses*, in: Dauses, Hdb. EU-WirtschaftsR (Band 1), C. I. Rn. 116; *Leible*, in: Grabitz/Hilf, Das Recht der Europäischen Union (Band 1), Art. 28 EG Rn. 24.

[176] *Schilling*, JZ 1994, 8; *Nicolaysen*, EuR 1991, 95.

[177] Siehe unten Teil 4, § 1, I., 1.

[178] EuGH, verb. Rs. C-267/91 und C-268/91 (Keck und Mithouard), Slg. 1993, I-6097.

aaaa. Bedürfnis nach Weiterentwicklung

Eine Weiterentwicklung des Begriffs der Maßnahmen gleicher Wirkung lag nahe, da sich Marktteilnehmer immer häufiger auf Art. 28 EG beriefen, um sich gegen Vorschriften zu wenden, die ihre geschäftliche Freiheit einschränken.[179] Für nahezu jede staatliche Maßnahme läßt sich darlegen, daß sie die Kaufkraft der Bürger beeinflußt und sich damit negativ auf den Warenumsatz und Warenverkehr auswirkt. Oft war aber kein Bezug der angegriffenen Normen zum innergemeinschaftlichen Handel mehr erkennbar.[180]

Dieses oft mißbräuchliche Gebaren, das auch Parallelen im australischen Markt hatte,[181] führte zu zahlreichen Vorlageverfahren, die letztlich entscheidenden Anteil an der Arbeitsüberlastung des EuGH hatten.[182] Das Ergebnis dieser Praxis war zudem eine umfangreiche Einzelfalljurisprudenz.[183]

Im übrigen fällte der EuGH nach *Cassis de Dijon* einige pragmatische Entscheidungen. Diese beschränkten zwar – was allseits gebilligt wurde – den Anwendungsbereich der Maßnahmen gleicher Wirkung; sie waren aber methodisch fragwürdig und wiesen inhaltliche Widersprüche auf.[184] Nicht zuletzt diese Rechtsunsicherheit schuf das Bedürfnis, die Tragweite des Begriffs der Maßnahme gleicher Wirkung zu präzisieren.[185]

---

[179] Siehe EuGH, verb. Rs. C-267/91 und C-268/91 (Keck und Mithouard), Slg. 1993, I-6097, 6131; *Matthies*, in: Festschrift für Everling (Band 1), S. 803, 806; *Micklitz*, IStR 1994, 86, 89; *Weatherill*, CMLRev 33 (1996), 885.

[180] *Leible*, in: Grabitz/Hilf, Das Recht der Europäischen Union (Band 1), Art. 28 EG Rn. 27; *Ackermann*, RIW 1994, 189, 192.

[181] Insbesondere in der Zeit, in der der High Court Section 92 im Sinne des sog. *individual rights approach*, einem Beschränkungsverbot, auslegte, kam es zu einer Flut von Klagen gegen wirtschaftslenkende Normen; dazu noch näher unten Teil 3, § 2, IV.

[182] Kritisch zu diesem Aspekt *Roth*, in: FIW (Hrsg.), Marktwirtschaft und Wettbewerb im sich erweiternden europäischen Raum, S. 21, 32; *Ackermann*, RIW 1994, 189, 192; *Weiler*, in: Craig/de Búrca, The Evolution of EU Law, S. 349, 370: „*If the doctrine is justified on its merits, your alarm at an increase in case load should be directed at the phenomena that gives rise to the increase, not to the doctrine. You do not address a growing flood of murder cases by changing the definition of murder.*"

[183] *Reich*, ZIP 1993, 1815 f.; *Steindorff*, ZHR 158 (1994), 149, 153 f.

[184] *Leible*, in: Grabitz/Hilf, Das Recht der Europäischen Union (Band 1), Art. 28 EG Rn. 27 mit weiteren Einzelheiten und Rechtsprechungsnachweisen; siehe auch *Matthies*, in: Festschrift für Everling (Band 1), S. 803, 806 ff.; *Schilling*, EuR 1994, 50, 60; *Reich*, CMLRev 31 (1994), 459, 466; *Arnull*, (1993) 18 ELRev 314, 321.

[185] *Steiner*, CMLRev 29 (1992), 749 ff.; *Steindorff*, ZHR 158 (1994), 159 f.; *Ackermann*, RIW 1994, 189, 190; siehe auch die kritischen Ausführungen des GA *Tesauro* in seinen Schlußanträgen zu EuGH, Rs. C-292/92 (Hünermund u.a./Landesapothekenkammer Baden-Württemberg), Slg. 1993, I-6787, 6800 ff.

bbbb. Das *Keck*-Urteil

Der *Keck*-Entscheidung[186] liegt folgender Sachverhalt zugrunde: Die Herren Keck und Mithouard, beide Geschäftsführer von Supermarktfilialen im Elsaß, verkauften Waren unter ihrem Einkaufspreis. Damit verstießen sie gegen französisches Recht, das Händlern Verlustverkäufe unter Strafe verbietet. In ihrem Strafverfahren machten beide geltend, das Verbot, Waren unter Einkaufspreis zu verkaufen, verletze die vom EG garantierte Warenverkehrsfreiheit.

Der EuGH entwickelte in diesem Vorlageverfahren[187] die sog. *Keck*-Formel. Hiernach ist *„[...] entgegen der bisherigen Rechtsprechung die Anwendung nationaler Bestimmungen, die bestimmte Verkaufsmodalitäten beschränken oder verbieten, auf Erzeugnisse aus anderen Mitgliedstaaten nicht geeignet, den Handel zwischen den Mitgliedstaaten im Sinne des Urteils Dassonville unmittelbar oder mittelbar, tatsächlich oder potentiell zu behindern, sofern diese Bestimmungen für alle betroffenen Wirtschaftsteilnehmer gelten, die ihre Tätigkeit im Inland ausüben, und sofern sie den Absatz der inländischen Erzeugnisse und der Erzeugnisse aus anderen Mitgliedstaaten rechtlich wie tatsächlich in der gleichen Weise berühren.“*[188]

Für den Ausgangsfall bedeutete dies, daß sich Keck und Mithouard vergeblich auf Art. 28 EG beriefen. Das Verbot des Verlustverkaufs wurde als Verkaufsmodalität im Sinne der Keck-Formel eingestuft; es fiel damit nicht mehr in seinen Anwendungsbereich.

cccc. Konsequenzen

Aus der Entscheidung wurde der Schluß gezogen, daß der EuGH grundsätzlich an den Formeln der Entscheidungen *Dassonville* und *Cassis de Dijon* festhält, deren Anwendungsbereich jedoch einschränkt. Beide Formeln sind nur noch für produktbezogene Maßnahmen einschlägig. Auf diskriminierungsfreie Maßnahmen, die sich lediglich auf den Vertrieb der Ware und nicht auf sie selbst beziehen, dürfen die *Dassonville*- und *Cassis*-Formel nicht mehr angewendet

---

186 EuGH, verb. Rs. C-267/91 und C-268/91 (Keck und Mithouard), Slg. 1993, I-6097.

187 Zum Ablauf des Verfahrens ausführlich *Keßler*, Das System der Warenverkehrsfreiheit im Gemeinschaftsrecht, S. 63 ff.; *Lenz*, NJW 1994, 1633 f.

188 EuGH verb. Rs. C-267/91 und C-268/91 (Keck und Mithouard), Slg. 1993, I-6097, 6131; seitdem ständige Rechtsprechung, jüngst noch EuGH, Rs. C-383/97 (van der Laan), Slg. 1999, I-731, 759; zu der Unterscheidung zwischen Verkaufs- und Produktmodalitäten schon *White*, CMLRev 26 (1989), 235 ff.

werden.[189] Zu unterscheiden ist also zwischen produkt- und vertriebsbezogenen Vorschriften.[190]

Die Herausnahme der vertriebsbezogenen Vorschriften („bestimmte Verkaufs- oder Absatzmodalitäten") aus dem Anwendungsbereich des Art. 28 EG begründet der EuGH lakonisch[191] damit, daß derartige Regelungen nicht geeignet sind, importierten Erzeugnissen den Marktzugang zu versperren oder ihn im Vergleich zu einheimischen Produkten stärker zu behindern, sofern sie nicht nach dem Warenursprung diskriminieren und einheimische sowie importierte Erzeugnisse rechtlich und tatsächlich in der gleichen Weise berühren.[192]

Eine formal nichtdiskriminierende Vertriebsregelung ist damit wie eine produktbezogene Maßnahme zu behandeln und somit auf ihre Vereinbarkeit mit Art. 28 EG hin zu untersuchen, falls sie zu einem faktischen Vermarktungsverbot führt oder bedeutende Vertriebskanäle derart verschließt, daß die Einfuhr der betreffenden Ware ganz oder teilweise unterbunden wird.[193] Griffe Art. 28 EG bei einer solchen faktischen Diskriminierung nicht ein, lebten die nationalen Grenzen zwischen den Märkten der Mitgliedstaaten wieder auf. Es käme zu einer Marktsegmentierung, die mit dem Binnenmarktkonzept der Europäischen Gemeinschaft nicht zu vereinbaren wäre.[194]

Der EuGH hat mit dem *Keck*-Urteil die Grenzlinie zwischen dem Anwendungsbereich des Diskriminierungs- und des Beschränkungsverbots zu Lasten des Beschränkungsverbots verschoben.[195] Vertriebsregelungen im Sinne des *Keck*-

---

[189] Derartige Vorschriften werden nun auch nicht mehr – wie etwa noch in der Entscheidung EuGH, verb. Rs. 60/84 und 61/84 (Cinéthèque/Fédération nationale des cinémas français), Slg. 1985, 2605 ff. – einer Verhältnismäßigkeitsprüfung unterzogen, mittels derer exzessive nationale Einschränkungen beseitigt werden konnten, vgl. *Möschel*, NJW 1994, 429, 430.

[190] *Heermann*, WRP 1999, 579, 581; *Dauses/Roth*, ZLR 1996, 507, 518.

[191] So *Steindorff*, ZHR 158 (1994), 149, 152.

[192] EuGH, verb. Rs. C-267/91 und C-268/91 (Keck und Mithouard), Slg. 1993, I-6097, 6131; EuGH, Rs. C-384/93 (Alpine Investments/Minister van Financiën), Slg. 1995, I-1141, 1177 f.

[193] EuGH, Rs. C-384/93 (Alpine Investments/Minister van Financiën), Slg. 1995, I-1141, 1177 f.

[194] GA *van Gerven* in seinen Schlußanträgen zu EuGH, Rs. C-145/88 (Torfaen Borough Council/B&Q), Slg. 1989, 3851, 3876 ff.

[195] *Roth*, in: Festschrift für Großfeld, S. 929, 941; *Tesauro*, The Internal Market of the EC in the Light of the Recent Case-Law of the Court of Justice, Zentrum für Europäisches Wirtschaftsrecht – Vorträge und Berichte Nr. 65 (1996), S. 15 f.; *Moore*, in: Craig/de Búrca, The Evolution of EU Law, S. 517, 525; siehe auch *Roth*, in: Gedächtnisschrift für Lüderitz, S. 635, 646.

Urteils bilden einen Ausnahmebereich und unterliegen nur noch einem (umfassenden) Diskriminierungsverbot.[196] Damit geht einher, daß sich der Rechtfertigungsdruck für die Mitgliedstaaten verringert.

dddd. Abgrenzung vertriebs- contra produktbezogene Maßnahmen

Da der EuGH im *Keck*-Urteil darauf verzichtete, den Begriff der „bestimmten Verkaufsmodalitäten" näher zu definieren, drängt sich die Frage auf, wie dieser auszulegen und gegenüber den Produktvorschriften abzugrenzen ist.[197] Vertriebsbezogen sind laut EuGH Regelungen, die die räumlichen und zeitlichen Voraussetzungen sowie die sonstigen Umstände festlegen, unter denen Waren vertrieben werden können. Sie müssen darüber hinaus Ausdruck landesweiter oder regionaler, sozialer und kultureller Besonderheiten sein.[198]

Zu den „bestimmten Verkaufsmodalitäten"[199] im Sinne der *Keck*-Rechtsprechung zählte der EuGH etwa das Verbot des Verkaufs zum Verlustpreis[200], standesrechtliche Werbeverbote für apothekenübliche Waren außerhalb der Apotheke[201], Regelungen über die Ladenöffnungszeiten von Tankstellen[202], Vorschriften über Sonn- und Feiertagsverkauf[203], ein Verbot von Fernsehwerbung

---

[196] Dazu kritisch *von Wilmowsky*, Europäisches Kreditsicherungsrecht, S. 25 f.

[197] *Oliver*, Free Movement of Goods in the European Community, Rn. 6.62; *Steindorff*, EG-Vertrag und Privatrecht, S. 98, 101; *Matthies*, in: Festschrift für Everling (Band 1), S. 803, 815; *Roth*, CMLRev 31 (1994), 845, 852; *Ackermann*, RIW 1994, 189, 190; *Petschke*, EuZW 1994, 107, 111; die Unterscheidung zwischen Produkt- und Verkaufsmodalitäten geht zurück auf *White*, CMLRev 26 (1989), 235, 246.

[198] EuGH, verb. Rs. C-418/93 u.a. (Semeraro Casa Uno u.a.), Slg. 1996, I-2975, 3007; *Ackermann*, RIW 1994, 189, 193 führt in Anlehnung an GA *Tesauro* (Tz. 20 der Schlußanträge zu EuGH, verb. Rs. C-267 und C-268/91 (Keck und Mithouard), Slg. 1993, I-6097) aus, daß Verkaufsmodalitäten im Sinne der *Keck*-Rechtsprechung diejenigen Regelungen sind, die Antworten auf die Fragen geben, wann, wie, wo, von wem und zu welchem Preis eine Ware verkauft werden darf. Eine Zusammenstellung der unterschiedlichen Definitionsversuche in der Literatur findet sich bei *Heermann*, WRP 1999, 579 582 f.

[199] Siehe dazu die Nachweise bei *Leible*, in: Grabitz/Hilf, Das Recht der Europäischen Union (Band 1), Art. 28 EG Rn. 28; *Müller-Graff*, in: Groeben/Thiesing/Ehlermann, Kommentar zum EU-/EG-Vertrag (Band 1), Art. 30 EG Rn. 255 f.

[200] EuGH, verb. Rs. C-267/91 und C-268/91 (Keck und Mithouard), Slg. 1993, I-6097, 6131.

[201] EuGH, Rs. C-292/92 (Hünermund u.a./Landesapothekenkammer Baden-Württemberg), Slg. 1993, I-6787; dazu *Möschel*, NJW 1994, 782.

[202] EuGH, verb. Rs. C-401/92 und C-402/92 (Tankstation 't Heukske vof und Boermans), Slg. 1994, I-2199, 2227.

[203] EuGH, verb. Rs. C-69/93 und C-258/93 (Punta Casa u. PVV/Sindaco del Commune di Capena u.a.), Slg. 1994, I-2355, 2369.

im Vertriebssektor[204], ein Verkaufsverbot für Säuglingsnahrung außerhalb von Apotheken[205], ein Verbot des Warenverkaufs mit niedriger Gewinnspanne[206] und ein staatliches Tabakwarenmonopol[207].

Produktvorschriften hingegen regeln Merkmale der Erzeugnisse selbst.[208] Zu nennen sind etwa ihre Ausstattung, Bezeichnung, Etikettierung, Form, Gewicht, Verpackung oder Zusammensetzung.[209] So befand der EuGH, ein auf § 3 UWG gestütztes Verbot des Werbeaufdrucks „+ 10 %" auf der Verpackung eines importierten Erzeugnisses sei eine produktbezogene Maßnahme, die im konkreten Fall gegen Art. 28 EG verstoße.[210] Auch ein nationales Verbot, kosmetische Produkte mit „*Clinique*" zu bezeichnen, sei eine produktbezogene Maßnahme.[211]

Die oft kritisierte Unterscheidung zwischen vertriebs- und produktbezogenen Maßnahmen kann im Einzelfall schwierig sein.[212] Zunächst ist das Adjektiv „bestimmt" kein klares Abgrenzungskriterium.[213] Im übrigen sind Waren grund-

---

[204] EuGH, Rs. C-412/93 (Leclerc/TF1 und M6), Slg. 1995, I-179, 217.

[205] EuGH, Rs. C-391/92 (Kommission/Griechenland), Slg. 1995, I-1621, 1646 f.

[206] EuGH, Rs. C-63/94 (Belgapom), Slg. 1995, I-2467, 2490.

[207] EuGH, Rs. C-387/93 (Banchero), Slg. 1995, I-4663, 4694.

[208] Ständige Rechtsprechung; jüngst noch EuGH, Rs. C-390/99 (Canal Satélite Digital/Administración General del Estado), Slg. 2002, I-607, 653.

[209] Jüngst noch EuGH, Rs. C-217/99 (Kommission/Belgien), Slg. 2000, I-10251, 10272; EuGH, Rs. C-51/93 (Meyhui/Schott Zwiesel Glaswerke), Slg. 1994, I-3879, 3898; siehe auch *Dauses*, in: Dauses, Hdb. EU-WirtschaftsR (Band 1), C. I. Rn. 126; *Steindorff*, EG-Vertrag und Privatrecht, S. 97; *Streinz/Leible*, ZIP 1995, 1236, 1238; siehe zur Gruppe der produktbezogenen Vertriebsmodalitäten und denen gleichstehenden Vorschriften *Roth*, in: Festschrift für Großfeld, S. 929, 937 f. m.w.N. zur jüngsten Rechtsprechung des EuGH.

[210] EuGH, Rs. C-470/93 (Verein gegen Unwesen in Handel und Gewerbe Köln/Mars), Slg. 1995, I-1923, 1941; siehe dazu *Streinz/Leible*, ZIP 1995, 1236 ff.; *Lüder*, EuZW 1996, 615 ff.; *Bernhard*, EWS 1995, 404 ff.

[211] EuGH, Rs. C-315/92 (Verband Sozialer Wettbewerb/Clinique Laboratories und Estée Lauder Cosmetics), Slg. 1994, I-317, 337 f.

[212] Dazu näher *Poiares Maduro*, We The Court, S. 84; *Roth*, in: FIW (Hrsg.), Marktwirtschaft und Wettbewerb im sich erweiternden europäischen Raum, S. 21, 33; *Ebenroth*, in: Festschrift für Piper, S. 133, 135 ff.; *Schwintowski*, RabelsZ 64 (2000), 38, 47 ff.; *Heermann*, GRUR Int. 1999, 579, 582 ff.; *Neergaard*, Maastricht Journal of European and Comparative Law 6 (1999), 151, 162; *Reich*, CMLRev 31 (1994), 459, 470 f.; *Everling*, in: Schwarze, Wirtschaftsverfassungsrechtliche Garantien für Unternehmen im europäischen Binnenmarkt, S. 11, 19 sieht hier immer noch Klärungsbedarf; zur Abgrenzung jüngst EuGH, Rs. C-254/98 (Schutzverband gegen unlauteren Wettbewerb/TK-Heimdienst Sass), Slg. 2000, I-151, 169 ff. sowie EuGH, Rs. C-67/97 (Bluhme), Slg. 1998, I-8033, 8063.

[213] *Müller-Graff*, in: Groeben/Thiesing/Ehlermann, Kommentar zum EU-/EG-Vertrag (Band 1), Art. 30 EG Rn. 247, 252; *Steindorff*, EG-Vertrag und Privatrecht, S. 99; *Roth*, in:

sätzlich für den Verkauf vorgesehen, so daß letztlich jede Bedingung für deren Verkaufbarkeit – somit auch eine produktbezogene Regelung – als Verkaufsmodalität angesehen werden kann.[214]

Ein einheitliches Marktgeschehen in vertriebs- und produktbezogene Aspekte aufzuspalten, widerspricht oft der ökonomischen Realität. Denn Produktwerbung ist regelmäßig nur ein Bestandteil einer aus mehreren Komponenten bestehenden, oft komplexen Marketingstrategie.[215] Besonders deutlich wird dies, wenn sich sowohl auf dem Produkt selbst als auch auf einem davon unabhängigen Werbeträger Informationen über das betreffende Erzeugnis befinden. Hier zwischen Werbung als vertriebsbezogener Maßnahme und Verpackung als produktbezogener Maßnahme trennen zu wollen, ist kaum durchführbar und überzeugt nicht.[216]

cc. Maßnahmen gleicher Wirkung wie Ausfuhrbeschränkungen

Art. 29 EG verbietet Maßnahmen gleicher Wirkung wie Ausfuhrbeschränkungen. Diese Norm will – wie Art. 28 EG – den freien Warenverkehr im Gemeinsamen Markt gewährleisten,[217] indem sie binnenmarktswidrige Ausfuhr-

---

FIW (Hrsg.), Marktwirtschaft und Wettbewerb im sich erweiternden europäischen Raum, S. 21, 33; *ders.*, CMLRev 31 (1994), 845, 852; *Bassi/Coppenolle*, RMUE 4-1993, 195, 196.

[214] *Müller-Graff*, in: Groeben/Thiesing/Ehlermann, Kommentar zum EU-/EG-Vertrag (Band 1), Art. 30 EG Rn. 247; *Ackermann*, RIW 1994, 189, 193; *Streinz/Leible*, ZIP 1995, 1236, 1239; *Möschel*, NJW 1994, 429, 430 spricht sogar davon, daß eine solche Trennung aus ökonomischer Sicht „lebensfremd, gar naiv" erscheint; *Steindorff*, EG-Vertrag und Privatrecht, S. 99 und *Matthies*, in: Festschrift für Everling (Band 1), S. 803, 813 sehen hier offene Fragen.

[215] *Dauses*, in: Dauses, Hdb. EU-WirtschaftsR (Band 1), C. I. Rn. 130; *Reich*, ZIP 1993, 1815, 1817; *Micklitz*, IStR 1994, 86, 90; allgemein zum Verhältnis Marketing-Vorschriften und freier Warenverkehr siehe *Greaves*, (1998) 23 ELRev 305 ff.

[216] *Dauses*, in: Dauses, Hdb. EU-WirtschaftsR (Band 1), C. I. Rn. 130; *Kilian*, Europäisches Wirtschaftsrecht, Rn. 245; *Heermann*, WRP 1999, 579, 582 m.w.N.; *Micklitz*, IStR 1994, 86, 90; *Dubach*, DVBl. 1995, 595, 602; *Roth*, CMLRev 31 (1994), 845, 852 f.; *Reich*, ZIP 1993, 1815, 1816 f. unter Verweis auf die umfassende gemeinschaftsrechtliche Definition des Begriffs „Werbung" in Art. 2 der Werberichtlinie 84/450/EWG; zur Einordnung der grenzüberschreitenden Werbung („Euro-Marketing") siehe *Sack*, WRP 1998, 103, 106 f. mit umfangreichen Nachweisen.

[217] *Leible*, in: Grabitz/Hilf, Das Recht der Europäischen Union (Band 1), Art. 29 EG Rn. 2.

hindernisse untersagt und beseitigt.[218] Die praktische Relevanz von Art. 29 EG nimmt sich gegenüber der des Art. 28 EG vergleichsweise bescheiden aus.[219]

aaa. Der Begriff im Spiegel der Rechtsprechung des EuGH

Aufgrund der parallelen Formulierungen in Art. 28 und 29 EG haben zunächst sowohl Rat, Kommission und EuGH als auch die Literatur den Begriff der Maßnahme gleicher Wirkung für beide Vorschriften mit identischem Inhalt gefüllt.[220] Erst die konkretisierende Rechtsprechung des EuGH bildete wesentliche Definitionsunterschiede heraus. Jedoch gehen beide Ansätze wegen des deckungsgleichen Verbotszwecks[221] von der *Dassonville*-Formel als Grundregel aus.[222] Diese uferlose Formel eingrenzend und abweichend von der für Art. 28 EG gefundenen Lösung führt der EuGH in ständiger Rechtsprechung aus, daß gemäß Art. 29 EG „sämtliche nationalen Maßnahmen verboten sind, die spezifische Beschränkungen der Ausfuhrströme bezwecken oder bewirken und damit unterschiedliche Bedingungen für den Binnenhandel eines Mitgliedstaats und seinen Außenhandel schaffen."[223]

---

[218] *Müller-Graff*, in: Groeben/Thiesing/Ehlermann, Kommentar zum EU-/EG-Vertrag (Band 1), Art. 34 EG Rn. 13.

[219] *Leible*, in: Grabitz/Hilf, Das Recht der Europäischen Union (Band 1), Art. 29 EG Rn. 1; *Müller-Graff*, in: Groeben/Thiesing/Ehlermann, Kommentar zum EU-/EG-Vertrag (Band 1), Art. 34 EG Rn. 3.

[220] Siehe die Nachweise bei *Müller-Graff*, in: Groeben/Thiesing/Ehlermann, Kommentar zum EU-/EG-Vertrag (Band 1), Art. 34 EG Rn. 11 Fn. 15-17.

[221] *Müller-Graff*, in: Groeben/Thiesing/Ehlermann, Kommentar zum EU-/EG-Vertrag (Band 1), Art. 34 EG Rn. 15.

[222] *Leible*, in: Grabitz/Hilf, Das Recht der Europäischen Union (Band 1), Art. 29 EG Rn. 2; *Epiney*, in: Calliess/Ruffert, EUV/EG, Art. 29 EG Rn. 7; a.A. *Becker*, in: Schwarze, EU-Kommentar, Art. 29 EG Rn. 9; *Oliver*, CMLRev 36 (1999), 783, 799.

[223] In EuGH, Rs. 15/79 (Groenveld/Produktschap voor Vee en Vlees), Slg. 1979, 3409, 3415 fügten die Richter noch folgende Passage hinzu: „ … , so daß die nationale Produktion oder der Binnenmarkt des betroffenen Staates zum Nachteil der Produktion oder des Handels anderer Mitgliedstaaten einen besonderen Vorteil erlangt." Dieses protektionistische Element fiel in den meisten Folgeurteilen zu Art. 29 EG ersatzlos weg, siehe EuGH, verb. Rs. 141-143/81 (Holdijk), Slg. 1982, 1299, 1313; EuGH, Rs. 237/82 (Jongeneel Kaas/Nederlande), Slg. 1984, 483, 504; EuGH, Rs. C-47/90 (Delhaize/Promalvin), Slg. 1992, I-3669, 3708; EuGH, Rs. C-388/95 (Belgien/Spanien), Slg. 2000, I-3123, 3162; jedoch gebrauchte der EuGH die *Groenveld*-Formel in seiner ursprünglichen Fassung in dem Urteil EuGH, Rs. 15/83 (Denkavit Nederland/Hoofdproduktschap voor Akkerbouwprodukten), Slg. 1984, 2171, 2184 sowie jüngst noch EuGH, Rs. C-203/96 (Chemische Afvalstoffen Dusseldorp u.a./Minister van Volkshuisvesting, Ruimtelijke Ordening en Milieubeheer), Slg. 1998, I-4075, 4126; EuGH, Rs. C-412/97 (Ed/Fenocchio), Slg. 1999, I-3845, 3879.

Der EuGH vertritt damit im Rahmen des Art. 29 EG ein Diskriminierungsverbot.[224] Obwohl unterschiedslos anwendbare Herstellungs- und Marketingregeln der Mitgliedstaaten Warenexporte behindern können, fallen sie nicht in den Anwendungsbereich des Art. 29 EG.[225] Die Norm schützt Marktteilnehmer also nicht vor jeder Regelung, die sich auf Produktionsbedingungen auswirkt und dadurch Umfang und Kosten der nationalen Produktion beeinflussen kann.[226]

Nationale Ausfuhrbeschränkungen können nur zum Schutz der in Art. 30 Satz 1 EG abschließend aufgeführten Rechtsgüter durch die Mitgliedstaaten erlassen werden.[227] Unterschiedslos anwendbare Regelungen, die nicht als protektionistisch-diskriminierend einzustufen sind, müssen weder über Art. 30 EG

---

[224] Siehe *Kapteyn/VerLoren van Themaat/Gormley*, Introduction to the Law of the European Communities, S. 649; *von Wilmowsky*, Europäisches Kreditsicherungsrecht, S. 20 ff.; *ders.*, EuR 1996, 362, 364 ff.; *Roth*, ZHR 159 (1995), 78, 81 f. m.w.N. in Fn. 23. Ein deutlich umfassenderes Begriffsverständnis der Maßnahme gleicher Wirkung wie Ausfuhrbeschränkungen gilt in den Fällen, in denen eine gemeinsame Marktorganisation besteht, wie etwa der Bereich der Landwirtschaft. Dazu näher *Leible*, in: Grabitz/Hilf, Das Recht der Europäischen Union (Band 1), Art. 29 EG Rn. 5; *Müller-Graff*, in: Groeben/Thiesing/Ehlermann, Kommentar zum EU-/EG-Vertrag (Band 1), Art. 34 EG Rn. 29 f.; *Roth*, ZHR 159 (1995), 78, 88.

[225] EuGH, Rs. C-339/89 (Alsthom Atlantique/Compagnie de construction mécanique Sulzer), Slg. 1991, I-1991, 107, 124; EuGH, Rs. 155/80 (Oebel), Slg. 1981, 1993, 2009; deutlich auch GA *Jacobs* in seinen Schlußanträgen zu EuGH, Rs. C-203/96 (Chemische Afvalstoffen Dusseldorp u.a./Minister van Volkshuisvesting, Ruimtelijke Ordening en Milieubeheer), Slg. 1998, I-4075, 4100; *Becker*, in: Schwarze, EU-Kommentar, Art. 29 EG Rn. 9 ff. und 24; *Matthies/von Borries*, in: Grabitz/Hilf, Das Recht der Europäischen Union (Altband 1), Art. 34 EG Rn. 4; *Oliver*, Free Movement of Goods in the European Community, Rn. 6.91 und 6.95; *von Wilmowsky*, Europäisches Kreditsicherungsrecht, S. 20 f.; *Jarvis*, The Application of EC Law by National Courts – The Free Movement of Goods, S. 133; *Reich*, Europäisches Verbraucherrecht, S. 82; *Klauer*, Die Europäisierung des Privatrechts, S. 84; *Füller*, Grundlagen und inhaltliche Reichweite der Warenverkehrsfreiheiten nach dem EG-Vertrag, S. 241 f.; *Vollbrecht*, Warenverkehrslenkung nach dem Außenwirtschaftsgesetz im Rahmen des Europäischen Gemeinschaftsrechts, S. 121; *Oliver*, CMLRev 36 (1999), 783, 800; *ders.*, CMLRev 19 (1982), 217, 241; *von Wilmowsky*, EuR 1996, 362, 363 f.; wohl auch *Epiney*, in: Calliess/Ruffert, EUV/EG, Art. 29 EG Rn. 12; a.A. anscheinend *Leible*, in: Grabitz/Hilf, Das Recht der Europäischen Union (Band 1), Art. 29 EG Rn. 3 f.; *Jarass*, NuR 1998, 397, 403.

[226] EuGH, Rs. 237/82 (Jongeneel Kaas/Niederlande), Slg. 1984, 483, 505.

[227] GA *Jacobs* in seinen Schlußanträgen zu EuGH, Rs. C-203/96 (Chemische Afvalstoffen Dusseldorp u.a./Minister van Volkshuisvesting, Ruimtelijke Ordening en Milieubeheer), Slg. 1998, I-4075, 4102; *Becker*, in: Schwarze, EU-Kommentar, Art. 29 EG Rn. 24; *Oliver*, Free Movement of Goods in the European Community, Rn. 6.95; *Füller*, Grundlagen und inhaltliche Reichweite der Warenverkehrsfreiheiten nach dem EG-Vertrag, S. 56 f.; *Everling*, RIW Beilage 2 zu Heft 3/1993, 1, 7; *Oliver*, CMLRev 19 (1982), 217, 241; a.A. *Fischer*, Europarecht, S. 226; *Jarass*, NuR 1998, 397, 403.

noch über zwingende Allgemeininteressen im Sinne der *Cassis de Dijon*-Rechtsprechung gerechtfertigt werden.[228] Sie verstoßen nicht gegen Art. 29 EG. Die Mitgliedstaaten werden insoweit nicht unter Rechtfertigungsdruck gesetzt.

Eine Begründung für diese abweichenden Begriffsbestimmungen in Art. 28 und Art. 29 EG ist der EuGH bis heute schuldig geblieben.[229] Das führte in der Literatur zu kritischen Fragen und eigenen Erklärungsversuchen.[230] Die abweichende Definition rechtfertigen Teile der Literatur wie folgt:[231]

Unterschiedslos anwendbare Regelungen des Bestimmungslandes können eingeführten Waren, die nach den Vorschriften ihres Heimatstaates produziert wurden, den Zugang zum Markt des Bestimmungslandes erschweren oder ganz verwehren. Diese Vorschriften verschaffen einheimischen Anbietern Wettbewerbsvorteile gegenüber ausländischen Anbietern. Protektionistische Wirkungen treten aber regelmäßig nicht auf, wenn das Land, aus dem exportiert werden soll, unterschiedslos anwendbare Produkt- und Vertriebsbestimmungen erläßt. Die Ausfuhr der betroffenenen Waren ist ohne weiteres zulässig.[232] Adressaten derartiger exportbezogener Vorschriften können nur Inlandswaren sein.[233] Durch solche Vorschriften gelangen Industrien desjenigen Landes, aus dem exportiert werden soll, nicht in den Genuß von Wettbewerbsvorteilen gegenüber ausländischen Industrien. Eine Beeinträchtigung des innergemeinschaftlichen Handels liegt nicht vor. Sie kann im Rahmen des Art. 29 EG nur durch diskriminierende Vorschriften erreicht werden.

---

[228] GA *Jacobs* in seinen Schlußanträgen zu EuGH, Rs. C-203/96 (Chemische Afvalstoffen Dusseldorp u.a./Minister van Volkshuisvesting, Ruimtelijke Ordening en Milieubeheer), Slg. 1998, I-4075, 4102; *Oliver*, Free Movement of Goods in the European Community, Rn. 6.95; *Roth*, ZHR 159 (1995), 78, 82; *Everling*, RIW Beilage 2 zu Heft 3/1993, 1, 7; *Oliver*, CMLRev 19 (1982), 217, 241.

[229] *Roth*, ZHR 159 (1995), 78, 83.

[230] *Beutler/Bieber/Pipkorn/Streil*, Die Europäische Union, S. 435; *Gormley*, Prohibiting Restrictions on Trade within the EEC, S. 100 ff.; *Kapteyn/VerLoren van Themaat/Gormley*, Introduction to the Law of the European Communities, S. 649 f.; *Chalmers/Szyszczak*, European Union Law – Vol. II, S. 312; *Mattera*, Le marché unique européen, S. 520 f.; *von Wilmowsky*, Europäisches Kreditsicherungsrecht, S. 21 ff.; *Roth*, ZHR 159 (1995), 78, 83; *Koenig/Sander*, EuZW 1996, 8, 10 f.; *Weatherill*, CMLRev 33 (1996), 885, 902 f.

[231] Siehe *Leible*, in: Grabitz/Hilf, Das Recht der Europäischen Union (Band 1), Art. 29 EG Rn. 4; *Classen*, EWS 1995, 97, 100 f.; *Barents*, CMLRev 18 (1981), 271, 302 f.; *Everling*, RIW Beilage 2 zu Heft 3/1993, 1, 7.

[232] *Everling*, RIW Beilage 2 zu Heft 3/1993, 1, 7.

[233] *Geiger*, EUV/EG, Art. 29 EG Rn. 2.

bbb. Die Kritik der Literatur

Die Auffassung des EuGH ist auf massiven Widerstand im Schrifttum gestoßen.[234] Die Binnenmarktperspektive fordere, auch gleichförmig anwendbare Normen an Art. 29 EG zu messen.[235] Nur so könne in der Europäischen Gemeinschaft eine grenzüberschreitende wirtschaftliche Handlungsfreiheit der Unternehmen erreicht[236] und dadurch Exporteuren die Möglichkeit gegeben werden, auf den Märkten anderer Mitgliedstaaten als aussichtsreicher Konkurrent aufzutreten.[237] Der grundsätzlich freie Zugang zu allen Märkten der Mitgliedstaaten – ein konstituierendes Element des Binnenmarktes[238] – werde verweigert, wenn unterschiedslos anwendbare Regelungen über die Produktzusammensetzung inländische Hersteller daran hindern, ihre für den Export bestimmten Waren gemäß den Standards des jeweiligen Bestimmungsstaates zu produzieren.[239] Eine binnenmarktorientierte Auslegung fordere, daß Art. 29 EG nicht nur diskriminierende mitgliedstaatliche Vorschriften, sondern auch gleichförmig anwendbare Produktregelungen[240] erfaßt, die den Zugang zu Märkten anderer EG-Staaten unterbinden.[241]

---

[234] Siehe vor allem *Roth*, ZHR 159 (1995), 78, 84 ff.; ihm folgend *Müller-Graff*, in: Groeben/Thiesing/Ehlermann, Kommentar zum EU-/EG-Vertrag (Band 1), Art. 34 EG Rn. 21-24; siehe auch *Kapteyn/VerLoren van Themaat/Gormley*, Introduction to the Law of the European Communities, S. 650 f.; *von Wilmowsky*, Europäisches Kreditsicherungsrecht, S. 20 ff.; *Gormley*, Prohibiting Restrictions on Trade within the EEC, S. 108 ff.; *Mattera*, Le marché unique européen, S. 516 ff.; *Beutler/Bieber/Pipkorn/Streil*, Die Europäische Union, S. 435; *von Wilmowsky*, EuR 1996, 362, 363 ff.; *Roth*, ZEuP 1994, 5, 30 f.; *Nicolaysen*, EuR 1991, 95, 106 f.; *Zuleeg*, BB 1994, 581, 586.

[235] *Müller-Graff*, in: Groeben/Thiesing/Ehlermann, Kommentar zum EU-/EG-Vertrag (Band 1), Art. 30 EG Rn. 5 und Art. 34 EG Rn. 22; *Klauer*, Die Europäisierung des Privatrechts, S. 84 f.; *Roth*, ZHR 159 (1995), 78, 91 ff.

[236] Zu beachten ist in diesem Zusammenhang, daß Art. 29 EG nicht die allgemeine wirtschaftliche Handlungsfreiheit der Unternehmen gewährleisten will, sondern sich gegen Normen wendet, die den zwischenstaatlichen Handel in spezifischer Weise berühren, siehe *Roth*, ZHR 159 (1995), 78, 91. So betrifft doch Art. 29 EG – ebenso wie Art. 28 EG – nur den zwischenstaatlichen Warenverkehr im Rahmen der Europäischen Gemeinschaft, siehe *Müller-Graff*, in: Groeben/Thiesing/Ehlermann, Kommentar zum EU-/EG-Vertrag (Band 1), Art. 34 EG Rn. 32.

[237] *Müller-Graff*, in: Groeben/Thiesing/Ehlermann, Kommentar zum EU-/EG-Vertrag (Band 1), Art. 34 EG Rn. 22.

[238] *Roth*, ZHR 159 (1995), 78, 91; *Grabitz*, in: Festschrift für Hans Peter Ipsen, S. 645, 647; *ders.*, in: Festschrift für Steindorff, S. 1229, 1233.

[239] *Müller-Graff*, in: Groeben/Thiesing/Ehlermann, Kommentar zum EU-/EG-Vertrag (Band 1), Art. 34 EG Rn. 21 f.; *Roth*, ZHR 159 (1995), 78, 92.

[240] *Produkt*regelungen sind zu unterscheiden von *Produktions*regelungen. Unter letzteren versteht man mitgliedstaatliche Normen, die die wirtschaftlichen Rahmenbedingungen betreffen, wie etwa das nationale Steuer-, Sozial-, Arbeits-, Bau- und Bauplanungsrecht. Es

Die Rechtsprechung des EuGH führe letztendlich zu einem Wettbewerb der mitgliedstaatlichen Rechtsordnungen, nicht aber zu einem Wettbewerb der Hersteller.[242] Um ihre Waren ausführen zu können, müßten potentielle Exporteure in demjenigen Mitgliedstaat produzieren, der keine Regelungen erlassen hat, die die Ausfuhr verhindern oder erschweren. Je nach Rechtslage in den einzelnen Mitgliedstaaten wären mitunter recht kostenintensive Verlagerungen der Produktionsstätten die Folge, die sich regelmäßig negativ auf die Stellung des betroffenen Produzenten im Wettbewerb auswirken.[243]

Art. 29 EG sei für Produktregelungen im Sinne eines Beschränkungsverbotes zu interpretieren, das unabhängig von Art. 30 EG durch zwingende Allgemeininteressen der Exportstaaten durchbrochen werden könne.[244] Nur eine solche Auslegung des Art. 29 EG ermögliche kommunitären Exporteuren, ihre Erzeugnisse zu den Bedingungen des Bestimmungslandes im europäischen Binnenmarkt anzubieten.[245]

b. Rechtfertigung aufgrund des Art. 30 EG

Neben den durch die *Cassis de Dijon*- und *Keck*-Rechtsprechung eröffneten Wegen besteht für die Mitgliedstaaten die Möglichkeit, warenverkehrshemmende Regelungen unter Berufung auf Art. 30 EG zu setzen. Demgemäß können mitgliedstaatliche Einfuhr-, Ausfuhr- und Durchfuhrbeschränkungen oder -verbote gerechtfertigt werden durch Gründe der öffentlichen Sittlichkeit, Ordnung und Sicherheit oder um die Gesundheit und das Leben von Menschen, Tieren oder Pflanzen, nationales Kulturgut von künstlerischem, geschichtlichem oder archäologischem Wert oder gewerbliches und kommerzielles Eigentum zu schützen.

Die nach Art. 30 Satz 1 EG grundsätzlich zulässigen Verbote oder Beschränkungen dürfen gemäß Art. 30 Satz 2 EG kein Mittel zur willkürlichen Dis-

---

handelt sich um allgemeine Vorschriften, die nicht spezifisch die Fertigung von auslandsbestimmten Waren gegenüber inlandsbestimmten Waren zu verteuern geeignet sind. Produktionsregelungen erfaßt Art. 29 EG nach Ansicht von *Roth*, ZHR 159 (1995), 78, 93 nur dann, falls sie den Export diskriminieren.

[241] *Roth*, ZHR 159 (1995), 78, 93.

[242] *Roth*, ZHR 159 (1995), 78, 94; dazu ausführlich *Reich*, CMLRev 29 (1992), 861 ff.; siehe auch *Koenig*, EuZW 1998, 513.

[243] Vgl. *Müller-Graff*, in: Groeben/Thiesing/Ehlermann, Kommentar zum EU-/EG-Vertrag (Band 1), Art. 34 EG Rn. 22 a.E.

[244] *Müller-Graff*, in: Groeben/Thiesing/Ehlermann, Kommentar zum EU-/EG-Vertrag (Band 1), Art. 34 EG Rn. 23; *Roth*, ZHR 159 (1995), 78, 90.

[245] *Roth*, ZHR 159 (1995), 78, 90.

kriminierung oder eine verschleierten Beschränkung des innergemeinschaftlichen Handels sein. Art. 30 Satz 2 EG reduziert insofern den Umfang der Rechtfertigungsgründe des Art. 30 Satz 1 EG;[246] er zieht die absolute Grenze in bezug auf handelsbeschränkende Maßnahmen.[247] Einem Mißbrauch der den Mitgliedstaaten eingeräumten Rechtfertigungsgründe, etwaigen Diskriminierungen und Wirtschaftsprotektionismus soll kein Vorschub geleistet werden.[248]

aa. Allgemeines

Aufgrund des Vorrangs des Gemeinschaftsrechts kann eine mitgliedstaatliche Maßnahme nur dann über Art. 30 EG gerechtfertigt werden, soweit eine kommunitäre Regelung (noch) nicht existiert.[249] Art. 30 EG statuiert zu Gunsten der Mitgliedstaaten keinen „Souveränitätsvorbehalt" in der Form, daß Mitgliedstaaten für bestimmte Sachgebiete ausschließlich zuständig sind.[250] Sollte keine gemeinschaftsrechtliche Regelung vorliegen, steht es im Ermessen der Mitgliedstaaten, ob und inwieweit sie von den in Art. 30 Satz 1 EG abschließend[251] genannten Rechtfertigungsgründen Gebrauch machen.[252] Die Rechtfertigungs-

---

[246] *Dauses*, in: Dauses, Hdb. EU-WirtschaftsR (Band 1), C. I. Rn. 157.

[247] *Leible*, in: Grabitz/Hilf, Das Recht der Europäischen Union (Band 1), Art. 30 EG Rn. 9.

[248] EuGH, Rs. 34/79 (Henn und Darby), Slg. 1979, 3795, 3815.

[249] Ständige Rechtsprechung, siehe etwa EuGH, Rs. C-320/93 (Ortscheit/Eurien-Pharm Arzneimittel), Slg. 1994, I-5243, 5263; EuGH, Rs. C-5/94 (Hedley Lomas), Slg. 1996, I-2553, 2604; EuGH, Rs. C-350/97 (Monsees/Unabhängiger Verwaltungssenat für Kärnten u.a.), Slg. 1999, I-2921, 2943 f.; EuGH, Rs. C-473/98 (Kemikalieinspektionen/Toolex Alpha), Slg. 2000, I-5681, 5711; *Herdegen*, Europarecht, Rn. 295; differenzierend *Müller-Graff*, in: Groeben/Thiesing/Ehlermann, Kommentar zum EU-/EG-Vertrag (Band 1), Art. 36 EG Rn. 13-19; siehe auch *Everling*, in: Festschrift für Mestmäcker, S. 365, 379 Fn. 70 zu den Schwierigkeiten, sich auf kommunitärer Ebene auf einheitliche warenverkehrseinschränkende Regelungen zum Schutze der Wohlfahrt der Unionsbürger zu einigen.

[250] EuGH, Rs. 35/76 (Simmenthal/Italienisches Finanzministerium), Slg. 1976, 1871, 1886; EuGH, Rs. 5/77 (Tedeschi/Denkavit), Slg. 1977, 1555, 1576; EuGH, Rs. 153/78 (Kommission/Deutschland), Slg. 1979, 2555, 2564.

[251] EuGH, Rs. 113/80 (Kommission/Irland), Slg. 1981, 1625, 1637 f.; EuGH, Rs. 95/81 (Kommission/Italien), Slg. 1982, 2187, 2202. Die Rechtfertigungsgründe sind daher auch nicht analogiefähig. Andere, gegebenenfalls genauso schützwürdige Rechtsgüter können jedoch im Rahmen des Art. 28 EG gemäß der *Cassis de Dijon*-Rechtsprechung als „zwingende Erfordernisse" eingeordnet werden und auf diesem Wege den Mitgliedstaaten Regelungskompetenzen zugestehen.

[252] EuGH, Rs. 34/79 (Henn und Darby), Slg. 1979, 3795, 3813; EuGH, Rs. 174/82 (Sandoz), Slg. 1983, 2445, 2462 f. Dabei müssen die Mitgliedstaaten aber den ihnen durch das Gemeinschaftsrecht gesteckten Rahmen einhalten und zudem dem Grundsatz der Verhältnismäßigkeit – dazu noch unten Teil 1, § 3, II., 3., b., cc. – Rechnung tragen.

gründe sind allesamt „nichtwirtschaftlicher Art";[253] sie dürfen keine wirtschaftsprotektionistische Zielsetzung aufweisen.[254] Volkswirtschaftliche Störungen oder allgemeine Bedürfnisse der Wirtschaftspolitik berechtigen die betroffenen Mitgliedstaaten nicht dazu, über Art. 30 EG handelsbeschränkende Praktiken oder Regelungen einzuführen.[255]

Alle Tatbestände des Art. 30 EG legt der EuGH äußerst restriktiv aus, da Art. 30 EG eine Ausnahmevorschrift zu den Art. 28 f. EG ist.[256] Darüber hinaus entspricht eine enge Auslegung der überragenden Bedeutung des freien Warenverkehrs für den gemeinschaftlichen Integrationsprozeß.[257]

Umstritten ist, ob Mitgliedstaaten über Art. 30 EG auch warenverkehrsbehindernde Maßnahmen rechtfertigen können, die nicht (nur) eigenen nationalen Interessen dienen, sondern (auch) denen anderer Mitgliedstaaten (sog. altruistische Interessenwahrnehmung).[258]

bb. Die Rechtfertigungsgründe des Art. 30 Satz 1 EG

Die inhaltlichen Grenzen der in Art. 30 Satz 1 EG genannten Rechtfertigungsgründe gibt das Gemeinschaftsrecht vor. Innerhalb dieser Grenzen steht den Mitgliedstaaten jedoch ein Konkretisierungsspielraum zu,[259] der den Mitglied-

---

[253] Ständige Rechtsprechung seit EuGH, Rs. 7/61 (Kommission/Italien), Slg. 1961, 699, 720; zuletzt noch EuGH, Rs. C-120/95 (Decker/Caisse de maladie des employés privés), Slg. 1998, I-1831, 1884; dies kommt heute auch in Art. 95 Abs. 5 EG zum Ausdruck.

[254] *Roth*, Freier Warenverkehr und staatliche Regelungsgewalt in einem Gemeinsamen Markt, S. 18 f.

[255] *Leible*, in: Grabitz/Hilf, Das Recht der Europäischen Union (Band 1), Art. 30 EG Rn. 5; *Schweitzer/Hummer*, Europarecht, Rn. 1128 Fn. 118.

[256] Ständige Rechtsprechung seit EuGH, Rs. 7/68 (Kommission/Italien), Slg. 1968, 633, 644; kritisch zu dieser Begründung *Roth*, WRP 2000, 979, 983 f. m.w.N. in Fn. 39.

[257] So *Müller-Graff*, in: Groeben/Thiesing/Ehlermann, Kommentar zum EU-/EG-Vertrag (Band 1), Art. 36 EG Rn. 23.

[258] Differenzierend *Roth*, in: Festschrift für Fikentscher, S. 723 ff.; siehe auch *Becker*, in: Schwarze, EU-Kommentar, Art. 30 EG Rn. 61; *Leible*, in: Grabitz/Hilf, Das Recht der Europäischen Union (Band 1), Art. 30 EG Rn. 7; *Müller-Graff*, in: Groeben/Thiesing/Ehlermann, Kommentar zum EU-/EG-Vertrag (Band 1), Art. 36 EG Rn. 37-39; *von Wilmowsky*, Abfallwirtschaft im Binnenmarkt, S. 328; *ders.*, Europäisches Kreditsicherungsrecht, S. 17; *Fetsch*, Eingriffsnormen und EG-Vertrag, S. 228 ff.; *Everling*, RIW Beilage 2 zu Heft 3/1993, 1, 10; siehe auch GA *Trabucchi* in seinen Schlußanträgen zu EuGH, Rs. 8/74 (Staatsanwalt/Dassonville), Slg. 1974, 837, 855 und 861.

[259] *Müller-Graff*, in: Groeben/Thiesing/Ehlermann, Kommentar zum EU-/EG-Vertrag (Band 1), Art. 36 EG Rn. 41 mit Verweis auf die Rechtsprechung des EuGH zum Schutzgut „öffentliche Sittlichkeit" im Sinne des Art. 30 Satz 1 EG.

staaten eine Entscheidungsprärogative in bezug auf das national anzustrebende Schutzniveau einräumt.[260] Im Interesse einer einheitlichen gemeinschaftsweiten Rechtsanwendung darf es trotz der Relativität der einzelnen Termini nicht den nationalen Gerichten überlassen werden, die Begriffsbestimmungen der Schutzgüter des Art. 30 Satz 1 EG abschließend vorzunehmen.[261] Vielmehr überprüft der EuGH, ob die Mitgliedstaaten die gemeinschaftsrechtlichen Grenzen einhalten.[262]

Folgend werden vor allem diejenigen Rechtfertigungsgründe des Art. 30 EG ausführlicher skizziert, auf die im Rahmen des Vergleichs mit dem australischen Ansatz noch zurückzukommen sein wird.[263]

aaa. Öffentliche Ordnung, Sittlichkeit und Sicherheit

Die öffentlichen Ordnung im Sinne des Art. 30 Satz 1 EG weist eine enorme Tragweite auf.[264] Sie dient als Oberbegriff aller Schutzgüter, die in Art. 30 Satz 1 EG genannt werden.[265] Der EG erwähnt den Begriff der öffentlichen Ordnung mehrfach,[266] hält jedoch keine Legaldefinition bereit. Losgelöst von einem nationalen polizeirechtlichen Verständnis erfaßt die öffentliche Ordnung im Sinne des Art. 30 Satz 1 EG die Gesamtheit der hoheitlich festgelegten und unverzichtbaren Grundregeln, die im Interesse der politischen und sozialen Struktur der Gesellschaft von einem Mitgliedstaat erlassen werden, sowie den dadurch angestrebten Zustand.[267]

---

260 Siehe etwa EuGH, Rs. 104/75 (de Peijper), Slg. 1976, 613, 635; EuGH, Rs. 34/79 (Henn und Darby), Slg. 1979, 3795, 3813.

261 *Dauses*, RIW 1984, 197, 204.

262 *Müller-Graff*, in: Groeben/Thiesing/Ehlermann, Kommentar zum EU-/EG-Vertrag (Band 1), Art. 36 EG Rn. 42.

263 Hinsichtlich der Einzelheiten sei auf die einschlägige Spezialliteratur verwiesen. Neben den Großkommentaren sind *Oliver*, Free Movement of Goods in the European Community, Rn. 8.19 ff.; *Lang*, Die Freiheit des Warenverkehrs, S. 31 ff. zu nennen.

264 Siehe *Ehlermann*, in: Festschrift für Hans Peter Ipsen, S. 579, 591; monographisch *Schneider*, Die öffentliche Ordnung als Schranke der Grundfreiheiten im EG-Vertrag (1998).

265 *Müller-Graff*, in: Groeben/Thiesing/Ehlermann, Kommentar zum EU-/EG-Vertrag (Band 1), Art. 36 EG Rn. 47 f.

266 Siehe Art. 39 Abs. 3, Art. 46 Abs. 1 und Art. 55 EG.

267 *Müller-Graff*, in: Groeben/Thiesing/Ehlermann, Kommentar zum EU-/EG-Vertrag (Band 1), Art. 36 EG Rn. 50. Der EuGH hat in seiner Entscheidung Rs. 7/78 (Thompson u.a.), Slg. 1978, 2247 ff. eine Rechtfertigung über das Schutzgut der öffentlichen Ordnung beispielsweise für den Fall bejaht, daß ein Ausfuhrverbot für Silbermünzen erlassen wurde, die nicht mehr als gesetzliches Zahlungsmittel anerkannt waren und eingeschmolzen werden sollten. Das Einschmelzen bezweckte den Schutz des nationalen Münzenrechts, das als

Die öffentliche Sittlichkeit ist Inbegriff der Moralvorstellungen einer bestimmten Gesellschaft zu einer bestimmten Zeit in einem festgelegten Gebiet.[268] Der Begriff ist also nicht für das gesamte Gebiet der Europäischen Gemeinschaft einheitlich definierbar. Es obliegt vielmehr den Mitgliedstaaten, ihn für das jeweilige Staatsgebiet im Einklang mit ihren nationalen Wertordnungen zu konkretisieren.[269]

Die öffentliche Sicherheit im Sinne des Art. 30 Satz 1 EG umfaßt die äußere und innere Sicherheit eines Mitgliedstaates.[270] Das meint nicht nur die Existenz eines Staates, sondern auch das Funktionieren seiner Wirtschaft, seiner Einrichtungen, seines wesentlichen öffentlichen Dienstes sowie das Überleben seiner Bevölkerung.[271]

bbb. Schutz der Gesundheit und des Lebens von Menschen sowie Tier- und Pflanzenschutz

Der Schutz der Gesundheit und des Lebens von Menschen sowie der Schutz von Tieren und Pflanzen[272] bilden einen Schwerpunkt der Rechtsprechung des EuGH zu Art. 30 EG.[273] Der Gerichtshof klärt hier vor allem Fragen, die im Zusammenhang mit phytosanitären, veterinär- und gesundheitspolizeilichen sowie sicherheitstechnischen Einfuhrkontrollen von Waren auftreten. Pro-

---

wesentliches Interesse des Staates und damit als Bestandteil der öffentlichen Ordnung eingeordnet wird.

[268] Vgl. EuGH, Rs. 121/85 (Conegate/HM Customs & Exercise), Slg. 1986, 1007, 1022; *Müller-Graff*, in: Groeben/Thiesing/Ehlermann, Kommentar zum EU-/EG-Vertrag (Band 1), Art. 36 EG Rn. 56.

[269] EuGH, Rs. 34/79 (Henn und Darby), Slg. 1979, 3795, 3813; EuGH, Rs. 121/85 (Conegate/HM Customs & Exercise), Slg. 1986, 1007, 1022.

[270] EuGH, Rs. C-367/89 (Richardt u.a.), Slg. 1991, I-4621, 4652; jüngst noch EuGH, Rs. 124/95 (Centro-Com/HM Treasury and Bank of England), Slg. 1997, I-81, 127.

[271] EuGH, Rs. 72/83 (Campus Oil/Minister für Industrie und Energie), Slg. 1984, 2727, 2751.

[272] Zum Tierschutz jüngst noch EuGH, Rs. C-350/97 (Monsees/Unabhängiger Verwaltungssenat für Kärnten), Slg. 1999, I-2921 ff.

[273] Jüngst noch EuGH, Rs. C-405/98 (Konsumentombudsmannen/Gourmet International Products AB), Slg. 2001, I-1795; EuGH, Rs. C-55/99 (Kommission/Frankreich), Slg. 2000, I-11499; EuGH, Rs. C-217/99 (Kommission/Belgien), Slg. 2000, I-10251; EuGH, Rs. C-400/96 (Harpegnies), Slg. 1998, I-5121; siehe die umfangreichen Rechtsprechungsnachweise bei *Müller-Graff*, in: Groeben/Thiesing/Ehlermann, Kommentar zum EU-/EG-Vertrag (Band 1), Art. 36 EG Rn. 58 Fn. 121.

blematisch waren etwa nationale Reinheitsgebote,[274] Zulassungserfordernisse für Schädlingsbekämpfungsmittel[275] oder rechtsverbindliche technische Normen für Maschinen.[276]

Gesundheit und Leben von Menschen nehmen den „höchsten Rang“ unter allen in Art. 30 EG aufgeführten Schutzgütern ein.[277] Den Mitgliedstaaten steht ein weiter Beurteilungsspielraum zu, wenn es gilt, diesen Begriff mittels nationaler Maßnahmen innerhalb der durch das Gemeinschaftsrecht vorgegebenen Grenzen[278] zu konkretisieren.[279] Trotz der offensichtlichen Komplexität des Gesundheits- und Lebensschutzes steht es außer Frage, daß diese Begriffe – wie auch alle anderen Rechtfertigungsgründe des Art. 30 Satz 1 EG – justitiabel sind.[280] Beim Schutz der Gesundheit von Tieren und Pflanzen wurden bislang insbesondere praktisch relevant Einfuhrverbote für krankheitserregende Lebewesen[281] sowie Vorschriften, die der Erhaltung einheimischer Arten dienen.[282]

Im Hinblick auf den späteren Vergleich mit dem australischen Ansatz ist auf einen vom EuGH entschiedenen Fall hinzuweisen, der erstaunliche tatsächliche Ähnlichkeiten zu einem Urteil des High Court aufweist. In der Rechtssache C-131/93 Kommission / Deutschland[283] ging es – wie auch in der High Court-

---

[274] Siehe etwa EuGH, Rs. 174/82 (Sandoz), Slg. 1983, 2445; EuGH, Rs. 178/84 (Kommission/Deutschland), Slg. 1987, 1227; EuGH, Rs. 407/85 (Drei Glocken und Kritzinger/USL Centro-Sud und Provincia autonoma di Bolzano), Slg. 1988, 4233.

[275] EuGH, Rs. 94/83 (Heijn), Slg. 1984, 3263; EuGH, Rs. 54/85 (Ministère public/Mirepoix), Slg. 1986, 1067.

[276] EuGH, Rs. 188/84 (Kommission/Frankreich), Slg. 1986, 419.

[277] EuGH, Rs. 104/75 (de Peijper), Slg. 1976, 613, 635; EuGH, Rs. 215/87 (Schumacher/Hauptzollamt Frankfurt am Main-Ost), Slg. 1989, 617, 639; EuGH, Rs. C-62/90 (Kommission/Deutschland), Slg. 1992, I-2575, 2605; EuGH, Rs. C-320/93 (Ortscheit/Eurien-Pharm Arzneimittel), Slg. 1994, I-5243, 5263; EuGH, Rs. C-473/98 (Kemikalieinspektionen/Toolex Alpha), Slg. 2000, I-5681, 5714.

[278] EuGH, Rs. 104/75 (de Peijper), Slg. 1976, 613, 635; EuGH, Rs. C-62/90 (Kommission/Deutschland), Slg. 1992, I-2575, 2605; EuGH, Rs. C-320/93 (Ortscheit/Eurien-Pharm Arzneimittel), Slg. 1994, I-5243, 5263.

[279] EuGH, Rs. 53/80 (Eyssen), Slg. 1981, 409, 422; EuGH, Rs. 215/87 (Schumacher/Hauptzollamt Frankfurt am Main-Ost), Slg. 1989, 617, 639.

[280] Siehe *Dauses*, in: Dauses, Hdb. EU-WirtschaftsR (Band 1), C. I. Rn. 167; *Müller-Graff*, in: Groeben/Thiesing/Ehlermann, Kommentar zum EU-/EG-Vertrag (Band 1), Art. 36 EG Rn. 42 jeweils m.w.N.

[281] EuGH, Rs. 40/82 (Kommission/Vereinigtes Königreich), Slg. 1982, 2793; EuGH, Rs. 74/82 (Kommission/Irland), Slg. 1984, 317.

[282] EuGH, Rs. C-131/91 (Kommission/Deutschland), Slg. 1994, I-3303, 3320 f.; jüngst noch EuGH, Rs. C-67/97 (Bluhme), Slg. 1998, I-8033.

[283] EuGH Rs. C-131/93 (Kommission / Deutschland), Slg. 1994, I-3303.

Entscheidung *Cole v Whitfield*[284] – um den Schutz von Süßwasserkrebsen durch (mit-)gliedstaatliche Importbeschränkungen.

ccc. Schutz des nationalen Kulturguts

Des weiteren kann der Schutz nationaler Kulturgüter mit künstlerischem, geschichtlichem oder archäologischem Wert nichttarifäre Handelshemmnisse rechtfertigen. Diese treten regelmäßig auf in Form von Ausfuhrlizenzen und -verboten sowie Vorkaufsrechten staatlicher Stellen.[285] Nicht mit Art. 30 EG vereinbar sind hingegen aufgrund nationaler Regelungen erhobene Ausfuhrabgaben.[286]

ddd. Schutz des gewerblichen und kommerziellen Eigentums

Besonders praxisrelevant ist der Rechtfertigungsgrund des Schutzes des gewerblichen und kommerziellen Eigentums im Sinne des Art. 30 Satz 1 EG.[287] Dieser gemeinschaftsrechtliche Begriff der gewerblichen Schutzrechte ist weit auszulegen.[288] Er umfaßt das Patentrecht, das Warenzeichenrecht, das Urheberrecht, den Schutz von Mustern und Modellen sowie das Sortenschutzrecht.[289]

---

[284] (1988) 165 CLR 360; dazu ausführlich unten Teil 4, § 1, I.

[285] *Schweitzer/Hummer*, Europarecht, Rn. 1129.

[286] EuGH, Rs. 7/68 (Kommission/Italien), Slg. 1968, 633, 644.

[287] Jüngst noch EuGH, Rs. C-23/99 (Kommission/Frankreich), Slg. 2000, I-7653; *Leible*, in: Grabitz/Hilf, Das Recht der Europäischen Union (Band 1), Art. 30 EG Rn. 19; *Dauses*, in: Dauses, Hdb. EU-WirtschaftsR (Band 1), C. I. Rn. 178; umfassend zu diesem Rechtfertigungsgrund *Ebenroth/Hübschle*, Gewerbliche Schutzrechte und Marktaufteilung im Binnenmarkt der Europäischen Union (1994); *Ebenroth*, Gewerblicher Rechtsschutz und europäische Warenverkehrsfreiheit – Ein Beitrag zur Erschöpfung gewerblicher Schutzrechte (1992); *Taucher*, Nationales Warenzeichenrecht versus Warenverkehrsfreiheit in der EG – Der spezifische Gegenstand des Warenzeichenrechts als schutzwürdiges Gut im Rahmen des Artikels 36 EG-Vertrag (1995); *Oliver*, Free Movement of Goods in the European Community, Rn. 8.119 ff.; *Walsh/Treacy/Feaster*, (1999) 24 ELRev 259 ff.; *Schubert*, EWS 1998, 119 ff.

[288] *Dauses*, in: Dauses, Hdb. EU-WirtschaftsR (Band 1), C. I. Rn. 180.

[289] *Leible*, in: Grabitz/Hilf, Das Recht der Europäischen Union (Band 1), Art. 30 EG Rn. 19 mit weiteren Rechtsprechungsnachweisen.

cc. Verhältnismäßigkeitsprüfung

Fällt eine handelsbehindernde Maßnahme eines Mitgliedstaates unter eines oder mehrere der in Art. 30 Satz 1 EG genannten Rechtsgüter, so muß sie auch dem Verhältnismäßigkeitsgrundsatz entsprechen, um gerechtfertigt zu sein.[290] Dies wird aus dem Wort „gerechtfertigt" in Art. 30 Satz 1 EG abgeleitet und ergibt sich zudem aus dem Verbot verschleierter Beschränkungen gemäß Art. 30 Satz 2 EG.[291]

Der Grundsatz der Verhältnismäßigkeit hat in diesem Zusammenhang die Funktion, den Mitgliedstaaten Grenzen zu setzen bei der Wahrnehmung der primärrechtlich statuierten Ausnahmen von den Marktfreiheiten.[292] Die nationale Maßnahme muß also darauf abzielen, die in Art. 30 Satz 1 EG genannten Rechtsgüter tatsächlich zu schützen. Sie darf nicht lediglich vorgeschoben werden, um wirtschaftsprotektionistische Absichten zu verfolgen.[293] Die Verhältnismäßigkeitsprüfung umfaßt im Rahmen des Art. 30 EG ebenfalls die bereits oben erläuterten drei Komponenten Geeignetheit, Erforderlichkeit und Angemessenheit.[294]

3. Umformung staatlicher Handelsmonopole (Art. 31 EG)

Art. 31 EG rundet die voranstehenden Bestimmungen ab. Demnach ist jegliche Diskriminierung mittels staatlicher Handelsmonopole und diesen gleichgestellter Einrichtungen in den Versorgungs- und Absatzbedingungen zwischen den Angehörigen der Mitgliedstaaten verboten. Art. 31 EG soll verhindern, daß Mitgliedstaaten die Ein- und Ausfuhr von Waren durch Handelsmonopole kontrollieren und so den Markt beeinflussen.[295] Dieses Regulativ ist notwendig, da der Staat über Handelsmonopole nicht nur in die Lage versetzt wird, die Bedingungen für Ein- und Ausfuhr zu diktieren, sondern er zudem als Käufer oder Verkäufer auftritt. Der Umfang von Ein- und Ausfuhren steht daher in seinem Ermessen.[296]

---

[290] Ständige Rechtsprechung; jüngst noch EuGH, Rs. C-390/99 (Canal Satélite Digital/Administración General del Estado), Slg. 2002, I-607, 653 f.

[291] Jüngst noch EuGH, Rs. C-400/96 (Harpegnies), Slg. 1998, I-5121, 5137; EuGH, Rs. 174/82 (Sandoz), Slg. 1983, 2445, 2463; EuGH, Rs. 247/84 (Motte), Slg. 1985, 3887, 3905; siehe auch *Lang*, Die Freiheit des Warenverkehrs, S. 39.

[292] *Kilian*, Europäisches Wirtschaftsrecht, Rn. 306.

[293] *Streinz*, Europarecht, Rn. 737; *Schweitzer/Hummer*, Europarecht, Rn. 1131.

[294] Siehe oben Teil 1, § 3, II., 3., a., bb., bbb., bbbb.

[295] *Schweitzer/Hummer*, Europarecht, Rn. 1141.

[296] *Bleckmann*, Europarecht, Rn. 1529.

Gemäß Art. 31 Abs. 1 EG sind die Mitgliedstaaten verpflichtet, ihre staatlichen Handelsmonopole in einer Weise umzuformen, die jegliche Diskriminierung in den Versorgungs- und Absatzbedingungen zwischen den Angehörigen der Mitgliedstaaten ausschließt. Die Norm will warenverkehrshemmende Effekte staatlicher Handelsmonopole minimieren und damit – nachdem schon die Art. 23-30 EG tarifäre und nichttarifäre Handelshemmnisse kanalisieren – die letzte Möglichkeit beseitigen,[297] das gemeinschaftsrechtliche Prinzip des freien Warenverkehrs zu unterlaufen.[298] Art. 31 EG konkretisiert insofern die in Art. 10 EG niedergelegte Verpflichtung, all diejenigen Maßnahmen zu unterlassen, die die Verwirklichung der Vertragsziele gefährden können.[299] Im Verhältnis zu den Art. 28-30 EG, aber auch zu anderen einschlägigen Vorschriften des EG, ist Art. 31 EG insoweit lex specialis, als daß Hindernisse für den freien Warenverkehr durch die spezifische Funktion eines staatlichen Handelsmonopols hervorgerufen werden.[300] Stehen lediglich Herstellungs- oder Vermarktungsbedingungen in Rede, sind wiederum die Art. 28-30 EG einschlägig, selbst wenn das betreffende Erzeugnis Gegenstand eines Handelsmonopols im Sinne des Art. 31 EG sein sollte.[301]

Der Wortlaut der Norm macht deutlich, daß alle Spielarten staatlichen Handelns ohne Rücksicht auf ihre konkrete Rechtsform erfaßt werden, sofern sie nur auf die Bildung von Handelsmonopolen hinauslaufen.[302] Letztendlich verfolgt Art. 31 EG das Ziel, daß Waren, die in einem Mitgliedstaat dem Regime eines Handelsmonopols unterworfen sind, diejenigen Voraussetzungen vorfinden, die für

---

[297] So werden im Rahmen von Handelsmonopolen keine staatlichen Maßnahmen – wie etwa die Erhebung zollgleicher Abgaben – getroffen. Vielmehr nimmt das Handelsmonopol seine Maßnahmen in Form seines Geschäftsgebarens selbständig vor. Diese Maßnahmen fallen damit auch nicht in den Anwendungsbereich der Art. 23 ff. EG. Hieraus ergibt sich die Notwendigkeit, eine spezielle Vorschrift für Handelsmonopole einzuführen, siehe *Leible*, in: Grabitz/Hilf, Das Recht der Europäischen Union (Band 1), Art. 31 EG Rn. 2 f.; *Hochbaum*, in: Groeben/Thiesing/Ehlermann, Kommentar zum EU-/EG-Vertrag (Band 1), Art. 37 EG Rn. 5 f.; *Nicolaysen*, Europarecht II, S. 83; *Béraud*, RTDE 15 (1979), 573, 575 f.

[298] *Schweitzer/Hummer*, Europarecht, Rn. 1141.

[299] *Lück*, Die Gemeinschaftstreue als allgemeines Rechtsprinzip im Recht der Europäischen Gemeinschaft, S. 164 f.; *Ehricke*, WuW 1995, 691.

[300] EuGH, Rs. 86/78 (Peureux I/Directeur des Services Fiscaux), Slg. 1979, 897, 913; EuGH, Rs. 119/78 (Peureux II/Directeur des Services Fiscaux), Slg. 1979, 975, 986.

[301] EuGH, Rs. 59/75 (Staatsanwaltschaft/Manghera u.a.), Slg. 1976, 91, 100; EuGH, Rs. 78/82 (Kommission/Italien), Slg. 1983, 1955, 1968; siehe auch *Mestmäcker*, RabelsZ 52 (1988), 526, 573.

[302] *Mestmäcker*, Europäisches Wettbewerbsrecht, S. 623; *Ehricke*, WuW 1995, 691, 694 f.

sie in Mitgliedstaaten gelten würden, in denen kein vergleichbares Monopol besteht.[303]

4. Verbot staatlicher Beihilfen (Art. 87 ff. EG)

Staatliche Beihilfen oder staatliche Mittel gleich welcher Art können ebenfalls zu Wettbewerbsverzerrungen innerhalb eines Gemeinsamen Marktes führen. Solche Unterstützungsleistungen ermöglichen den geförderten Unternehmen, ihre Produkte günstiger anbieten zu können, als dies ohne Bezuschussung der Fall gewesen wäre. Ausländische Unternehmen, denen keine vergleichbare Hilfe zuteil wird, können ihre Erzeugnisse nur unter erschwerten Bedingungen – regelmäßig nur in geringerer Stückzahl – auf den verzerrten Märkten absetzen.[304] Inwieweit solche Unterstützungsleistungen ausnahmsweise rechtmäßig sind, regeln die Art. 87 ff. EG.

5. Verbot diskriminierender Steuern (Art. 90 EG)

Dem Ziel des freien Warenverkehr dient auch Art. 90 EG.[305] Diese Norm verbietet den Mitgliedstaaten jede diskriminierende oder protektionistische steuerliche Behandlung von Waren, die aus anderen Mitgliedstaaten eingeführt wurden.[306] Aus Ziel und Systematik des EG läßt sich entnehmen, daß Art. 90 EG auf diejenigen fiskalischen Maßnahmen abzielt, die geeignet sind, die Verbote der Art. 23 ff. EG zu umgehen.[307] Im Interesse eines lückenlosen Systems des freien Warenverkehrs erfaßt Art. 90 EG heute – über seinen Wortlaut hinaus – auch solche Abgaben, die die Ausfuhr von Waren in andere Mitgliedstaaten gegenüber einem reinen Inlandsvertrieb benachteiligen.[308]

---

[303] EuGH, Rs. 13/70 (Cinzano & Cia/Hauptzollamt Saarbrücken), Slg. 1970, 1089, 1096; EuGH, Rs. 78/82 (Kommission/Italien), Slg. 1983, 1955, 1967 ff.; EuGH, Rs. C-387/93 (Banchero), Slg. 1995, I-4663, 4692 f.; zuletzt noch EuGH, Rs. C-189/95 (Franzén), Slg. 1997, I-5909, 5967 f.

[304] *Zäch*, Grundzüge des Europäischen Wirtschaftsrechts, S. 105.

[305] *Müller-Graff*, in: Groeben/Thiesing/Ehlermann, Kommentar zum EU-/EG-Vertrag (Band 1), Vorbemerkung zu den Artikeln 30 bis 37 EG Rn. 6.

[306] Ständige Rechtsprechung, jüngst noch EuGH, Rs. C-375/95 (Kommission/Griechenland), Slg. 1997, I-5981, 5999.

[307] EuGH, Rs. 24/68 (Kommission/Italien), Slg. 1969, 193, 200; EuGH, verb. Rs. 2/69 und 3/69 (Sociaal Fonds voor Diamantarbeiders/S.A. Ch. Brachfeld and Sons und Chougol Diamond Co.), Slg. 1969, 211, 221; siehe näher dazu *Balke*, Steuerliche Gestaltungsfreiheit der Mitgliedstaaten und freier Warenverkehr im Europäischen Binnenmarkt, S. 63 f. m.w.N.

[308] EuGH, Rs. 152/77 (Statens Kontrol med aedle Metaller/Kjerulff), Slg. 1978, 1543, 1557.

6. Gegenseitige Anerkennung

Die Fülle der zu bewältigenden Aufgaben bei der Beseitigung der technischen Handelsschranken[309] und die oft nur schleppend verlaufenden Verhandlungen im Rat erschwerten die Rechtsangleichung in der Vergangenheit ungemein.[310] Nicht zuletzt deswegen ist seit der Entscheidung *Cassis de Dijon* das Prinzip der gegenseitigen Anerkennung in den Mittelpunkt des Interesses der Europäischen Kommission gerückt (sog. „Neue Strategie“). Rechtsangleichung und gegenseitige Anerkennung sollen nun nebeneinander Anwendung finden. Harmonisiert werden lediglich allgemeine Fragen (sog. horizontale Harmonisierung), während im übrigen auf das Prinzip gegenseitiger Anerkennung zurückgegriffen wird.[311]

Dem liegt die Überlegung zugrunde, daß jedes Produkt, das in einem Mitgliedstaat der Europäischen Gemeinschaft rechtmäßig hergestellt und in den Verkehr gebracht wird, in allen anderen Mitgliedstaaten der Europäischen Gemeinschaft ungehindert verkauft werden können soll (sog. Ursprungslandprinzip[312]).[313] Exporteuren werden so die Märkte der übrigen Mitgliedstaaten eröffnet, ohne sie von den Vorschriften des Produktionsstaates zu dispensieren.[314] Gegenseitige Anerkennung trägt nationalen Eigenheiten, insbesondere Verbrauchergewohnheiten, Rechnung und beseitigt Handelshemmnisse, die durch unterschiedliche nationale Regelungen entstanden sind.[315]

a. Verfahren der gegenseitigen Anerkennung (Art. 100 b EG a.F.)

Obwohl bereits das EuGH-Urteil *Cassis de Dijon*[316] zu einer faktischen Anerkennung der Regelungen des Herkunftslandes des jeweiligen Produkts geführt

---

[309] Siehe dazu *Fronia*, EuZW 1996, 101 ff.

[310] *Dauses*, in: Dauses, Hdb. EU-WirtschaftsR (Band 1), C. I. Rn. 5.

[311] *Oppermann*, Europarecht, Rn. 1203; näher *Streinz*, in: Everling/Roth, Mindestharmonisierung im Europäischen Binnenmarkt, S. 9, 10 ff.

[312] Andere Autoren sprechen vom Herkunfts(land)prinzip; siehe dazu *von Wilmowsky*, RabelsZ 62 (1998), 1, 11 ff.

[313] Vgl. die Mitteilung der Kommission über die Auswirkungen des Urteils des Europäischen Gerichtshofes vom 20.2.1979 in der Rechtssache 120/78 („*Cassis de Dijon* “), ABl. 1980, C 256/2; *Kilian*, Europäisches Wirtschaftsrecht, Rn. 255; *Steindorff*, ZHR 150 (1986), 687, 689.

[314] *Roth*, ZHR 159 (1995), 78, 89.

[315] *Bardenhewer/Pipkorn*, in: Groeben/Thiesing/Ehlermann, Kommentar zum EU-/EG-Vertrag (Band 2/II), Art. 100 b EG Rn. 21; siehe auch *Mattera*, RMUE 2-1998, 5 ff.

[316] EuGH, Rs. 120/78 (REWE/Bundesmonopolverwaltung für Branntwein), Slg. 1979, 649; dazu schon oben Teil 1, § 3, II., 2., a., bb., bbb.

hatte,[317] bestand auch weiterhin ein diesbezügliches Regelungsbedürfnis.[318] Deswegen wurde schließlich Art. 100 b EG a.F. eingeführt. Gemäß Art. 100 b Abs. 1 Unterabs. 2 EG a.F. konnte der Rat auf Vorschlag der Kommission beschließen, daß Rechts- und Verwaltungsvorschriften eines Mitgliedstaates, die bis 1992 noch nicht über den damaligen Art. 100 a EG (dem heutigen modifizierten Art. 95 EG) angeglichen worden waren, als den Regelungen eines anderen Mitgliedstaates gleichwertig anzuerkennen sind.[319] Das Verfahren gemäß Art. 100 b EG a.F. konnte sich nicht durchsetzen,[320] so daß diese Norm schließlich im Amsterdamer Vertrag gestrichen wurde.

b. Gegenseitige Anerkennung mittels Gleichwertigkeitsklauseln

Der mangelnde Erfolg des Art. 100 b EG zwang die Kommission dazu, einen anderen Weg einzuschlagen. Als Konsequenz aus der *Cassis*-Rechtsprechung des EuGH kann die Kommission von den Mitgliedstaaten verlangen, daß sie sog. Gleichwertigkeitsklauseln in nationalen Normen verankern, die den innergemeinschaftlichen Warenverkehr berühren.[321] Derartige Klauseln sind rein deklaratorisch, da sich ihr Inhalt schon aus Art. 28 EG und der ihn konkretisierenden Rechtsprechung des EuGH ergibt.[322] Die Bedeutung der Gleichwertigkeitsklauseln liegt lediglich darin, ausländische Marktteilnehmer zu ermutigen, ihre Produkte auch auf dem jeweiligen nationalen Markt anzubieten.[323]

---

[317] *Steindorff*, in: Festschrift für Lorenz, S. 561, 572; *Roth*, ZHR 159 (1995), 78, 89.

[318] *Streinz*, Europarecht, Rn. 974.

[319] Siehe dazu *Matthies*, in: Festschrift für Steindorff, S. 1287 ff.; umfassend *Beyer*, Rechtsnormanerkennung im Binnenmarkt (1998).

[320] Zu den Gründen siehe *Steindorff*, Grenzen der EG-Kompetenzen, S. 99 ff.; *Mattera*, Le marché unique européen, S. 178 ff.; *ders.*, RMUE 2-1998, 5 ff.; *Streinz*, ZLR 1993, 31, 35 f.; *Happe*, in: Festschrift für Bleckmann, S. 119, 135 ff.; allgemein *Weiler*, in: Craig/de Búrca, The Evolution of EU Law, S. 349, 368.

[321] *Dauses*, in: Dauses, Hdb. EU-WirtschaftsR (Band 1), C. I. Rn. 104b; dazu näher *von Borries/Petschke*, DVBl. 1996, 1343, 1344 ff.; vgl. auch *Kaufmann*, DB 1996, 277.

[322] *Leible*, in: Grabitz/Hilf, Das Recht der Europäischen Union (Band 1), Art. 28 EG Rn. 26; *Happe*, in: Festschrift für Bleckmann, S. 119, 126; *von Borries/Petschke*, DVBl. 1996, 1343, 1348.

[323] *Happe*, in: Festschrift für Bleckmann, S. 119, 126; vgl. auch *Mattera*, Le marché unique européen, S. 292.

Teil 2: Positive Integration im australischen Markt

Dieser Teil skizziert den Umfang positiver Integration im australischen Markt. Dargelegt wird zunächst, in welchem Ausmaß der Bund für den freien Warenverkehr relevante Sachgebiete kraft der ihm durch die Bundesverfassung übertragenen Gesetzgebungskompetenzen normiert hat (unter § 1). Positive Integration erfolgt zudem durch anderweitige Harmonisierungsmechanismen (dazu § 2). Zu nennen sind vor allem Kooperationen des Bundes mit den Gliedstaaten und Territorien sowie Regelungstätigkeiten australischer Industrieorganisationen. In § 3 wird schließlich durch eine Zusammenschau der beiden vorangehenden Abschnitte ermittelt, ob und inwieweit sich die Gliedstaaten und Territorien aufgrund ihrer dezentralen Entscheidungsautonomie als handelshemmender Faktor im australischen Markt präsentieren.

§ 1 Relevante Regelungsbefugnisse des Bundes

Zu untersuchen ist das Ausmaß, in dem der Bund von seinen Gesetzgebungskompetenzen Gebrauch gemacht hat, um Bereiche bundesweit einheitlich zu normieren, die den Warenverkehr betreffen. Einheitliche Regelungen für den gesamten australischen Markt verhindern variierende gliedstaatliche Normen, da Bundesrecht ihm widersprechendes Recht der Gliedstaaten gemäß Section 109 verdrängt.[1] Je weiter der High Court die einzelnen Kompetenztitel auslegt und der Bund von seiner Gesetzgebungskompetenz Gebrauch macht, desto weniger Raum bleibt für einzelstaatliche – und damit potentiell handelshemmende – Regelungstätigkeiten.

I. Die einschlägigen Normen der Bundesverfassung

Warenverkehrsrelevante positive Integration erfolgt im australischen Markt aufgrund zahlreicher Normen. Wesentlich sind insbesondere Section 51 Nr. 1 und Section 51 Nr. 20 der Bundesverfassung.

Section 51 Nr. 1 führt den im Vergleich zur US-amerikanischen Bundesverfassung ausführlichen[2] Kompetenzkatalog an und überträgt dem australischen Bundesgesetzgeber die Regelungsbefugnis für den zwischenstaatlichen und

---

[1] *Howard*, (1968) 6 Melbourne University Law Review 237, 243.

[2] *Blackshield/Williams*, Australian Constitutional Law and Theory, S. 670; *Zines*, The High Court and the Constitution, S. 61; *Bothe*, Die Kompetenzstruktur des modernen Bundesstaates, S. 194; *Mason*, (1986) 16 Federal Law Review 1, 13.

internationalen *trade and commerce* (sog. *trade and commerce clause*).[3] Diese Norm ist die zentrale Gesetzgebungskompetenz des Bundes.[4] Sie lehnt sich an die US-amerikanische *commerce clause*[5] an[6] und lautet:

„*The Parliament shall, subject to this Constitution, have power to make laws for the peace, order and good government of the Commonwealth with respect to:*

1. Trade and commerce with other countries, and among the States ... "

Die sog. *corporations power* der Section 51 Nr. 20 hat sich erst in den letzten Jahrzehnten zu einer weitreichenden Gesetzgebungskompetenz des Bundes entwickelt. Sie bestimmt:

„*The Parliament shall, subject to this Constitution, have power to make laws for the peace, order and good government of the Commonwealth with respect to:*

20. Foreign corporations, and trading or financial corporations formed within the limits of the Commonwealth ... "

Der Bund kann den zwischenstaatlichen Warenverkehr noch aufgrund weiterer, teilweise recht spezieller Gesetzgebungskompetenzen regeln. Einschlägig sind insbesondere folgende Ziffern der Section 51:

3. bounties on the production or export of goods, but so that such bounties shall be uniform throughout the Commonwealth;

5. postal, telegraphic, telephonic and other like services;

10. fisheries in Australian waters beyond territorial limits;

---

[3] *Lumb/Moens*, The Constitution of the Commonwealth of Australia Annotated, Rn. 201.

[4] *Redfern v Dunlop Rubber Australia Ltd* (1964) 110 CLR 194, 220, *Menzies* J: „*[The Power in Section 51 Nr. 1 is] Parliament's first and most general power*"; *Cole v Whitfield* (1988) 165 CLR 360, 398: „*[Section 51 Nr. 1] is a plenary power on a topic of fundamental importance.*"

[5] Art. I, § 8, cl. 3 der US-amerikanischen Bundesverfassung überträgt dem United States Congress unter anderem die Kompetenz „*[t]o regulate Commerce with foreign Nations, and the several States, and with the Indian Tribes.*"

[6] *Blackshield/Williams*, Australian Constitutional Law and Theory, S. 670; *Booker*, in: Blackshield/Coper/Williams, The Oxford Companion to the High Court of Australia, S. 679; *Ratnapala*, Australian Constitutional Law, S. 223.

12. *currency, coinage, and legal tender;*

13. *banking, other than State banking; also State banking extending beyond the limits of the State concerned, the incorporation of banks, and the issue of paper money;*

14. *insurance, other than State insurance; also State insurance extending beyond the limits of the State concerned;*

15. *weights and measures;*

16. *bills of exchange and promissory notes;*

17. *bankruptcy and insolvency;*

19. *copyrights, patents of inventions and designs, and trade marks;*

35. *conciliation and arbitration for the prevention and settlement of industrial disputes extending beyond the limits of any one State.*

Ein Blick auf den Kompetenzkatalog der Section 51 ergibt, daß der Bund das australische Wirtschaftsrecht nur punktuell und unsystematisch normieren kann.[7] Es fällt auf, daß der Bund nicht berechtigt ist, *trade and commerce* generell zu regulieren. Seine Regelungsbefugnis beschränkt sich auf den zwischenstaatlichen und internationalen Handel, während es den Gliedstaaten vorbehalten ist, den rein innerstaatlichen Handel zu normieren. Angesichts der Entwicklung der diese Dichotomie ebenfalls aufweisenden *commerce clause* in den USA[8] stellt sich die Frage, wie die Rechtsprechung des High Court mit dieser tendenziell warenverkehrshemmenden Ausgangslage des australischen dezentralen Entscheidungssystems umgeht. Von Interesse ist insbesondere, ob und gegebenenfalls inwieweit sich der High Court heutzutage an der Rechtsprechung des US-amerikanischen Supreme Court zur *commerce clause* orientiert und dementsprechend Section 51 Nr. 1 ähnlich weit auslegt.

---

[7] *Bothe*, Die Kompetenzstruktur des modernen Bundesstaates, S. 205; *Latimer*, Australian Business Law, 1-480.

[8] Siehe dazu *Winterton/Lee/Glass/Thomson*, Australian Federal Constitutional Law, S. 198 ff.; *Blackshield/Williams*, Australian Constitutional Law and Theory, S. 670; *Grano*, (1998) 78 Boston University Law Review 1163 ff.; sowie die jüngere Entscheidung *United States v Lopez* (1995) 514 US 549, in der der US-amerikanische Supreme Court erstmals wieder seit 60 Jahren ein Gesetz für unwirksam befand, weil der Kongreß die Grenzen der commerce clause überschritten hatte. Zu dieser Entscheidung aus australischer Sicht *Philips/Uliel*, (1995) 18 University of New South Wales Law Journal 532 ff.

II. Section 51 Nr. 1 im Lichte der Rechtsprechung des High Court

Im folgenden wird dargelegt, wie der High Court Section 51 Nr. 1 interpretiert. Relevant ist dabei lediglich diejenige Passage der Norm, die sich auf den zwischenstaatlichen Handel bezieht. Daß der Bund zudem die Gesetzgebungskompetenz für den Handel mit ausländischen Staaten innehat, spielt für das hier relevante föderale Problem im inneraustralischen Markt keine Rolle.

1. Der *trade and commerce* im Sinne von Section 51 Nr. 1

Der High Court unterscheidet nicht zwischen „*trade*" und „*commerce*". Beide Begriffe bilden eine Einheit,[9] die die Rechtsprechung im Laufe der Jahre immer weiter konkretisiert hat.

Schon recht früh befand der High Court, daß *trade and commerce* im Sinne von Section 51 Nr. 1 denselben Inhalt aufweist wie in Section 92.[10] Insofern kann das umfangreiche Fallmaterial zu Section 92 herangezogen werden, um die Reichweite von *trade and commerce* im Sinne der Section 51 Nr. 1 zu bestimmen.[11]

a. Begriffsdefinition im *McArthur*-Case

Der High Court betonte im *McArthur*-Case aus dem Jahre 1920, in dem es um die Rechtmäßigkeit von gliedstaatlich festgesetzten Höchstpreisen für bestimmte Waren ging,[12] daß *trade and commerce* keine sog. „*terms of art*" darstellen.

---

[9] Soweit ersichtlich hat der High Court lediglich in einer Entscheidung zwischen *trade* einerseits und *commerce* andererseits unterschieden, siehe *McGraw-Hinds (Australia) Pty Ltd v Smith* (1979) 144 CLR 633, 647 f., *Smith* J und 671, *Murphy* J. Hier wurde das Versenden Werbematerial als „*commerce*", nicht aber als „*trade*" eingestuft. Wie diese beiden Begriffen gegeneinander abzugrenzen sind, wird in dem Urteil jedoch nicht ausgeführt. Für die inhaltliche Reichweite von Section 51 Nr. 1 ist diese Unterscheidung ohnehin irrelevant, so daß davon abgesehen werden kann, diese Thematik hier weiter zu vertiefen. Auch in der Entscheidung *Street v Queensland Bar Association* (1989) 168 CLR 461, 537 ff., *Dawson* J klingt eine solche Unterscheidung an. Zu diesem Problem näher *Lane*, Commentary on the Australian Constitution, S. 237 ff.

[10] *James v Commonwealth* (1936) 55 CLR 1, 60; siehe auch schon *W & A McArthur Ltd v Queensland* (1920) 28 CLR 530, 549, *Knox* CJ, *Isaacs* und *Starke* JJ.

[11] *Lane*, Commentary on the Australian Constitution, S. 150 und 735; *ders.*, The Australian Federal System, S. 57 f.

[12] Zu dieser Entscheidung im Zusammenhang mit Section 92 noch näher unten unter Teil 3, § 2, II.

Sie seien „*ordinary English words*" und „*terms of common knowledge*", die Kaufleute besser verstünden als Richter.[13] Schon der allgemeine Sprachgebrauch spreche für eine gewisse Weite des Begriffs.[14]

Im übrigen stellten Chief Justice *Knox* sowie die Justices *Isaacs* und *Starke* fest, daß *trade and commerce* im Sinne von Section 51 Nr. 1 in jedem Fall den grenzüberschreitenden Transport von Gütern erfaßt, sich aber keineswegs darin erschöpft. *Trade and commerce* schließe jegliche kommerziellen Vorkehrungen anläßlich des Kaufs, des Verkaufs oder der Warenübergabe zwischen Personen in verschiedenen Gliedstaaten ein, die unmittelbar und notwendigerweise im Warentransport münden.[15] Unerheblich sei, ob der Warentransport auf dem Land-, See- oder Luftweg vorgenommen werde.[16]

b. Der *Airlines*-Case

Ein weiterer Meilenstein für die Definition von *trade and commerce* ist der sog. *Airlines*-Case aus dem Jahre 1945.[17] Die Entscheidung ist unter zwei Gesichtspunkten bedeutsam:

Zunächst stellte der High Court ausdrücklich klar, daß der entgeltliche[18] zwischenstaatliche Transport von Waren und Personen nicht bloß als Werkzeug des

---

[13] *W & A McArthur Ltd v Queensland* (1920) 28 CLR 530, 546 ff., *Knox* CJ, *Isaacs* und *Starke* JJ.

[14] *Hanks*, Constitutional Law in Australia, S. 282.

[15] *W & A McArthur Ltd v Queensland* (1920) 28 CLR 530, 546 f., *Knox* CJ, *Isaacs* und *Starke* JJ: „*Trade and commerce ... has never been confined to the mere act of transportation of merchandise of the frontier. That the words include that act is, of course, a truism. But they go beyond it is a fact quite undoubted. All the commercial arrangements of which transportation is the direct and necessary result form part of trade and commerce. The mutual communings, the negotiations, verbal and by correspondence, the bargain, the transport and the delivery are all, but not exclusively, parts of that class of relations between [people] which the world calls trade and commerce.*"

[16] *Australian National Airways Pty Ltd v Commonwealth* (1945) 71 CLR 29, 56 f., *Latham* CJ, 71, *Rich* J, 76, *Starke* J, 82 f., *Dixon* J und 106 f., *Williams* J; *R v Gates; ex parte Maling* (1928) 41 CLR 519, 530, *Starke* J.

[17] *Australian National Airways Pty Ltd v Commonwealth* (1945) 71 CLR 29; in diesem Fall ging es darum, ob der *Australian National Airlines Act* 1945 (Cth) insbesondere mit Section 51 Nr. 1 und Section 92 vereinbar ist. Das fragliche Gesetz rief eine staatliche Kommission ins Leben, die eine Luftlinie für den zwischenstaatlichen australischen Flugverkehr aufbauen sollte. Die zu Section 92 zählenden Aspekte werden noch unter Teil 3, § 2, IV., 2., c., aa. näher behandelt.

[18] *Australian National Airways Pty Ltd v Commonwealth* (1945) 71 CLR 29, 56, *Latham* CJ und 83, *Dixon* J.

trade and commerce einzustufen ist. Vielmehr ist der Transport selbst *trade and commerce* im Sinne von Section 51 Nr. 1.[19] Der Bund kann daher Regelungen für den grenzüberschreitenden Transport erlassen, wie etwa Sicherheitsvorschriften für LKWs oder Flugzeuge[20].

Angesichts der Ausführungen des High Court im *McArthur*-Case mag dies geradezu selbstverständlich erscheinen. Im Vorfeld des *Airlines*-Case wurde jedoch die Begriffsdefinition aus der *McArthur*-Entscheidung kritisiert. Bei Section 51 Nr. 1 sei zu differenzieren zwischen *trade and commerce* als solchem und den Instrumenten, die dem *trade and commerce* lediglich dienen, aber nicht unter diesen Term – und damit auch nicht in den Anwendungsbereich der Section 51 Nr. 1 – fallen.[21] Ein solches Werkzeug des *trade and commerce* sollte etwa der grenzüberschreitende Transport von Waren sein.[22]

Darüber hinaus vermag der Bund Bereiche zu regulieren, die mit dem grenzüberschreitenden Transport von Waren oder Personen zusammenhängen. Einer Regelung durch den Bund zugänglich sind etwa Vorschriften für Arbeiter, die für den grenzüberschreitenden Warenverkehr bestimmte Güter ein- und ausladen.[23]

Section 51 Nr. 1 ist selbst dann einschlägig, wenn Waren und Personen, die über Gliedstaatsgrenzen hinweg transportiert werden, nicht am zwischenstaatlichen Handel teilnehmen oder auch sonst keine Verbindung zu ihm aufweisen.[24] Somit fällt etwa der grenzüberschreitende Transport von Urlaubern und unverkäuflichen persönlichen Gegenständen unter *trade and commerce*.[25]

---

[19] *Australian National Airways Pty Ltd v Commonwealth* (1945) 71 CLR 29, 71, *Rich* J.

[20] Vgl. auch *Airlines of NSW Pty Ltd v NSW (No. 2)* (1965) 113 CLR 54, 92 f., *Barwick* CJ und 149, *Windeyer* J; *Airlines of NSW Pty Ltd v NSW* (No. 1) (1964) 113 CLR 1, 27, *Dixon* CJ.

[21] *R v Vizzard; ex parte Hill* (1933) 50 CLR 30, 47 f., *Gavan Duffy* CJ, 51 f., *Rich* J, 77, 93 f., *Evatt* J und 103 f., *McTiernan* J; zu dieser Entscheidung näher unten Teil 3, § 2, III., 3.; *Howard*, Australian Federal Constitutional Law, S. 285; *Lumb/Moens*, The Constitution of the Commonwealth of Australia Annotated, Rn. 219.

[22] *Lumb/Moens*, The Constitution of the Commonwealth of Australia Annotated, Rn. 219.

[23] Siehe etwa den *Stevedoring Industry Act* 1956 (Cth); dazu näher *R v Wright; ex parte Waterside Workers' Federation of Australia* (1955) 93 CLR 528, 543 f.; *Dignan v Australian Steamships Pty Ltd* (1931) 45 CLR 188, 220, *Evatt* J; siehe auch *R v Foster; ex parte Eastern & Australian Steamship Co Ltd* (1959) 103 CLR 256.

[24] *Australian National Airways Pty Ltd v Commonwealth* (1945) 71 CLR 29, 71, Rich J; siehe auch *Lane*, The Australian Federal System, S. 59.

[25] *Lane*, The Australian Federal System, S. 59.

Der zweite bedeutende Gesichtspunkt des *Airlines*-Case liegt darin begründet, daß er die höchstrichterliche Lösung für das folgende Problem präsentiert: Bis dato war umstritten, ob Section 51 Nr. 1 eine ausreichende Rechtsgrundlage dafür bietet, staatliche oder staatlich gelenkte Unternehmen zu gründen, die am zwischenstaatlichen und internationalen Handelsverkehr teilnehmen sollen. Dagegen wurde vorgebracht, Section 51 Nr. 1 ermächtige den Bund lediglich dazu, Aktivitäten in bezug auf den zwischenstaatlichen und internationalen Handel zu regulieren. Nicht übertragen werde ihm die Kompetenz, solche Aktivitäten selbst zu entwickeln.[26]

Der High Court widersprach im *Airlines*-Case dieser engen Sichtweise. Der Anwendungsbereich der Section 51 Nr. 1 umfasse auch ein Gesetz, das die Gründung einer staatlichen, grenzüberschreitend verkehrenden Fluglinie vorsehe.[27] Die Bundesverfassung enthalte bewußt weit gefaßte Gesetzgebungskompetenzen, um veränderten Umständen hinreichend Rechnung tragen zu können. Auf von den Gründungsvätern nicht vorhergesehene Sachverhalte könne man nur angemessen reagieren, wenn Section 51 Nr. 1 flexibel gehandhabt werde.[28] Diese extensive Auslegung der Section 51 Nr. 1 bestätigte der High Court später gleich in mehreren Entscheidungen.[29]

---

[26] *Lumb/Moens*, The Constitution of the Commonwealth of Australia Annotated, Rn. 219.

[27] *Australian National Airways Pty Ltd v Commonwealth* (1945) 71 CLR 29, 59, *Latham* CJ und 81, *Dixon* J; letzterer führt ebenda aus: „ ... *a law authorizing the government to conduct a transport service for inter-State trade, whether as a monopoly or not, appears to me to answer the description, a law with respect to trade and commerce amongst the States. It is only by importing a limitation into the descriptive words of the power that can be excluded.*"

[28] *Australian National Airways Pty Ltd v Commonwealth* (1945) 71 CLR 29, 81, *Dixon* J.

[29] Siehe für die Schiffahrt: *Australian Coastal Shipping Commission v O'Reilly* (1962) 107 CLR 46 und *Commonwealth v Australian Commonwealth Shipping Board* (1926) 39 CLR 1; für die Ernährungswirtschaft: *Clark King Pty Ltd v Australian Wheat Board* (1978) 140 CLR 120 mit der Besonderheit, daß es sich in diesem Fall um ein Joint Venture zwischen dem Commonwealth und den Staaten handelte; siehe dazu auch *Rumble*, (1980) 7 Adelaide Law Review 348 ff.; allgemein zur Rechtmäßigkeit der Gründung von Unternehmen durch das Commonwealth *Sexton/Maher*, (1976) 50 Australian Law Journal 209 ff.; zu weiteren Bereichen, in denen staatlich gelenkte Unternehmen tätig sind, siehe *Lane*, The Australian Federal System, S. 63 Fn. 35a.

c. Der *Bank Nationalisation*-Case

Im *Bank Nationalisation*-Case[30] entschied der High Court erstmals höchstrichterlich, daß auch grenzüberschreitende Bankgeschäfte unter den Begriff des *trade and commerce* im Sinne von Section 51 Nr. 1 zu subsumieren sind. Justice *Dixon* verfaßte in seinem Votum die folgende klassische Definition von *trade and commerce*:

„*[The term] 'trade' ... is much wider [than the buying and selling of goods], covering as it does the pursuit of a calling or handicraft ... [and the whole phrase 'trade and commerce and intercourse'] covers intangibles as well as the movement of goods and persons. The supply of gas and the transmission of electric current ... communication. The telegraph, the telephone, the wireless ... broadcasting and, no doubt, it will take in television ... visual signals ... The conception [of commerce] covers, in the United States, the business of press agencies and the transmission of all intelligence ... transportation, traffic ... all forms and variety of interstate transaction ... transmission of money by a bank from one State to another is interstate commerce.*“[31]

Justice *Dixon* begründete seine Ansicht vor allem damit, daß in einer modernen Industriegesellschaft Bankgeschäfte einen wichtigen Bestandteil des *trade and commerce* ausmachen.[32] Wer diesen Punkt nicht berücksichtige, verschließe sich aktuellen ökonomischen und gesellschaftlichen Entwicklungen.[33]

Indessen führte Chief Justice *Latham* in derselben Entscheidung aus, *interstate trade and commerce* setze ein körperliches Element voraus. Gewöhnliche Bankgeschäfte wiesen diese Komponente des grenzüberschreitenden Warenverkehrs regelmäßig nicht auf. Sie seien daher kein *trade and commerce*.[34]

Die übrigen mitwirkenden Richter überstimmten Chief Justice *Latham* jedoch. Sie schlossen sich der Ansicht von Justice *Dixon* an, die nicht nur den Warentransport über Staatsgrenzen hinweg, sondern auch nichtkörperliche Vorgänge, wie etwa grenzüberschreitende Überweisungen oder Kredite, zum *interstate trade and commerce* zählt. Diese Meinung der Richtermehrheit sollte der Privy Council ein Jahr später bestätigen.[35]

---

30 *Bank of NSW v Commonwealth* (1948) 76 CLR 1; zu dieser Entscheidung noch ausführlich unten unter Teil 3, § 2, IV., 2., c., bb.

31 *Bank of NSW v Commonwealth* (1948) 76 CLR 1, 381 f., *Dixon* J.

32 *Bank of NSW v Commonwealth* (1948) 76 CLR 1, 383, *Dixon* J.

33 *Bank of NSW v Commonwealth* (1948) 76 CLR 1, 382, *Dixon* J.

34 *Bank of NSW v Commonwealth* (1948) 76 CLR 1, 234 f., *Latham* CJ.

35 *Bank of NSW v Commonwealth* (1949) 79 CLR 497, 632 f.

d. Ergebnis

Zusammenfassend läßt sich festhalten, daß der High Court den Begriff *„trade and commerce“* im Sinne der Section 51 Nr. 1 weit auslegt.[36] Gesellschaftliche und ökonomische Entwicklungen sind bei seiner Auslegung zu berücksichtigen. Die Norm überträgt dem Commonwealth die Kompetenz, den zwischenstaatlichen Handel zu kontrollieren und zu schützen. Ferner bietet die Vorschrift dem Bund eine rechtliche Grundlage sowohl für Beschränkungen und Verbote des zwischenstaatlichen Handels als auch für Maßnahmen, die geeignet sind, eben diesen grenzüberschreitenden Handel zu fördern.[37] Schließlich ermächtigt Section 51 Nr. 1 den Bund dazu, sich selbst mittels staatlicher Unternehmen im grenzüberschreitenden *trade and commerce* zu betätigen.

2. Begrenzung durch *„among the States“*

Die Gesetzgebungskompetenz des Bundes gemäß Section 51 Nr. 1 wird eingeschränkt, indem die Norm zwischen interstaatlichem und internationalem *trade and commerce* einerseits sowie rein innerstaatlichem *trade and commerce* andererseits unterscheidet. Diese von der Verfassung eindeutig getroffene Unterscheidung wurde oft als künstlich und den aktuellen gesellschaftlichen Bedürfnissen nicht (mehr) angepaßt bezeichnet.[38] Es fällt schwer, zwischen inter- und intrastaatlichem *trade and commerce* sauber zu trennen, da beide Bereiche oft unlösbar zusammenhängen. Dennoch betont die Rechtsprechung des High Court, diese Differenzierung der Bundesverfassung dürfe nicht ignoriert werden.[39] Selbst in Fällen, in denen inter- und innerstaatlicher *trade and commerce* engste Verbindungen aufwiesen, hat der High Court dem Bund regel-

---

[36] *Redfern v Dunlop Rubber Australia Ltd* (1964) 110 CLR 194, 220, *Menzies* J: *„[Section 51 Nr. 1] has a wide meaning and flexible application.“*

[37] *Airlines of NSW Pty Ltd v NSW (No. 2)* (1965) 113 CLR 54, 92, *Barwick* CJ und 149, *Windeyer* J; *Lane*, The Australian Federal System, S. 63.

[38] Siehe etwa *Wragg v New South Wales* (1953) 88 CLR 353, 385 f., *Dixon* J: *„ ... the distinction which is drawn between the inter-State trade and the domestic trade of a State for the purpose of the power conferred upon the Parliament by Section 51 Nr. 1 to make laws with respect to trade and commerce with other countries and among the States may well be considered artificial and unsuitable to modern times.“*

[39] Siehe etwa *R v Burgess; ex parte Henry* (1936) 55 CLR 608, 672, *Dixon* J; *Wragg v NSW* (1953) 88 CLR 353, 385 f., *Dixon* J.; *Redfern v Dunlop Rubber Australia Ltd* (1964) 110 CLR 194, 221, *Menzies* J; *Attorney-General (WA) v Australian National Airlines Commission* (1976) 138 CLR 492, 502, *Gibbs* J.

mäßig untersagt, auch die innerstaatlichen Aspekte des *trade and commerce* mitzuregeln.[40]

a. Das grenzüberschreitende Element der Section 51 Nr. 1

Section 51 Nr. 1 setzt regelmäßig ein Vorgang zwischen zwei Gliedstaaten voraus; zumindest muß ein solcher Vorgang grenzüberschreitenden Verkehr zur Folge haben.[41] Es kann sich dabei auch um Bankkredite, Fernseh- oder Radiowellen handeln, solange sie nur Staatsgrenzen passieren. Ein Bundesgesetz vermag indes dann nicht erfolgreich auf Section 51 Nr. 1 gestützt zu werden, wenn Aktivitäten, die auf Handel im weitesten Sinne ausgerichtet sind, zwar zwei oder mehr Gliedstaaten betreffen, es aber an einem grenzüberschreitenden Vorgang fehlt.[42] Unterhält etwa eine Versicherungsgesellschaft Filialen in Sydney und Melbourne, so betreibt sie zwar Geschäfte in mehreren Gliedstaaten. Doch weisen die von ihr über die Niederlassungen im jeweiligen Niederlassungsstaat abgeschlossenen Versicherungsverträge nicht zwingend ein grenzüberschreitendes Element auf.[43] Letzteres wäre im Einzelfall festzustellen.

Der High Court war ferner der Auffassung, der erste Verkauf einer Ware nach ihrer Einfuhr falle noch unter Section 51 Nr. 1. Dem zeitlich nachfolgende Vorgänge seien indes rein innerstaatliche Sachverhalte, die nur die Gliedstaaten regeln dürften.[44]

Zudem entschied der High Court, daß die Warenproduktion als solche grundsätzlich kein *interstate trade and commerce* ist.[45] Die Richter argumentierten, der Produktionsprozeß sei lediglich eine innerstaatliche Vorbereitung des grenzüberschreitenden Warenverkehrs. Hingegen bestätigte der High Court die Regelungskompetenz des Bundes im Hinblick auf das Schlachten von Fleisch, das

---

[40] *R v Burgess; ex parte Henry* (1936) 55 CLR 608, 672, *Dixon* J; siehe auch *Lumb/Moens*, The Constitution of the Commonwealth of Australia Annotated, Rn. 222.

[41] *Lane*, The Australian Federal System, S. 64; *ders.*, Commentary on the Australian Constitution, S. 153 f.

[42] *Lane*, Commentary on the Australian Constitution, S. 153 f.

[43] Siehe dazu die Entscheidungen *Hospital Provident Fund Pty Ltd v State of Victoria* (1953) 87 CLR 1 und *H C Sleigh Ltd v South Australia* (1977) 136 CLR 475.

[44] *Permewan Wright Consolidated Pty Ltd v Trewhitt* (1979) 145 CLR 1, 17, *Gibbs* J, 22, *Stephen* J und 34, *Mason* J; zu dieser Entscheidung näher Teil 3, § 2, V., 2., e.; siehe zu dieser Frage auch *Wragg v New South Wales* (1953) 88 CLR 353, 388, *Dixon* J und 399, *Taylor* J; zu dieser Entscheidung näher Teil 3, § 2, V., 1., a.

[45] *Beal v Marrickville Magarine Pty Ltd* (1966) 114 CLR 283, 306, *Menzies* J: „ ... *to manufacture is not itself to trade* ... “.

ausschließlich für den Export bestimmt ist.[46] Section 51 Nr. 1 sei jedoch nicht anwendbar, wenn ein Produktionsprozeß so organisiert ist, daß unklar bleibt, welche Produkte für den innerstaatlichen und welche Waren für den zwischenstaatlichen Markt bestimmt sind.[47] Im Bereich der produktionsrelevanten Regulierungen bleibt also grundsätzlich Raum für gliedstaatliche und damit potentiell handelshemmende Normen.

b. Flugverkehrsgesetze des Bundes und Section 51 Nr. 1

Wie strikt zwischen inter- und innerstaatlichem Handel zu trennen ist, illustrieren zunächst die Entscheidungen *R v Burgess; ex parte Henry*[48] und *Airlines of NSW Pty Ltd v NSW (No. 2)*[49]. In beiden Urteilen überprüfte der High Court die Verfassungsmäßigkeit von Gesetzen des Bundes, die den Flugverkehr betrafen. Der Bund argumentierte, Regulierungen des Luftverkehrs über australischem Boden könnten kaum sinnvoll zwischen inter- und intrastaatlichem *trade and commerce* unterscheiden; beide Bereiche seien untrennbar miteinander verbunden. Insofern sei der Bund anstelle des jeweils betroffenen Gliedstaates befugt, den innerstaatlichen Luftverkehr gemäß Section 51 Nr. 1 zu normieren.

Der High Court wies diese Argumentation in beiden Fällen eindringlich zurück. Er berief sich auf den eindeutigen Gesetzeswortlaut von Section 51 Nr. 1 und die daraus folgende Beschränkung der Gesetzgebungskompetenz des Bundes.[50]

Diese strikte Linie des High Court gipfelte schließlich in dem Urteil *A-G (WA); ex rel Ansett Transport Industries (Operations) Pty Ltd v Australian National*

---

[46] *O'Sullivan v Noarlunga Meat Ltd (No. 1)* (1954) 92 CLR 565, 598, *Fullagar* J; in *O'Sullivan v Noarlunga Meat Ltd (No. 2)* (1956) 94 CLR 367, 373 stellte der High Court klar, daß alleine die Intention, für den zwischenstaatlichen oder internationalen Handel zu produzieren, nicht ausreicht, um die Regelungsbefugnis des Commonwealth zu begründen. Vgl. auch *Beal v Marrickville Magarine Pty Ltd* (1966) 114 CLR 283, 304 f., *Kitto* J.

[47] *O'Sullivan v Noarlunga Meat Ltd (No. 1)* (1954) 92 CLR 565, 596 f., *Fullagar* J; *Ratnapala*, Australian Constitutional Law, S. 236; *Joseph/Castan*, Federal Constitutional Law – A Contemporary View, S. 50 f.

[48] (1936) 55 CLR 608.

[49] (1965) 113 CLR 54.

[50] Justice *Windeyer* führte indessen im letztgenannten Fall aus, das Commonwealth könne auch den intrastaatlichen Flugverkehr normieren, falls der zwischenstaatliche und internationale Flugverkehr nur unter der Voraussetzung effektiv zu regulieren sei, daß alle Flugzeuge über australischem Boden denselben Vorschriften unterliegen, siehe *Airlines of NSW Pty Ltd v NSW (No 2)* (1965) 113 CLR 54, 151, *Windeyer* J.

Airlines Commission[51]. Hier war zu entscheiden, ob ein Bundesgesetz wirksam ist, das der staatlichen Fluggesellschaft Australian National Airways das Recht einräumt, auf Flügen von Perth (Western Australia) nach Darwin (Northern Territory) auf dem Gebiet von Western Australia zwischenzulanden, um Personen und Waren an Bord der Maschine zu nehmen sowie von Bord zu lassen.

Der High Court entschied, Section 51 Nr. 1 verleihe dem Commonwealth nicht die hierfür nötige Gesetzgebungskompetenz. Das Gesetz war insoweit nichtig. Die Regelungsbefugnis des Bundes für innerstaatliche Komplexe setze mehr Berührungspunkte zwischen dem inter- und intrastaatlichen *trade and commerce* voraus. Das zwischenstaatliche Element sei nicht allein deswegen gegeben, weil der Bund die Effizienz, die Wettbewerbsfähigkeit und die Profitabilität des zwischenstaatlichen Handels steigere, indem er die innerstaatlichen Aspekte mitregelt.[52] Rein ökonomische Aspekte könnten keine Kompetenz des Bundes für innerstaatlichen Handel begründen.[53]

c. Bedeutung der Rechtsprechung für das Kernproblem

Der High Court legt den Begriff „*trade and commerce*“ weit aus und trennt strikt zwischen *international/interstate* einerseits und *intrastate trade and commerce* andererseits. Indem der High Court streng darauf achtet, daß der Bund die ihm in Section 51 Nr. 1 übertragene Gesetzgebungsbefugnis hinsichtlich *interstate trade and commerce* ausschließlich für zwischenstaatliche Vorgänge nutzt, unterstreicht er die – immer noch – ausgeprägte Stellung der einzelnen Gliedstaaten im australischen Entscheidungssystem. Die Regelungsgewalt des Bundes beschränkt sich grundsätzlich auf zwischenstaatliche Vor-

---

[51] (1976) 138 CLR 492.

[52] *A-G (WA); ex rel Ansett Transport Industries (Operations) Pty Ltd v Australian National Airlines Commission* (1976) 138 CLR 492, 499, *Barwick* CJ; siehe auch schon *Airlines of NSW Pty Ltd v NSW (No 2)* (1965) 113 CLR 54, 627, *Kitto* J

[53] *Lane*, Commentary on the Australian Constitution, S. 157 sieht indes erste Anzeichen für eine Wende des High Court in dieser Frage. Er verweist auf die folgende Äußerung des ehemaligen Chief Justice *Mason*, (1988) 62 Australian Law Journal 752, 755 f.: „*[T]rade within each State has become intricately integrated with interstate and overseas trade ... the economic concept of interstate trade ... has ... expanded to embrace activities ... formerly having local significance .... Although the court's formal distinction between interstate and intrastate trade might well have been appropriate in an era of localised economics, there is a question of whether it is appropriate today ... perhaps ... in time to come the court will take account of commercial realities in construing the trade and commerce power ... and ... once separate economies have largely melded into one national economy.*“ Bisher hat die Rechtsprechung seine Sichtweise jedoch (noch) nicht übernommen.

gänge. Nicht maßgeblich sind ökonomische Gesichtspunkte, selbst wenn sie es sinnvoll erscheinen lassen, einen zusammenhängenden Regelungsgegenstand abschließend durch den Bund zu normieren.[54] Den Gliedstaaten verbleiben zahlreiche Sachbereiche, die diese dazu nutzen können, um eigene potentiell handelshemmende Regelungen zu setzen. Übertrüge der High Court diese Bereiche ebenfalls dem Commonwealth zur Normierung, wären insoweit einheitliche Regelungen in ganz Australien gewährleistet. Handelshemmnisse, die aus den von Gliedstaat zu Gliedstaat verschiedenen Regelungen resultieren, könnten gar nicht erst entstehen.

Das unbeirrte Festhalten des High Court an der in Section 51 Nr. 1 vorgegebenen Unterscheidung zwischen inter- und intrastaatlichem *trade and commerce* fördert die Entstehung möglicher Konflikte zwischen den Zielen des freien Warenverkehrs und einzelstaatlichen Regelungsinteressen. Den Gliedstaaten werden Gesetzgebungskompetenzen belassen, die diese für eigene Interessen – und damit gegebenenfalls zu Lasten des zwischenstaatlichen Warenverkehrs – instrumentalisieren können.

Aus einer ökonomischen Perspektive stellt sich der australische Markt als ein einheitlicher nationaler Komplex dar. Aufgrund seiner dezentralen Entscheidungsstruktur kann sich jedoch kein einheitlicher rechtlicher Rahmen herausbilden. Vielmehr prägen potentiell variierende Normen der Gliedstaaten das Bild. Diese für den Produzenten unerfreuliche Situation spitzt sich noch weiter zu, da der Bund gemäß Section 51 Nr. 1 auch Exporte ins Ausland normieren darf. Insofern besteht die Gefahr, daß er für den Export von Waren andere Standards setzt als die Gliedstaaten für ihre einheimischen Märkte. Möglicherweise muß der Hersteller mindestens zwei verschiedene Produktionsreihen unterhalten, um den Vorschriften des inländischen und des ausländischen Marktes Rechnung zu tragen.[55] Die divergierenden Standards der einzelnen Märkte führen wiederum zu handelshemmenden Kostensteigerungen bei den jeweiligen Produzenten.[56]

---

[54] Grundlegend *Airlines of New South Wales Pty Ltd v New South Wales (No. 2)* (1965) 113 CLR 54, 113 ff., *Kitto* J; später bestätigt unter anderem in *A-G (WA); ex rel Ansett Transport Industries (Operations) Pty Ltd v Australian National Airlines Commission* (1976) 138 CLR 492, 502 f., *Gibbs* J; siehe auch *Hanks/Cass*, Australian Constitutional Law, S. 742; *Zines*, in: Craven, Australian Federation – Towards the Second Century, S. 70, 85 f.

[55] *Constitutional Commission*, Final Report – Vol. II (1988), S. 781; Industry Commission, Report on Packaging and Labelling (1996), S. 163; siehe in diesem Kontext auch *Swift Australian Co (Pty) Ltd v Boyd Parkinson* (1962) 108 CLR 189.

[56] Angesichts der hier nur kursorisch angesprochenen Nachteile sprach sich die Constitutional Commission im Jahr 1988 gegen die Unterscheidung zwischen intra- und interstate/international trade and commerce aus. Dem Commonwealth sollte vielmehr die kon-

3. Beziehung der Bundesgesetze zu *interstate trade and commerce*

Es stellt sich ferner die Frage, welche Beziehung ein Gesetzesvorhaben des Commonwealth zum *interstate trade and commerce* aufweisen muß, um auf Section 51 Nr. 1 gestützt werden zu können.[57] Der Gesetzeswortlaut selbst gibt nur einen vagen Hinweis; er spricht von „*with respect to*". Diese Formulierung allein deutet auf einen umfassenden Anwendungsbereich der Section 51 Nr. 1 hin.[58]

Die Rechtsprechung des High Court hat mehrere nebeneinander anwendbare[59] Kriterien aufgestellt, die näher präzisieren sollen, wie eng die Verbindung des jeweils in Rede stehenden Gesetzes zum *interstate trade and commerce* ausgestaltet sein muß. Sie geben auch Aufschluß darüber, inwieweit der Bund trotz der durch Section 51 Nr. 1 vorgenommenen Beschränkung ausnahmsweise innerstaatliches Wirtschaftrecht setzen kann.

a. Das Kriterium „*substantial connection with commerce*"

In den Urteilen *R v Foster; ex parte Eastern & Australian Steamship Co Ltd*[60] und *Grannall v Marrickville Margarine Pty Ltd*[61] entschied der High Court, daß ein rein innerstaatlicher Sachverhalt unter Section 51 Nr. 1 fällt, falls er als „*connected with overseas or inter-State commerce*"[62] anzusehen ist. Dies präzisierten die Richter in der Folgezeit noch weiter. Sie forderten, die Verbindung zum zwischenstaatlichen Handel müsse „*direct*", „*proximate*" oder „*substantial*" sein.[63] Eine derart enge Verbindung nahm der High Court etwa an bei Hygiene-

---

kurrierende Gesetzgebungskompetenz für den Bereich trade and commerce vollständig übertragen werden, siehe *Constitutional Commission*, Final Report – Vol. II (1988), S. 775; dieser Vorschlag wurde jedoch nicht übernommen.

[57] *Lane*, Commentary on the Australian Constitution, S. 158; *Phillips*, in: Else-Mitchell, Essays on the Australian Constitution, S. 129, 153; siehe auch *Cunliffe v Commonwealth* (1994) 182 CLR 272, 314, *Brennan* J.

[58] *New South Wales v Commonwealth* (1990) 169 CLR 482, 498, *Mason* CJ, *Brennan*, *Dawson*, *Toohey*, *Gaudron*, *McHugh* JJ und 506, *Deane* J.

[59] Siehe etwa *O'Sullivan v Noarlunga Meat Ltd (No. 1)* (1954) 92 CLR 595, 580, 581 und 597 ff.

[60] (1959) 103 CLR 256, 276, *Dixon* CJ.

[61] (1955) 93 CLR 55, 77, *Dixon* CJ, *McTiernan*, *Webb* und *Kitto* JJ.

[62] *R v Gates; ex parte Maling* (1928) 41 CLR 519, 530 f., *Starke* J.

[63] *O'Sullivan v Noarlunga Meat Ltd (No. 1)* (1954) 92 CLR 565, 581, *McTiernan* J; *R v Burgess; ex parte Henry* (1936) 55 CLR 608, 677, *Dixon* J.

vorschriften des Bundes, die für Schlachthöfe gelten, in denen Fleisch für den Export geschlachtet und vorbereitet wird.[64]

Die Formulierungen „*direct*“, „*proximate*“ und „*substantial*“ verdeutlichen, daß letztlich die Bedeutung oder Notwendigkeit einer staatlichen Maßnahme für den *interstate trade and commerce* darüber entscheidet, ob der Bund in dieser Frage regelnd tätig werden darf oder nicht.[65] Dies unterstreicht der High Court noch weiter, indem er in seinen Urteilen davon spricht, daß bestimmte, eigentlich als rein innerstaatlich zu qualifizierende Sachverhalte – wie etwa das Be- und Entladen von Frachtschiffen – „*indispensable*“[66], „*necessary*“[67] oder „*essential*[68] *(and typical)*“[69] für den zwischenstaatlichen Transport von Waren sein müssen, um durch den Bundesgesetzgeber geregelt werden zu können.

b. Das Kriterium „*directly related to interstate trade*“

In anderen Entscheidungen forderte der High Court, innerstaatliche Sachverhalte müßten „*directly related to interstate trade*“ sein, damit der Bund sie gemäß Section 51 Nr. 1 normieren könne.[70] Zu untersuchen ist also die Beziehung zwischen dem innerstaatlichen Sachverhalt, den der Bund für seine Regelungskompetenz beansprucht, und dem zwischenstaatlichen *trade and commerce*. Sie ist qualitativer, nicht quantitativer Natur.[71]

---

[64] *O'Sullivan v Noarlunga Meat Ltd (No. 1)* (1954) 92 CLR 565; zu bestimmten – eigentlich innerstaatlichen – Luftverkehrsvorschriften, die eine solch enge Verbindung zu interstaatlichen Luftverkehrsregulierungen aufweisen, daß sie durch das Commonwealth erlassen werden können, siehe *R v Burgess; ex parte Henry* (1936) 55 CLR 608, 677, *Dixon* J.

[65] *Lane*, The Australian Federal System, S. 71.

[66] *R v Foster; ex parte Eastern and Australian Steamship Co Ltd* (1959) 103 CLR 256, 291 f., *Taylor* J.

[67] *Australian Steamships Ltd v Malcolm* (1914) 19 CLR 298, 329, *Isaacs* J und 338, *Powers* J; *Joyce v Australasian United Steam Navigation Co Ltd* (1939) 62 CLR 160, 166 ff., *Latham* CJ.

[68] *R v Wright; ex parte Waterside Workers' Federation of Australia* (1955) 93 CLR 528, 544; *Huddart Parker Ltd v Commonwealth* (1931) 44 CLR 492, 515, *Dixon* J und 528, *Evatt* J.

[69] *Huddart Parker Ltd v Commonwealth* (1931) 44 CLR 492, 528, *Evatt* J.

[70] *Redfern v Dunlop Rubber Australia Ltd* (1964) 110 CLR 194, 213 und 219 f., *Menzies* J; *Huddart Parker Ltd v Commonwealth* (1931) 44 CLR 492, 514 ff., *Dixon* J.

[71] *Lane*, The Australian Federal System, S. 69.

Der High Court bejahte eine solche Beziehung in *Redfern v Dunlop Rubber Australia Ltd.*[72] Die Richter überprüften hier eine Absprache zwischen allen bedeutenden Reifenherstellern in New South Wales. Diese Absprache stellte für sich betrachtet einen rein innerstaatlichen Vorgang dar. Sie beinhaltete jedoch, einen Zwischenhändler aus Victoria nicht zu Großhandelspreisen beliefern zu wollen. Aufgrund dieses grenzüberschreitenden Elements der Vereinbarung bejahte der High Court eine direkte Beziehung zum zwischenstaatlichen *trade and commerce*. Schließlich würden grenzüberschreitende Reifenlieferungen beeinträchtigt.

c. Das Kriterium „*causally affects commerce*"

In anderen Entscheidungen wählte der High Court wiederum einen dritten Ansatz. Maßgeblich sei die Ursache-Wirkung-Beziehung zwischen dem Sachverhalt, den der Bund für seine eigene Regelungskompetenz reklamiert, und *interstate trade and commerce*. Der vom Bund für sich beanspruchte Bereich müsse ein „*direct necessary result*" im *interstate trade and commerce* haben[73]; es müsse eine „*real causative relation*"[74] zum *interstate trade and commerce* bestehen. Teilweise forderte der High Court, die Auswirkungen des innerstaatlichen Sachverhalts müßten „*substantial*", „*proximate*" oder „*direct*" sein, damit Section 51 Nr. 1 einschlägig sei.[75]

Der *Airlines*-Case *(No. 2)*[76] ist einer der zahlreichen Fälle, in denen der High Court einen solch engen Kausalzusammenhang annahm.[77] Der Bund hatte ein Lizenzierungssystem für den australischen Luftverkehr errichtet, das nicht zwischen inner- und interstaatlichem Luftverkehr differenzierte. Eine Bundesbehörde konnte daher selbst für ausschließlich innerstaatlich operierende Flugzeuge die notwendigen Lizenzen erteilen. Ferner bestimmte das streit-

---

[72] (1964) 110 CLR 194; vgl. in diesem Zusammenhang auch *Bourke Appliances Pty Ltd v Wonder* (1965) VR 511.

[73] So der High Court in *Australian National Airways Pty Ltd v Commonwealth* (1945) 71 CLR 29, 76 f., *Starke* J unter Verweis auf *W & A McArthur Ltd v Queensland* (1920) 28 CLR 530, 547, *Knox* CJ, *Isaacs* und *Starke* JJ.

[74] *O'Sullivan v Noarlunga Meat Ltd (No. 1)* (1954) 92 CLR 565, 580, *McTiernan* J.

[75] *Australian Steamships Ltd v Malcolm* (1914) 19 CLR 298, 307, *Griffith* CJ und 320 f., *Barton* J; *The Federated Amalgamated Government Railway and Tramway Service Association v The New South Wales Traffic Employees Association* (1906) 4 CLR 488, 541 ff.

[76] *Airlines of NSW Pty Ltd v NSW (No. 2)* (1965) 113 CLR 54.

[77] Siehe etwa *Airlines of NSW Pty Ltd v NSW (No. 1)* (1964) 113 CLR 1, 27, *Dixon* CJ und 39 f., *Taylor* J; *R v Poole; ex parte Henry (No. 2)* (1939) 61 CLR 634, 649 f. und 653, *Dixon* J; *Victoria v Commonwealth (Kakariki)* (1937) 58 CLR 618, 631, *Dixon* J, 633 und 636, *Evatt* J.

gegenständliche Gesetz, daß innerstaatlich verkehrende Flugzeuge grundsätzlich keinen Luftraum benutzen dürfen, wenn die Sicherheit des zwischenstaatlichen oder internationalen Luftverkehrs gefährdet ist.

Der High Court meinte, beide Regelungskomplexe fielen noch in den Anwendungsbereich der Section 51 Nr. 1. Sowohl die nur innerstaatlich verkehrenden Flugzeuge als auch die von ihnen benutzten Lufträume wiesen eine besonders enge Beziehung zum zwischenstaatlichen und internationalen Luftverkehr auf. Inner- und zwischenstaatlich verkehrende Flugzeuge nutzten regelmäßig identische Flughäfen. Zudem überschnitten sich die innerstaatlichen mit den zwischenstaatlichen und internationalen Flugrouten. Die erforderliche Ursache-Wirkung-Beziehung zwischen einem rein innerstaatlichen Sachverhalt und *interstate trade and commerce* sei daher gegeben.[78]

d. Das Kriterium „*incidental powers*"

Schließlich können die sog. „*incidental powers*" die Gesetzgebungskompetenz des Bundes auf innerstaatliche Materien ausdehnen.[79] Demnach ist das Commonwealth aufgrund von Section 51 Nr. 1 berechtigt, Sachbereiche zu normieren, die zwar nicht unmittelbar unter diesen Kompetenztitel fallen, mit ihm aber zusammenhängen. Wie diese Verbindung auszusehen hat, beurteilte der High Court in der Vergangenheit uneinheitlich. In *Grannall v Marrickville Margarine Pty Ltd* führte er dazu etwa aus:

---

[78] *Airlines of NSW Pty Ltd v NSW (No. 2)* (1965) 113 CLR 54, 116 f., *Kitto* J.

[79] Jede durch die Bundesverfassung gewährte Kompetenz geht einher mit inzident verliehenen Kompetenzen, die eine wirkungsvolle Ausübung der ausdrücklich genannten Regelungsbefugnisse sicherstellen sollen (sog. *implied incidental powers*). Diese sind eigentlich zu trennen von der *express incidental power* gemäß Section 51 Nr. 39, siehe *Blackshield/Williams*, Australian Constitutional Law and Theory – Commentary and Materials, S. 677. Section 51 Nr. 39 verleiht dem australischen Bundesgesetzgeber die Gesetzgebungsbefugnis bezüglich „*matters incidental to the Execution of any power vested by this Constitution in the Parliament or in either House thereof, or in the Government of the Commonwealth, or in the Federal Judicature, or in any department or officer of the Commonwealth.*"

Aufgrund der fließenden Übergänge unterscheiden Rechtsprechung und Lehre regelmäßig nicht zwischen *implied* und *express incidental powers*, sondern sprechen nur allgemein von *incidental powers*, siehe etwa *Australian Coastal Shipping Commission v O'Reilly* (1962) 107 CLR 46, 54, *Dixon* CJ; *Smith v Oldham* (1912) 15 CLR 355, 361, *Barton* J; *Lane*, Commentary on the Australian Constitution, S. 372; *ders.*, A Manual of Australian Constitutional Law, S. 54; *Lumb/Moens*, The Constitution of the Commonwealth of Australia – Annotated, Rn. 412; *Joseph/Castan*, Federal Constitutional Law – A Contemporary View, S. 48. Die folgenden Ausführungen schließen sich dieser Praxis an.

„[E]very legislative power carries with it authority to legislate in relation to acts, matters and things the control of which is found necessary to effectuate its main purpose, and thus carries with it power to make laws governing or affecting many matters that are incidental ... “.[80]

Dies legt den Schluß nahe, der Bund besitze nur dann Gesetzgebungsbefugnisse aufgrund der *incidental powers*, wenn diese notwendig seien, um der ausdrücklich genannten Gesetzgebungskompetenz Wirkung zu verleihen.

In späteren Entscheidungen verwandte der High Court diesen harten Maßstab nicht mehr. Die auf den *incidental powers* beruhenden Maßnahmen mußten lediglich vernünftig und angemessen sein, um eine effektive Ausübung der ausdrücklich niedergelegten Gesetzgebungskompetenzen zu ermöglichen.[81] *Incidental powers* beziehen sich regelmäßig auf Sachbereiche, die nicht als *trade and commerce* einzuordnen sind, oder keine zwischenstaatliche bzw. internationale, sondern nur eine intrastaatliche Komponente aufweisen.[82] Wirksam sind etwa auf Section 51 Nr. 1 basierende Bestimmungen des Bundes für Schiffe, die den zwischenstaatlichen Schiffsverkehr gefährden, selbst aber nicht im Bereich des *trade and commerce* eingesetzt werden.[83]

Entsprechendes gilt für Vorschriften des Bundes, die das Schlachten von Tieren normieren, deren Fleisch für den Export bestimmt ist.[84] Zwar ließe sich das Schlachten – folgt man einem weiten Begriffsverständnis – noch als *trade and*

---

[80] *Grannall v Marrickville Margarine Pty Ltd* (1955) 93 CLR 55, 77, *Dixon* CJ, *McTiernan, Webb* und *Kitto* JJ; siehe auch *O'Sullivan v Noarlunga Meat Ltd* (No. 1) (1954) 92 CLR 565, 597 f., *Fullagar* J: *„Where any power or control is expressly granted, there is included in the grant, to the full extent of the capacity of the grantor and without special mention, every power and every control the denial of which would render the grant itself ineffective.*“

[81] *A-G (WA); ex rel Ansett Transport Industries (Operations) Pty Ltd v Australian National Airlines Commission* (1976) 138 CLR 492, 515, *Stephen* J; *Nationwide News Pty Ltd v Wills* (1992) 177 CLR 1, 27, *Mason* CJ und 86 f., *Dawson* J; *Victoria v Commonwealth* (1996) 70 Australian Law Journal Reports 680, 726, *Brennan* CJ, *Toohey, Gaudron, McHugh* und *Gummow* JJ; siehe dazu auch *Zines*, in: Lee/Winterton, Australian Constitutional Perspectives, S. 33, 42.

[82] *Lane*, The Australian Federal System, S. 81.

[83] Siehe etwa *R v Turner; ex parte Marine Board of Hobart* (1927) 39 CLR 411, 437, *Isaacs* J; *Victoria v Commonwealth* (Kakariki) (1937) 58 CLR 618, 633, *Evatt* J; zu weiteren Beispielen für Gesetze des Commonwealth, die auf *incidental powers* beruhen, siehe *Lane*, The Australian Federal System, S. 82.

[84] Siehe dazu die Entscheidung *O'Sullivan v Noarlunga Meat Ltd (No. 1)* (1954) 92 CLR 565.

commerce einordnen, doch fehlt dabei offensichtlich ein grenzüberschreitendes Moment.[85]

e. Ergebnis

Anhand der hier skizzierten Formeln ist es kaum möglich, Entscheidungsergebnisse sicher zu prognostizieren. Es sind zahllose Sachverhalte denkbar, die man als „*connected with*" sowie „*relevant to interstate trade and commerce*" bezeichnen könnte, oder in denen eine „*causal affection*" des *interstate trade and commerce* erkennbar ist. Selbst Präzisierungen, wie etwa der Zusatz „*substantial*", geben kaum Aufschluß darüber, wieweit der Anwendungsbereich der Section 51 Nr. 1 samt seiner inzident verliehenen Gesetzgebungskompetenzen reicht.[86] Trotz des umfangreichen Entscheidungsmaterials zur Tragweite von Section 51 Nr. 1 besteht mangels präziser Kriterien stets ein gehöriges Quantum an Rechtsunsicherheit. Im übrigen haben die zur Entscheidung berufenen Gerichte einen recht weiten Beurteilungsspielraum.[87] Je nach Auffassung der Richter können zentralistische – und damit warenverkehrsfreundliche – Tendenzen gefördert oder gebremst werden.

Festzuhalten ist, daß der Bund rein innerstaatliche Materien grundsätzlich nur in ganz engen Grenzen normieren und so einer Regelung durch Gliedstaaten entziehen kann. Der High Court fördert positive Integration für warenverkehrsrelevante Bereiche mittels Section 51 Nr. 1 demzufolge nur in einem bescheidenen Ausmaß.

3. Verhältnis zwischen Section 51 Nr. 1 und Section 98

Section 98 der Bundesverfassung besagt:

„*[T]he power of the [Commonwealth] Parliament to make laws with respect to trade and commerce extends to navigation and shipping ...*"

Angesichts des Wortlautes drängt sich der Schluß auf, der Bund besitze für die beiden hier genannten Gebiete eine uneingeschränkte Regelungskompetenz, da Section 98 nicht zwischen *interstate* bzw. *international* und *intrastate trade and commerce* unterscheide. Diese Annahme trifft jedoch nicht zu. Section 98 wurde

---

[85] *Lane*, The Australian Federal System, S. 82.
[86] *Lane*, The Australian Federal System, S. 70.
[87] *Lane*, The Australian Federal System, S. 79.

in die Bundesverfassung aufgenommen, um zu gewährleisten, daß Section 51 Nr. 1 stets – unbeschadet der Wandlungen der Rechtsprechung des High Court und des US-amerikanischen Supreme Court[88] – die Bereiche „*navigation and shipping*" erfaßt.[89] Section 98 beschreibt demzufolge nur einen Teil von *interstate/international trade and commerce*. Da der High Court entschieden hat, daß Transporte von Waren und Personen zum Kern des *trade and commerce* im Sinne der Section 51 Nr. 1 gehören,[90] ist Section 98 vorbehaltlich einer grundlegenden Änderung in der Rechtsprechung des High Court lediglich deklaratorischer Natur.[91] Section 98 erweitert also nicht die Regelungsbefugnisse des Bundes auf Kosten dezentraler Entscheidungsautonomie. Die Zweiteilung der Section 51 Nr. 1 gilt auch im Rahmen der Section 98.

III. Harmonisierung territorialer Normen

Es bleibt zu untersuchen, inwieweit das Commonwealth auf eine Regelungsharmonisierung in den Territorien hinwirken kann. Die einschlägige Norm ist Section 122[92]. Sie birgt ein gewisses Harmonisierungspotential: Kommt es zu Konflikten zwischen territorialen Normen und denen des Commonwealth, so gelten letztere.[93] Dieser Punkt und der umfassende Anwendungsbereich der Section 122 gewährleisten, daß der Bund zumindest das Wirtschaftsrecht in den Territorien harmonisieren kann, sollte er dies anstreben. Variierende Regelungen können insofern auf territorialer Ebene leichter verhindert und beseitigt werden als auf der Ebene der Gliedstaaten. Gleichwohl bilden Normsetzungen territorialer Parlamente einen Bestandteil des australischen Entscheidungs-

---

[88] Siehe *Australian Steamships Ltd v Malcolm* (1914) 19 CLR 298, 314, *Barton* J; *Quick/Garran*, Annotated Constitution of the Australian Commonwealth, S. 873 f.

[89] *Owners of S.S. Kalibia v Wilson* (1910) 11 CLR 689, 697, *Griffith* CJ für den *Seamen's Compensation Act* 1909 (Cth).

[90] *Australian National Airways Pty Ltd v Commonwealth* (1945) 71 CLR 29, 76, *Starke* J; dazu ausführlicher schon oben unter Teil 2, § 1, II., 1., b.

[91] *Owners of S.S. Kalibia v Wilson* (1910) 11 CLR 689, 707, *O'Connor* J: „*[Section 98] is plainly explanatory of the trade and commerce powers. It does not ... extend them indefinitely with respect to navigation and shipping*"; *Australian Steamships Ltd v Malcolm* (1914) 19 CLR 298, 314, *Barton* J. Vor dem Hintergrund der Streitigkeiten hinsichtlich der Frage, ob die commerce clause der US-amerikanischen Bundesverfassung auch die Schiffahrt erfasse, ist die Aufnahme von Section 98 durchaus verständlich, siehe *Lane*, Commentary on the Australian Constitution, S. 163 Fn. 4.

[92] Dazu schon oben unter Teil 1, § 2, III.

[93] *A-G (NT) v Aboriginal Affairs Minister* (1989) 25 FCR 345, 366; Section 109 findet zwar nur dann Anwendung, wenn Gesetze des Commonwealth mit denen der Gliedstaaten konfligieren, doch ist dieser Gedanke auch dann zu berücksichtigen, wenn ein Konflikt zwischen Normen des Commonwealth und der Territorien in Rede steht.

systems. Die Regelungsbefugnis der *self-governing territories* ist daher ebenfalls als potentiell handelshemmender Faktor zu berücksichtigen.

IV. Harmonisierung durch die *corporations power*

Nicht zuletzt wegen des begrenzten Anwendungsbereichs der *commerce clause* hat der Bundesgesetzgeber in der Vergangenheit wirtschaftsrechtliche Regelungen zunehmend auf die sog. *corporations power* der Section 51 Nr. 20 gestützt.[94]

1. Persönlicher Anwendungsbereich

Die Norm hat laut High Court einen weiten persönlichen Anwendungsbereich. Unter *Corporation* im Sinne der Section 51 Nr. 20 fallen grundsätzlich alle juristischen Personen, denen dieser Status durch Gesetz verliehen wird.[95]

Der Begriff „*Foreign Corporations*" ist unproblematisch. Darunter versteht man diejenigen Gesellschaften, die gemäß dem Recht eines ausländischen Staates gegründet wurden und laut dieser ausländischen oder der australischen Rechtsordnung rechtsfähig sind.[96]

Die Definition von *Trading Corporations* ist hingegen seit langem umstritten. Nach den Entscheidungen *R v Judges of Federal Court and Adamson; ex parte Western Australia National Football League and West Perth Football Club*[97] sowie *Tasmania v Commonwealth*[98] scheint der High Court den sog. „*activities test*" zu favorisieren. Demnach liegt eine *Trading Corporation* vor, falls ihre Geschäftstätigkeit zu einem wesentlichen oder ausreichend signifikanten Teil aus Handel besteht.[99] Auf den Zweck der Gesellschaftsgründung soll es

---

[94] *Joseph/Castan*, Federal Constitutional Law – A Contemporary View, S. 53.
[95] Zu den Ausnahmen siehe *Ratnapala*, Australian Constitutional Law, S. 236.
[96] *Joseph/Castan*, Federal Constitutional Law – A Contemporary View, S. 64.
[97] (1979) 143 CLR 190.
[98] (1983) 158 CLR 1.
[99] *R v Judges of Federal Court and Adamson; ex parte Western Australia National Football League and West Perth Football Club* (1979) 143 CLR 190, 208, *Barwick* CJ, 233, *Mason* J und 239, *Murphy* J; bestätigt in *Commonwealth v Tasmania* (1983) 158 CLR 1, 155 ff., *Mason* J, der die wesentlich engere Auslegung des Begriffs aus der Entscheidung *R v Trade Practices Tribunal; ex parte St George County C'l* (1974) 130 CLR 533 ausdrücklich ablehnt.

grundsätzlich[100] nicht ankommen.[101] Bislang hat der High Court nicht präzisiert, welchen Umfang die Geschäftstätigkeit haben muß, damit sie als wesentlich oder ausreichend signifikant qualifiziert werden kann. Die genauen Grenzen des persönlichen Anwendungsbereichs der Section 51 Nr. 20 bleiben insoweit unklar.

Der Begriff „*Trading*" umfaßt alle Geschäftstätigkeiten, die Einnahmen erzielen. Er ist nicht beschränkt auf An- und Verkauf mit Gewinnerzielungsabsicht.[102] Der High Court hat dementsprechend sogar Football-Clubs, Football-Ligen[103] und halbstaatliche Vereinigungen[104], die von ihnen produzierten Strom verkaufen, als *trading corporations* im Sinne der Section 51 Nr. 20 angesehen.

Der High Court unterscheidet regelmäßig zwischen *trading* und *financial corporations*. Unter dem Begriff „*financial*" versteht der High Court „*transactions in which the subject of the transaction is finance (such as borrowing or lending the money) as distinct from transactions (such as the purchase or sale*

---

[100] Für inaktive Unternehmen, sog. *shelf companies*, macht der High Court eine Ausnahme vom „*activities test*". Diese Gesellschaften fallen unter Section 51 Nr. 20, wenn sie gegründet wurden, um am Handelsverkehr teilzunehmen, siehe *Fencott v Muller* (1983) 152 CLR 570, 601 f., *Mason, Murphy, Brennan* und *Deane* JJ.

[101] Lediglich die überstimmten Richter in *R v Judges of Federal Court and Adamson; ex parte Western Australia National Football League and West Perth Football Club* (1979) 143 CLR 190 stellten darauf ab, daß die Vereinigungen gegründet worden waren, um Football zu fördern. Ihre Geschäftstätigkeiten träten hinter diesem Primärzweck zurück. Die Vereinigungen seien deshalb keine *trading corporations* im Sinne der Section 51 Nr. 20.

[102] *R v Judges of Federal Court and Adamson; ex parte Western Australia National Football League and West Perth Football Club* (1979) 143 CLR 190, 233, *Mason* J.

[103] Siehe *R v Judges of Federal Court and Adamson; ex parte Western Australia National Football League and West Perth Football Club* (1979) 143 CLR 190. Die Mehrheit der Richter des High Court kam hier zu dem Ergebnis, daß die Southern Australian Football League, die Western Australian Football League und der West Perth Football Club *trading corporations* im Sinne der Section 51 Nr. 20 sind. Sie argumentierte, die drei Vereinigungen seien unter anderem gegründet worden, um Football-Spiele zu vermarkten sowie Fanartikel und Fernseh- und Werberechte zu verkaufen.

[104] Siehe *Commonwealth v Tasmania* (1983) 158 CLR 1. In dieser Entscheidung ging es um folgendes: Die damalige liberale Regierung Tasmaniens wollte im Südwesten der Insel einen Staudamm, den Franklin Dam, errichten. Die sog. Tasmanian Hydro-Electric Commission, eine Gesellschaft tasmanischen Rechts, sollte den Bau des Damms übernehmen, den durch den Staudamm erzeugten Strom in Tasmanien vertreiben sowie Damm und Generatoren warten. Die damalige Labour-Bundesregierung wollte den Bau des Staudammes aus Umweltschutzgründen stoppen. Zu diesem Zweck initiierte sie den *World Heritage Properties Conservation Act* 1983 (Cth), den sie auf Section 51 Nr. 20 stützte. Die Richtermehrheit des High Court sah in der Tasmanian Hydro-Electric Commission eine *trading corporation* im Sinne der Section 51 Nr. 20.

of particular goods for a monetary consideration) in which finance, although involved in the payment of the price, cannot properly be seen as constituting the subject of the transaction."[105]

Die Geschäftstätigkeiten von *financial corporations* beschränken sich also ausschließlich auf den monetären Bereich.[106] Auch in diesem Zusammenhang verwendet der High Court den beschriebenen „*activities test*", um zu ermitteln, ob eine Vereinigung als *financial corporation* einzuordnen ist.[107] Die finanziellen Aktivitäten einer Vereinigung müssen demnach einen wesentlichen oder ausreichend signifikanten Anteil ihrer Geschäftstätigkeit ausmachen. Unter den Begriff fallen beispielsweise staatliche Pensionsfonds, die beträchtliche Mittel in Immobilien investieren.[108]

2. Sachlicher Anwendungsbereich

Im Gegensatz zu Section 51 Nr. 1 fordert die *corporations power* kein zwischenstaatliches Element. Über Section 51 Nr. 20 können daher auch rein innerstaatliche Bereiche bundesweit einheitlich normiert werden, die Section 51 Nr. 1 nicht erfaßt,[109] wie etwa das Kartell- und Wettbewerbsrecht.[110] Jedoch ist es dem Bund verwehrt, die Gründung von *Trading* und *Financial Corporations* zu regeln.[111] Der High Court argumentierte unter anderem, der Wortlaut der Norm – „*formed within the limits of the Commonwealth*" – beziehe sich ausschließlich auf bereits bestehende Gesellschaften.[112]

---

[105] *Re Ku-ring-gai Co-operative Building Society (No 12)* Ltd (1978) 22 Australian Law Review 621, 642, *Deane* J.

[106] *Zines*, The High Court and the Constitution, S. 90 weist zutreffend darauf hin, daß die meisten *financial corporations* auch als *trading corporations* im Sinne der weiten Definition des High Court anzusehen sind.

[107] *State Superannuation Board v Trade Practices Commission* (1982) 150 CLR 282, 305, *Mason*, *Murphy* und *Deane* JJ.

[108] Siehe etwa *State Superannuation Board v Trade Practices Commission* (1982) 150 CLR 282.

[109] *Strickland v Rocla Concrete Pipes Ltd* (1971) 124 CLR 468, 488 ff., *Barwick* CJ; bis dato hatte der High Court seit *Huddart v Moorehead* (1909) 8 CLR 330 die Auffassung vertreten, Section 51 Nr. 20 gebe dem Commonwealth aufgrund der sog. *reserved powers doctrine* keine Gesetzgebungskompetenz für den rein innerstaatlichen Handel von Trading Corporations.

[110] *Strickland v Rocla Concrete Pipes Ltd* (1971) 124 CLR 468, 489, *Barwick* CJ

[111] *New South Wales v Commonwealth* (1990) 169 CLR 482, 498, *Mason* CJ, *Brennan*, *Dawson*, *Toohey*, *Gaudron* und *McHugh* JJ.

[112] *New South Wales v Commonwealth* (1990) 169 CLR 482, 498, *Mason* CJ, *Brennan*, *Dawson*, *Toohey*, *Gaudron* und *McHugh* JJ; siehe dazu auch *Kennett*, (1990) 19 Federal Law

Zudem darf der Bund kein Gesetz aufgrund von Section 51 Nr. 20 erlassen, das die Grundlage für ein Verbot von Gesellschaften bildet. Er kann ihre Geschäftstätigkeiten lediglich regulieren.[113] Chief Justice *Latham* führte in diesem Zusammenhang aus: „*The existence and the powers and capacities of any corporation to which section 51 (xx) applies depend upon some law other than a law made under that provision.*"[114]

Die Gesetzgebungskompetenz des Bundes gemäß Section 51 Nr. 20 beschränkt sich indes nicht nur auf Geschäftstätigkeiten der Gesellschaften selbst; sie kann sich zudem auf den Schutz der Gesellschaften vor schädlichen Einwirkungen Dritter erstrecken.[115] Darüber hinaus kann der Bund die interne Organisation der genannten Gesellschaften regeln.[116]

Umstritten ist unter den Richtern des High Court, wo genau die äußeren Grenzen des sachlichen Anwendungsbereichs der Section 51 Nr. 20 liegen. Die Norm nennt als Bezugspunkte lediglich die *foreign*, *trading* und *financial corporations* als solche, nicht aber deren Geschäftstätigkeiten.

Vertreter einer extensiven Auslegung meinen, der Bund habe die Kompetenz für jegliche Regelungen, die sich auf die in Section 51 Nr. 20 genannten Gesell-

---

Review 223 ff. sowie *McQueen*, (1990) 19 Federal Law Review 245 ff. Gliedstaaten und Territorien erließen aufgrund dieser Entscheidung und anschließenden Verhandlungen mit dem Bund inhaltsgleiche Regelungen zum Gesellschaftsrecht. Siehe zu diesem de facto einheitlichen australischen Gesellschaftsrecht und den diesbezüglichen verfassungsrechtlichen Bedenken die jüngeren Entscheidungen *R v Wakim; ex parte McNally* (1999) 198 CLR 511; *Byrnes v R* (1999) 199 CLR 1; *Bond v R* (2000) 169 ALR 607; *R v Hughes* (2000) 171 ALR 155 sowie *Blackshield/Williams*, Australian Constitutional Law and Theory, S. 256 ff.; *McConvill/Smith*, (2001) 29 Federal Law Review 75 ff.; *de Costa*, (2000) 22 Sydney Law Review 451 ff.

[113] *Commonwealth v Bank of New South Wales* (1948) 76 CLR 1.

[114] *Commonwealth v Bank of New South Wales* (1948) 76 CLR 1, 202, Latham CJ.

[115] *Actors and Announcers Equity Association v Fontana Films Pty Ltd* (1982) 150 CLR 169. In dieser Entscheidung befand der High Court, daß eine auf Section 51 Nr. 20 basierende Vorschrift des *Trade Practices Act* 1974 (Cth) verfassungsgemäß ist, die es Personen verbot, auf Dritte derart einzuwirken, daß Unternehmen geschädigt werden (sog. *secondary boycott*). Der Hintergrund war, daß die klagende Gewerkschaft Actors and Announcers Equity Association von der Beklagten verlangte, ausschließlich Gewerkschaftsmitglieder einzustellen. Die Beklagte verweigerte dies jedoch. Daraufhin übte die Klägerin Druck auf Theateragenten aus mit der Folge, daß diese keine Schauspieler mehr an die Beklagte vermittelten. Aufgrund dessen mußte Fontana schließlich die Filmproduktion einstellen.

[116] *Joseph/Castan*, Federal Constitutional Law – A Contemporary View, S. 79.

schaften beziehen.[117] Die Anhänger der engen Auffassung argumentieren hingegen, es reiche nicht aus, daß ein Bundesgesetz lediglich die in der *corporations power* aufgezählten Gesellschaften in irgendeiner Form betrifft, um die Kompetenz des Bundes zu begründen.[118] Eine solch weite Interpretation der Norm verkenne die föderale Natur der Verfassung. Der Kern des jeweiligen Bundesgesetzes müsse vielmehr eine ausreichend enge Beziehung zu den in Section 51 Nr. 20 genannten Gesellschaften aufweisen.[119]

Bislang hat sich keine der beiden Ansichten beim High Court durchsetzen können.[120] Es ist jedoch darauf hinzuweisen, daß einige Richter des High Court in *Davis v Commonwealth* ihre ursprünglich sehr weite Interpretation wieder einschränkten. In Rede stand der *Australian Bicentennial Authority Act* 1980 (Cth), aufgrund dessen die *Australian Bicentennial Authority* gegründet wurde. Sie sollte die Feierlichkeiten anläßlich des zweihundertsten Jahrestages der Besiedlung Australiens durch Europäer fördern. Zu diesem Zweck übertrug das Gesetz der *Australian Bicentennial Authority* das exklusive Recht, bestimmte Symbole und Ausdrücke – wie etwa „200 years" – für kommerzielle Zwecke zu nutzen. Die Richter entschieden einstimmig, auf Section 51 Nr. 20 könne der Bund zwar Gesetze stützen, die Firmen und Logos von Unternehmen gegen mißbräuchliches Verhalten schützen. Es gehe aber zu weit, der *Australian Bicentennial Authority* ein Monopol für die Verwendung von Ausdrücken zu verleihen.[121]

3. Ergebnis

Section 51 Nr. 20 trägt heutzutage neben der *commerce clause* maßgeblich dazu bei, daß der Bund zahlreiche Bereiche des australischen Wirtschaftsrechts

---

[117] *Actors and Announcers Equity Association v Fontana Films Pty Ltd* (1982) 150 CLR 169, 207, *Mason* J und 211 f., *Murphy* und *Aicken* JJ; *Commonwealth v Tasmania* (1983) 158 CLR 1, 151 f., *Mason* J und 269 f., *Deane* J.

[118] *Commonwealth v Tasmania* (1983) 158 CLR 1, 202, *Wilson* J.

[119] *Actors and Announcers Equity Association v Fontana Films Pty Ltd* (1982) 150 CLR 169, 181 f., *Gibbs* CJ und *Wilson* J; *Commonwealth v Tasmania* (1983) 158 CLR 1, 117 f. *Gibbs* CJ, 201, *Wilson* J und 202, *Dawson* J.

[120] *Joseph/Castan*, Federal Constitutional Law – A Contemporary View, S. 73; *Ratnapala*, Australian Constitutional Law, S. 240.

[121] *Davis v Commonwealth* (1988) 166 CLR 79, 97, *Mason* CJ, *Deane* und *Gaudron* JJ, 101, *Wilson* und *Dawson* JJ, 117, *Toohey* J; in diese Richtung geht auch die Entscheidung *Re Dingjan; ex parte Wagner* (1995) 183 CLR 323, in der Vertreter der extensiven Auslegung forderten, die Verbindung zwischen den Bundesregelungen und den Gesellschaften im Sinne der Section 51 Nr. 20 müsse *„non-tenuous"*, *„substantial"* oder *„sufficient"* sein, a.a.O., 353, *Toohey* J und 368 ff., *McHugh* J.

einheitlich regeln kann. Die *corporations power* ist ein wichtiges Werkzeug, um positive Integration im australischen Markt voranzutreiben. Der High Court hat diese Entwicklung nachhaltig beeinflußt, indem er entschied, daß der Bund auch rein innerstaatliche Sachverhalte aufgrund dieser Norm regeln kann. Darüber hinaus hat er zentrale Normsetzung gefördert, da er die Begriffe „*financial and trading corporations*“ weit auslegt und dem sachlichen Anwendungsbereich der Norm lediglich unklare Grenzen setzt.

§ 2 Anderweitige Formen der Uniformierung

Im folgenden Abschnitt werden weitere – neben der Regelungstätigkeit des Bundes bestehende – Mechanismen vorgestellt, die einheitliche Normen in Australien schaffen. In den Vordergrund rücken vor allem Kooperationen des Commonwealth mit den Gliedstaaten und Territorien.[122] Zudem wird untersucht, inwieweit die zahlreichen australischen Industrieorganisationen bundesweit uniforme Normen gesetzt haben.

I. Harmonisierende Kooperationen

Kooperationen zwischen Bund und Gliedstaaten können auf eine langjährige Tradition in Australien verweisen.[123] Sie nehmen seit den Anfangsjahren der Föderation verschiedene Formen an. So fanden schon damals Konferenzen statt, an denen die Regierungen der Gliedstaaten und des Bundes teilnahmen, um Probleme zu diskutieren und gegebenenfalls zu beheben, die über gliedstaatliche Grenzen hinausgingen. Zudem wurden intergouvernementale Vereinbarungen[124] unterschiedlichster Tragweite abgeschlossen.[125]

Die Bundesverfassung spricht Kooperationen zwischen Bund und Gliedstaaten in einer Reihe von Normen ausdrücklich an. Diese Vorschriften berühren regelmäßig sehr spezielle Sachbereiche.[126]

---

[122] *McMillan/Evans/Storey*, Australia's Constitution – Time for Change?, S. 64 f.; *Goss*, Restoring the Balance – The Future of the Australian Federation, S. 10; zu den Gründen, warum Kooperationen der Gliedstaaten unter Ausschluß des Commonwealth keine nennenswerte Bedeutung im australischen Organisationsgefüge aufweisen, siehe nur *Rumble*, (1980) 7 Adelaide Law Review 348.

[123] *Chapman*, Federalism, Intergovernmental Relations and the Australian Policy Process, S. 7, weist darauf hin, daß schon lange vor der Gründung Australiens Kooperationen zwischen den Regierungen der damaligen Kolonien stattfanden.

[124] Ganz überwiegend werden intergouvernementale Vereinbarungen als nichtjustitiabel angesehen. Siehe näher dazu *John Cooke & Co Pty Ltd v Commonwealth* (1922) 31 CLR 394, 416; *PJ Magennis Pty Ltd v Commonwealth* (1949) 80 CLR 382, 409, *Dixon* J; *South Australia v Commonwealth* (1962) 108 CLR 130, 139 ff., *Dixon* CJ, 148 f., *McTiernan* J und 154, *Windeyer* J; *Saunders*, in: Galligan, Essays in Legal Theory: A Collaborative Work, S. 29, 46 ff.

[125] Siehe dazu näher *Sawer*, Cooperative Federalism and Responsible Government in Australia, S. 6; *Chapman*, Federalism, Intergovernmental Relations and the Australian Policy Process, S. 7 f.

[126] Eine umfassende Auflistung dieser Normen findet sich bei *Richardson*, Patterns of Australian Federalism, S. 113; siehe auch *Anderson*, in: Else-Mitchell, Essays of the Australian Constitution, S. 93, 108 ff.; *Saunders*, Intergovernmental Arrangements: Legal and

Hier wird nicht versucht, sämtlichen Spielarten intergouvernementaler Kooperationen bis ins Detail nachzugehen.[127] Die Bandbreite reicht heutzutage von gelegentlichen informellen Treffen, bei denen unverbindliche Absichtserklärungen abgegeben werden, über die Errichtung gemeinsamer Verwaltungseinrichtungen (etwa die *National Companies and Securities Commission*) bis hin zum Abschluß umfassender intergouvernementaler Verträge.[128] Das Interesse soll vielmehr zunächst den Mechanismen gelten, die einheitliche Normen für den gesamten australischen Markt setzen können.[129] Dabei lassen sich die drei folgenden Formen ausmachen: *Template Laws*, *Complementary Schemes*[130] und *Referral of Powers*.

1. Die *Template Laws*

Gemäß dem *Template Law*-Verfahren verabschiedet ein australisches Parlament den Entwurf eines Modellgesetzes. Dieses Gesetz wird dann von den übrigen Parlamenten übernommen, indem auch sie für diesen Entwurf ohne Änderungen stimmen. Findet das Modellgesetz sowohl im Bundesparlament als auch in

---

Constitutional Framework, S. 6 f.; *Cranston*, (1979) 10 Federal Law Review 121, 123. Beispielsweise sieht Section 51 Nr. 34 vor, daß der Bund zur Errichtung eines Eisenbahnnetzes auf gliedstaatlichem Terrain berechtigt ist, soweit der betroffene Gliedstaat seine Zustimmung erteilt. Sections 87, 96, 105 und 105 a betreffen intergouvernementale Zusammenarbeiten in Fragen der Staatsfinanzen. Section 120 verpflichtet die Gliedstaaten dazu, auch diejenigen Straftäter in ihren Gefängnissen aufzunehmen, die auf der Grundlage von Bundesgesetzen verurteilt worden sind. Siehe auch *R v Duncan; ex parte Australian Iron and Steel Pty Ltd* (1983) 158 CLR 535, 553, *Gibbs* CJ und 589, *Deane* J; *R v Humby; ex parte Rooney* (1973) 129 CLR 231, 240, *Gibbs* J: „*[T]he Constitution was certainly not intended to inhibit co-operation between the Commonwealth and the States and their respective agencies.*"

[127] Eine ausführliche Auflistung sämtlicher intergouvernementaler Kooperationen in Australien findet sich in *Advisory Council for Intergovernmental Relations*, Register of Commonwealth-State Co-operative Arrangements (1986); ein Verzeichnis sämtlicher Gesetze, die auf Kooperationen zwischen Commonwealth und Gliedstaaten beruhen, enthält *Richardson*, Patterns of Australian Federalism, S. 114 ff.; beide Quellen sind jedoch mittlerweile veraltet und können lediglich dazu dienen, einen ersten Eindruck davon zu vermitteln, in welchem Ausmaß kooperativer Föderalismus in Australien besteht.

[128] *Painter*, Collaborative Federalism, S. 92 ff.; *Solomon*, Australia's Government and Parliament, S. 14 f.; *Saunders*, in: Galligan/Hughes/Walsh, Intergovernmental Relations and Public Policy, S. 39, 45 f.

[129] Zudem kann eine bundesweit einheitliche oder zumindest ähnliche Verwaltungspraxis den freien Warenverkehr fördern. Handelshemmnisse können auch auf dieser Ebene leicht errichtet werden, vgl. *Roth*, Freier Warenverkehr und staatliche Regelungsgewalt in einem Gemeinsamen Markt, S. 64 f. und 78 f.

[130] *Complementary Schemes* werden teilweise auch als *Co-operative Schemes* bezeichnet. Ein inhaltlicher Unterschied besteht nicht.

sämtlichen gliedstaatlichen und territorialen Parlamenten die notwendigen Mehrheiten, so gilt insoweit einheitliches Recht in ganz Australien, obwohl der Bund keine entsprechende Regelungskompetenz besitzt. In der Praxis werden Modellgesetze regelmäßig auf Bundesebene entworfen und gemäß Section 122 für das Australian Capital Territory verabschiedet. Daraufhin werden sie gegebenenfalls von den übrigen Parlamenten übernommen.[131]

Eine Variante der *Template Legislation* ist das sog. *Alternative Consistent Legislation*-Verfahren. Anstatt das Modellgesetz ohne jegliche Änderungen zu verwenden, verfaßt und verabschiedet das jeweilige Parlament einen eigenen Gesetzesentwurf, der jedoch mit dem Modellgesetz inhaltlich übereinstimmt.[132] Dieses Verfahren wählte etwa der Gliedstaat Western Australia, um seinen Beitrag zu einer (weitgehend) einheitlichen Verbraucherkreditgesetzgebung zu leisten, die auf einer intergouvernementalen Vereinbarung beruht.[133]

Zu Handelshemmnissen führt das letztgenannte Verfahren insbesondere dann, wenn (zumindest inhaltlich) bundesweit einheitliche Normen von einzelnen Jurisdiktionen geändert oder ergänzt werden. Während die beteiligten Regierungen beim *Template Legislation*-Verfahren regelmäßig in der intergouvernementalen Vereinbarung festlegen, daß Änderungen des Modellgesetzes auch in den übrigen Jurisdiktionen zu übernehmen sind, weicht das *Alternative Consistent Legislation*-Verfahren in diesem Punkt ab. Modifizierungen des ursprünglichen Gesetzes werden von der jeweiligen Jurisdiktion in eigener Regie durchgeführt. Sollten dabei inhaltliche Widersprüche zu den Gesetzen in

---

[131] *Parliament of Victoria Federal-State Relations Committee*, Report on Australian Federalism: The Role of the States, S. 74; *Saunders*, in: Mullins/Saunders, Economic Union in Federal Systems, S. 1, 8; *dies.*, in: Galligan/Hughes/Walsh, Intergovernmental Relations and Public Policy, S. 39, 45 f.; teilweise wird in der Literatur noch zwischen „*mirror legislation*" und „*template legislation*" differenziert, siehe etwa *Legislative Assembly of Western Australia Standing Committee on Uniform Legislation and Intergovernmental Agreements, Uniform Legislation*, 21st Report, S. 6; der Unterschied liegt anscheinend darin, daß im Rahmen des „*mirror legislation*" keinem der beteiligten Parlamente eine Führungsrolle bei der Ausarbeitung und Verabschiedung des jeweiligen Gesetzentwurfes zukommt, während es bei der „*template legislation*" immer eine sog. „*host jurisdiction*" gibt, siehe *Legislative Assembly of Western Australia Standing Committee on Uniform Legislation and Intergovernmental Agreements*, Uniform Legislation, 21st Report, S. 6.

[132] *Painter*, Collaborative Federalism, S. 128 f.; *Legislative Assembly of Western Australia Standing Committee on Uniform Legislation and Intergovernmental Agreements*, Uniform Legislation, 21st Report, S. 6.

[133] *Painter*, Collaborative Federalism, S. 129.

den anderen Jurisdiktionen auftreten, ist die ausscherende Jurisdiktion regelmäßig nicht mehr Partei der intergouvernementalen Vereinbarung.[134]

Es liegt auf der Hand, daß dieses Verfahren den Erfolg bundesweiter Harmonisierungsbestrebungen erheblich gefährden kann. Indes versucht es, den verfassungsrechtlichen Bedenken Rechnung zu tragen, die vor allem von den Gliedstaaten gegenüber dem *Template Legislation*-Verfahren geltend gemacht worden sind.[135]

2. Die *Complementary Schemes*

Beim *Complementary Schemes*-Verfahren werden die Regelungstätigkeiten des Bundes- und der Gliedstaaten in der Weise aufeinander abgestimmt, daß die beiden Ebenen jeweils einen Teil eines bestimmten Gebietes normieren. Aus der Zusammenschau der Gesetze des Bundes und der Gliedstaaten ergibt sich dann eine umfassende Normierung des gesamten Sachbereichs.[136] Bundesweit harmonisierende Regelungen können auch hier nur dann erreicht werden, wenn sämtliche Gliedstaaten mitwirken.

3. Section 51 Nr. 37: *Referral of Powers*

Im Gegensatz zu den beiden bereits beschriebenen Mechanismen findet sich für das *Referral of Powers*-Verfahren mit Section 51 Nr. 37 eine eigene Norm in der Bundesverfassung. Sie liest sich:

---

[134] *Painter*, Collaborative Federalism, S. 129 für die intergouvernementale Vereinbarung über eine einheitliche Verbraucherkreditgesetzgebung.

[135] Es wird insbesondere vorgebracht, daß ein Verstoß gegen das Prinzip der responsible government vorliegt; siehe dazu und auch zu anderen Kritikpunkten näher *Constitutional Commission*, Final Report – Vol. I (1988), S. 95 ff.; *Parliament of Victoria Federal-State Relations Committee*, Report on Federalism and The Role of the States: Comparisons and Recommendations, S. 209 ff.; *Legislative Assembly of Western Australia Standing Committee on Uniform Legislation and Intergovernmental Agreements*, Uniform Legislation, 21st Report, S. 5; *Zines*, The High Court and the Constitution, S. 270 f.; *Saunders*, Intergovernmental Arrangements: Legal and Constitutional Framework, S. 12 ff.; *dies.*, The Impact of Intergovernmental Arrangements on Parliament, S. 1 ff.; *dies.*, in: Galligan/Hughes/Walsh, Intergovernmental Relations and Public Policy, S. 39, 48 ff.; *Cranston*, (1979) 10 Federal Law Review 121, 141.

[136] *Legislative Assembly of Western Australia Standing Committee on Uniform Legislation and Intergovernmental Agreements*, Uniform Legislation, 21st Report, S. 6.

„The Parliament shall, subject to this Constitution, have power to make laws ... with respect to ...

37. Matters referred to the Parliament of the Commonwealth by the Parliament or Parliaments of any State or States, but so that the law shall extend only to States by whose Parliaments the matter is referred, or which afterwards adopt the law."

Gliedstaaten können demzufolge ihnen zustehende Gesetzgebungskompetenzen auf den Bund übertragen. Um bundesweite Rechtseinheit zu erreichen, müssen bei diesem Verfahren sämtliche gliedstaatlichen Parlamente ihre Regelungsbefugnis an den Bund abgeben oder nachträglich das bereits gesetzte Bundesrecht inhaltsgleich übernehmen.

II. Warenverkehrsspezifische intergouvernementale Kooperationen

Die ersten knapp 90 Jahre seit der Gründung Australiens vergingen, ohne daß sich Bund und Gliedstaaten besonders bemühten, Hindernisse für den zwischenstaatlichen Warenverkehr im australischen Markt zu beseitigen, die abweichende Normen und Standards dezentralen Ursprungs geschaffen hatten. Nicht zuletzt wegen der restriktiven Interpretation der *trade and commerce clause* verwundert dies. Zudem hob der High Court schon früh die Bedeutung harmonisierungsfördernder intergouvernementaler Kooperationen in diesem Bereich hervor.[137]

Aufgrund der fortschreitenden Globalisierung erhöhte sich jedoch der wirtschaftliche Druck auf den australischen Markt in einem solchen Maße, daß schließlich der Handlungsbedarf in dieser Frage erkannt wurde. Man realisierte, daß der interne Markt effizienter gestaltet werden muß, um die Wettbewerbs-

---

[137] *R v Burgess; ex parte Henry* (1936) 55 CLR 608, 629, *Latham* CJ, der ausdrücklich den zentralistischen Ansatz des US-amerikanischen Supreme Court in *Southern Railway Co v United States* (1911) 222 US 20 ablehnt. Der Supreme Court hatte in diesem Fall entschieden, daß der Kongreß die Regelungskompetenz für ein Gesetz hat, das bestimmte Sicherheitsvorrichtungen für diejenigen Fahrzeuge vorschreibt, die sich auf für den interstate trade benutzten Routen bewegen. CJ *Latham* führte dagegen a.a.O. aus, in Australien müsse ein solches Gesetz im Wege einer Kooperation der Gliedstaaten mit dem Commonwealth erlassen werden. Siehe zudem *Deputy Federal Commissioner of Taxation (NSW) v WR Moran Pty Ltd* (1939) 61 CLR 735, 774, *Starke* J: *„Co-operation on the part of the Commonwealth and the States may well achieve objects that neither alone could achieve.*"

fähigkeit Australiens auf dem Weltmarkt zu steigern.[138] Dieses Ziel sollte insbesondere durch eine verstärkte mikroökonomische Liberalisierung erreicht werden. Hindernisse für den freien Verkehr von Waren, Dienstleistungen, Arbeit und Kapital sollten vollständig beseitigt oder zumindest reduziert werden.[139] Dies konnte angesichts des institutionellen Rahmens der Bundesverfassung nur mit einem reformierten Rollenverständnis des Bundes und der Gliedstaaten einhergehen.[140]

Im Jahr 1990 sprach der damalige australische Prime Minister *Bob Hawke* die Reibungsverluste im australischen Markt deutlich an[141]; er lud die Gliedstaaten zu einer verstärkten Zusammenarbeit ein, um die internen Handelshemmnisse zu reduzieren. Es war die Geburtsstunde einer „*new partnership*" zwischen Bund und Gliedstaaten,[142] die die nur kurze, aber ungemein produktive Ära des sog. *Hawkeschen new federalism* einläutete.[143] Es folgten eine Reihe von sog. *Special Premiers Conferences* (SPC), *Councils of Australian Governments* (COAG)[144] und *Ministerial Councils*, die den rechtlichen Rahmen des australischen Marktes in der Folgezeit erheblich umgestalten sollten.

---

[138] *Painter*, Collaborative Federalism, S. 4; *Parliament of Victoria Federal-State Relations Committee*, Report on Australian Federalism: The Role of the States, S. 71; *Legislative Assembly of Western Australia Standing Committee on Uniform Legislation and Intergovernmental Agreements*, Uniform Legislation, 21st Report, S. xi.

[139] *Parliament of Victoria Federal-State Relations Committee*, Report on Australian Federalism: The Role of the States, S. 71; siehe auch *Galligan*, in: Prasser/Starr, Policy & Change – The Howard Mandate, S. 85, 88 ff.

[140] *Parliament of Victoria Federal-State Relations Committee*, Report on Australian Federalism: The Role of the States, S. 53 f. und 69 ff.

[141] *Hawke*, Towards a Closer Partnership, Speech delivered to the National Press Club, Canberra, July 19th 1990, S. 1 ff.; der Wortlaut dieser Rede ist auszugsweise in der Einleitung wiedergegeben.

[142] *Painter*, Collaborative Federalism, S. 3 f.; Galligan, A Federal Republic, S. 203.

[143] *Painter*, Collaborative Federalism, S. 4; mit dem Begriff „*new federalism*" werden in Australien die unterschiedlich erfolgreichen Bestrebungen der drei ehemaligen Prime Ministers Gough Whitlam, Malcolm Fraser und Bob Hawke beschrieben, das Verhältnis zwischen der Bundesregierung und den einzelstaatlichen Regierungen zu verändern; zu den verschiedenen Phasen des *new federalism*, siehe *Parliament of Victoria Federal-State Relations Committee*, Report on Australian Federalism: The Role of the States, S. 49 ff.; *McMillan/Evans/Storey*, Australia's Constitution – Time for Change?, S. 54 f.

[144] Siehe zu COAG: *Edwards/Henderson*, in: Carroll/Painter, Microeconomic Reform and Federalism, S. 21 ff.

Die für das Kernproblem wesentlichen Änderungen werden hier skizziert, um das Ausmaß derjenigen einheitlichen Regelungen und Standards näher zu erläutern, die auf intergouvernementale Kooperationen zurückgehen.[145]

1. Einheitliche Standards durch intergouvernementale Kooperationen

Gemäß der in der Bundesverfassung niedergelegten Kompetenzverteilung kann der Bund keine verbindlichen Standards für den gesamten australischen Markt setzen. Viele für den Warenverkehr relevante Bereiche regeln daher die Gliedstaaten. Dies birgt die Möglichkeit in sich, daß es zu handelshemmenden Marktaufspaltungen durch divergierende Standards kommt. Insbesondere seit 1990 sind Bund und Gliedstaaten dieser Gefahr durch intergouvernementale Kooperationen wesentlich entschiedener begegnet als in den Jahren zuvor. Bund und Gliedstaaten erreichten, daß bundesweit einheitliche Standards in Bereichen entwickelt wurden, die für den freien Warenverkehr teilweise von zentraler Bedeutung sind.[146]

a. Nationale Lebensmittelstandards

Bis Anfang der neunziger Jahre war es nicht gelungen, bundesweit einheitliche Standards für Nahrungsmittel zu entwickeln.[147] Ein Bundesgesetz rief 1991 die sog. *National Food Authority* ins Leben,[148] um dies nachzuholen.[149] Das Bundesgesetz wurde 1995 ergänzt[150] und die *National Food Authority* wurde umbenannt in *Australia New Zealand Food Authority*. Ihre Aufgabe ist es nun, einheitliche Lebensmittelstandards für Australien und Neuseeland zu ent-

---

[145] Eine Zusammenstellung wesentlicher intergouvernementaler Aktivitäten seit 1990 findet sich bei *Henderson/Edwards*, in: Carroll/Painter, Microeconomic Reform and Federalism, S. 43 ff.; auffallend sind insbesondere die umfassenden Harmonisierungen des Wettbewerbs- und Gesellschaftsrechts sowie die Liberalisierungen der Wasser-, Gas- und Strommärkte.

[146] Bei der Entwicklung bundesweit einheitlicher Standards durch Ministerial Councils und andere standardsetzende Institutionen sind nun zu berücksichtigen die Vorgaben des *COAG*, Principles and Guidelines for National Standard Setting and Regulatory Action by Ministerial Councils and Standard Setting Bodies, 1995 as amended 1997.

[147] Siehe dazu *Nelson*, (1992) 27 Australian Journal of Political Science 63 ff.; zu den damaligen, aus der mangelnden Uniformität entstehenden Problemen im Lebensmittelbereich anschaulich der Report der *Commonwealth of Australia – Business Regulation Review Unit*, Packaging and Labelling of Food Products (1986).

[148] *National Food Authority Act* 1991 (Cth).

[149] Dazu *Slater*, in: Carroll/Painter, Microeconomic Reform and Federalism, S. 135 ff.

[150] Durch den *National Food Authority Amendment Act* 1995 (Cth).

wickeln. Diese Standards müssen einem *Ministerial Council*[151] vorgelegt werden, der dann über ihre Annahme mit einfacher Mehrheit entscheidet.[152] Die empfohlenen und vom *Ministerial Council* angenommenen Standards werden schließlich Bestandteil des sog. *Australia New Zealand Standards Code.*[153] Die Durchsetzung dieses Codes wird durch die Territorien und Gliedstaaten sichergestellt.[154] Sie verpflichteten sich in einer intergouvernementalen Vereinbarung, der jeweils aktuellen Fassung des Codes Geltung zu verleihen.[155]

b. Nationale Gesundheits- und Sicherheitsstandards am Arbeitsplatz

Die verfassungsrechtlichen Vorgaben[156] bewirkten auf dem Gebiet der Gesundheit und Sicherheit am Arbeitsplatz umfassende gliedstaatliche Regelungstätigkeiten, die teilweise zu beträchtlichen Unterschieden zwischen den einzelnen Jurisdiktionen und damit auch zu Hindernissen für den Warenverkehr führten.[157] Im Zuge des *new federalism* sollten forcierte intergouvernementale Kooperationen diese Hemmnisse beseitigen.[158] Die *National Occupational*

---

[151] Dieser setzt sich zusammen aus den Gesundheitsministern der australischen Gliedstaaten, der australischen Territorien, des Commonwealth und Neuseelands.

[152] Section 20 (1) und 28 (1) *Australia New Zealand Food Authority Act* 1991.

[153] Section 3 (1) *Australia New Zealand Food Authority Act* 1991; ausgesprochen kritisch zu diesem Verfahren der Standardsetzung *Industry Commission*, Report on Packaging and Labelling (1996), S. 195.

[154] In Victoria wird dies etwa im *Food Act* 1984 (Vic) und ergänzend in den *Food Regulations* geregelt; vergleichbare Regelungswerke (in allen Staaten: *Food Acts*; Ausnahme: Western Australia – dort heißt das einschlägige Gesetz *Health Act*) finden sich auch in den übrigen Jurisdiktionen.

[155] Auf welche Weise die Gliedstaaten und Territorien dem Code Gesetzeskraft verleihen, ist ihnen freigestellt. Üblich ist eine dynamische Verweisung durch das gliedstaatliche Lebensmittelgesetz auf die jeweils aktuelle Fassung des Codes; siehe etwa Section 63 a des *Food Act* 1984 (Vic); zu den Vorbehalten, die Gliedstaaten und Territorien einlegen können, siehe *Industry Commission*, Report on Packaging and Labelling (1996), Appendix F.3.

[156] Siehe Section 51 Nr. 35 der Bundesverfassung; zu den denkbaren Wegen, wie das Commonwealth dennoch eine umfassendere Gesetzgebungskompetenz in diesem Bereich erlangen könnte, siehe *Brooks*, Occupational Health and Safety Law in Australia, S. 939 f.; *Industry Commission*, Work, Health and Safety – Inquiry into Occupational Health and Safety, Volume II (1995), S. 238 ff.; *Lee/Quinlan*, (1994) 7 Australian Journal of Labour Law 33 ff.

[157] Siehe *Gunningham*, Safeguarding the Worker: Job Hazards and the Role of Law, S. 29 ff. m.w.N.; *Lee/Quinlan*, (1994) 7 Australian Journal of Labour Law 33 ff.

[158] *Review Committee to the Minister for Industrial Relations, Review of Occupational Health and Safety in Australia* (1990), S. 25 ff.; *Industry Commission*, Work, Health and Safety – Inquiry into Occupational Health and Safety, Volume II (1995), S. 229 ff.; siehe auch

Health and Safety Commission (Worksafe Australia)[159] wurde damit beauftragt, für wesentliche industrielle Bereiche Standards zu entwickeln. Sie kam dieser Aufgabe zügig nach.[160] Es war nun an den einzelnen Jurisdiktionen, diese und noch weitere durch die *National Occupational Health and Safety Commission (Worksafe Australia)* entworfene Standards[161] zu übernehmen. Dies ist auch in den meisten Fällen geschehen, obwohl es den Gliedstaaten freistand, eigene und damit möglicherweise abweichende Standards in den jeweiligen Gebieten zu entwickeln.[162]

c. Nationale Umweltschutzstandards

Alle australischen Regierungen vereinbarten 1992 im *Intergovernmental Agreement on the Environment (IGAE)*, einen Ministerial Council zu errichten. Seine Aufgabe bestand unter anderem darin, bundesweit einheitliche Umweltschutzstandards zu entwickeln.[163] Gesetze des Bundes und der Gliedstaaten riefen schließlich den *National Environment Protection Council* ins Leben.[164] Er setzt

---

schon *Interim National Occupational Heath and Safety Commission*, Report (1984), S. 19 ff., die deutlich auf das Harmonisierungsbedürfnis in diesem Bereich hinwies.

159 Die National Occupational Health and Safety Commission (Worksafe Australia) wurde schon 1985 ins Leben gerufen durch den *National Occupational Health and Safety Commission Act* 1985 (Cth); sie setzt sich zusammen aus Vertretern des Commonwealth, der Gliedstaaten und Territorien, der Australischen Industrie- und Handelskammer (*Australian Chamber of Commerce and Industry*) sowie der Gewerkschaften (*Australian Council of Trade Unions*).

160 Folgende Standards wurden unter anderem entwickelt: *National Standard for Occupational Noise (March 1992), National Standard for Manual Handling (October 1989), National Standard for Certification of Users and Operators of Industrial Equipment (December 1992), National Standard for Control of Workplace Hazardous Substances (December 1993)* und *National Standard for Plant (June 1994).*

161 Siehe die Auflistung in *Industry Commission*, Work, Health and Safety – Inquiry into Occupational Health and Safety, Volume II (1995), S. 245.

162 Siehe im einzelnen die Aufstellungen in *Industry Commission*, Work, Health and Safety – Inquiry into Occupational Health and Safety, Volume II (1995), S. 247 ff.; daraus läßt sich entnehmen, daß eine vollständige bundesweite Vereinheitlichung der Standards auf den betroffenen Gebieten nicht erreicht werden konnte.

163 Siehe Schedule 4 des Intergovernmental Agreement on the Environment (einzusehen unter http://www.ea.gov.au/esd/national/igae/index.html).

164 Section 8 des *National Environment Protection Council Act* 1994 (Cth) und die entsprechenden Vorschriften in den gliedstaatlichen Gesetzen, die im Wege des Complementary Legislation-Verfahrens erlassen wurden; siehe etwa *National Environment Protection Council (Victoria) Act* 1995 (Vic); Besonderheiten bestehen nur für Western Australia, dessen Gesetz eine sog. *local exception clause* enthält; zu dieser intergouvernementalen Vereinbarung allgemein *Painter*, Collaborative Federalism, S. 127 f.; *Hamilton*, in: Carroll/Painter, Micro-

zwingende und bundesweit einheitliche Normen zur Reinhaltung der Luft, des Wassers und des Bodens sowie zum Lärmschutz. Darüber hinaus ist er zu konsultieren, wenn nationale Lärm- und Abgasnormen für Kraftfahrzeuge entwickelt werden.[165] Die Gliedstaaten kamen in der intergouvernementalen Vereinbarung überein, die zentral entwickelten Standards zu übernehmen.[166]

Der Bund erließ im übrigen den *Agricultural and Veterinary Chemicals Code Act* 1994 (Cth), der auf eine Vereinbarung aller australischen Landwirtschaftsminister zurückgeht. Dieses Gesetz bildet die Grundlage für einheitliche Standards bei der Registrierung, der Verpackung und der Etikettierung betroffener Chemikalien. Derartige Standards werden von der *National Registration Authority for Agricultural and Veterinary Chemicals* entwickelt.

2. Das *Mutual Recognition Scheme*

Die Regierungen des Bundes und der Gliedstaaten vereinbarten im Jahre 1992 – inspiriert durch die auf gegenseitige Anerkennung ausgerichteten Bemühungen der Europäischen Gemeinschaft[167] – ein *Mutual Recognition Scheme.*[168] Dieser Vertrag bildete die Basis für einen Gesetzesentwurf, den schließlich der Bund und alle Gliedstaaten übernahmen.[169] Die einzelnen Jurisdiktionen sind nun grundsätzlich verpflichtet, abweichende Regulierungen der anderen austra-

---

economic Reform and Federalism, S. 185 ff.; *Longo*, (1997) 25 Federal Law Review 127, 158 ff.

[165] Sections 3 (a), 14 (1) und (2) des *National Environment Protection Council Act* 1994 (Cth); siehe etwa die *National Standards (air quality)* vom 26. Juni 1998 und die *National Standards (waste management)* vom 26. Juni 1998.

[166] Zu den dabei auftretenden Problemen, siehe *Painter*, Collaborative Federalism, S. 128.

[167] *Spriggs*, Viva La Difference: Mutual Recognition in the Federation of Australian States, S. 3 f.; zur gegenseitigen Anerkennung im Rahmen der Europäischen Gemeinschaft, siehe oben unter Teil 1, § 3, I., 2., f.

[168] Heads of Government Agreement Relating to Mutual Recognition (1992), abgedruckt in *Thomas/Saunders*, The Australian Mutual Recognition Scheme: A New Approach to an Old Problem, Appendix C (S. 82 ff.).

[169] *Mutual Recognition Act* 1992 (Cth); *Mutual Recognition (Australian Capital Territory) Act* 1992 (ACT); *Mutual Recognition (NSW) Act* 1992 (NSW); *Mutual Recognition (NT) Act* 1992 (NT); *Mutual Recognition (Qld) Act* 1992 (Qld); *Mutual Recognition (SA) Act* 1993 (SA); *Mutual Recognition (Tas) Act* 1993 (Tas); *Mutual Recognition (Victoria) Act* 1993 (Vic); *Mutual Recognition (WA) Act* 1995 (WA); New South Wales, Queensland und Tasmanien bevorzugten das Referral of Powers-Verfahren, während Victoria, South und Western Australia das Modellgesetz des Commonwealth übernahmen. Dazu näher *Spriggs*, Viva La Difference: Mutual Recognition in the Federation of Australian States, S. 26; *Wilkins*, in: Thomas/Saunders, The Australian Mutual Recognition Scheme: A New Approach to an Old Problem, S. 2, 8 f.

lischen Jurisdiktionen als den einheimischen Regulierungen gleichwertig anzuerkennen, soweit sie sich auf Waren und Berufe beziehen.[170] Waren, die in einem Gliedstaat legal produziert und in Verkehr gebracht wurden, müssen nun nicht mehr Vorschriften in anderen Gliedstaaten entsprechen, um dort rechtmäßig verkauft werden zu können.

Mit der Einführung des *Mutual Recognition Schemes* in ganz Australien sind Handelshemmnisse, die sich aus divergierenden gliedstaatlichen Regulierungen ergaben, vor allem in den folgenden Bereichen weggefallen:

- Qualitätsklassifizierungen von Lebensmitteln, insbesondere bei frischen und getrockneten Früchten sowie frischem Gemüse;

- Standardgrößen, etwa bei Brot;

- Mindestgrößen, beispielsweise bei Meeresfrüchten;

- Hygienevorschriften, insbesondere bei Eiern, Fleisch und Meeresfrüchten, und

- Regelungen, die die Etikettierung und Verpackung von Produkten betreffen.[171]

Dem Anwendungsbereich des *Mutual Recognition Scheme* sind jedoch klare Grenzen gesetzt. Nicht vom Prinzip gegenseitiger Anerkennung umfaßt sind gemäß Section 11 des *Mutual Recognition Act* 1992 (Cth) etwa:

- Verkaufsmodalitäten und Vorschriften, die sich darauf beziehen, wie der Verkäufer sein Unternehmen zu führen hat (insbesondere Lizenzierungsverfahren, Ladenöffnungszeiten, Jugendschutzvorschriften, etc.) und

---

[170] Siehe Sections 9 f. (für Waren) und Sections 16 f. *Mutual Recognition Act* 1992 (Cth) (für Berufe); zum australischen *Mutual Recognition Scheme* näher *Wilkins*, in: Grabosky/ Braithwaite, Business Regulation and Australia's Future, S. 181, 186 ff.; *Bini*, (1998) 72 Australian Law Journal 696 ff.; *Carroll*, (1995) 54 Australian Journal of Public Administration 35 ff.; *Wright*, (1993) 21 Australian Business Law Review 270 ff.; *dies.*, in: Thomas/ Saunders, The Mutual Recognition Scheme: A New Approach to an Old Problem, S. 18 ff.; *Brown*, (1992) 66 Law Institute Journal 808 ff.

[171] Weitere Beispiele finden sich in *Office of Regulation Review*, Report on the Impact of Mutual Recognition of Regulations in Australia: A Preliminary Assessment (1997), S. 33 f. und 39.

- unterschiedslos anwendbare Regelungen, die den Transport, die Lagerung und den anderweitigen Umgang mit Waren betreffen, soweit sie auf den Schutz von Gesundheit, Sicherheit oder Umwelt abzielen.

Darüber hinaus sind gemäß Section 14 Nr. 1 i.V.m. Schedule 1 des *Mutual Recognition Act* 1992 (Cth) bestimmte Waren dauerhaft vom Prinzip der gegenseitigen Anerkennung ausgenommen. Es handelt sich um Güter, für die ein nationaler Markt unerwünscht ist. Das gilt etwa für Waffen, Feuerwerkskörper, Spielautomaten und pornographische Materialien. In Section 14 Nr. 2 i.V.m. Schedule 2 des *Mutual Recognition Act* 1992 (Cth) werden Ausnahmen von der gegenseitigen Anerkennungsverpflichtung für bestimmte Regelungen statuiert, die sich auf Waren als solche beziehen. Davon betroffen sind etwa Quarantänevorschriften, Regelungen zum Schutz von Flora und Fauna sowie der Ozonschicht.

Gemäß Section 15 *Mutual Recognition Act* 1992 (Cth) können Waren selbst sowie Regelungen, die Waren betreffen, für maximal zwölf Monate von der Verpflichtung zur Anerkennung ausgenommen werden, falls diese Maßnahme die Gesundheit und Sicherheit von Personen im Bestimmungsstaat schützen oder Umweltverschmutzung reduzieren sollte.

Neben den Beschränkungen des Prinzips der gegenseitigen Anerkennung, die sich aus dem Gesetz selbst ergeben, mindern noch andere Faktoren den Erfolg dieses grundsätzlich warenverkehrsfreundlichen Ansatzes. So wirkt sich das *Mutual Recognition Scheme* nicht auf die zahlreiche Normen aus, die die Produktion und den Verkehr von Gütern regeln. Besonders betroffen sind Unternehmen, die Waren in zwei oder mehr Gliedstaaten herstellen. Sie müssen auch nach Einführung des *Mutual Recognition Scheme* dafür sorgen, daß ihre Waren den Vorschriften am jeweiligen Produktionsstandort entsprechen.[172] Sie können sich nicht etwa darauf berufen, daß ihre Waren Vorschriften eines anderen Produktionsstandortes genügen.[173]

---

[172] Dazu auch die Regierung von New South Wales: „ ... *in circumstances where a national market exists for goods and services, or ... companies have production centres in more than one State ... consideration of uniform or consistent legislation may be more appropriate than reliance on mutual recognition*" (zitiert nach *Industry Commission*, Report on Packaging and Labelling (1996), Appendix G.2.

[173] *Office of Regulation Review*, Report on the Impact of Mutual Recognition of Regulations in Australia: A Preliminary Assessment (1997), S. 36.; zu dem vergleichbaren Problem im Rahmen des Art. 29 EG siehe oben Teil 1, § 3, II., 2., a., cc., bbb.

Ferner überwindet das *Mutual Recognition Scheme* keine Hindernisse für den freien Warenverkehr, die gliedstaatliche *Marketing Authorities*[174] im Wege wettbewerbsbeschränkender Maßnahmen errichten, wie etwa Quoten oder Höchstpreise für bestimmte (Agrar-)Produkte. Auch die warenverkehrshemmenden Auswirkungen der sog. *Local Preference Schemes*[175], die auf gliedstaatlicher und kommunaler Ebene vielerorts noch in Kraft sind, kann das *Mutual Recognition Scheme* nicht beseitigen.[176]

3. Straßentransport

Die bundesweite Harmonisierung der den Schwerlastverkehr betreffenden Normen stand im Mittelpunkt einer intergouvernementalen Vereinbarung aus dem Jahr 1991. Registrierungen und Regulierungen im Bereich des Schwerlastverkehrs sowie finanzielle Belastungen durch Straßenbenutzungsgebühren sollten bundesweit vereinheitlicht werden.[177] In der Vergangenheit hatten die erheblich divergierenden gliedstaatlichen Regelungen insbesondere auf diesen Gebieten zu teilweise massiven Behinderungen für den freien Warenverkehr geführt.[178]

Der Bund errichtete schließlich die *National Road Transport Commission (NRTC).*[179] Diese Stelle nimmt nun die zentrale Rolle bei der Ausarbeitung ein-

---

174 Zu erwähnen sind in diesem Zusammenhang vor allem die sog. *Marketing Boards*; dazu ausführlich unter Teil 3, § 2, IV., 1. und Teil 4, § 1, IV.

175 Sie besagen, daß die öffentliche Hand einheimische gegenüber fremden Unternehmen unter anderem beim Ankauf von Waren bevorzugen kann.

176 *Office of Regulation Review*, Report on the Impact of Mutual Recognition of Regulations in Australia: A Preliminary Assessment (1997), S. 36.

177 Dies ist vor dem Hintergrund zu sehen, daß es gerade im Bereich der Straßenbenutzungsgebühren traditionell gravierende Differenzen zwischen den australischen Gliedstaaten gab. Auf der einen Seite stehen die Staaten mit einer hohen Bevölkerungsdichte, einem hohen Verkehrsaufkommen und einem relativ dichten Straßennetz, das hohe Erhaltungskosten verursacht (etwa New South Wales und Victoria). Diese Gliedstaaten erhoben üblicherweise hohe Straßenbenutzungsgebühren und setzten rigide Regelungen in Kraft. Die Gegenseite bilden die bevölkerungsarmen Staaten, die nur wenige Straßen unterhalten müssen (beispielsweise Western und Southern Australia). Hier galten regelmäßig recht laxe Vorschriften und auch die Straßenbenutzungsgebühren fielen deutlich niedriger aus. Siehe zu diesem Interessenkonflikt näher *Painter*, Collaborative Federalism, S. 140 ff.

178 Siehe nur den umfassenden Report der *Inter-State Commission*, The Efficiency of Interstate Transport Arrangements Second Report – Harmonisation of Road Vehicle Regulation Vol. I and II (1988) sowie *Inter-State Commission*, Road Use Charges and Vehicle Registration (1990).

179 *National Road Transport Commission Act* 1991 (Cth) *as amended by National Road Transport Commission Amendment Act* 1992 and 1998 (Cth); der NRTC wurde inzwischen

heitlicher Regelungen ein, selbst wenn letztendlich der *Australian Transport Council*[180] über die Annahme empfohlener Normen entscheidet.

Folgende Bereiche konnten in den letzten Jahren unter Federführung der *NRTC* grundlegend reformiert und weitgehend harmonisiert werden:

- die Registrierung von Schwerlastkraftfahrzeugen;[181]
- der Transport gefährlicher Güter[182] sowie
- Straßentransportgebühren.[183]

Darüber hinaus trat der *Road Transport Reform (Vehicles and Traffic) Act* 1993 (Cth)[184] in Kraft. Er bildet die Rechtsgrundlage für umfangreiche Regulierungstätigkeiten des Commonwealth, unter anderem in den Bereichen Beladung, Fahrzeugstandards und Verkehrsregeln.[185]

III. Harmonisierung durch zentrale Standardentwicklung und Selbstregulierung

Bundesweit einheitliche Regelungen können im übrigen geschaffen werden, indem (zumindest weitgehend) unabhängige Industrieorganisationen[186] Rege-

---

auch die Regulierung des übrigen Kraftfahrzeugverkehrs in Australien übertragen; siehe allgemein zu diesem Komplex *Coper*, Intergovernmental Relations and Microeconomic Reform, sowie *Taplin*, in: Carroll/Painter, Microeconomic Reform and Federalism, S. 152 ff.

[180] Dies ist der ehemalige *Ministerial Council for Road Transport*.

[181] *Road Transport Reform (Heavy Vehicles Registration) Act* 1997 (Cth) ergänzt durch die *Road Transport Reform (Heavy Vehicle Registration) Regulations*.

[182] *Road Transport Reform (Dangerous Goods) Act* 1995 (Cth) ergänzt durch die *Road Transport Reform (Dangerous Goods) Regulations und den Road Transport Reform Australian Dangerous Goods Code* – Volume XI.b.

[183] *Road Transport Charges Act* 1995 (ACT) ergänzt durch die *Road Transport Charges – Australian Capital Territory Regulations*.

[184] *As amended by the Transport Legislation Amendment Act* 1995 (Cth).

[185] Siehe die umfangreiche Auflistung der einzelnen Bereiche in Section 9 des Gesetzes; bisher wurden aufgrund dieser Norm unter anderem die folgenden Vorschriften erlassen bzw. ausgearbeitet: *Mass and Loading Regulations*, *Oversize and Overmass Regulations*, *Restricted Access Vehicles Regulations*, *Vehicle Standards Regulations*, *Driving Hours Regulations* sowie die *Australian Road Rules Regulations*; zum aktuellen Stand der Reformen siehe http://www.nrtc.gov.au; zur bisherigen Umsetzung der Reformen in den Gliedstaaten siehe *Industry Commission*, Microeconomic Reform Scoreboard 1996-97, S. 24 ff. und *Productivity Commission*, Microeconomic Reform by Australian Governments 1997-98, S. 57 ff.

[186] Die Organisationsformen und Zusammensetzungen der hier angesprochenen Industrieorganisationen variieren ganz erheblich. Teilweise werden Mitglieder der Regierungen, Parla-

lungsvorschläge entwickeln und diese dann vom Bund, den Gliedstaaten und den Territorien übernommen werden. Eine intergouvernementale Vereinbarung ist dafür nicht notwendig.[187]

Hauptanwendungsfall dieser Vorgehensweise ist die Entwicklung und Überarbeitung von (meist technischen) Standards. Schon im Zusammenhang mit den oben angesprochenen intergouvernementalen Kooperationen wurde die Bedeutung von Institutionen, wie der *National Occupational Health and Safety Commission*, der *Australia New Zealand Food Authority* oder der *National Road Transport Commission*, für die Entwicklung und das Setzen bundesweit einheitlicher und zwingender Standards unterstrichen.[188]

Es gibt zahlreiche Organisationen in Australien, die Standards für ganz unterschiedliche Bereiche entwickeln; sie können hier nicht alle aufgezählt werden.[189] An dieser Stelle soll nur die mittlerweile privatrechtlich verfaßte Organisation *Standards Australia* (die ehemalige *Standards Association of Australia*) hervorgehoben werden. Sie ist die in Australien führende Institution, die Standards entwickelt, registriert und – auch für andere Einrichtungen – veröffentlicht. Von den ca. 6000 Standards, die *Standards Australia* verwaltet, übernehmen Bund und Gliedstaaten zur Zeit etwa 2400 Standards in ihrer jeweiligen

---

mente, Ausschüsse oder Verwaltung an der Entwicklung der Standards beteiligt. Manche Industrieorganisationen werden ohne jegliche Einflußnahme von staatlicher Seite tätig. Siehe *Commonwealth Interdepartmental Committee*, Grey-Letter Law – Report on Quasi-regulation (1997), S. 6 ff.

[187] Dieser tendenziell uniformierend wirkende Mechanismus wurde oben schon im Rahmen der intergouvernementalen Kooperationen angedeutet. Es liegt auf der Hand, daß dieses Verfahren im Hinblick auf Regelungsharmonisierung regelmäßig zu besseren Ergebnissen führt, wenn es in Verbindung mit intergouvernementalen Vereinbarungen gebraucht wird.

[188] Siehe oben unter Teil 2, § 2, II.

[189] Zu nennen sind etwa Australian Council on Healthcare Standards, Australian Pulp and Paper Institute Technical Association, Australian Furniture Research and Development Institute Limited, Australian Gas Association, Australian Liquefied Petroleum Gas Association Ltd, Australian Institute of Petroleum Ltd, Construction Industry Development Agency (CIDA), National Association of Forest Industries (NAFI), National Committee on Rationalised Buildings (NCRB), Australian Institute of Steel Construction (AISC), Plastics and Chemicals Institute of Australia (PACIA), The Australian Institute of Refrigeration, Air Conditioning and Heating (INC), Association of Fluorocarbon Consumers and Manufacturers (AFCAM), Construction Industry Engineering Services Group (CIESG), NATSPEC Pty Ltd, Department of Primary Industries and Energy, Spectrum Management Agency, National Health and Medical Research Council, Therapeutic Goods Administration, Australian Building Codes Board, Federal Bureau of Consumer Affairs.

Gesetzgebung.[190] Kooperationen zwischen *Standards Australia* und anderen Institutionen, die Standards entwickeln, gewährleisten, daß sich überschneidende Tätigkeiten vermieden und keine sich widersprechenden Standards entwickelt werden.[191]

Bund und Gliedstaaten übernehmen ausgearbeitete Standards regelmäßig mittels (dynamischer) Verweisungen in den jeweiligen Normen der Jurisdiktionen.[192] Aus den ursprünglich freiwilligen Standards werden so zwingende Vorschriften. Dieser Schritt wird in Australien grundsätzlich nur dann getan, wenn die öffentliche Sicherheit und Gesundheit sowie die Umwelt geschützt werden sollen.[193] Schon das Ausmaß, in dem Bund und Gliedstaaten zentral entwickelte Standards nutzen, indiziert, daß auch dieser Mechanismus maßgeblich dazu beiträgt, die für den freien Warenverkehr negativen Auswirkungen des föderalen Entscheidungssystems in Australien zu mildern.

Jedoch soll nicht verschwiegen werden, daß Gliedstaaten und Territorien in zahlreichen, für den freien Warenverkehr durchaus relevanten (Rest-)Bereichen noch immer die Befugnis zusteht, eigene Standards zu setzen. Hervorzuheben sind hier vor allem der Schutz der öffentlichen Gesundheit, Arbeitsschutzvorschriften, Straßentransport, Umweltschutz[194] sowie der Warenverpackung und Etikettierung[195]. Es überrascht also nicht, daß etwa für die Normung elektronischer Produkte jeder Gliedstaat und jedes Territorium eine eigene Behörde

---

[190] Stand Oktober 1999; das *Register of Australian Standards Referenced in State and Commonwealth Legislation*, das von Standards Australia erstellt wird, führt Buch darüber, welche Standards vom Commonwealth und den Gliedstaaten übernommen werden.

[191] Dies geschieht regelmäßig im Wege eines sog. Memorandum of Understanding, siehe *Committee of Inquiry into Australia's Standards and Conformance Infrastructure*, Linking Industry Globally (1995), S. 96.

[192] Siehe das *Register of Australian Standards Referenced in State and Commonwealth Legislation* von Standards Australia; hier besteht grundsätzlich die Gefahr, daß eine Harmonisierung von Standards unterlaufen wird, indem der jeweilige Gesetzgeber Standards modifiziert bzw. nicht vollständig übernimmt.

[193] *Committee of Inquiry into Australia's Standards and Conformance Infrastructure*, Linking Industry Globally (1995), S. 60; derartige Standards werden *Control Standards* genannt.

[194] Siehe *Committee of Inquiry into Australia's Standards and Conformance Infrastructure*, Linking Industry Globally (1995), S. 64.

[195] Siehe *Industry Commission*, Report on Packaging and Labelling (1996), Appendix F.18 ff. mit einer Auflistung der in diesem Bereich von Gliedstaat zu Gliedstaat variierenden Standards. Jedoch gilt es zu beachten, daß hier auftauchende Handelshemmnisse durch das oben bereits angesprochene Mutual Recognition Scheme gemildert werden.

unterhält.[196] Die Gefahr einer Marktfragmentierung durch abweichende Standards wird indes erheblich reduziert, indem diese gliedstaatlichen Einrichtungen häufig auf Regelwerke von *Standards Australia* zurückgreifen.[197] Dies wird vermutlich bedingt durch die Komplexität der Materie, die fehlenden Kapazitäten der Behörden und die kostenintensive Entwicklung eigener Standards.

Schließlich ist darauf hinzuweisen, daß Selbstregulierung durch Industrieorganisationen[198] in bestimmten Sektoren einen harmonisierenden Effekt erreichen kann, der weit über die Entwicklung von technischen Standards hinausgeht.[199] Bundesweit einheitliche Regelungen werden geschaffen, indem die einzelnen Jurisdiktionen die von Industrieorganisationen entwickelten Regeln (sog. *Codes of Practice*, *Codes of Conduct*, *Guidelines*, etc.[200]) ohne eigene Ergänzung übernehmen und ihnen damit Gesetzeskraft verleihen.[201]

---

[196] Office of Energy (NSW), Queensland Electricity Commission, Office of the Chief Electrical Inspector (Victoria), Electricity Trust of South Australia, State Energy Commission of Western Australia, Hydro-Electric Commission (Tasmania), Australian Capital Territory Electricity and Water Authority und Northern Territory Power and Water Authority.

[197] Vgl. *Committee of Inquiry into Australia's Standards and Conformance Infrastructure*, Linking Industry Globally (1995), S. 63 und Appendix F mit einer Aufstellung aller gliedstaatlichen und territorialen Institutionen, die auf die Standards von Standards Australia zurückgreifen.

[198] Auch die sog. Quasi-regulation soll in diesem Zusammenhang erwähnt werden. Darunter versteht man Regeln, Instrumente und Standards, die zwar nicht Bestandteil einer zwingender Normen sind, auf deren Beachtung aber von staatlicher Seite aus hingewirkt wird. Die Grenze zur Selbstregulierung ist fließend. Siehe dazu allgemein *Commonwealth Interdepartmental Committee*, Grey-Letter Law – Report on Quasi-regulation (1997), Chapter 1 und 2.

[199] In Australien sind vor allem folgende Wirtschaftsbereiche Gegenstand der Selbstregulierung durch Industrieorganisationen: Konsumgüter, Medien und Werbung, Investment Services, Baugewerbe und Immobilienhandel, siehe *Trade Practices Commission*, Self-Regulation in Australian Industry and the Professions, Vol. III – Compendium of Self-Regulation Schemes in Australia (1988), S. 10 f.; der Report listet insgesamt über 480 verschiedene australische Self-Regulation Schemes auf.

[200] Beispielsweise *Australian Ballast Water Management Guidelines*, *Australian Guidelines for the Registration of Drugs*, *Building Energy Code*, *Code of Banking Practice*, *Codes of practice relating to transport of livestock and feedlotting*, *Guidance materials on compliance with Australia motor vehicle design rules*, *Electronic Funds Transfer Code of Conduct*, *Industry Waste Reduction Agreements*, *Insurance and Superannuation Commission Circulars and Code*, *National Code of Practice for the Construction Industry*, *National Heavy Vehicle Accreditation Scheme*, *National Standard for Organic and Biodynamic Produce*, *Nutrient Claims Labelling Code*, *Safety Management System Guidelines for Chemical Companies*, *Supermarket Scanning Code*, etc.

[201] Vgl. *Commonwealth Interdepartmental Committee*, Grey-Letter Law – Report on Quasi-regulation (1997), S. 9.

Aber selbst ohne eine solche Übernahme können bundesweit uniforme Regelungen entstehen, falls die Gesetzgeber bestimmte Bereiche vollständig den Industrieorganisationen zur Regulierung überlassen. Dies gilt sowohl für das Setzen von Standards als auch für diejenige Selbstregulierung, die noch darüber hinausgeht. So mag ein Gesetz festlegen, daß Industrieorganisationen bestimmte *Self-Regulation Schemes* entwickeln können. Diese Regelwerke werden zwar durch den Gesetzgeber nicht übernommen; sie bewahren weiterhin ihren unverbindlichen Charakter.[202] Seitens des Staates besteht jedoch in diesen Fällen meist kein Regelungsbedürfnis. Die Gliedstaaten setzen daher in diesen Bereichen regelmäßig keine eigenen Normen. Handelshemmnisse aufgrund dezentraler Regelungsbefugnisse entstehen hier also nicht.

---

[202] So etwa der *Broadcasting Services Act* 1992 (Cth), der die rechtliche Grundlage bildet für den *Commercial Television Industry Code of Practice*, den *Commercial Radio Code of Practice* sowie den *Community Broadcasting Code of Practice*. Ein weiteres Beispiel ist der *Telecommunications Act* 1997 (Cth), der den rechtlichen Rahmen für Selbstregulierung durch das Australian Communications Access Forum und das Australian Communications Industry Forum setzt.

§ 3 Fazit: Ausmaß dezentraler Entscheidungsautonomie

Die Bundesverfassung, insbesondere Section 51 Nr. 1, begünstigt dezentrale Entscheidungsstrukturen im australischen Markt. Dies wird gefördert durch die Rechtsprechung des High Court zu Section 51 Nr. 1. Die Richter nehmen die von der Verfassung angeordnete Dichotomie – einerseits *intrastate trade and commerce*, andererseits *interstate* (und *international*) *trade and commerce* – sehr ernst. Anders als in den USA hat sich die *commerce clause* bislang nicht zu einer Basis für eine umfassende Regulierung des australischen Wirtschaftsrechts durch den Bund entwickeln können.[203] Der Bund kann aufgrund der Section 51 Nr. 1 nur ausnahmsweise rein innerstaatliche Sachverhalte mitregeln, die eine enge Verbindung zum *interstate trade and commerce* aufweisen. Ökonomische Gesichtspunkte spielen in diesem Zusammenhang keine Rolle. Positive Integration wird somit durch die *commerce clause* nur in begrenztem Ausmaß ermöglicht.

Dieser Ausgangspunkt in Verbindung mit unkoordinierten Regelungstätigkeiten der Gliedstaaten und der fehlenden Bereitschaft der Gliedstaaten, vorhandene Harmonisierungsmechanismen zu nutzen, bewirkten in der Vergangenheit teilweise gravierende Fragmentierungen des australischen Marktes durch in den einzelnen Gliedstaaten variierende Regelungen und Standards. Handelshemmnisse traten vor allem auf in den Bereichen Warentransport (Schiene, Straße und Luft), Produktions- und Verkaufsregelungen, zwingende Produktstandards, Vorschriften zum Schutz von Gesundheit und Sicherheit am Arbeitsplatz sowie später bei Regelungen zum Schutz der Umwelt. Die Gliedstaaten nahmen zunächst eine ausgesprochen starke Stellung im australischen Organisationsgefüge ein.

Spätestens seit 1990 zeichnet sich jedoch ein deutlich gegenläufiger Trend ab. Auf massiven wirtschaftlichen Druck hin setzte ein Umdenken ein. Bestehende Handelshemmnisse im australischen Markt mußten beseitigt werden, um die Wettbewerbsfähigkeit Australiens auf dem Weltmarkt zu steigern. Im Vordergrund stehen seitdem intergouvernementale Kooperationen, die vielfach auf Regelungsharmonisierung abzielen. Es wurde und wird auch weiterhin versucht, ein höheres Maß an Uniformität der für den freien Warenverkehr relevanten Regelungen zu erreichen. Warenverkehrsspezifische intergouvernementale Kooperationen haben dazu geführt, daß nationale oder sich einander ergänzende Regelungen bestehen für die Bereiche Straßentransport, Lebensmittelrecht, Sicherheit am Arbeitsplatz und Umweltschutz. Das *Mutual Recognition Scheme* gewährleistet darüber hinaus, daß die handelshemmenden

---

[203] *Saunders*, in: Mullins/Saunders, Economic Union in Federal Systems, S. 1, 7.

Auswirkungen gliedstaatlicher Regelungen für den freien Warenverkehr zumindest deutlich reduziert werden.[204] Ferner schaffen Industrieorganisationen durch das oft zentralisierte Setzen verbindlicher und unverbindlicher (technischer) Standards positive Integration.

Schließlich unterstützt der High Court diese zentralistische Tendenz, indem er die *corporations power* heutzutage sehr weit auslegt. Der Bund kann gemäß Section 51 Nr. 20 auch rein innerstaatliche Sachverhalte normieren; eine Zweiteilung in inner- und zwischenstaatliche Aspekte sieht die Norm nicht vor. Ihre aktuelle extensive Interpretation schränkt dezentrale Regelungsbefugnis ein und bildet eine wichtige Grundlage für positive Integration im australischen Markt.

An diesen Punkten läßt sich leicht ablesen, daß dezentrale Entscheidungsbefugnis als tragende Säule für Handelshemmnisse gerade im Verlauf der letzten Jahre deutlich an Bedeutung verloren hat.[205] Voraussichtlich wird sich dieser Trend auch künftig fortsetzen. Dennoch ist der australische Markt noch weit von einem homogenen Regulierungskonzept entfernt, das dem Problem variierender dezentraler Regelungen seine Brisanz vollends nimmt.[206] Die Gliedstaaten (und auch die Territorien) sind damit aufgrund ihrer Regelungsbefugnis auch weiterhin als potentiell warenverkehrshemmender Faktor im australischen Markt präsent.

---

[204] Zu den bestehenden Schwachpunkten des *Mutual Recognition Act* 1992 (Cth) und seinen gliedstaatlichen Entsprechungen, siehe *Wilkins*, in: Thomas/Saunders, The Australian Mutual Recognition Scheme: A New Approach to an Old Problem, S. 2, 5 f. und 12 ff.; zurückhaltend *Office of Regulation Review*, Report on the Impact of Mutual Recognition of Regulations in Australia: A Preliminary Assessment (1997), S. 45 f.; für den Bereich „*Packaging and Labelling*“: *Industry Commission*, Report on Packaging and Labelling (1996), S. 195 ff.; allgemein dazu *Ogus*, Regulation – Legal Form and Economic Theory, S. 179.

[205] Vgl. auch *Zines*, in: Moens, Constitutional and International Law Perspectives, S. 98.

[206] In diese Richtung auch *Industry Commission*, Report on Packaging and Labelling (1996), S. 194 ff.

Teil 3: Negative Integration durch Section 92 – Die Rechtsprechung des High Court bis 1988

Die Rechtsprechung des High Court in bezug auf die Auslegung der Section 92 änderte sich häufig im 20. Jahrhundert. *Michael Coper* machte in seiner Monographie „*Freedom of Interstate Trade under the Australian Constitution*" für den Zeitraum von 1909 bis 1980 insgesamt 32 (!) verschiedene Phasen in der höchstrichterlichen Rechtsprechung aus.[1] Die letzte Rechtsprechungswende fand 1988 in der Entscheidung *Cole v Whitfield*[2] statt.[3]

Die enormen Schwierigkeiten, eine schlüssige Auslegung für Section 92 zu finden, resultieren vor allem daraus, daß die Norm unvollständig ist. So gibt Section 92 keine Antwort auf die Frage, worauf sich „*absolutely free*"[4] eigentlich bezieht.[5] Der Wortlaut von Section 92 schweigt sich darüber aus, welche Beschränkungen er dem *interstate trade and commerce* ersparen möchte. Die entscheidende Frage lautet mithin: „*Absolutely free from what?*"[6]

Das Ziel dieser Arbeit kann es nicht sein, die Entwicklung der Rechtsprechung zu Section 92 bis in die kleinste Verästelung nachzuzeichnen. Es werden jedoch die aus heutiger Sicht für die Interpretation von Section 92 wesentlichen Entscheidungen des High Court skizziert. Wollte man darauf verzichten, wäre es kaum möglich, die Tragweite der in Rede stehenden Norm angemessen zu

---

[1] *Coper*, Freedom of Interstate Trade under the Australian Constitution, S. 11 ff.; siehe auch *McMillan/Evans/Storey*, Australia's Constitution – Time for Change?, S. 306: „ ... *bewildering succession of phases and fashions.*"

[2] (1988) 165 CLR 360.

[3] Dazu näher in Teil 4 dieser Arbeit.

[4] Zu der Frage, auf welche Weise die Worte „*absolutely free*" Eingang in die Bundesverfassung gefunden hat, umfassend *La Nauze*, in: Martin, Essays in Australian Federation, S. 57 ff.; siehe auch *Beasley*, (1948-50) 1 University of Western Australia Law Review 97, 99.

[5] *La Nauze*, The Making of the Australian Constitution, S. 35 f.; *Sawer*, Australian Federalism in the Courts, S. 174; *Howard*, Australian Federal Constitutional Law, S. 294; *Hanks/Cass*, Australian Constitutional Law, S. 807; *Sawer*, in: Paton, The Commonwealth of Australia, S. 38, 71; *Coper*, Crayfish and Credit Unions, S. 5; *ders.*, (1978) 46 Review of Marketing and Agricultural Economics 71, 88; *Howard*, (1968) 6 Melbourne University Law Review 237, 238.

[6] *Sawer*, Australian Federalism in the Courts, S. 174; *Winterton/Lee/Glass/Thomson*, Australian Federal Constitutional Law, S. 453; *Hanks/Cass*, Australian Constitutional Law, S. 806; *Hanks*, Constitutional Law in Australia, S. 517; *Coper*, in: Blackshield/Coper/Williams, The Oxford Companion to the High Court of Australia, S. 354; *ders.*, The Curious Case of the Callow Crayfish, S. 4; *ders.*, Crayfish and Credit Unions, S. 5; *Sawer*, in: Paton, The Commonwealth of Australia, S. 38, 71; *Cullen*, (1989) 19 University of Western Australia Law Review 90, 92 und 113.

würdigen[7] und die aktuelle Interpretation der Section 92 durch den High Court vollständig zu erfassen.[8] Noch heute beziehen sich die Richter des High Court in ihren Urteilen regelmäßig auf Ausführungen in älteren Entscheidungen des High Court und des Privy Council.[9]

Die ständigen Schwankungen in der Rechtsprechung während des vergangenen Jahrhunderts sprechen dafür, daß die divergierenden Interpretationen in besonders starkem Maße mit den jeweils zur Entscheidung berufenen Richtern zusammenhängen.[10] Wie bei keiner anderen Norm der Australischen Bundesverfassung ist es aufgrund des offenen Wortlautes der Section 92 möglich, persönlichen gesellschafts- und wirtschaftspolitischen Überzeugungen im Wege einer entsprechenden Interpretation Ausdruck zu verleihen. Insofern muß es nicht verwundern, daß Richtungswechsel der Rechtsprechung oft zusammenfallen mit der Ernennung von neuen und dem Ausscheiden altgedienter Richter des High Court. Bestimmte Auslegungen der Norm waren regelmäßig untrennbar verbunden mit einzelnen Richterpersönlichkeiten des High Court. Ständig wechselnde Mehrheiten und sogar persönliche Differenzen zwischen den Richtern des High Court über die korrekte Interpretation von Section 92 waren und sind immer noch an der Tagesordnung.[11]

---

[7] So ausdrücklich *Coper*, Freedom of Interstate Trade under the Australian Constitution, Preface S. iii.

[8] *Howard*, Australian Federal Constitutional Law, S. 298; *Zines*, The High Court and the Constitution, S. 108; *Booker/Glass/Watt*, Federal Constitutional Law, S. 193.

[9] Siehe *Cole v Whitfield* (1988) 165 CLR 360, 393 f. und 399 ff.; *Bath v Alston Holdings Pty Ltd* (1988) 165 CLR 411, 429 f., *Mason* CJ, *Brennan*, *Deane* und *Gaudron* JJ; *Barley Marketing Board (NSW) v Norman* (1990) 171 CLR 182, 200 ff.

[10] *Coper*, Freedom of Interstate Trade under the Australian Constitution, S. 4; siehe auch *ders.*, The Curious Case of the Callow Crayfish, S. 5; *ders.*, Section 92 and the Future of Agricultural Marketing, S. 4.

[11] Ein Höhepunkt in dieser Beziehung war sicherlich die Auseinandersetzung zwischen den beiden Chief Justices *Mason* und *Barwick*. Während *Mason* die Entscheidung *Cole v Whitfield* (1988) 165 CLR 360 in „*In Conversation: An Interview with Sir Anthony Mason*", (1996) 17 Singapore Law Review 3, 6 als die größte Errungenschaft seiner Amtszeit als Chief Justice einstufte, tat sein Vorgänger *Barwick* eben diese Entscheidung als „*terrible tosh*" ab, siehe Bar News (NSW Bar Association), Summer 1989, 9, 17. Zu dem Konflikt zwischen diesen beiden Richtern siehe noch unten Teil 3, § 2, V., 1., c.

§ 1 Historischer Hintergrund und Entstehungsgeschichte

Will man die vielfältigen Versuche des australischen High Court verstehen, den Konflikt zwischen den Zielen des freien Warenverkehrs und den gliedstaatlichen Regelungsinteressen zu entschärfen, so hilft ein Blick auf den sozio-ökonomischen Hintergrund und auf die Entstehungsgeschichte der Section 92. Auf diese Weise lassen sich die Motive der Gründungsväter für die Aufnahme der Norm in die Bundesverfassung ermitteln. Sie können auch heute noch – mehr als einhundert Jahre nach Abschluß der Convention Debates – Aufschlüsse über die Interpretation der einschlägigen Vorschrift geben.[12]

Im ausgehenden 19. Jahrhundert war es eines der dringendsten und zugleich eines der umstrittensten Probleme auf dem australischen Kontinent, wie mit den fast überall vorherrschenden protektionistischen Bestrebungen in den einzelnen Kolonien umgegangen werden soll. Insbesondere die damaligen Kolonien und späteren Gliedstaaten Victoria, South Australia und Tasmania behinderten die Entwicklung des gesamtaustralischen Handels durch ihre extrem protektionistische Haltung. Lediglich New South Wales verfolgte gegenüber den anderen Kolonien auf dem australischen Kontinent eine liberale Handelspolitik.[13] Die Delegierten konnten den umfangreichen und offensichtlichen wirtschaftlichen Schaden nicht ignorieren, den die Gliedstaaten durch interkoloniale Handelshemmnisse – vor allem durch Zölle – anrichteten.[14] In der Lösung dieses wirtschaftlichen Problems lag einer der maßgeblichen Anreize für die damaligen Kolonien, den Commonwealth of Australia zu schaffen.[15] Die Kolonien sollten

---

[12] Vgl. *Coper*, Freedom of Interstate Trade under the Australian Constitution, S. 3 f.; *Cullen*, (1989) 19 University of Western Australia Law Review 90, 91; kritisch in bezug auf Section 92 *Wynes*, Legislative, Executive and Judicial Powers in Australia, S. 250.

[13] *Parkinson*, Tradition and Change in Australian Law, S. 127; *Hanks/Cass*, Australian Constitutional Law, S. 807; *Joseph/Castan*, Federal Constitutional Law – A Contemporary View, S. 264; *Cullen*, (1989) 19 University of Western Australia Law Review 90, 91.

[14] *Howard*, (1968) 6 Melbourne University Law Review 237, 239.

[15] *Hughes and Vale Pty Ltd v State of New South Wales (No. 1)* (1952-53) 87 CLR 49, 91, *Fullagar* J; *Samuels v Readers'Digest Association Pty Ltd* (1969) 120 CLR 1, 14 f., *Barwick* CJ; *Bartter's Farms Pty Ltd v Todd* (1978) 139 CLR 499, 523, *Jacobs* J; *Joseph/Castan*, Federal Constitutional Law – A Contemporary View, S. 264; *Hanks*, Constitutional Law in Australia, S. 518; *Zines*, The High Court and the Constitution, S. 90, 120, 140 ff.; *Ratnapala*, Australian Constitutional Law, S. 223; *Gleeson*, The Rule of Law and the Constitution, S. 26; *Coper*, Freedom of Interstate Trade under the Australian Constitution, S. 3; *ders.*, The Curious Case of the Callow Crayfish, S. 2; *ders.*, Crayfish and Credit Unions, S. 3; *Lane*, (1961) 35 Australian Law Journal 278, 279.

einen Gemeinsamen Markt bilden und dabei wenigstens die bestehenden tarifären Handelshemmnisse beseitigen.[16]

Sämtlichen Delegierten auf der sog. National Australasian Convention im Jahr 1891 war bewußt, daß es ungeachtet der existierenden Systemunterschiede in den verschiedenen Kolonien zur Errichtung eines gesamtaustralischen Marktes zwischen den beteiligten Kolonien durch die noch auszuarbeitende Bundesverfassung kommen mußte.[17] Freier Handel zwischen den einzelnen Kolonien wurde als conditio sine qua non für eine Föderation angesehen.[18] Damit einhergehen sollte ein wirksamer Schutz gegenüber ausländischen Wettbewerbern.[19] Der spätere Richter am High Court *Barton* brachte es auf den Punkt, indem er im Rahmen der Beratungen ausführte: „*I have said before in this Convention that I am a protectionist, but I admit that unless you have a free-trade throughout the Commonwealth the Federation will not be worth a snap of the fingers.*“[20]

Sir *Henry Parkes*[21] reichte bereits ganz zu Beginn der Convention Debates einen ersten Entwurf der späteren Section 92 ein. Dieser Entwurf enthielt einen Absatz, der es als wesentliches Ziel der zu gründenden Föderation ansah, einen freien interkolonialen Handel zu gewährleisten.[22] 1891 akzeptierte die Convention diesen Vorschlag mit nur geringfügigen Änderungen im Wortlaut, nach-

---

[16] *Sawer*, Australian Federalism in the Courts, S. 176; *Coper*, Freedom of Interstate Trade under the Australian Constitution, S. 3 f.; *Parkinson*, Tradition and Change in Australian Law, S. 127; *Hanks*, Constitutional Law in Australia, S. 518; *Cullen*, (1989) 19 University of Western Australia Law Review 90, 91; *Staker*, (1990) 10 YEL 209, 219; *Coper*, (1978) 46 Review of Marketing and Agricultural Economics 71, 89.

[17] *La Nauze*, The Making of the Australian Constitution, S. 21: „ ... *that, difficult as it might be for their existing systems of free trade or protection, a constitution must somehow impose intercolonial free trade, even if transitional arrangements might be necessary*“; *Beasley*, (1948-50) 1 University of Western Australia Law Review 97, 102 und 109; *Cullen*, (1989) 19 University of Western Australia Law Review 90, 91.

[18] *Coper*, in: Blackshield/Coper/Williams, The Oxford Companion to the High Court of Australia, S. 354; *Beasley*, (1948-50) 1 University of Western Australia Law Review 273, 280.

[19] *Cullen*, (1989) 19 University of Western Australia Law Review 90, 91.

[20] Official Record of the Debates of the Australasian Federal Convention, Third Session, Melbourne, 20 January to 17 March 1898, Vol. II, S. 2367.

[21] Sir *Henry Parkes* war über viele Jahre hinweg einer der führenden Politiker in New South Wales und zugleich einer der Delegierten dieser Kolonie bei den Conventional Debates. Er wurde 1891 zum Präsidenten der Conventional Debates in Sydney gewählt; dazu näher *Beasley*, (1948-50) 1 University of Western Australia Law Review 97, 98.

[22] *La Nauze*, The Making of the Australian Constitution, S. 37; *Sawer*, Australian Federalism in the Courts, S. 175.

dem *Parkes* in einer emotionalen Rede sein umfassendes[23] Verständnis von einem freien Handel zwischen den künftigen australischen Gliedstaaten dargelegt hatte.[24]

Im Vordergrund der Diskussionen bei den Convention Debates um die spätere Section 92 stand vor allem, ob die Vorschrift nicht zu offen und vage gefaßt sei. Mit diesbezüglicher Kritik wurde nicht gegeizt. So führte der damalige Premierminister der Kolonie New South Wales, Sir *George Reid*, im Hinblick auf die Formulierung der späteren Section 92 aus: „*It is a little bit of laymen's language which comes in here very well.*"[25]

Aufgrund des unpräzisen Wortlautes der Norm ergaben sich zahlreiche Streitigkeiten unter den Delegierten über die sachliche Reichweite der Vorschrift.[26] Gesehen wurde dabei insbesondere das Problem, daß aus dem Wortlaut von Section 92 in keiner Weise hervorgeht, in bezug auf welche Maßnahmen die uneingeschränkte Freiheit des *interstate trade and commerce* gewährleistet ist. Die Gefahr, daß ein allgemein gehaltener Wortlaut von Section 92 Anlaß zu Interpretationen der Norm geben kann, die von ihren Schöpfern nicht beabsichtigt waren, müßte den Mitgliedern der Conventions nicht zuletzt aufgrund der wiederholten eindringlichen Warnungen des Gründungsvaters *Isaac Isaacs*[27] eigentlich bekannt gewesen sein.[28] Dieses Problem wurde aber anscheinend

---

[23] Vgl. den Wortlaut seiner Rede: „ ... *Australia shall be free – free on the borders, free everywhere – in its trade and intercourse between its own people; that there shall be no impediment of any kind – that there shall be no barrier of any kind between one section of the Australian people and another; but, that the trade and the general communication of these people shall flow on from one end of the continent to the other, with no one to stay this progress or to call it to account; ...* "; abgedruckt in Official Report of the National Australasian Convention Debates Vol. I – Sydney, 2 March to 9 April 1891, S. 24.

[24] Official Report of the National Australasian Convention Debates Vol. I – Sydney, 2 March to 9 April 1891, S. 24 f.

[25] Official Record of the Debates of the Australasian Federal Convention, Third Session, Melbourne, 20 January to 17 March 1898, Vol. II, S. 2367; siehe auch *Coper*, Encounters with the Australian Constitution, S. 279.

[26] Siehe die ausführliche Darstellung der Entstehungsgeschichte von Section 92 bei *Beasley*, (1948-50) 1 University of Western Australia Law Review 97 ff., 273 ff., 433 ff. *Sharwood*, (1958) 1 Melbourne University Law Review 331 ff.; *La Nauze*, in: Martin: Essays in Australian Federation, S. 57 ff.

[27] Official Report of the National Australasian Convention Debates Vol. III – Adelaide, 22 March to 5 May 1897, S. 1141: „*[The clause] is not only unnecessary, but it is very dangerous. It goes much further than it is intended, and there are some expressions which, taken in connection with other portions of the Bill, are extremely large and alarming*"; dazu näher *La Nauze*, in: Martin, Essays in Australian Federation, S. 57, 82; *Sharwood*, (1958) 1 Melbourne University Law Review 331, 333 f.

[28] *Cullen*, (1989) 19 University of Western Australia Law Review 90, 92.

nicht näher auf den Constitutional Conventions behandelt, da *Isaacs* durch sein nur begrenzt kooperatives Verhalten während der Beratungen erreichte, daß die anderen Delegierten seinen Worten nicht mehr die nötige Aufmerksamkeit schenkten.[29] In der Folgezeit ignorierten die Delegierten diese Frage; sie war schließlich nicht mehr Gegenstand der Beratungen.[30]

Nur noch einmal bemühten sich die Delegierten *Edmund Barton* und *Richard O'Connor* um eine Änderung der späteren Section 92 im Verfassungsentwurf. Im Rahmen der Convention Debates 1897 in Adelaide wollten sie der Norm folgenden Wortlaut geben:

„*Trade and intercourse throughout the Commonwealth is not to be restricted or interfered with, by any taxes, charges or imposts.*"[31]

Doch aus bislang ungeklärten Gründen kam es nie zu einem formalen Vorschlag, der diesen etwas präziseren Normtext aufgriff.[32] *La Nauze* macht dafür die zunehmende Erschöpfung der Delegierten verantwortlich.[33] Letztendlich blieb es bei der ursprünglichen Fassung samt der sich aus ihr fast zwangsläufig ergebenden Probleme.

Den existierenden Aufzeichnungen zur endgültigen Fassung von Section 92 entnehmen Teile des australischen Schrifttums, daß man den Anwendungsbereich der Norm entsprechend seiner systematischen Stellung lediglich auf tarifäre Handelshemmnisse im zwischenstaatlichen Warenverkehr beschränkt wissen wollte.[34] Denn eine weitergehende Interpretation des offenen Wortlautes in dem Sinne, daß Section 92 zudem nichttarifäre Handelshemmnissen verbietet, lehnten einige Stimmen auf den Convention Debates als zu weitgehend ab.[35]

Andere Autoren hingegen entnehmen den Beratungen, daß die Gründungsväter durchaus erkannten, daß Diskriminierungen und Protektionismus nicht nur in

---

[29] *Coper*, Encounters with the Australian Constitution, S. 279.
[30] *Coper*, Encounters with the Australian Constitution, S. 279.
[31] *Beasley*, (1948-50) 1 University of Western Australia Law Review 97, 107 f.
[32] *Hanks*, Constitutional Law in Australia, S. 518.
[33] *La Nauze*, The Making of the Australian Constitution, S. 226 f.
[34] So insbesondere *Lord Wright of Durley*, (1954) 1 Sydney Law Review 145, 153 und 157.
[35] *Beasley*, (1948-50) 1 University of Western Australia Law Review 97, 101 ff. m.w.N.; *Sawer*, in: Paton, The Commonwealth of Australia, S. 38, 71.

Gestalt von tarifären Handelshemmnissen auftreten, sondern auch subtilere Erscheinungsformen annehmen können.[36]

Die Materialien sind nicht eindeutig im Hinblick auf die Frage, welche der möglichen Interpretationen von Section 92 vorzuziehen ist.[37] Argumente und Indizien für beide Seiten sind reichlich vorhanden. Die Beratungen der Gründungsväter lassen wohl keinen zwingenden Schluß zu.[38]

Für die mit Section 92 untrennbar verbundene Frage, wie der Konflikt zwischen den Zielen des freien Warenverkehrs und gliedstaatlicher Regelungsbefugnis entschärft werden kann, ist aus den Beratungen der Delegierten nur sehr wenig zu entnehmen. Doch ist in diesem Zusammenhang insbesondere auf einen historischen Aspekt hinzuweisen, der nicht nur in den oben zitierten Worten von Sir *Henry Parkes* deutlich zum Vorschein kommt,[39] sondern zudem für die Beratungen zur Australischen Bundesverfassung insgesamt von tragender Bedeutung war: Das 19. Jahrhundert wurde stark geprägt durch die Idee des *laissez faire*. Sie betont in starkem Maß die Freiheit des Individuums in der Gesellschaft; staatliche Regulierungen der Märkte sollten sich auf ein unabdingbares Minimum beschränken.[40] Eine Folge des *laissez faire* ist der wirtschaftliche Liberalismus, der sich nicht zuletzt als Motor der industriellen Revolution erwies.[41]

---

[36] *Sawer*, Australian Federalism in the Courts, S. 175 f.: „*The intention was to create a 'common market' in a more extensive sense than that of a Zollverein, though not so complete as that which is contemplated in the current European Common Market. ... The predominant purpose was to introduce free trade in the fiscal sense – no tariffs, embargoes or similar obstructions – but most of the Founders were also devotees of 'free trade' in the more extended sense of minimum regulation for commercial activities, ...* “; *ders.*, in: Paton, The Commonwealth of Australia, S. 38, 71; *Quick/Garran*, Annotated Constitution of the Australian Commonwealth, S. 845; *Moore*, Commonwealth of Australia, S. 565; *Nygh*, (1967) 5 University of Queensland Law Journal 317, 334; *Cullen*, (1989) 19 University of Western Australia Law Review 90, 92.

[37] Siehe nur die teilweise gegensätzlichen Auffassungen sowie die umfassende Kritik von *Sharwood*, (1958) 1 Melbourne University Law Review 331 ff. an der Interpretation von *Beasley*, (1948-50) 1 University of Western Australia Law Review 97 ff.; ferner *Rose*, (1972) 46 Australian Law Journal 371, 372 f.

[38] *Ratnapala*, Australian Constitutional Law, S. 226; *Sharwood*, (1958) 1 Melbourne University Law Review 331 ff.

[39] Siehe oben Teil 3, § 1.

[40] *Joseph/Castan*, Federal Constitutional Law – A Contemporary View, S. 265.

[41] *Hanks*, Constitutional Law in Australia, S. 518; *Zines*, The High Court and the Constitution, S. 79. Die Rechtsprechung des High Court wurde in dieser Beziehung von der Rechtsprechung des US-amerikanischen Supreme Court maßgeblich beeinflußt, der in einigen seiner Entscheidungen den Gedanken des *laissez faire* deutlich betonte, siehe etwa *Lochner v New York* (1905) 198 US 45; *Adair v United States* (1908) 208 US 161; *Adkins v Children's*

Einige Autoren meinen, die Aufnahme dieser Philosophie in die Bundesverfassung wird durch den Wortlaut der Section 92 sichtbar.[42] Die unpräzise Fassung der Vorschrift ermutige Richter dazu, staatliche Eingriffe in den Wirtschaftsverkehr zwischen den australischen Gliedstaaten zu unterbinden.[43]

Eine weite Auslegung von Section 92 unter Berufung auf die Idee des *laissez faire* ist nicht unwidersprochen geblieben. Eingewandt wird, die absolute Freiheit im Sinne von Section 92 beziehe sich lediglich auf den zwischenstaatlichen Handel. Section 92 sei also Ausdruck des Bemühens, einen „*free trade*" zu gewährleisten. Es gehe zu weit, Section 92 vor dem Hintergrund des *laissez faire* zu interpretieren. Hätte man der Philosophie des *laissez faire* tatsächlich folgen wollen, so wäre nicht nur der zwischenstaatliche Handel vor staatlichen Eingriffen zu bewahren gewesen. Vielmehr hätte es nahegelegen, auch den innerstaatlichen Handel durch die Bundesverfassung zu schützen, da dieser zum Zeitpunkt der Convention Debates den Löwenanteil am gesamtaustralischen Handel ausmachte.[44]

Der Widerstreit dieser beiden Strömungen – einerseits der umfassende Ansatz des *laissez faire*, andererseits der enge Ansatz des *free trade* – wird als eigentlicher Grund für die enormen Interpretationsschwierigkeiten in bezug auf Section 92 verantwortlich gemacht.[45] So läßt sich aus dem Verfassungstext und den Beratungen nicht sicher entnehmen, im Lichte welcher Philosophie Section 92 auszulegen ist.

Die praktische Relevanz dieses Theorienstreits liegt darin, daß gemäß dem *free trade approach* ausschließlich den *interstate trade and commerce* diskriminierende Regelungen gegen Section 92 verstoßen. Der *laissez faire approach* – teilweise wird inhaltsgleich auch vom *individual rights approach* gesprochen – geht darüber hinaus; er steht für ein Beschränkungsverbot. Sein Ziel ist es, auch Handelshemmnisse über Section 92 zu beseitigen, die Gliedstaaten durch

---

Hospital (1923) 261 US 525; siehe dazu allgemein *Kens*, Lochner v. New York – Economic Regulation on Trial, S. 67 ff.

[42] *Ratnapala*, Australian Constitutional Law, S. 226; *Hanks*, Constitutional Law in Australia, S. 518 f.; *Hanks/Cass*, Australian Constitutional Law, S. 807; *Zines*, The High Court and the Constitution, S. 120 f.

[43] *Joseph/Castan*, Federal Constitutional Law – A Contemporary View, S. 265; *Hanks*, Constitutional Law in Australia, S. 518; *Hanks/Cass*, Australian Constitutional Law, S. 807.

[44] *Hanks/Cass*, Australian Constitutional Law, S. 807.

[45] *Hanks/Cass*, Australian Constitutional Law, S. 806 f.; *Winterton/Lee/Glass/Thomson*, Australian Federal Constitutional Law, S. 453 f.; *Zines*, The High Court and the Constitution, S. 108.

gleichförmig anwendbare Vorschriften errichten. Section 92 verleihe Individuen das Recht, sich auf freien Handel zu berufen.[46]

Schließlich soll noch auf folgenden historischen Gesichtspunkt hingewiesen werden: Schon oben wurde ausgeführt, daß den einzelnen Kolonien und späteren Gliedstaaten sehr daran gelegen war, in einem künftigen, wie auch immer ausgestalteten Zusammenschluß eine starke Stellung gegenüber dem Bund als Zentralebene einzunehmen. Die Vertreter der Kolonien bei den Conventional Debates waren insofern nicht gewillt, von ihrer Autonomie mehr als unbedingt notwendig an die zu errichtende Bundesebene abzugeben.[47]

Dieser Umstand spricht zum einen dafür, die an den Bund übertragenen Gesetzgebungskompetenzen restriktiv zu interpretieren. Zum anderen indiziert dies, daß der Anwendungsbereich von Section 92 im Hinblick auf gliedstaatliche Regelungstätigkeiten eng auszulegen sein sollte, um so eine möglichst gewichtige Position der Gliedstaaten zu gewährleisten.

---

[46] *Joseph/Castan*, Federal Constitutional Law – A Contemporary View, S. 265; *Ratnapala*, Australian Constitutional Law, S. 225.

[47] *Nygh*, (1967) 5 University of Queensland Law Journal 317, 332; *Starke*, (1990) 64 Australian Law Journal 611; siehe auch Section 107 der Bundesverfassung; dazu schon oben Teil 1, § 2, II., 2.

§ 2 Entwicklung der Rechtsprechung von 1909 bis 1988

Folgend werden die wesentlichen Entwicklungen der Rechtsprechung des High Court zu Section 92 seit der Gründung Australiens bis zur (vorerst) letzten Wende im Jahr 1988 skizziert.

I. Die Anfänge

1. Die erste Entscheidung: *Fox v Robbins*

Die erste Entscheidung des High Court zu Section 92 ist die Rechtssache *Fox v Robbins*[48] aus dem Jahr 1909. Im Mittelpunkt dieses Falles stand der *Wines, Beer and Spirit Sale Act* 1880 (WA). Dieser sah unter anderem vor, daß Händler eine Verkaufslizenz erwerben müssen, um alkoholische Getränke in Western Australia zu verkaufen. Dabei wurde wie folgt differenziert: Wer ausschließlich Wein feilbieten wollte, der aus in Western Australia gewachsenen Früchten hergestellt worden war, zahlte zwei Pfund[49]. Eine Lizenzgebühr in Höhe von 50 Pfund wurde hingegen fällig, wenn Händler Weine in ihr Sortiment aufnahmen, die mit nicht aus Western Australia stammenden Früchten produziert worden waren.

Man beschuldigte *William Robbins*, ein Glas eines aus Victoria stammenden Weines ohne die entsprechende Lizenz verkauft zu haben. Ein solches Verhalten war gemäß Section 39 des *Wines, Beer and Spirit Sale Act* 1880 (WA) strafbewehrt.

Der High Court[50] befand in seiner Entscheidung einstimmig, daß die Bestimmungen des *Wines, Beer and Spirit Sale Act* 1880 (WA), die für den Verkauf von Weinen aus fremden Herkunftsstaaten eine deutlich höhere Lizenzgebühr verlangen als für die Veräußerung einheimischer Weine, gegen Section 92 verstoßen und insoweit unwirksam sind. *Robbins* konnte nicht aufgrund des Weinausschanks belangt werden. Der High Court begründete seine Entscheidung damit, daß das in Rede stehende Gesetz den zwischenstaatlichen Handel

---

[48] (1909) 8 CLR 115.

[49] Ein damals in Australien noch gültiges Pfund hatte seinerzeit einen Gegenwert von etwa zwei australischen Dollar.

[50] Unter den damals mit dem Fall *Fox v Robbins* betrauten Richtern des High Court befanden sich fünf, die auch schon als Gründungsväter an der Ausarbeitung der Australischen Bundesverfassung beteiligt waren.

behindert, indem es aus anderen australischen Gliedstaaten stammende Produkte diskriminiert.[51]

Die Richter führten aus, daß es für die Anwendung von Section 92 unerheblich ist, ob finanzielle Belastungen hinsichtlich in einen Gliedstaat eingeführter Waren bereits an der jeweiligen Staatsgrenze in Gestalt von Einfuhrzöllen erhoben werden, oder aber vergleichbare finanzielle Belastungen erst anläßlich des späteren Verkaufs der eingeführten Waren innerhalb des Destinationsstaates entstehen.[52] Schließlich werden die betreffenden Produkte nur deshalb benachteiligt, weil sie nicht aus dem protegierenden Gliedstaat selbst stammen. Die fraglichen Bestimmungen des gliedstaatlichen Gesetzes unterschieden sich laut High Court *„in substance or effect"* nicht von Einfuhrzöllen, die an der Gliedstaatsgrenze auf Weine aus anderen Gliedstaaten erhoben werden.[53] Der *Wines, Beer and Spirit Sale Act* 1880 (WA) unterbinde somit die Einfuhr von Wein aus anderen Staaten nach Western Australia in einer Art und Weise, die Section 92 widerspreche.[54]

Gegen die Anwendbarkeit der Section 92 sprach laut High Court nicht, daß der Verkauf des Glases Wein in Western Australia stattfand, es sich also um einen rein innerstaatlichen Vorgang handelte, der dem grenzüberschreitenden Moment – der Veräußerung des Weines über die Staatsgrenze hinweg nach Western Australia – zeitlich nachfolgte.[55] Der High Court versäumte jedoch, schon bei dieser Gelegenheit klarzustellen, ob ausschließlich den *interstate trade and commerce* diskriminierende Regelungen gegen Section 92 verstoßen, oder ob darüber hinausgehend auch diskriminierungsfreie Maßnahmen Section 92 zuwiderlaufen können.[56] Aus der Entscheidung selbst sind diesbezüglich keine eindeutigen Aussagen zu entnehmen. Der Umstand, daß sich die Richter in ihren Ausführungen ausnahmslos zu (formell) diskriminierenden staatlichen Maßnahmen geäußert haben, läßt den Schluß zu, der High Court habe in dieser Entscheidung *implizit* den Anwendungsbereich der Section 92 auf diskriminierende Maßnahmen beschränkt.[57] In diesem restriktiven Sinn interpretierte

---

[51] *Fox v Robbins* (1909) 8 CLR 115, 119 f., *Griffith* CJ, 122 f., *Barton* J, 126, *O'Connor*, 129 f., *Isaacs* und 131, *Higgins* J.

[52] So ausdrücklich *Fox v Robbins* (1909) 8 CLR 115, 123, *Barton* J; *Coper*, Freedom of Interstate Trade under the Australian Constitution, S. 11 m.w.N.; *Howard*, Australian Federal Constitutional Law, S. 298.

[53] *Fox v Robbins* (1909) 8 CLR 115, 123, *Barton* J.

[54] *Fox v Robbins* (1909) 8 CLR 115, 123, *Barton* J.

[55] So deutlich *Fox v Robbins* (1909) 8 CLR 115, 123, *Barton* J.

[56] *Cullen*, (1989) 19 University of Western Australia Law Review 90, 92.

[57] *Coper*, Freedom of Interstate Trade under the Australian Constitution, S. 12; *Hanks/Cass*, Australian Constitutional Law, S. 808.

insbesondere Justice *Murphy* später diese erste Entscheidung des High Court zu Section 92.[58]

Es kann indes kaum überzeugen, allein aufgrund dieses nur vagen Anhaltspunktes Schlüsse hinsichtlich der Grenzen des Anwendungsbereichs von Section 92 ziehen zu wollen. Der in Rede stehende Sachverhalt bot keinerlei Anlaß, über eine Ausdehnung des Anwendungsbereichs von Section 92 auf diskriminierungsfreie staatliche Maßnahmen näher nachzudenken. Es galt lediglich, ein offensichtlich formell diskriminierendes Gesetz auf seine Verfassungsmäßigkeit hin zu untersuchen.[59]

Die Antwort auf die Frage, ob Section 92 auch ein Beschränkungsverbot beinhaltet, sollte sich – dies sei hier schon vorweggenommen – in der Folgezeit als äußerst schwierig erweisen.[60]

2. Section 92 und ihre Auslegung während des Ersten Weltkrieges

Auf *Fox v Robbins* folgten die Entscheidungen *Wheat,*[61] *Foggitt*[62] und *Duncan*[63], die der High Court allesamt während des Ersten Weltkrieges entschied.[64] Die Ergebnisse und Begründungen dieser Urteile wurden stark von diesem auch in Australien einschneidenden Ereignis beeinflußt. Allgemeingültige Schlüsse können aus dieser Rechtsprechung insofern nur bedingt gezogen werden.[65]

---

[58] *Finemores Transport Pty Ltd v New South Wales* (1978) 139 CLR 338, 354 ff., *Murphy* J.

[59] *Coper*, Freedom of Interstate Trade under the Australian Constitution, S. 12; *Ratnapala*, Australian Constitutional Law, S. 226.

[60] *Coper*, Freedom of Interstate Trade under the Australian Constitution, S. 12.

[61] *New South Wales v Commonwealth* (1915) 20 CLR 54.

[62] *Foggitt Jones and Co Ltd v New South Wales* (1916) 21 CLR 357.

[63] *Duncan v Queensland* (1916) 22 CLR 556 f.

[64] Auf *Fox v Robbins* folgte noch *R v Smithers; ex parte Benson* (1912) 16 CLR 99 ff. Dieser Fall betraf jedoch nicht den freien Warenverkehr, sondern den freien interstaatlichen Personenverkehr, der gemäß der Auslegung des High Court auch von Section 92 erfaßt war (und immer noch ist).

[65] *Cullen*, (1989) 19 University of Western Australia Law Review 90, 92 f.

a. Der *Wheat* Case

Der Entscheidung des High Court in *New South Wales v Commonwealth* (der sog. *Wheat* Case)[66] lag folgender Sachverhalt zugrunde: New South Wales reagierte durch seine Gesetzgebung auf die kriegsbedingt schlagartig veränderten Lebensumstände. Engpässe bei der Versorgung der Bevölkerung mit Nahrungsmitteln sollten verhindert und die Entstehung von Schwarzmärkten bekämpft werden. Diesen Zwecken diente der *Wheat Acquisition Act* 1914 (NSW). Section 3 dieses Gesetzes verpflichtete die Getreideindustrie in New South Wales, ihren gesamten Weizen an die gliedstaatliche Regierung im Wege des Zwangsverkaufs abzugeben. Ein Absatz des Getreides außerhalb von New South Wales war nicht mehr möglich, der zwischenstaatliche Handel mit Weizen somit ausgeschlossen.

Die Richter des High Court befanden einstimmig, daß diese gliedstaatliche Gesetzgebung nicht gegen Section 92 verstößt. Sie argumentierten, der Eigentümer einer Ware werde von Section 92 gegen Eingriffe geschützt, die den zwischenstaatlichen *trade and commerce* betreffen. Dieser Schutz besteht jedoch nur solange der Adressat der Maßnahme auch tatsächlich Eigentümer der Ware ist. Verliert er sein Eigentum, ist Section 92 nicht mehr anwendbar.[67] Section 92 besagt also nichts über die Stellung als Eigentümer. Ein Wechsel im Eigentum – herbeigeführt etwa durch Zwangsverkauf an den Staat – greift nicht in den zwischenstaatlichen *trade and commerce* ein. Denn der neue Eigentümer kann jederzeit mit der betreffenden Ware am zwischenstaatlichen Handel teilnehmen, sollte er dies wünschen.[68]

Der Eingriff durch den *Wheat Acquisition Act* 1914 (NSW) erfolgte in die Eigentumspositionen der Weizenindustrie. Diese schützt Section 92 jedoch nicht. Das gliedstaatliche Gesetz konnte damit nicht gegen die fragliche Norm verstoßen.[69]

Die australische Literatur wertet diese Argumentation des High Court als Ausdruck des *laissez faire approach*. So fehle es an einer Bezugnahme auf diskriminierende Elemente offener oder versteckter Natur. Auch nichtdiskrimi-

---

[66] *New South Wales v Commonwealth* (1915) 20 CLR 54.

[67] Siehe *New South Wales v Commonwealth* (1915) 20 CLR 54, 100, *Isaacs* J: „*The key to the matter lies, in my opinion, in the fact that trade and commerce consists of acts and not of things.*“

[68] *New South Wales v Commonwealth* (1915) 20 CLR 54, 67 f., *Griffith* CJ, 79 ff., *Barton* J, 99 ff., *Isaacs* J, 105, *Gavan Duffy* J, 107, *Powers* J und 111, *Rich* J.

[69] *New South Wales v Commonwealth* (1915) 20 CLR 54, 67 f., *Griffith* CJ, 79 ff., *Barton* J, 99 ff., *Isaacs* J, 105, *Gavan Duffy* J, 107, *Powers* J und 111, *Rich* J.

nierende staatliche Maßnahmen fielen daher in den Anwendungsbereich der Section 92.[70]

Gegen diese Auffassung spricht indessen, daß drei der beteiligten Richter ausführten, für ihre Urteilsfindung sei es wichtig gewesen, daß das gliedstaatliche Gesetz keine Diskriminierung vorsieht.[71] Insofern redeten sie dem *free trade approach* das Wort.[72]

Ob Section 92 im Lichte des *free trade* oder des *laissez faire approach* auszulegen ist, kann dem *Wheat* Case nicht zweifelsfrei entnommen werden. Diesbezüglich herrschte somit auch weiterhin Klärungsbedarf,[73] den die beiden folgenden Fälle *Foggitt* und *Duncan* noch weiter verstärkten.

b. Der *Foggitt* Case

In dem Fall *Foggitt*[74] aus dem Jahr 1916 ging es darum, daß ein Unternehmen namens *Foggitt Jones and Co Ltd*, das unter anderem Schinken herstellte, in New South Wales gekaufte Schweine nach Queensland ausführen wollte. Der *Meat Supply for Imperial Uses Act* 1915 (NSW) verhinderte dies jedoch. Gemäß diesem gliedstaatlichen Gesetz mußten jegliche Fleischreserven innerhalb der Grenzen von New South Wales zur Verfügung der Armee gehalten werden. Exporte waren nicht gestattet. Ein Zwangsverkauf an die Regierung von New South Wales – vergleichbar mit dem Sachverhalt im *Wheat* Case – wäre zwar auch nach diesem Gesetz möglich gewesen. Man beschränkte sich jedoch darauf, die Ausfuhr zu unterbinden, um so das Fleisch auf dem Territorium von New South Wales zu halten. Das betroffene Unternehmen blieb weiterhin Eigentümer der gekauften Schweine; in die Eigentümerposition des betroffenen Unternehmens griff das Gesetz – im Gegensatz zum *Wheat* Case – nicht ein.

In Übereinstimmung mit dem im *Wheat* Case vertretenen Lösungsansatz befand der High Court, das Unternehmen könne sich aufgrund seiner Eigentumsposition auf Section 92 berufen. Das Ausfuhrverbot stelle einen Eingriff in den *interstate trade and commerce*, nicht aber in das Eigentum als solches dar; es verstoße insofern gegen Section 92.

---

[70] *Hanks/Cass*, Australian Constitutional Law, S. 808.
[71] *Coper*, Freedom of Interstate Trade under the Australian Constitution, S. 24 Fn. 26.
[72] *Hanks/Cass*, Australian Constitutional Law, S. 808.
[73] *Hanks/Cass*, Australian Constitutional Law, S. 808.
[74] *Foggitt Jones and Co Ltd v New South Wales* (1916) 21 CLR 357.

Gänzlich unerwähnt blieb in der Urteilsbegründung, daß die fragliche gliedstaatliche Regelung den *interstate trade and commerce* nicht diskriminiert. Die hier relevanten Vorschriften unterschieden nicht danach, ob es sich um zwischenstaatliche oder nur um rein innerstaatliche Vorgänge handelt. Vielmehr erfaßte das Gesetz unterschiedslos jegliches Fleisch, das sich in New South Wales befand. Der High Court hatte damit auch weiterhin keine Antwort auf die Frage gegeben, ob nichtdiskriminierende gliedstaatliche Regelungstätigkeiten im Widerspruch zu Section 92 stehen können.[75]

c. Der *Duncan* Case

Die Urteilstrilogie während des Ersten Weltkriegs schließt mit dem sog. *Duncan* Case[76], den der High Court bereits fünf Monate nach dem *Foggitt* Case entschied. Hinsichtlich des Sachverhalts weist der *Duncan* Case zahlreiche Parallelen zum *Foggitt* Case auf. Im *Duncan* Case ging es ebenfalls darum, daß Fleischvorräte aufgrund der Kriegswirren zur Verfügung der Regierung von Queensland zu halten waren. Zu diesem Zweck ermächtigte der *Meat Supply for Imperial Uses Act* 1914 (Qld) die gliedstaatliche Regierung dazu, entweder den Zwangsverkauf der Fleischreserven an sich selbst anzuordnen, oder Fleischausfuhren zumindest von einer vorherigen staatlichen Zustimmung abhängig zu machen.[77]

Die Viehzüchterin *Laura Duncan* wollte Vieh von Queensland nach South Australia transportieren, um es dort zu verkaufen. Die dafür notwendige Zustimmung wurde ihr jedoch verweigert. Wie bereits im *Foggitt* Case kam es also nicht zu einem staatlich angeordneten Zwangsverkauf des Viehs; *Duncan* war lediglich die Adressatin eines Ausfuhrverbotes.

Überraschenderweise befand die Mehrzahl der Richter des High Court in diesem Fall – entgegen der ungewöhnlich kritischen dissentierenden Voten der Justices *Barton* und *Isaacs*[78] –, daß die einschlägigen Vorschriften des *Meat Supply for Imperial Uses Act* 1914 (Qld) nicht gegen Section 92 verstoßen. Das verhängte Ausfuhrverbot hatte somit eine wirksame Rechtsgrundlage.

Dieses Ergebnis, das im krassen Gegensatz zu dem im *Foggitt* Case gefundenen Lösungsansatz steht, begründete die Richtermehrheit damit, daß die Überlegungen im *Wheat* Case hinsichtlich Section 92 zu einer fehlerhaften

---

[75] *Coper*, Freedom of Interstate Trade under the Australian Constitution, S. 15 f.
[76] *Duncan v Queensland* (1916) 22 CLR 556.
[77] Siehe Sections 6 f. *Meat Supply for Imperial Uses Act* 1914 (Qld).
[78] *Duncan v Queensland* (1916) 22 CLR 556, 605, *Barton* J und 627, *Isaacs* J.

Differenzierung im *Foggitt* Case geführt haben. Zutreffend sei vielmehr, daß sowohl der *Wheat Acquisition Act* 1914 (NSW) als auch die beiden *Meat Supply for Imperial Uses Acts* den Eigentümer einer Ware daran hinderten, die freie Verfügungsgewalt über die Ware auszuüben. Nach Ansicht der Richtermehrheit übertragen alle drei gliedstaatlichen Gesetze die freie Verfügungsgewalt über die betroffenen Waren auf Dritte. Regelungsgegenstand dieser gliedstaatlichen Gesetze sei daher in jedem der drei Fälle ausschließlich das Eigentum gewesen, nicht aber – wie noch im *Foggitt* Case irrtümlich angenommen – der *interstate trade and commerce*. Section 92 könne insofern nicht gegen diese gliedstaatlichen Regelungstätigkeiten angeführt werden.[79]

Der *Duncan* Case war damit nicht nur eine Wende in der Rechtsprechung zu Section 92. Er stellte zudem erstmals ausdrücklich klar, daß der Anwendungsbereich der Norm keinesfalls nur auf Belastungen finanzieller Natur beschränkt ist, sondern grundsätzlich auch anderweitige Beschränkungen des *interstate trade and commerce* erfaßt.[80] Angesichts der Systematik der Bundesverfassung ist diese Aussage bemerkenswert. Denn Section 92 befindet sich in Chapter IV „*Finance and Trade*"; alle übrigen Vorschriften dieses Kapitels befassen sich mit Belastungen und Zuwendungen, die ausschließlich finanzieller Natur sind.[81] Insofern liegt es nahe, den Anwendungsbereich der Section 92 lediglich auf fiskalische Handelshemmnisse zu begrenzen.

Zusammenfassend läßt sich in Anbetracht der drei Kriegszeitfälle festhalten, daß sie keine schlüssige Interpretation von Section 92 ergaben. Ganz im Gegenteil: Vor allem das Urteil des High Court im *Duncan* Case sorgte aufgrund seiner nur schwer nachvollziehbaren Begründung für Verwirrung.[82] Es scheint, der High Court habe den außergewöhnlichen faktischen Zwängen der

---

[79] *Duncan v Queensland* (1916) 22 CLR 556, 578 ff., *Griffith* CJ, 630 ff., *Higgins* J, 638, *Gavan Duffy* und *Rich* JJ sowie 650 ff., *Powers* J.

[80] *Wynes*, Legislative, Executive and Judicial Power in Australia, S. 260; bestätigt wurde dies später auch in *W & A McArthur v Queensland* (1920) 28 CLR 530, 553 f., *Knox* CJ, *Isaacs* und *Starke* JJ.

[81] Siehe näher dazu *Hanks/Cass*, Australian Constitutional Law, S. 806. Sie führen im übrigen aus, daß bereits die Existenz von Section 90, die den Gliedstaaten verbietet, Zölle und Verbrauchssteuern zu erheben sowie Subventionen zu leisten, dagegen spricht, Section 92 in ihrem Anwendungsbereich lediglich auf Belastungen finanzieller Natur zu beschränken. Section 92 käme bei einer solchen Auslegung keine eigene Bedeutung mehr zu und wäre somit überflüssig. In dieselbe Richtung geht auch *Coper*, Freedom of Interstate Trade under the Australian Constitution, S. 21.

[82] *Coper*, Freedom of Interstate Trade under the Australian Constitution, S. 16; *Cullen*, (1989) 19 University of Western Australia Law Review 90, 92 f.

Kriegszeit mittels seiner Rechtsprechung Rechnung tragen wollen.[83] Diese Entscheidungsbegründungen sollten daher nicht überbewertet werden.

II. Durchbruch des *subject matter approach* (*McArthur* Case)

Einmütig wird der *McArthur* Case[84] aus dem Jahr 1920 als einer der Meilensteine in der Entwicklung der höchstrichterlichen Rechtsprechung zu Section 92 betrachtet.[85] Im Mittelpunkt des Verfahrens stand eine Vorschrift des *Profiteering Prevention Act* 1920 (Qld). Sie sah vor, daß Händler bestimmte Waren, darunter Baumwollstoffe und Filzhüte, nicht über festgelegten Höchstpreisen in Queensland verkaufen dürfen. Ein Unternehmen namens *McArthur* aus New South Wales, das diese Textilien – teilweise auch über Handelsvertreter vor Ort – an Käufer in Queensland verkaufte, hielt sich nicht an diese Höchstpreisregelung.

Die Mehrheit der Richter des High Court[86] kam zu dem Ergebnis, daß sich das klagende Unternehmen *McArthur* nur bezüglich derjenigen Kaufverträge auf Section 92 berufen kann, die Warenlieferungen von New South Wales nach Queensland vorsehen. Hingegen sei Section 92 unanwendbar, falls Bestellungen der Käufer in Queensland bei einem Handelsvertreter eingehen und es dem Verkäufer freisteht, ob er seine vertraglichen Verpflichtungen durch Warenlieferungen über die Staatsgrenze hinweg erfüllen möchte, oder ob er einen lediglich innerstaatlichen Warentransport vornimmt.[87]

Sollte also ein Handelsvertreter von *McArthur* in Queensland mit einem Käufer vereinbaren, daß Waren aus New South Wales nach Queensland geliefert werden, so verstößt die gliedstaatliche Höchstpreisregelung gegen Section 92. Einigen sich der Handelsvertreter von *McArthur* und ein Käufer hingegen über einen Warenkauf und überlassen es der Entscheidung des Verkäufers, ob die

---

[83] Für diese These sprechen etwa die Andeutungen des High Court in *Duncan v Queensland* (1916) 22 CLR 556, 561.

[84] *W & A McArthur v Queensland* (1920) 28 CLR 530; zu dieser Entscheidung unter dem Aspekt der Section 51 Nr. 1 schon oben Teil 2, § 1, II., 1., a.

[85] *Howard*, Australian Federal Constitutional Law, S. 300; *Coper*, Freedom of Interstate Trade under the Australian Constitution, S. 18 ff.; *Zines*, The High Court and the Constitution, S. 109; *Cullen*, (1989) 19 University of Western Australia Law Review 90, 93.

[86] Die Mehrheit setzte sich zusammen aus Chief Justice *Knox* sowie den Justices *Isaacs*, *Starke*, *Rich* und *Higgins*. In der Minderheit befand sich lediglich Justice *Gavan Duffy*.

[87] *W & A McArthur v Queensland* (1920) 28 CLR 530, 559 f., *Knox* CJ, *Isaacs* und *Starke* JJ.

Waren aus Queensland selbst oder aber von New South Wales aus zum Käufer transportiert werden, so kommt ein Verstoß gegen Section 92 nicht in Betracht.

Dieses Ergebnis ergab sich aus der Überlegung der Richter, Section 92 wolle den zwischenstaatlichen Handel von jeglichen Beschränkungen freihalten, die durch *gliedstaatliche* Regelungstätigkeiten entstehen. Ausschließlich gliedstaatliche Normsetzungsaktivitäten sind an Section 92 zu messen, während der Bund kein Normadressat ist. Demzufolge kann der Bund ungehindert von Section 92 Regelungen für den *interstate trade and commerce* erlassen. Hingegen verstoßen gliedstaatliche Regulierungen des zwischenstaatlichen Handels gegen Section 92. Somit verletzte die fragliche Höchstpreisregelung Section 92.[88]

Die Unterscheidung zwischen Normsetzungstätigkeiten der Gliedstaaten und des Bundes ist nach Ansicht der Richtermehrheit zwingend, da ansonsten die in Section 51 Nr. 1 niedergelegte Gesetzgebungsbefugnis des Commonwealth leerliefe.[89] Denn gemäß dem hier vom High Court vertretenen *subject matter approach* verstoßen sämtliche Normen gegen Section 92, deren Regelungsgegenstand der *interstate trade and commerce* ist. Der Bereich des *interstate trade and commerce* könnte sonst weder von den Gliedstaaten noch vom Bund reguliert werden.[90] Die mißliche Konsequenz dieses dem *laissez faire* entsprechenden Verständnisses von Section 92 wollte der High Court verhindern, indem er den Bund von einer Bindung an Section 92 ausnahm.

Diese Lösung des High Court überrascht. Für eine solche Interpretation finden sich weder Anhaltspunkte im Wortlaut der Norm, noch deuteten die bis dato entschiedenen Fälle in diese Richtung. Im Gegenteil: Noch im *Wheat* Case hatte der High Court ausgeführt, Bund und Gliedstaaten könnten Adressaten der Section 92 sein.[91]

Die im *McArthur* Case gefundene Lösung stärkt die Position des Bundes gegenüber den Gliedstaaten. Sie bestätigt zudem eine andere bedeutsame, bereits drei Monate vorher gefällte Entscheidung des High Court – den sog. *Engineers* Case.[92] In diesem Urteil ging es zwar nicht um die Auslegung von Section 92.

---

[88] *W & A McArthur v Queensland* (1920) 28 CLR 530, 556 ff., *Knox* CJ, *Isaacs* und *Starke* JJ.

[89] *W & A McArthur v Queensland* (1920) 28 CLR 530, 558, *Knox* CJ, *Isaacs* und *Starke* JJ.

[90] *Coper*, Freedom of Interstate Trade under the Australian Constitution, S. 20 spricht in diesem Zusammenhang von einer „... *awesome gap in total legislative power in Australia.*"

[91] *New South Wales v Commonwealth* (1915) 20 CLR 54, 79, *Barton* J, 95, *Isaacs* J und 104 f., *Gavan Duffy* J.

[92] *Amalgamated Society of Engineers v Adelaide Steamship Co Ltd* (1920) 28 CLR 129; zu dieser Entscheidung näher *Hanks/Cass*, Australian Constitutional Law, S. 515 ff.

Doch hatte der High Court schon bei dieser Gelegenheit betont, daß er einer ausgeprägten Stellung der Gliedstaaten im föderalen Organisationsgefüge Australiens kritisch gegenübersteht.[93] Regelungskompetenzen, die die Bundesverfassung dem Bund überträgt, sollten möglichst weit ausgelegt werden.[94]

Section 92 kann gemäß den Ausführungen des High Court im *McArthur* Case nur gegen gliedstaatliche Normsetzungstätigkeiten angeführt werden, falls der zwischenstaatliche *trade, commerce and intercourse* den Regelungsgegenstand der betroffenen Vorschriften darstellt. Section 92 soll den *interstate trade and commerce* von jeglichen gliedstaatlichen Beschränkungen freihalten.[95] Indessen verstoßen gliedstaatliche Normen nicht gegen Section 92, die sich zwar (mittelbar) auf den *interstate trade* auswirken, diesen aber nicht zu ihrem Regelungsgegenstand erheben.[96]

Im zu untersuchenden Sachverhalt befand der High Court, daß die fragliche Vorschrift des *Profiteering Prevention Act* 1920 (Qld) ihren Regelungsgegenstand im *trade and commerce* findet. Das Gesetz sei auf Warenverkäufe anzuwenden; zwischenstaatliche Warenverkäufe bildeten wiederum einen Bestandteil des *interstate trade and commerce*, den es gemäß Section 92 schließlich vor sämtlichen gliedstaatlichen Beschränkungen zu schützen gelte.[97]

Des weiteren führen die Richter aus, Section 92 verleihe Individuen und Unternehmen das Recht, sich im zwischenstaatlichen Verkehr frei zu betätigen. Die Berufung auf den *interstate trade and commerce* bedeute aber nicht, daß derjenige, der Section 92 in dieser weiten Interpretation für sich in Anspruch nimmt, jegliche geltenden Gesetze ignorieren darf. Keineswegs solle mit einer solchen Gesetzesauslegung der Anarchie das Wort geredet werden.[98]

---

[93] *Coper*, Freedom of Interstate Trade under the Australian Constitution, S. 20; *Howard*, (1968) 6 Melbourne University Law Review 237, 243; *Cullen*, (1989) 19 University of Western Australia Law Review 90, 94 m.w.N.

[94] *Howard*, (1968) 6 *Melbourne* University Law Review 237, 243 m.w.N.

[95] *W & A McArthur v Queensland* (1920) 28 CLR 530, 551 ff., *Knox* CJ, *Isaacs* und *Starke* JJ.

[96] *W & A McArthur v Queensland* (1920) 28 CLR 530, 552 f.; *Knox* CJ, *Isaacs* und *Starke* JJ.

[97] *W & A McArthur v Queensland* (1920) 28 CLR 530, 550, *Knox* CJ, *Isaacs* und *Starke* JJ; ausdrücklich zurückgewiesen wurde damit die Auffassung, daß sich der Begriff des *interstate trade and commerce* lediglich auf den Transport von Gütern beschränkt, siehe *W & A McArthur v Queensland* (1920) 28 CLR 530, 537.

[98] *W & A McArthur v Queensland* (1920) 28 CLR 530, 567 ff., *Gavan Duffy* J; in diesem Zusammenhang siehe auch schon *Duncan v Queensland* (1916) 22 CLR 556, 573, *Griffith* CJ; *Freightlines & Constructions Holding Ltd v New South Wales* (1967) 116 CLR 1, 4 f.; *Cole v Whitfield* (1988) 165 CLR 360, 393 f.

Schließlich befaßte sich der High Court mit der Frage, ob eine Norm allein deshalb mit Section 92 vereinbar sei, weil sie nicht zwischen einheimischen und fremden Produkten unterscheidet, also nicht gleichförmig anwendbar ist. Lediglich der dissentierende Justice *Gavan Duffy* führte aus, die einschlägige Vorschrift verstoße schon deshalb nicht gegen Section 92, da sie nicht diskriminiere.[99] Mit einer solchen Begründung folgte Justice *Gavan Duffy* dem *free trade approach*.[100]

Die Mehrheit der Richter des High Court wies diese Argumentation jedoch zurück. Section 92 sei keineswegs nur auf Fälle protektionistischer Diskriminierungen beschränkt.[101] Vielmehr sei auf den Regelungsgegenstand der jeweiligen Vorschrift abzustellen. Demnach könne aus einer fehlenden Diskriminierung nicht zwingend geschlossen werden, daß die Vorschrift mit Section 92 vereinbar ist.[102] Umgekehrt impliziere eine gegebene Diskriminierung nicht, die Vorschrift verstoße gegen Section 92.[103] Die Richtermehrheit maß dem Kriterium „Diskriminierung" somit keinerlei Bedeutung bei ihrer Entscheidungsfindung bei. Allein der Idee des *laissez faire* sei bei der Auslegung von Section 92 Rechnung zu tragen.[104]

Die durch den *subject matter approach* notwendig gewordene Differenzierung bedingte, gliedstaatliche Vorschriften anhand ihres Regelungsgegenstandes in eine der beiden Kategorien – *interstate trade and commerce* oder *intrastate trade and commerce* – einzuordnen.[105] Dies allein offenbart die Schwäche dieses Ansatzes, da es teilweise sehr schwierig ist zu bestimmen, ob gliedstaatliche Normen, die den *interstate trade* in irgendeiner Form berühren, in diesem auch ihren Regelungsgegenstand finden.

Darüber hinaus wird dem sog. *subject matter approach* vorgeworfen, er beschränke sich lediglich darauf, Vorschriften auf ihren Regelungsgegenstand

---

[99] In diesem Sinne alleine gegen die übrigen Richter des High Court *W & A McArthur v Queensland* (1920) 28 CLR 530, 567 ff., *Gavan Duffy* J.

[100] *Cullen*, (1989) 19 University of Western Australia Law Review 90, 94.

[101] *W & A McArthur v Queensland* (1920) 28 CLR 530, 552, *Knox* CJ, *Isaacs* und *Starke* JJ: „ ... *the State cannot enact [a] prior restraint on interstate trade, commerce and intercourse, whether it attacks interstate trade, commerce alone, or in company with its own domestic trade and commerce.*"

[102] *W & A McArthur v Queensland* (1920) 28 CLR 530, 551, *Knox* CJ, *Isaacs* und *Starke* JJ sowie 562, *Higgins* J.

[103] *W & A McArthur v Queensland* (1920) 28 CLR 530, 552, *Knox* CJ, *Isaacs* und *Starke* JJ sowie 563, *Higgins* J.

[104] So ausdrücklich *Zines*, The High Court and the Constitution, S. 110.

[105] *Coper*, Freedom of Interstate Trade under the Australian Constitution, S. 19; *Cullen*, (1989) 19 University of Western Australia Law Review 90, 94.

hin zu untersuchen. Komme man zu dem Ergebnis, daß *interstate trade and commerce* den Regelungsgegenstand einer bestimmten Norm ausmacht, so steht damit automatisch fest, daß die gliedstaatliche Vorschrift gegen Section 92 verstößt, soweit sie *interstate trade and commerce* betrifft.[106] Ergänzende Kriterien, wie etwa das Ausmaß oder die Natur der jeweiligen Belastung für den *interstate trade and commerce*, blieben unberücksichtigt. Ein gliedstaatliches Gesetz, dessen Regelungsgegenstand der *interstate trade and commerce* ist, verstieße demgemäß selbst dann gegen Section 92, wenn es den zwischenstaatlichen Warenverkehr erleichert.[107] Angesichts des Regelungszweckes der Section 92 erscheint dieses Ergebnis fragwürdig.

III. Die Abkehr vom *subject matter approach*

Der High Court sollte den *subject matter approach* nicht allzu lange beibehalten. In der Folgezeit sahen sich die Gliedstaaten durch den *McArthur* Case nicht daran gehindert, weiterhin Regelungen mit Bezügen zu *trade and commerce* zu erlassen. Zudem versäumte es der Bund, seine gestärkte Position gegenüber den Gliedstaaten durch eine intensivere Normsetzungstätigkeit auszunutzen.[108] Die folgenden Fälle illustrieren, wie die höchstrichterliche Rechtsprechung auf diese Umstände reagierte, um sich schließlich wieder vom *subject matter approach* abzuwenden.[109]

1. Der Fall *James v Cowan*

Den ersten Schritt in diese Richtung unternahm der Privy Council in seiner Entscheidung *James v Cowan*[110]. Gegenstand dieses Verfahrens war insbesondere Section 28 *Dried Fruits Act* 1924 (SA). Diese Vorschrift ordnete den Zwangsankauf von jeglichen getrockneten Früchten aus South Australia durch eine Behörde an. Davon ausgenommen waren lediglich getrocknete Früchte, die

---

[106] *Zines*, The High Court and the Constitution, S. 110.

[107] *Coper*, Freedom of Interstate Trade under the Australian Constitution, S. 19.

[108] *Zines*, The High Court and the Constitution, S. 110; *Sawer*, Australian Federalism in the Courts, S. 179, der dafür vor allem die seinerzeit amtierende Regierung verantwortlich macht, die sehr auf die Wahrung der Rechte der Gliedstaaten bedacht war.

[109] Siehe dazu *Sawer*, Australian Federalism in the Courts, S. 180: *„The interpretation of S. 92 then entered on a schizophrenic period, with a plethora of subsidiary concepts and two main and mutually inconsistent lines of cases, those dealing with marketing and those dealing with road transport."*

[110] (1932) 47 CLR 386.

der Bund für den Export freigegeben hatte.[111] *Frederick A. James*, ein Farmer aus South Australia[112], der bislang nahezu alle seine Früchte an Käufer aus anderen Gliedstaaten verkauft hatte, wandte sich gegen diese Beschränkungen.

Bevor sich der Privy Council mit der Sache befaßte, entschied zunächst der High Court[113] entsprechend seiner Argumentation aus dem *Wheat* Case[114], daß Section 28 *Dried Fruits Act* 1924 (SA) mit Section 92 vereinbar ist. Es sei ausschließlich das Eigentum an der Ware betroffen, nicht aber die Möglichkeit des jeweiligen Eigentümers, am *interstate trade and commerce* teilzunehmen.[115]

Abweichend urteilte hingegen der Privy Council. Dieser befand im Jahr 1932, die fragliche gliedstaatliche Vorschrift verstoße gegen Section 92.[116] Seine Begründung ließ nicht deutlich erkennen, ob er dem *free trade approach* oder dem *laissez faire approach* folgt. Die Ausführungen der Lords lieferten vielmehr Argumente für jeden der beiden Ansätze.[117] Die Lords stellten vor allem darauf ab, zu welchem Zweck die Zwangsverkaufsvorschriften erlassen worden waren. Darüber hinaus fragten sie, zu welchem Zweck die zuständigen Behörden von ihnen Gebrauch gemacht hatten.[118]

Section 28 *Dried Fruits Act* 1924 (SA) richte sich – so der Privy Council – in erster Linie gegen den *interstate trade and commerce* als solchen. Die Norm wolle verhindern, daß mehr als die staatlich festgesetzten Quoten in andere Gliedstaaten verkauft werden.[119] Die gliedstaatliche Behörde übe ihre Zwangsankaufsrechte aus, um die durch Section 92 gewährleistete Freiheit des *interstate trade and commerce* zu beschränken.[120] Aus diesem Grunde verstoße Section 28 *Dried Fruits Act* 1924 (SA) gegen Section 92.

---

[111] Hintergrund dieser Gesetzgebung war ein Überangebot an getrockneten Früchten auf dem australischen Markt zur damaligen Zeit. Um den Markt zu stabilisieren, wurden mit umfangreichen Kompetenzen ausgestattete *Dried Fruit Boards* in den Gliedstaaten Victoria und South Australia errichtet. Ferner wurde dem Commonwealth mittels des *Dried Fruits Export Control Act* 1924 (Cth) die Kontrolle des Exports übertragen.

[112] *James* war über einen Zeitraum von zwölf Jahren an insgesamt sechs Verfahren mit Bezug zu Section 92 direkt oder indirekt beteiligt. Dazu ausführlich *Coper*, Freedom of Interstate Trade under the Australian Constitution, S. 23.

[113] *James v Cowan* (1930) 43 CLR 386.

[114] Siehe dazu oben Teil 3, § 2, I., 2., a.

[115] Näher *Coper*, Freedom of Interstate Trade under the Australian Constitution, S. 30 ff.

[116] *James v Cowan* (1932) 47 CLR 386.

[117] Dazu näher *Zines*, The High Court and the Constitution, S. 111.

[118] *James v Cowan* (1932) 47 CLR 386, 393 ff.

[119] *James v Cowan* (1932) 47 CLR 386, 393 f.

[120] *James v Cowan* (1932) 47 CLR 386, 397: „ ... *the direct object of the exercise of the powers was to interfere with interstate trade.*“

Anders hätte laut Privy Council entschieden werden müssen, wenn Zwangsverkäufe von getrockneten Früchten angeordnet worden wären, um Hungersnöten oder Krankheiten in Australien Einhalt zu gebieten, oder um zur Verteidigung des Landes beizutragen. In diesen Fällen hätte kein Verstoß gegen Section 92 vorgelegen, da die Auswirkungen derartiger Regelungstätigkeiten auf den *interstate trade and commerce* lediglich inzidenter Natur gewesen wären. In den genannten Fällen wäre es nicht der Primärzweck solcher Zwangsverkäufe gewesen, den *interstate trade and commerce* zu erschweren.[121]

Die zu untersuchende Vorschrift diskriminierte nicht den zwischenstaatlichen Warenverkehr. Section 28 *Dried Fruits Act* 1924 (SA) war unabhängig davon anwendbar, ob getrocknete Früchte für den rein innerstaatlichen oder den zwischenstaatlichen Handel bestimmt waren. Das Kriterium „Diskriminierung" entschied daher nicht darüber, ob diese Vorschrift mit Section 92 vereinbar war oder nicht. Die Lords führten aus, es bedürfe keiner ausdrücklichen Entscheidung dieser Frage in *James v Cowan*, da Section 28 *Dried Fruits Act* 1924 (SA) auf den *interstate trade* als solchen abziele.[122] Insofern vermochte auch *James v Cowan* nicht eindeutig zu bestimmen, ob dem *laissez faire approach* oder dem *free trade approach* bei der Auslegung von Section 92 zu folgen sei.[123] Das Kriterium *„discriminatory purpose"* konnte keiner der beiden Kategorien zweifelsfrei zugeordnet werden.

2. Der Fall *Peanut Board v Rockhampton Harbour Board*

Knapp ein Jahr nachdem der Privy Council in *James v Cowan* geurteilt hatte, tauchte in *Peanut Board v The Rockhampton Harbour Board*[124] erneut das Problem auf, ob Zwangsverkäufe von Waren mit Section 92 vereinbar seien. Nun mußte der High Court eine Lösung finden.

In diesem Fall ging es um ein sog. Peanut Board, das der Gliedstaat Queensland – diesmal auf Betreiben der Erdnußbauern – per Gesetz errichtet hatte. An dieses Board mußten die Bauern in Queensland alle ihre Erdnüsse abliefern. Im Gegenzug übernahm das Board deren Vermarktung und schüttete die Erträge

[121] *James v Cowan* (1932) 47 CLR 386, 396 f.
[122] *James v Cowan* (1932) 47 CLR 386, 393 f.
[123] *Coper*, Freedom of Interstate Trade under the Australian Constitution, S. 33 f. und 36.
[124] (1933) 48 CLR 266.

abzüglich der Verwaltungskosten an die Farmer aus. Ein Handel mit Erdnüssen ohne Beteiligung des Peanut Board war gänzlich untersagt.[125]

Mit einer Mehrheit von fünf zu eins Richterstimmen befand der High Court,[126] daß diese Regelungen nicht mit Section 92 vereinbar sind, soweit sie auf den *interstate trade and commerce* Anwendung finden. Bei der Begründung dieses Ergebnisses hielt sich die Richtermehrheit im Rahmen dessen, was ihr der Privy Council in *James v Cowan*[127] vorgegeben hatte.[128] Die dortigen, nicht ganz eindeutigen[129] Ausführungen des Privy Council interpretierte die Mehrheit der Richter des High Court in der Weise, daß es für einen Verstoß gegen Section 92 nicht darauf ankommt, ob eine Diskriminierung des *interstate trade and commerce* vorliegt. Ausreichend sei vielmehr, daß die gliedstaatlichen Normen den zwischenstaatlichen Handel beschränken. Dem *free trade approach* erteilten die Richter des High Court – mit Ausnahme des dissentierenden Justice *Evatt* – somit eine klare Absage.[130]

Die Mehrheit der Richter führte ferner aus, es sei das eigentliche Ziel der Zwangsverkäufe und damit auch der hier zu untersuchenden Regelungstätigkeit, den zwischenstaatlichen Handel mit Erdnüssen zu behindern.[131] Insofern sei in Übereinstimmung mit der Auslegung von Section 92 durch den Privy Council in *James v Cowan* ein Verfassungsverstoß gegeben.[132]

---

[125] Siehe *Primary Producers' Organisation and Marketing Act* 1926-30 (Qld) und die *Order-in-Council* of 28 August 1930, die den genannten Act in bezug auf Erdnüsse für zehn Jahre in Kraft gesetzt hatte.

[126] Die Richtermehrheit bildeten Chief Justice *Gavan Duffy* sowie die Justices *Rich, Starke, Dixon* und *McTiernan*; in der Minderheit befand sich Justice *Evatt*.

[127] Vgl. *James v Cowan* (1932) 47 CLR 386, 393 f.: „ ... *directed at interstate trade as such*“ und ebenda, 397: „ ... *the direct object of the exercise of the powers was to interfere with interstate trade.*“

[128] *Coper*, Freedom of Interstate Trade under the Australian Constitution, S. 40.

[129] So zu Recht *Coper*, Freedom of Interstate Trade under the Australian Constitution, S. 40.

[130] *Cullen*, (1989) 19 University of Western Australia Law Review 90, 96.

[131] *Peanut Board v The Rockhampton Harbour Board* (1933) 48 CLR 266, 285 ff., *Dixon* J, 277 ff., *Starke* J, 273 ff., *Rich* J und 305 ff., *McTiernan* J; anders ebenda, 294 f., *Evatt* J, der ausführt, daß kein Beweis dafür erbracht wurde, daß die hier zu untersuchenden Normen gegen den *interstate trade and commerce* gerichtet sind. Ihr Ziel liege vielmehr darin, ein effektives und vorteilhaftes Marketing der Erdnüsse zu gewährleisten. Ferner sei keine Diskriminierung des *interstate trade and commerce* zu erkennen. Insofern könne kein Verstoß gegen Section 92 im vorliegenden Fall ausgemacht werden. *Evatt* trat somit – anders als die Richtermehrheit – für den *free trade approach* ein.

[132] Zu der sich aufdrängenden Frage, wie die hier gefundene Lösung mit der *Wheat*-Entscheidung in Einklang gebracht werden kann, siehe *Coper*, Freedom of Interstate Trade under the Australian Constitution, S. 40 f.; siehe auch die Entscheidung *Crothers v Sheil*

3. Der Fall *R v Vizzard; ex parte Hill*

Die Entscheidung *R v Vizzard; ex parte Hill*[133] verdeutlicht ebenfalls, daß sich die höchstrichterliche Rechtsprechung zu Section 92 immer mehr von den Ausführungen aus dem *McArthur* Case distanzierte.

Zu prüfen waren Vorschriften des *State-Transport (Co-ordination) Act* 1931 (NSW). Diese sahen vor, daß der entgeltliche Transport von Gütern und Personen auf Straßen für denjenigen verboten ist, der keine gültige Lizenz vorweisen kann. Bei einer Entscheidung über die Vergabe von Lizenzen war insbesondere zu berücksichtigen, ob und in welchem Maß ein öffentliches Interesse sowie ein lokales Bedürfnis für ein weiteres Transportunternehmen besteht. Darüber hinaus wurde der Straßentransport empfindlich besteuert.

Dieses Gesetz bezweckte angeblich, das öffentliche Verkehrswesen zu ordnen und einen Verdrängungswettbewerb der verschiedenen Anbieter auszuschließen.[134] Sein wirkliches Ziel war es jedoch, die staatlichen Eisenbahnen zu protegieren, da die wirtschaftlich lukrativen Transporte zunehmend über die Straße – und nicht mehr über die Schiene – abgewickelt wurden.[135]

Regelungsgegenstand dieser Vorschriften war der *trade and commerce* als solcher.[136] Gemäß dem *subject matter approach* aus der *McArthur*-Entscheidung wären diese gliedstaatlichen Vorschriften daher mit Section 92 unvereinbar gewesen, soweit sie zwischenstaatlich operierende Transporteure betrafen.[137] Doch die Mehrheit der Richter des High Court[138] entschied anders. Sie

---

(1933) 49 CLR 399, in der es um die Vereinbarkeit eines Milk Marketing Schemes mit Section 92 ging. Aufgrund des in diesem Fall eindeutigen Sachverhalts befanden die Richter, daß kein Verstoß gegen Section 92 vorliegt. Ein Element des *interstate trade and commerce* war nicht betroffen.

[133] (1933) 50 CLR 30.

[134] *R v Vizzard; ex parte Hill* (1933) 50 CLR 30, 50, *Rich* J: *„[The New South Wales Act at issue was] directed to secure an ordered system of public transportation in which the integers (not least important of which are state railways) do not engage in mutual slaughter by irrational competition."*

[135] *Sawer*, Australian Federalism in the Courts, S. 181; *Zines*, The High Court and the Constitution, S. 112 m.w.N.; *Coper*, Freedom of Interstate Trade under the Australian Constitution, S. 45; *Cullen*, (1989) 19 University of Western Australia Law Review 90, 95.

[136] *Coper*, Freedom of Interstate Trade under the Australian Constitution, S. 44.

[137] So auch die Ansicht der in der Minderheit gebliebenen Justices *Starke* und *Dixon*, siehe *R v Vizzard; ex parte Hill* (1933) 50 CLR 30, 66 ff.; *Coper*, Freedom of Interstate Trade under the Australian Constitution, S. 44 f.; *Cullen*, (1989) 19 University of Western Australia Law Review 90, 95 f.

meinte, die fraglichen Vorschriften des *State-Transport (Co-ordination) Act* 1931 (NSW) verstießen nicht gegen Section 92.

Bei der Begründung dieses – angesichts der *McArthur*-Entscheidung überraschenden[139] – Resultats stellte die Mehrheit der Richter vor allem auf zwei voneinander unabhängige[140] Punkte ab. Ein Verstoß gegen Section 92 sei zunächst deshalb nicht anzunehmen, weil die zu untersuchenden Normen den zwischenstaatlichen *trade and commerce* eher erleichtern als behindern. Die Abstimmung von Straßen- und Schienentransporten, wie sie der *State-Transport (Co-ordination) Act* 1931 (NSW) vornimmt, verbessere die Möglichkeiten der Verkäufer, ihre Waren zu transportieren. Im Gegensatz zu der Entscheidung *James v Cowan* liege im vorliegenden Fall kein Gesetz vor, das sich gegen den grenzüberschreitenden Handel wende.[141] Diese Vorschriften bildeten vielmehr den rechtlichen Rahmen, in dem freier zwischenstaatlicher Handel stattfinden könne. Den Gliedstaaten müsse es möglich sein, diese auch auf den *interstate trade and commerce* anwendbaren Vorschriften zu erlassen, soweit sie *interstate trade* nicht diskriminierten.[142] Section 92 wolle dem einzelnen nicht das Recht einräumen, gliedstaatliche Transport- und Marketingvorschriften zu ignorieren. Ihr Zweck sei es vielmehr, den freien Handel zwischen den Gliedstaaten sicherzustellen.[143] Eine solche Interpretation redete dem *free trade approach* erneut das Wort.[144]

Das zweite Argument der Richtermehrheit ging in eine ganz andere Richtung. Sie führte aus, es liege kein Verstoß gegen Section 92 vor, da Spediteure und ihre Tätigkeit nicht Bestandteil des *trade and commerce* seien, sondern diesem lediglich als Hilfe und Werkzeug dienten.[145] Der *State-Transport (Co-ordination) Act* 1931 (NSW) wolle nur die Art und Weise kontrollieren, in der Eigentümer ihre Waren transportieren. Daher seien im vorliegenden Fall ledig-

---

[138] Namentlich waren dies Chief Justice *Gavan Duffy* sowie die Justices *Rich*, *Evatt* und *McTiernan*.

[139] *Cullen*, (1989) 19 University of Western Australia Law Review 90, 96.

[140] *Coper*, Freedom of Interstate Trade under the Australian Constitution, S. 45. Er führt zutreffend aus, daß eigentlich schon jedes Argument für sich allein ausgereicht hätte, den fehlenden Verstoß der gliedstaatlichen Normen gegen Section 92 zu begründen.

[141] *R v Vizzard; ex parte Hill* (1933) 50 CLR 30, 47 f., *Gavan Duffy* CJ, 51 f., *Rich* J, 77 und 93 f., *Evatt* J sowie 103 f., *McTiernan* J.

[142] *R v Vizzard; ex parte Hill* (1933) 50 CLR 30, 82, *Evatt* J.

[143] *R v Vizzard; ex parte Hill* (1933) 50 CLR 30, 86, *Evatt* J; dem widersprachen vehement die beiden Richter, die hier in der Minderheit geblieben waren, siehe *R v Vizzard; ex parte Hill* (1933) 50 CLR 30, 56 ff., *Dixon* J und 52 ff., *Starke* J.

[144] *Coper*, Freedom of Interstate Trade under the Australian Constitution, S. 45; *Cullen*, (1989) 19 University of Western Australia Law Review 90, 96.

[145] *R v Vizzard; ex parte Hill* (1933) 50 CLR 30, 51, *Rich* J.

lich die Mittel des *trade and commerce* – im Gegensatz zum *trade and commerce* selbst – Gegenstand der gliedstaatlichen Gesetzgebung.[146] Diese Unterscheidung engte ein vormals breit angelegtes Begriffsverständnis von *trade and commerce* beträchtlich ein.[147] Damit einher ging zudem eine fundamentale Beschränkung des Anwendungsbereichs der Section 92.[148]

Bemerkenswert ist schließlich, daß sich einige der Richter in *R v Vizzard; ex parte Hill* noch zu der in der *McArthur*-Entscheidung aufgestellten These äußerten, der Bund sei nicht an Section 92 gebunden. Chief Justice *Gavan Duffy* sowie die Justices *Evatt* und *McTiernan* führten aus, der Bund unterliege nun doch einer Bindung an Section 92.[149] Der *subject matter approach* war somit sichtlich angeschlagen.

IV. Privy Council, *James v Commonwealth* und die Folgen

1. Die Entscheidung des Privy Council in *James v Commonwealth*

Im Jahr 1936 entschied der Privy Council den Fall *James v Commonwealth.*[150] Dieses Urteil sollte eine neue Ära in der Interpretation von Section 92 einleiten. Nachdem sich *James* bislang erfolgreich gegen Versuche des Gliedstaates South Australia gewehrt hatte, seine getrockneten Früchte für ihn zwangsweise zu vermarkten,[151] wandte er sich nun gegen ein Gesetz des Bundes.[152] *James* sollte erneut siegen.

---

[146] *R v Vizzard; ex parte Hill* (1933) 50 CLR 30, 47 f., *Gavan Duffy* CJ, 51 f., *Rich* J, 77, 93 f., *Evatt* J und 103 f., *McTiernan* J.

[147] Siehe zu dieser Problematik im Rahmen des Section 51 Nr. 1 oben Teil 2, § 1, II., 1., b.

[148] *Coper*, Freedom of Interstate Trade under the Australian Constitution, S. 47. Er führt dort aus, daß es sich um einen „*uncommonly narrow view of the concept of trade and commerce*" handelt.

[149] *R v Vizzard; ex parte Hill* (1933) 50 CLR 30, 47, *Gavan Duffy* CJ, 88, *Evatt* J und 98, *McTiernan* J; Justice *Dixon* folgte diesen drei Richtern in der Entscheidung *O Gilpin Ltd v Commissioner for Road and Transport and Tramways (NSW)* (1935) 52 CLR 189, 212; in der Entscheidung *James v Commonwealth* (1935) 52 CLR 570, 593 und 602 wiederholten die Justices *Dixon*, *Evatt* und *McTiernan* ihre vom *McArthur* Case abweichende Meinung noch einmal.

[150] (1936) 55 CLR 1; siehe zu diesem Urteil auch *Lord Wright of Durley*, (1954) 1 Sydney Law Review 145 ff., der als damaliges Mitglied des Privy Council ausführt, daß er diese Entscheidung nachträglich als unzutreffend betrachtet. Dazu auch noch näher unten Teil 3, § 2, VI.

[151] Siehe die Entscheidungen *James v South Australia* (1927) 40 CLR 1 und *James v Cowan* (1932) 47 CLR 386 (dazu schon oben Teil 3, § 2, III., 1.).

Der streitgegenständliche *Dried Fruits Act* 1928 (Cth) sah unter anderem vor, daß getrocknete Früchte nur mit entsprechender Lizenz grenzüberschreitend vertrieben werden dürfen.[153] Diese Sachverhaltsgestaltung warf vor allem folgende zwei Fragen auf:

(1) Ist neben den Gliedstaaten auch der Bund an Section 92 gebunden?

(2) Wieweit reicht der durch Section 92 garantierte Schutz?[154]

Die Antwort auf die erste Frage fiel eindeutig aus: Section 92 bindet auch das Commonwealth.[155] Der Privy Council war insofern von der *McArthur*-Entscheidung des High Court in einem ganz wesentlichen Punkt abgewichen, selbst wenn er dies nicht ausdrücklich zugab. Die Lords ließen den Einwand nicht gelten, die Bindung des Bundes an Section 92 beraube Section 51 Nr. 1 ihrer praktischen Relevanz. Sie räumten zwar ein, *trade and commerce* habe in Section 51 Nr. 1 und Section 92 einen identischen Inhalt. Doch sei dies für die Tragweite von Section 51 Nr. 1 ohne Bedeutung, da Section 92 durch das Wort „*free*" auf einen engeren Kontext begrenzt sei als Section 51 Nr. 1.[156]

Die Antwort des Privy Council auf die zweite Frage blieb hingegen unklar.[157] In den Augen des Privy Council sei die Freiheit der Section 92 „*freedom as at the frontier or, to use the words of s 112, in respect of 'goods passing into or out of the State'*".[158] Die Lords fügten hinzu: „*[T]he people of Australia were to be free to trade with each other and to pass to and fro among the States without any burden, hindrance or restriction based merely on the fact that they were not members of the same State.*"[159]

---

[152] Der High Court hatte diesen Fall zunächst in Übereinstimmung mit der *McArthur*-Entscheidung gegen *James* entschieden, siehe *James v Commonwealth* (1935) 52 CLR 570.

[153] Nachdem der High Court den Gliedstaaten in der *McArthur*-Entscheidung die Hände gebunden hatte, eigene gliedstaatliche Marketing Schemes zu errichten, übernahm das Commonwealth nun diese Aufgabe. Sein Gesetz wies erstaunliche Parallelen zum *Dried Fruits Act* 1924 (SA) auf. Letzterer war noch in der Entscheidung *James v Cowan* (1932) 47 CLR 386 vom Privy Council als für unvereinbar mit Section 92 befunden worden, siehe dazu oben Teil 3, § 2, III., 1.

[154] *Lumb/Moens*, The Constitution of the Commonwealth of Australia Annotated, Rn. 856.

[155] *James v Commonwealth* (1936) 55 CLR 1, 45 und 59.

[156] *James v Commonwealth* (1936) 55 CLR 1, 60.

[157] Vgl. *Howard*, (1968) 6 Melbourne University Law Review 237, 247 f.

[158] *James v Commonwealth* (1936) 55 CLR 1, 58.

[159] *James v Commonwealth* (1936) 55 CLR 1, 58.

Diese Passage legt es nahe, daß ausschließlich Normen gegen Section 92 verstoßen können, die den *interstate trade and commerce* diskriminieren.[160] Einen solchen Schluß wollte der Privy Council jedoch nicht ziehen. Er führte vielmehr aus, grundsätzlich könnten auch unterschiedslos anwendbare Regelungen Section 92 widersprechen.[161]

Der Privy Council ließ im übrigen die sich ihm hier bietende Gelegenheit ungenutzt, näher zu präzisieren, welche nichtdiskriminierenden Regelungen unter Section 92 fallen. Das Kriterium *„freedom as at the frontier“* und die diesbezüglichen Erklärungen des Privy Council konnten darüber keinen Aufschluß geben. So führte der Privy Council vermeintlich erläuternd aus, der Grenzübertritt der Ware sei als neuralgischer Punkt für die Freiheit des zwischenstaatlichen Warenverkehrs im Sinne der Section 92 anzusehen. Daraufhin stellten die Lords lapidar fest, Belastungen des zwischenstaatlichen Warenverkehrs könnten auch entstehen, wenn sich die Ware noch in ihrem Ursprungsstaat oder schon in ihren Bestimmungsstaat befinde.[162] Diese Ausführungen des Privy Council wurden in den auf *James v Commonwealth* folgenden Urteilen des High Court oft wiederholt. Eine wirkliche Hilfe bei der Entscheidungsfindung waren sie jedoch nicht.[163]

Letztlich ist das Urteil *James v Commonwealth* als der von vornherein aussichtslose Versuch zu betrachten, die sich teils widersprechenden Interpretationen aus den vorangegangenen Entscheidungen zu Section 92 miteinander in Einklang zu bringen.[164] Verwirrung stiftete dabei insbesondere die Bemerkung, der *Vizzard* Case – und damit der *free trade approach* – sei mit den Urteilen *McArthur* und *Peanut Board* vereinbar,[165] die beide den *individual rights approach* favorisierten.[166] Eine Entscheidung für einen der beiden An-

---

[160] *Coper*, Freedom of Interstate Trade under the Australian Constitution, S. 62; *Lumb/Moens*, The Constitution of the Commonwealth of Australia Annotated, Rn. 857.

[161] *James v Commonwealth* (1936) 55 CLR 1, 56.

[162] *James v Commonwealth* (1936) 55 CLR 1, 58.

[163] So deutlich *Lumb/Moens*, The Constitution of the Commonwealth of Australia Annotated, Rn. 857.

[164] *Coper*, Freedom of Interstate Trade under the Australian Constitution, S. 62; *Cullen*, (1989) 19 University of Western Australia Law Review 90, 95 f.; *Howard*, (1968) 6 Melbourne University Law Review 237, 247 ff.

[165] *James v Commonwealth* (1936) 55 CLR 1, 50.

[166] *Sawer*, Australian Federalism in the Courts, S. 183 f.; *Howard*, (1968) 6 Melbourne University Law Review 237, 249; *Cullen*, (1989) 19 University of Western Australia Law Review 90, 96; zum Verhältnis zwischen den Urteilen *Peanut Board* und *Vizzard* siehe ausführlich *Coper*, Freedom of Interstate Trade under the Australian Constitution, S. 60 ff.; siehe auch *ders.*, Freedom of Interstate Trade under the Australian Constitution, S. 5: *„The*

sätze fällte der Privy Council damit sicherlich nicht.[167] Für mehr Klarheit und eine Wende sorgte er in *James v Commonwealth* lediglich hinsichtlich der Frage, ob sich auch der Bund an Section 92 messen lassen muß.

2. Die Folgeentscheidungen

In den Jahren nach *James v Commonwealth* entschied der High Court zahlreiche Fälle zu Section 92. Nur eine Auswahl wird hier skizziert. In diesen Urteilen ging es meist um Normen, die den Warenvertrieb und -transport regulieren oder staatliche Monopole schaffen.[168]

a. Folgeentscheidungen zum Warenvertrieb

In *Hartley v Walsh*[169] entschied der High Court über ein Gesetz des Gliedstaates Victoria, demgemäß getrocknete Früchte lediglich dann ge- und verkauft werden dürfen, wenn sie vorher in bestimmten registrierten Stätten verpackt wurden.

Die Richtermehrheit entschied, ein solches Vertriebserschwernis verstoße nicht gegen Section 92. Sie war der Auffassung, „*freedom as at the frontier*" werde durch diese gliedstaatliche Regelungstätigkeit nicht eingeschränkt. Vielmehr gehe es darum, den *interstate trade and commerce* zu kontrollieren und zu regulieren sowie die Einhaltung vernünftiger Standards zu gewährleisten.[170]

In diese Richtung ging auch die Entscheidung des High Court in *Milk Board (NSW) v Metropolitan Cream Pty Ltd*[171]. Die Richter befanden, bestimmte Vorschriften des Gliedstaates New South Wales, die den Vertrieb von Milch betrafen, seien mit Section 92 vereinbar. Es sei unschädlich, daß das angegriffene Gesetz Milchbauern enteignet, um den inner- und zwischenstaatlichen Handel mit Milch zu kontrollieren. Im übrigen sei es irrelevant, daß das Gesetz den Verkaufspreis für diejenige Milch zwingend festlegt, die aus anderen

---

juxtaposition of the two decisions [i.e. the Peanut Case and the Vizzard Case] made doctrinal nonsense."

[167] Siehe auch das damalige Mitglied des Privy Council *Lord Wright of Durley*, (1954) 1 Sydney Law Review 145: „*I have no second thoughts about the judgment ... except on one very vital point, that is, the exact scope of section 92.*"

[168] *Howard*, (1968) 6 Melbourne University Law Review 237, 250.

[169] (1937) 57 CLR 372.

[170] *Hartley v Walsh* (1937) 57 CLR 372, 382, *Latham* CJ.

[171] (1939) 62 CLR 116.

Gliedstaaten eingeführt wurde. *Latham* CJ führte aus, die gliedstaatliche Verwaltung zwingender *marketing schemes*[172] – unter Einschluß von Enteignungen und Preisregelungen – sei rechtmäßig, solange sie sich nicht gegen den *interstate trade and commerce* selbst richte. Die Gliedstaaten dürften den *interstate trade and commerce* zwar regulieren, ihn aber nicht gänzlich verbieten.[173]

b. Warentransport im Lichte von *James v Commonwealth*

Ein Jahr nach *James v Commonwealth* befaßte sich der High Court mit dem Fall *Riverina Transport Pty Ltd v Victoria*.[174] Zu untersuchen war, ob die Vorschriften des *Transport Regulation Act* 1933 (Vic) verfassungsgemäß sind. Dieses gliedstaatliche Gesetz wies im wesentlichen denselben Inhalt auf wie der *State-Transport (Co-ordination) Act* 1931 (NSW), der schon in der *Vizzard*-Entscheidung als mit Section 92 vereinbar angesehen wurde. Auch bei den viktorianischen Vorschriften lag der eigentliche Regelungszweck darin, den Warentransport auf der Schiene gegen die drohende Konkurrenz von Straßentransportunternehmen zu schützen. Nachdem der Privy Council noch in *James v Commonwealth* die *Vizzard*-Entscheidung ausdrücklich bestätigt hatte, verwunderte es nicht, daß der High Court nun ebenfalls keinen Verstoß gegen Section 92 annahm.

Von Interesse für die Auslegung von Section 92 ist dieses Urteil aber dennoch. So wurde gegen die Vereinbarkeit mit Section 92 vorgebracht, das Victorian Transport Board habe Lizenzen für Kraftfahrzeuge vor allem deshalb verweigert, weil diese im zwischenstaatlichen Warentransport eingesetzt werden sollten. Der High Court maß diesem Einwand keine Bedeutung bei. Das Board – so das Gericht lapidar – habe die Anträge auf Lizenzerteilung allein deshalb abgelehnt, weil es meinte, der zwischenstaatliche Warentransport sei bereits auf effizientere Weise sichergestellt. Vorzuziehen sei daher ein zwischenstaatlicher Warentransport, der durch das Zusammenspiel von lokal operierenden Straßentransportunternehmen mit zwischenstaatlich verkehrenden Eisenbahnen durchgeführt werde.[175]

---

[172] Siehe dazu noch folgende zeitgenössische Entscheidungen des High Court zum Warenvertrieb: *Andrews v Howell* (1941) 65 CLR 255 sowie *Field Peas Marketing Board (Tasmania) v Clements and Marshall Pty Ltd* (1948) 76 CLR 414.

[173] *Milk Board (NSW) v Metropolitan Cream Pty Ltd* (1939) 62 CLR 116, 127, *Latham* CJ; dieser Regulierung-Verbot-Test wurde später durch den Privy Council in *Bank of New South Wales v Commonwealth* (1949) 79 CLR 497 bestätigt; dazu siehe unten Teil 3, § 2, IV., 2., c., cc.

[174] (1937) 57 CLR 327.

[175] *Riverina Transport Pty Ltd v Victoria* (1937) 57 CLR 327, 369, *Evatt* J.

c. Staatliche Monopole nach *James v Commonwealth*

Nach dem Zweiten Weltkrieg galt das verfassungsrechtliche Interesse insbesondere den – im Ergebnis erfolglosen – Versuchen der damaligen Labour-Regierung, staatliche Monopole für bestimmte Wirtschaftsbereiche zu errichten.

aa. Der *Airlines* Case

In *Australian National Airways Pty Ltd v Commonwealth*[176] (der sog. *Airlines* Case) hatte der High Court über folgenden Sachverhalt zu entscheiden: Aufgrund des *Australian National Airlines Act* 1945 (Cth) wurde die sog. *Trans Australia Airlines* (*TAA*)[177] errichtet. Diese staatliche Stelle sollte eine zwischenstaatlich verkehrende Fluglinie betreiben. Sections 46 f. des genannten Gesetzes sahen vor, daß Lizenzen, die der Director-General of Civil Aviation konkurrierenden zwischenstaatlich operierenden Fluglinien erteilt hatte, ihre Wirksamkeit verlieren, falls die *TAA* die Routen dieser Wettbewerber in angemessenem Ausmaß bedient. Konkurrierende Fluggesellschaften konnten im übrigen nur noch Lizenzen für Routen erlangen, auf denen die *TAA* nicht verkehrt. Die *TAA* besaß somit de facto ein Monopol für den gesamten zwischenstaatlichen Flugverkehr in Australien.

Im Ergebnis übereinstimmend urteilten die Richter[178], das Bundesgesetz verstoße gegen Section 92. Chief Justice *Latham* befand, daß die fraglichen Vorschriften den *interstate trade and commerce* nicht regulieren, sondern ihn völlig untersagen. Sie richteten sich direkt gegen den *interstate trade and commerce.*[179] Er wiederholte damit seinen Ansatz, den er schon in *Milk Board (NSW) v Metropolitan Cream Pty Ltd* vorgestellt hatte.[180] Section 92 verbiete es indes nicht, eine staatliche Fluglinie zu betreiben und sich auf diese Weise im *interstate trade and commerce* zu betätigen. Erst die Monopolisierung des australischen Flugverkehrsmarktes verstoße gegen Section 92.[181]

---

[176] (1945) 71 CLR 29; zu dieser Entscheidung in anderem Zusammenhang schon oben Teil 2, § 1, II., 1., b.

[177] So der ursprüngliche Name. Später hieß sie *Australian Airlines*; heute nennt sie sich *QANTAS*.

[178] An diesem Urteil waren beteiligt Chief Justice *Latham* sowie die Justices *Rich*, *Starke*, *Dixon* und *Williams*.

[179] *Australian National Airways Pty Ltd v Commonwealth* (1945) 71 CLR 29, 61, *Latham* CJ.

[180] Siehe dazu schon oben Teil 3, § 2, IV., 2., a.

[181] *Australian National Airways Pty Ltd v Commonwealth* (1945) 71 CLR 29, 59, *Latham* CJ.

Justice *Dixon* wandte das bekannte *freedom as at the frontier*-Kriterium an. Er kam zu dem Ergebnis, das Bundesgesetz unterbinde den grenzüberschreitenden Flugverkehr und somit *interstate trade and commerce* allein aufgrund des gegebenen zwischenstaatlichen Elements. Ein Verstoß gegen Section 92 liege demzufolge vor. Ferner verletze das Bundesgesetz die Freiheit des Individuums vor staatlichen Beschränkungen und Behinderungen.[182]

Justice *Williams* meinte, das streitgegenständliche Bundesgesetz negiere unmittelbar das Section 92 immanente Recht des einzelnen, sich im zwischenstaatlichen Flugverkehrsgeschäft zu engagieren.[183]

Kurzum: Der High Court war im *Airlines*-Case einhellig der Ansicht, Section 92 verleihe dem Individuum das Recht, Personen und Güter entgeltlich über gliedstaatliche Grenzen hinweg zu transportieren.[184] Der *laissez faire approach* kam in diesem Urteil deutlich zum Vorschein.[185] Die bis dato bestehenden Widersprüche in der Rechtsprechung des High Court vermochte dieses Bekenntnis jedoch nicht zu erklären. Hält man sich noch einmal die Entscheidungen *Vizzard*, *James v Commonwealth* und *Riverina Transport* vor Augen, drängt sich die Frage auf, warum Section 92 ein entsprechendes Recht nicht auch denjenigen einräumte, die entgeltliche Personen- und Warentransporte auf der Straße anstatt auf dem Luftweg durchführten.[186]

bb. High Court: Der *Bank Nationalisation* Case

Eine einmütige Bestätigung des *laissez faire approach*, wie ihn der High Court im *Airlines* Case vertreten hatte, folgte nur wenige Jahre später. Der *Banking Act* 1947 (Cth) untersagte Privatbanken, ihre Geschäfte weiterhin in Australien zu betreiben. Die damalige Labour-Regierung wollte diese Kreditinstitute ver-

---

[182] *Australian National Airways Pty Ltd v Commonwealth* (1945) 71 CLR 29, 89 f., *Dixon* J.

[183] *Australian National Airways Pty Ltd v Commonwealth* (1945) 71 CLR 29, 107 und 110, *Williams* J.

[184] *Coper*, Freedom of Interstate Trade under the Australian Constitution, S. 90 f.; *Hanks/Cass*, Australian Constitutional Law, S. 808.

[185] *Hanks/Cass*, Australian Constitutional Law, S. 808.

[186] Zu den Versuchen der Richter, diesen Widerspruch zu erklären, siehe *Australian National Airways Pty Ltd v Commonwealth* (1945) 71 CLR 29, 60, *Latham* CJ, 77 ff., *Starke* J und 89 ff., *Dixon* J; siehe dazu auch deutlich *Coper*, Freedom of Interstate Trade under the Australian Constitution, S. 92: „ ... *the decision in the TAA case both undermined the reasoning in the transport cases and distinguished them on grounds which were intellectually unsatisfactory.*“

staatlichen. Der High Court[187] und später auch der Privy Council[188] schoben diesen Bestrebungen einen Riegel vor. Beide Gerichte entschieden im Ergebnis übereinstimmend, daß das fragliche Bundesgesetz (auch) gegen Section 92 verstößt.

Die Mehrheit der Richter des High Court wies zunächst das Argument des Bundes zurück, Bankgeschäfte seien überhaupt kein *trade and commerce*, sondern lediglich dessen Werkzeug.[189] Das Bundesgesetz mußte sich somit an Section 92 messen lassen; ihr Anwendungsbereich war eröffnet.

Die beteiligten Richter begründeten dies unterschiedlich. *Rich* und *Williams* waren der Auffassung, der *Banking Act* 1947 (Cth) stelle eine direkte Belastung des *interstate trade and commerce* dar.[190] Da zwei der klagenden Banken überhaupt keine zwischenstaatlichen Bankgeschäfte betrieben, gingen sie sogar noch einen Schritt weiter. Sie meinten, Section 92 sei schon dann verletzt, wenn jemandem die Möglichkeit genommen werde, sich künftig im *interstate trade and commerce* zu betätigen.[191]

Justice *Starke* wies zunächst darauf hin, daß der Privy Council in *James v Commonwealth* zwei sich widersprechende Interpretationen von Section 92 gebilligt hatte. Anschließend streifte er noch das Kriterium „direkte Belastung des *interstate trade and commerce*".[192] Letztendlich kam er zu dem Ergebnis, das fragliche Bundesgesetz verstoße nicht nur gegen die Bundesverfassung, weil es eine direkte Belastung darstelle. Section 92 wolle zudem die Freiheit des zwischenstaatlichen Wettbewerbs gewährleisten. Auch sie werde hier verletzt.[193]

Im Hinblick auf das sich anschließende Verfahren vor dem Privy Council[194] sollte vor allem das Votum von Justice *Dixon* von größtem Interesse sein. Er spielte zunächst eine Reihe denkbarer Auslegungen von „*directed against*

---

[187] *Bank of New South Wales v Commonwealth* (1948) 76 CLR 1.

[188] *Commonwealth v Bank of New South Wales* (1949) 79 CLR 497.

[189] *Bank of New South Wales v Commonwealth* (1948) 76 CLR 1, 284 ff., *Rich* und *Williams* JJ, 305 ff., *Starke* J sowie 380 ff., *Dixon* J; in der Minderheit blieben *Latham* CJ und *McTiernan* J, siehe ebenda, 233 ff. und 398; dazu auch schon oben Teil 2, § 1, II., 1., c.

[190] *Bank of New South Wales v Commonwealth* (1948) 76 CLR 1, 290, *Rich* und *Williams* JJ.

[191] *Bank of New South Wales v Commonwealth* (1948) 76 CLR 1, 296, *Rich* und *Williams* JJ.

[192] *Bank of New South Wales v Commonwealth* (1948) 76 CLR 1, 310 ff., *Starke* J.

[193] *Bank of New South Wales v Commonwealth* (1948) 76 CLR 1, 324 f., *Starke* J.

[194] Dazu siehe sogleich Teil 3, § 2, IV., 2., c., cc.

interstate trade and commerce " durch,[195] um dann die Entscheidung des Privy Council in *James v Commonwealth* näher zu analysieren.[196] Schließlich befand er: Zunächst könne Section 92 nicht eingreifen, wenn keine wirkliche Belastung des *interstate trade and commerce* vorliege. Darüber hinaus sei es mit Section 92 vereinbar, wenn *interstate trade and commerce* im Interesse einer geordneten Gesellschaft reguliert werde. Ein Verbot des *interstate trade and commerce* wiederum stelle einen Verstoß gegen Section 92 dar. Der *Banking Act* 1947 (Cth) sei als ein solches Verbot zu werten, da er Banken jegliche zwischenstaatlichen Geschäfte untersage. Private grenzüberschreitende Bankgeschäfte seien nicht mehr „*absolutely free*" im Sinne der Section 92.[197]

cc. Privy Council: Der *Bank Nationalisation* Case

Die Entscheidung des High Court lag schließlich dem Privy Council vor. Dieser wollte in seinem Urteil *Commonwealth v Bank of New South Wales*[198] Mißverständnisse beseitigen, zu denen es nach *James v Cowan* und *James v Commonwealth* gekommen war.[199] Seine Ausführungen in *James v Commonwealth* seien nicht in dem Sinne zu interpretieren, daß lediglich die Passage von Gütern über Gliedstaatsgrenzen hinweg unter den Schutz der Section 92 fällt. Zudem sei das Kriterium „*freedom as at the frontier*" keinesfalls abschließend.[200]

Die überragende Bedeutung der Entscheidung des Privy Council liegt darin, daß sie den *individual rights approach* ausdrücklich bestätigt, den Justice *Dixon* bereits im Vorverfahren vertreten hatte. Das Urteil legte den Grundstein für eine Interpretation der Section 92, die der High Court fast 40 Jahre lang beibehalten sollte.[201] Zunächst führte der Privy Council aus, eine Regulierung des *interstate trade and commerce* – im Gegensatz zu seinem Verbot – sei mit Section 92 vereinbar.[202] Die Lords wiederholten damit den Regulierung-Verbots-Test, den Chief Justice *Latham* zuvor in den Entscheidungen *Australian National Airways v Commonwealth*[203] und *Milk Board (NSW) v Metropolitan Cream Pty Ltd*[204]

---

[195] *Bank of New South Wales v Commonwealth* (1948) 76 CLR 1, 387 f., *Dixon* J.
[196] *Bank of New South Wales v Commonwealth* (1948) 76 CLR 1, 388 ff., *Dixon* J.
[197] *Bank of New South Wales v Commonwealth* (1948) 76 CLR 1, 390 f., *Dixon* J.
[198] Zu den Besonderheiten dieses Verfahrens beim Privy Council näher *Sawer*, in: Paton, The Commonwealth of Australia, S. 38, 72 f.
[199] *Commonwealth v Bank of New South Wales* (1949) 79 CLR 497, 629.
[200] *Commonwealth v Bank of New South Wales* (1949) 79 CLR 497, 638.
[201] Siehe *Coper*, Freedom of Interstate Trade under the Australian Constitution, S. 105.
[202] *Commonwealth v Bank of New South Wales* (1949) 79 CLR 497, 639 f.
[203] (1945) 71 CLR 29, 61.
[204] (1939) 62 CLR 116, 127.

vertreten hatte.[205] Sie ergänzten jedoch, gegebenenfalls sei selbst ein Verbot des *interstate trade and commerce* gerechtfertigt. Maßgeblich seien hierfür die Umstände des Einzelfalls.[206]

Daraufhin ergänzten die Lords, daß ein Verstoß gegen Section 92 nur dann gegeben sein kann, wenn eine Maßnahme der Legislative oder der Exekutive den *interstate trade and commerce* unmittelbar beeinträchtigt. Es müsse also eine direkte Belastung des zwischenstaatlichen Handels vorliegen.[207] Indirekte, lediglich fernliegende Belastungen des zwischenstaatlichen Handels verletzten Section 92 dagegen nicht.[208]

Gemeint war damit, Section 92 wahre die Rechte derjenigen, die sich im *interstate trade and commerce* engagieren.[209] Das setze allerdings voraus, daß der *interstate trade and commerce* des Betroffenen unmittelbar belastet ist.[210] Damit unterstützte der Privy Council eindeutig den *individual rights approach*.[211]

Lediglich deklaratorisch stellten die Lords fest, eine Diskriminierung des zwischenstaatlichen *trade and commerce* sei keine notwendige Bedingung für einen Verstoß gegen Section 92.[212] Zudem bestätigten die Lords, daß Section 92 nicht nur Zölle und andere monetäre Belastungen beseitigen will, sondern darüber hinausgeht.[213]

Der Privy Council entschied sich somit gleich für zwei miteinander zu kombinierende Tests. Neben dem Regulierung-Verbots-Test wird das Kriterium „direkte und unmittelbare Belastung des *interstate trade and commerce*"

---

[205] *Commonwealth v Bank of New South Wales* (1949) 79 CLR 497, 640.

[206] *Commonwealth v Bank of New South Wales* (1949) 79 CLR 497, 640 f.

[207] *Commonwealth v Bank of New South Wales* (1949) 79 CLR 497, 639: „ ... *s92 is violated only when a legislative or executive act operates to restrict such trade, commerce and intercourse directly and immediately as distinct from creating some indirect or consequential impediment which may fairly be regarded as remote.*"

[208] *Commonwealth v Bank of New South Wales* (1949) 79 CLR 497, 639.

[209] *Commonwealth v Bank of New South Wales* (1949) 79 CLR 497, 639: „ ... *[Section 92] does give the citizen of State or Commonwealth, as the case may be, the right to ignore, and if necessary, to call upon the judicial power to help him to resist, legislative or executive action which offends against the section.*"

[210] *Commonwealth v Bank of New South Wales* (1949) 79 CLR 497, 635 ff.

[211] *Hanks/Cass*, Australian Constitutional Law, S. 813; *Cullen*, (1989) 19 University of Western Australia Law Review 90, 98.

[212] *Commonwealth v Bank of New South Wales* (1949) 79 CLR 497, 636 und 640.

[213] *Commonwealth v Bank of New South Wales* (1949) 79 CLR 497, 629.

relevant.[214] Ein Verstoß gegen Section 92 liegt somit nur dann vor, wenn Vorschriften eine unmittelbare Belastung des *interstate trade and commerce* auslösen und diese Normen nicht lediglich regulierender Natur sind. Section 92 ist also dann nicht verletzt, wenn die fragliche Norm nur mittelbare Auswirkungen auf den zwischenstaatlichen Handel hat *oder* sie ihn lediglich reguliert.[215]

Indem der Privy Council diese beiden Kriterien aufstellte, erkannte er das Bedürfnis an, dem im Ansatz sehr umfassenden *individual rights approach* Grenzen zu setzen.[216] Ein schrankenloser *individual rights approach* würde weite Teile des australischen Wirtschaftsrechts dem Risiko aussetzen, für verfassungswidrig erklärt zu werden.[217] Die beiden Tests des Privy Council ließen jedoch – nicht zuletzt wegen ihres unpräzisen Inhalts – genug Raum für potentiell warenverkehrshemmende Schranken.[218]

Das genaue Ausmaß der ersten der beiden Einschränkungen des *individual rights approach*, das Kriterium „erlaubte Regulierung", blieb über lange Zeit ungeklärt. Nur selten war es Gegenstand der Rechtsprechung des High Court. Erst gegen Ende der siebziger Jahre begann der High Court, dieses Konzept häufiger zu verwenden.[219] In den Jahren unmittelbar nach der *Bank Nationalisation*-Entscheidung konzentrierte sich die Rechtsprechung vor allem darauf, die zweite Ausnahme, das Kriterium „indirekte und fernliegende Belastung", mit Inhalt zu füllen, um so den *individual rights approach* einzuschränken.[220] Dennoch sollte sich die Unterscheidung zwischen direkten und indirekten Be-

---

214 *Coper*, Freedom of Interstate Trade under the Australian Constitution, S. 102; *Lumb/Moens*, The Constitution of the Commonwealth of Australia Annotated, Rn. 861.

215 So deutlich *Coper*, (1978) 46 Review of Marketing and Agricultural Economics 71, 90; *ders.*, The Curious Case of the Callow Crayfish, S. 4; so wohl auch *Zines*, The High Court and the Constitution, S. 122.

216 Siehe *Commonwealth v Bank of New South Wales* (1949) 79 CLR 497, 639: „*It is generally recognised that the expression 'free' in s92, though emphasised by the accompanying 'absolutely', yet must receive some qualification.*"

217 *Hanks/Cass*, Australian Constitutional Law, S. 813; *Hanks*, Constitutional Law in Australia, S. 519; *Cullen*, (1989) 19 University of Western Australia Law Review 90, 98.

218 Siehe zu den Vorbehalten (teilweise sehr) kritisch *Garran*, Prosper the Commonwealth, S. 192; *Sawer*, Australian Federal Politics and Law 1929-1949, S. 213; *Coper*, Freedom of Interstate Trade under the Australian Constitution, S. 104; *ders.*, (1978) 46 Review of Marketing and Agricultural Economics 355, 358; *Anderson*, (1953) 26 Australian Law Journal 566, 567; *Cowan*, (1955) 4 Buffalo Law Review 155, 179; *Latham*, (1957) 1 Melbourne University Law Review 266, 271.

219 Siehe insbesondere die Entscheidungen *Permewan Wright Consolidated Pty Ltd v Trewhitt* (1979) 145 CLR 1 und *Uebergang v Australian Wheat Board* (1980) 145 CLR 266; dazu auch noch näher unten Teil 3, § 2, V., 2., f.

220 *Booker/Glass/Watt*, Federal Constitutional Law, S. 201; *Hanks/Cass*, Australian Constitutional Law, S. 814; *Hanks*, Constitutional Law in Australia, S. 520.

lastungen des *interstate trade and commerce* im Einzelfall als ungemein schwierig erweisen. Dies spiegelt sich auch darin wider, daß seit *Commonwealth v Bank of New South Wales* die Zahl der Entscheidungen zu Section 92 drastisch zunahm. Allein in den auf dieses Urteil folgenden 35 Jahren entschied der High Court über 90 Fälle zu Section 92.[221]

3. Ausgangsbasis für die Konkretisierung durch die Rechtsprechung

Die Auslegung von Section 92 basierte bis zur (vorerst) letzten Rechtsprechungswende in *Cole v Whitfield*[222] auf dem *individual rights approach.* Die seit 1949 ergangenen Entscheidungen zu Section 92 dienten vor allem dazu, das Ausmaß der beiden genannten Vorbehalte näher zu konkretisieren.[223]

Aufgrund der komplexen und nicht immer kohärenten Kasuistik der ersten knapp 50 Jahre wird hier die Rechtslage zu Section 92 zusammengefaßt, wie sie sich nach *Commonwealth v Bank of New South Wales* präsentierte. Darauf aufbauend wird dann die weitere Entwicklung der Rechtsprechung zu Section 92 bis zur *Cole*-Entscheidung im Jahr 1988 nachgezeichnet.

Die Rechtsprechung des High Court und des Privy Council zu Section 92 ergab nach dem *Bank Nationalisation*-Entscheidung folgendes Bild:

(1) Bund *und* Gliedstaaten sind an Section 92 gebunden.

(2) Section 92 beschränkt sich nicht darauf, Zölle und ähnliche monetäre Belastungen des *interstate trade and commerce* zu verbieten. Sie schützt den *interstate trade and commerce* auch nicht nur vor diskriminierenden Regelungen, sondern erfaßt auch unterschiedslos wirkende Maßnahmen der Legislative und der Exekutive.

(3) Section 92 sichert die Freiheit des einzelnen. Keinen Schutz genießt *interstate trade and commerce* als solcher.

(4) Ein Verstoß gegen Section 92 setzt zunächst voraus, daß der *interstate trade and commerce* in direkter – das heißt nicht fernliegender – Weise beschränkt wird.

---

[221] Dem stehen lediglich 40 Urteile zu Section 92 gegenüber, die in den knapp 50 Jahren vor *Commonwealth v Bank of New South Wales* gefällt wurden, siehe *Hanks/Cass*, Australian Constitutional Law, S. 813.
[222] (1988) 165 CLR 360.
[223] *Coper*, Freedom of Interstate Trade under the Australian Constitution, S. 106.

(5) Eine Regulierung des *interstate trade and commerce* ist rechtmäßig. Hingegen ist ein völliges Verbot des *interstate trade and commerce* mit Section 92 grundsätzlich nicht mehr vereinbar. Ein Verstoß gegen diese Norm ist dann gegeben, wenn Vorschriften eine unmittelbare Belastung des zwischenstaatlichen Handels bewirken *und* zugleich nicht mehr lediglich regulierender Natur sind.

(6) Der Zwangsankauf von Gütern durch Bund oder Gliedstaaten verstößt nicht gegen Section 92, falls dies zu Zwecken der Landesverteidigung oder zum Schutz vor Hungersnöten und Krankheiten geschieht.[224]

V. Konkretisierung der Vorbehalte durch die Rechtsprechung

Im folgenden werden die Entscheidungen skizziert, die die Vorbehalte des *individual rights approach* wesentlich prägten. Mit *Cole v Whitfield* sollte der *individual rights approach* samt seiner beiden Vorbehalte hinfällig werden. Dennoch spielt die Epoche bis *Cole v Whitfield* eine ganz entscheidende Rolle für das heutige Verständnis von Section 92.[225] So traten die Schwächen des *individual rights approach* in dieser Zeit immer deutlicher hervor. Es entstand der Nährboden für die spätere radikale Wende in der Rechtsprechung. Bereits der Privy Council führte in der *Bank Nationalisation*-Entscheidung mit Blick auf die Frage aus, welche staatlichen Normsetzungstätigkeiten durch die beiden Vorbehalte vor einem Verstoß gegen Section 92 bewahrt werden können: „ ... *there cannot fail to be differences of opinion. The problem to be solved will often be not so much legal as political, social or economic.*“[226]

1. Rechtsprechung zum Kriterium „indirekte Belastung“

Die Präzisierung des Kriteriums „indirekte Belastung“ warf vor allem das Problem auf, inwieweit praktische und wirtschaftliche Gesichtspunkte neben rein rechtlichen Aspekten zu berücksichtigen sind. Aber auch andere Probleme, wie etwa der genaue Umfang des Begriffs „*interstate trade and commerce*“, spielten in diesem Zusammenhang eine wichtige Rolle.[227]

---

[224] Siehe *Coper*, Freedom of Interstate Trade under the Australian Constitution, S. 106; *Sawer*, in: Paton, The Commonwealth of Australia, S. 38, 74.

[225] *Hanks/Cass*, Australian Constitutional Law, S. 814.

[226] *Commonwealth v Bank of New South Wales* (1949) 79 CLR 497, 639.

[227] *Coper*, Freedom of Interstate Trade under the Australian Constitution, S. 106.

a. *Wragg v New South Wales*

An der Entscheidung *Wragg v New South Wales*[228] aus dem Jahr 1953 lassen sich die angedeuteten Schwierigkeiten ohne weiteres ablesen. Es ging um folgendes: Der *Prices Regulation Act* 1948-49 (NSW) in Verbindung mit der *Prices Regulation Order No 322* legte Höchstpreise für den Verkauf von Kartoffeln in New South Wales fest. Davon betroffen waren sämtliche Ebenen des Vertriebs; vom Großhändler bis zum Einzelhändler unterlagen alle einer Preisbindung. Gleich mehrere Einzelpersonen und Unternehmen, die in Tasmanien und New South Wales ansässig waren, klagten gegen diese Vorschriften. Sie argumentierten, ihr grenzüberschreitender Handel mit Kartoffeln werde durch die Regelungen behindert. Section 92 sei daher verletzt.

Obwohl die Fälle aufgrund der teils verschiedenen Herkunftsstaaten der Kläger nicht alle identisch gelagert waren, entschied der High Court, keiner der Kläger könne sich erfolgreich auf Section 92 berufen. Für Kartoffelbauern und Exporteure aus Tasmanien bestehe lediglich eine indirekte Belastung ihres (potentiellen) zwischenstaatlichen Handels.

Chief Justice *Dixon* führte aus, daß die hier einschlägigen gliedstaatlichen Normen keinesfalls die Freiheit einschränken, Kartoffeln zu importieren oder sie in der Absicht zu erwerben, sie von Tasmanien aus zu verschiffen. Selbst wenn diese Regelungen sich negativ auf den Umfang des grenzüberschreitenden Handels mit Kartoffeln auswirken sollten, bedeute dies nicht, daß der Betroffene sich zwingend auf Section 92 berufen kann. Ein solch ökonomischer Effekt sei vielmehr eine indirekte Belastung des *interstate trade and commerce* und werde damit nicht mehr vom Schutzbereich der Norm erfaßt.[229] Der High Court trennte mithin scharf zwischen rechtlichen und ökonomischen Effekten von Regelungstätigkeiten. Ausschließlich die rechtlichen Effekte sollten für die Beantwortung der Frage maßgeblich sein, ob ein Verstoß gegen Section 92 vorliegt oder nicht.[230]

Ein klagender Kartoffelimporteur aus New South Wales konnte sich nicht auf Section 92 berufen, weil seine Verkäufe nicht unter *interstate trade and commerce* im Sinne der Norm fielen. Dieser Kläger verkaufte seine importierte Ware meist noch im Hafen an Großhändler. Während Justice *Taylor* in seinem Urteil erkennen ließ, daß *interstate trade and commerce* unter gewissen Umständen auch den ersten Verkauf nach erfolgtem Import erfaßt,[231] vertrat

---

[228] (1953) 88 CLR 353.

[229] *Wragg v New South Wales* (1953) 88 CLR 353, 387, *Dixon* CJ.

[230] *Coper*, Freedom of Interstate Trade under the Australian Constitution, S. 128.

[231] *Wragg v New South Wales* (1953) 88 CLR 353, 399, *Taylor* J.

Chief Justice *Dixon* eine strengere Auffassung in dieser Frage. Der Sachverhalt – so *Dixon* – enthalte keinerlei Anhaltspunkte dafür, daß der erste Verkauf einer Ware nach dem Import nicht von der eigentlichen zwischenstaatlichen Transaktion zu trennen ist. Der *interstate trade and commerce* bleibe hier unberührt. Die Belastung des zwischenstaatlichen Handels mit Kartoffeln könne demzufolge nur indirekter Natur sein.[232]

Diese Entscheidung wurde – wie auch viele andere Urteile der fünfziger und sechziger Jahre – ganz maßgeblich geprägt durch den sog. *criterion of operation approach*, den Chief Justice *Dixon* schon 1935 in seinem dissentierenden Votum in *O Gilpin Ltd v Commissioner for Road Transport and Tramways (NSW)* entwickelt hatte.[233] Seinerzeit hatte er ausgeführt, daß eine Vorschrift den zwischenstaatlichen Handel nur dann unmittelbar belastet, wenn sie einen Vorgang regelt, der zum *interstate trade and commerce* zählt. Nur wenn die Regelung eine tatsächliche Belastung grenzüberschreitender Transaktionen sei, greife Section 92 ein.[234]

b. *Grannall v Marrickville Margarine Pty Ltd*

In der Entscheidung *Grannall v Marrickville Margarine Pty Ltd*[235] ging es um die Gültigkeit einer Regelung aus New South Wales, die das Herstellen von Margarine ohne gültige Lizenz untersagte.[236] Das Unternehmen *Marrickville*

---

[232] *Wragg v New South Wales* (1953) 88 CLR 353, 388, *Dixon* CJ; diese Ansicht bestätigte der High Court zwei Jahre später in der Entscheidung *Grannall v C Geo Kellaway & Sons Pty Ltd* (1955) 93 CLR 36; in *North Eastern Dairy Co Ltd v Dairy Industry Authority of New South Wales* (1975) 134 CLR 559 nahm der High Court dann das Gegenteil an; zu dieser letztgenannten Entscheidung siehe noch unten Teil 3, § 2, V., 2., d.

[233] *O Gilpin Ltd v Commissioner for Road Transport and Tramways (NSW)* (1935) 52 CLR 189, 205 f., *Dixon* J.

[234] *O Gilpin Ltd v Commissioner for Road Transport and Tramways (NSW)* (1935) 52 CLR 189, 205 f., *Dixon* J; siehe auch *Hospital Provident Fund Pty Ltd v Victoria* (1953) 87 CLR 1, 17 f.: „*If a law takes a fact or an event or a thing itself forming part of trade commerce or intercourse, or forming an essential attribute of that conception, essential in the sense that without it you cannot bring into being that particular example of trade commerce or intercourse among the States, and the law proceeds, by reference thereto or in consequence thereof, to impose a restriction, a burden or a liability, then that appears to me to be direct or immediate in its operation or application to inter-State trade commerce and intercourse, and, if it creates a real prejudice or impediment to inter-State transactions, it will accordingly be a law impairing the freedom which s 92 says shall exist.*"

[235] (1955) 93 CLR 55; siehe dazu auch die Anmerkung von *Derham*, (1956) 29 Australian Law Journal 476 ff.

[236] Section 22 a *Dairy Industry Act* 1915 (NSW).

Margarine Pty Ltd verkaufte große Teile seiner unlizenzierten Margarineproduktion über gliedstaatliche Grenzen hinweg und berief sich auf Section 92.

Der High Court folgte dieser Argumentation nicht. Er räumte zwar ein, daß die Produktion von Gütern eine ganz entscheidende Vorstufe des grenzüberschreitenden Warenverkaufs ist. Doch allein deshalb könne man die Warenherstellung grundsätzlich noch nicht zum *interstate trade and commerce* zählen. Auch sei dies kein Grund, die durch Section 92 gewährleistete Freiheit auf dem *interstate trade and commerce* zeitlich vorausgehende Sachverhalte auszudehnen.[237] Indem die Richter die Produktion grundsätzlich aus dem Anwendungsbereich der Section 92 herausnahmen, entschieden sie, die hier angegriffene Norm sei keine direkte Belastung des *interstate trade and commerce*.[238] Diese Auffassung bestätigte der High Court in der Folgezeit gleich mehrfach.[239]

c. Ausdehnung des Kriteriums „direkte Belastung"

Noch in der *Wragg*-Entscheidung hatte der High Court deutlich differenziert zwischen einerseits rechtlichen und andererseits ökonomischen sowie praktischen Effekten von Normen, die den *interstate trade and commerce* behindern. Allein der rechtliche Effekt sollte darüber entscheiden, ob eine direkte Belastung des *interstate trade and commerce* vorliegt oder nicht.

---

[237] *Grannall v Marrickville Margarine Pty Ltd* (1955) 93 CLR 55, 72, *Dixon* CJ, *McTiernan*, *Webb* und *Kitto* JJ. Diese Richter erkannten aber auch an, daß von diesem Grundsatz in besonderen Sachverhaltsgestaltungen Ausnahmen zu machen sind, siehe ebenda, 79 f.

[238] Siehe *Grannall v Marrickville Margarine Pty Ltd* (1953) 93 CLR 1, 71 f., *Dixon* CJ, *McTiernan*, *Webb* und *Kitto* JJ. Diese Entscheidung ist vor dem Hintergrund des Urteils des Privy Council in *Hughes and Vale Pty Ltd v New South Wales (No 1)* (1954) 93 CLR 1 – dazu noch näher unten Teil 3, § 2, V., 2., a. – zu sehen. Hier wurde entschieden, daß Vorschriften, die die Vergabe von Lizenzen in das freie Ermessen der Verwaltung stellen, keine Regulierung des *interstate trade and commerce* mehr sein können. Vielmehr seien solche Normen als Verbot einzuordnen. In *Grannall v Marrickville Margarine Pty Ltd* ging es ebenfalls um Normen, die ein freies Ermessen für eine Lizenzerteilung vorsahen. Sie konnten mithin nicht mehr als zulässige Regulierung des *interstate trade and commerce* eingeordnet werden. Die entscheidende Frage war damit, ob dieses Verbot eine direkte Belastung des *interstate trade and commerce* mit Margarine darstellt.

[239] *Beal v Marrickville Margarine Pty Ltd* (1966) 114 CLR 283; *Bartter's Farms v Todd* (1978) 139 CLR 499; siehe auch die Entscheidungen *R v Anderson; ex parte Ipec-Air Pty Ltd* (1965)113 CLR 177; *Ansett Transport Industries (Operations) Pty Ltd v Commonwealth* (1977) 139 CLR 54, in denen der High Court annahm, daß auch der Import von ausländischen Produkten, die für den zwischenstaatlichen Handel bestimmt sind, außerhalb des Anwendungsbereichs von Section 92 liegt.

Nachdem im Jahr 1964 Sir *Owen Dixon* von Sir *Garfield Barwick* als Chief Justice abgelöst worden war, zeichnete sich jedoch ein gegenläufiger Trend ab. Es sollten nun auch ökonomische und praktische Effekte von Normen bei der Prüfung der Section 92 berücksichtigt werden.[240] Damit ging einher, daß nun zahlreiche Regelungen des australischen Wirtschaftsrechts in ihrer Wirksamkeit von Section 92 bedroht wurden.[241]

Die Entscheidung *North Eastern Dairy Co Ltd v Dairy Industry Authority of New South Wales*[242] (der sog. *NEDCO*-Case) illustriert, daß der High Court seinen nuancierten Ansatz aus der *Wragg*-Entscheidung zu Gunsten eines umfassenderen Tests endgültig aufgegeben hatte. In der *NEDCO*-Entscheidung ging es um folgendes: Die *Pure Food Regulations* (NSW) sahen vor, daß ausschließlich registrierte Stätten berechtigt waren, Milch zu pasteurisieren. Ferner durften gemäß dem *Dairy Industry Act* 1970 (NSW) nur diejenigen Personen Milch verkaufen, denen eine entsprechende Lizenz erteilt worden war.

Das Unternehmen *NEDCO* stellte Milch und Milchprodukte her. Es hatte seinen Sitz in Victoria nahe der Grenze zu New South Wales. *NEDCO* pasteurisierte Milch ausschließlich in Victoria, lieferte seine Produkte aber teilweise auch nach New South Wales. *NEDCO* war nicht gemäß den *Pure Food Regulations* (NSW) registriert. In New South Wales verkaufte *NEDCO* seine Produkte entweder an bestimmte Einzelhändler oder aber direkt an den Endverbraucher. Die Einzelhändler, derer sich *NEDCO* für den Warenvertrieb bediente, besaßen zwar alle gültige Milchverkaufslizenzen. Diese waren ihnen jedoch unter der Auflage erteilt worden, ausschließlich in New South Wales pasteurisierte Milch zu verkaufen.

Die Mehrheit der Richter des High Court[243] entschied, der *Dairy Industry Act* 1970 (NSW) verstoße gegen Section 92. Vor allem das Votum von Justice *Mason* verdient hier besondere Aufmerksamkeit. Er führte aus, daß die streitgegenständlichen Vorschriften den grenzüberschreitenden Handel mit in Victoria pasteurisierter Milch unterbinden. Sie diskriminierten Hersteller und Produkte aus Victoria. Zudem würden Importeure von in Victoria pasteurisierter Milch belastet, indem man sie daran hindert, diese Milch in New South Wales zu vertreiben. Diese Belastungen resultierten aus der direkten und unmittelbaren

---

240 Siehe die Entscheidungen *Deacon v Mitchell* (1965) 112 CLR 353; *Harper v Victoria* (1966) 114 CLR 361; *Samuels v Readers' Digest Association Pty Ltd* (1969) 120 CLR 1 und *Associated Steamship Pty Ltd v Western Australia* (1969) 120 CLR 92.

241 *Cullen*, (1989) 19 University of Western Australia Law Review 90, 102.

242 (1975) 34 CLR 559.

243 Namentlich waren dies Chief Justice *Barwick* sowie die Justices *Gibbs*, *Jacobs* und *Mason*.

Wirkung der Normen. Es sei realitätsfern zu behaupten, daß das hier vorliegende Verbot den Import der viktorianischen Milch nicht unmittelbar vereitelt. Zwar werde der Warenimport selbst nicht untersagt, doch die praktischen Auswirkungen der fraglichen Normen – das Vertriebsverbot für eingeführte Milch – machten einen Import sinnlos.[244] Der *interstate trade and commerce* mit in Victoria pasteurisierter Milch werde somit in unmittelbarer Weise belastet.

In dieselbe Richtung ging auch das Votum von Justice *Jacobs*. Er stellte fest, daß die hier gegebenen Vertriebsbeschränkungen anhand der bekannten und nachgewiesenen wirtschaftlichen, sozialen sowie anderweitigen Umstände beurteilt werden müssen.[245] Demzufolge wirke sich der *Dairy Industry Act* 1970 (NSW) unmittelbar auf die Geschäfte zwischen *NEDCO* und Verbrauchern bzw. Einzelhändlern in New South Wales aus. Insbesondere könne man dann nicht mehr von einer fernliegenden Belastung sprechen, wenn Normen dazu führen, daß Hersteller aus New South Wales gegenüber solchen Unternehmen bevorzugt werden, die aus anderen Gliedstaaten stammen.[246]

Im Ergebnis reduzierten die Richter die Tragweite der Schranke „indirekte Belastung“, indem sie nun auch ökonomische und praktische Effekte der den zwischenstaatlichen Handel behindernden Normen bei der Frage berücksichtigten, ob eine unmittelbare Belastung des *interstate trade and commerce* vorliegt. Die rein rechtlichen Auswirkungen von Normen sollten nicht mehr den alleinigen Ausschlag geben. Der High Court legte Section 92 mithin in einer Weise aus, die Belastungen des zwischenstaatlichen Warenverkehrs durch bundes- und gliedstaatliche Regelungstätigkeiten umfassend beseitigen konnte.

2. Das Kriterium „erlaubte Regulierung“

Der Privy Council hatte zwar in seiner Entscheidung *Commonwealth v Bank of New South Wales* ausdrücklich bestätigt, daß eine Regulierung des *interstate trade and commerce* – im Gegensatz zu einem Verbot – erlaubt ist. Doch versäumte er, an dieser Stelle näher auszuführen, was eigentlich unter erlaubter Regulierung zu verstehen ist. Er bestätigte lediglich Chief Justice *Lathams*

---

[244] *North Eastern Dairy Co Ltd v Dairy Industry Authority of New South Wales* (1975) 134 CLR 559, 607, *Mason* J.

[245] *North Eastern Dairy Co Ltd v Dairy Industry Authority of New South Wales* (1975) 134 CLR 559, 624, *Jacobs* J.

[246] *North Eastern Dairy Co Ltd v Dairy Industry Authority of New South Wales* (1975) 134 CLR 559, 633, *Jacobs* J.

knappe Ausführungen aus dem *Airlines*-Case.[247] Demzufolge sei eine erlaubte Regulierung „*a law prescribing rules as to the manner in which trade ... is to be conducted.*“[248]

Die folgenden Leitentscheidungen sollen einen Eindruck von der Reichweite dieses Vorbehalts geben, den Bund und Gliedstaaten gleichermaßen nutzten, um ihre Interessen gegenüber dem *interstate trade and commerce* zu verteidigen.

a. Privy Council: Warentransport verliert Sonderstatus

Noch in *McCarter v Brodie*[249] und *Hughes and Vale Pty Ltd v New South Wales (No 1)*[250] hatte der High Court im Einklang mit seiner bisherigen Rechtsprechung zum Warentransport entschieden, daß gliedstaatliche Regelungen nicht gegen Section 92 verstoßen, die Warentransporte auf der Schiene vor der Konkurrenz von Straßentransportunternehmen schützen.[251] Solche Vorschriften seien als erlaubte Regulierung zu qualifizieren.

In *Hughes and Vale Pty Ltd v New South Wales (No 2)*[252] beseitigte der Privy Council schließlich die Sonderstellung des Warentransports, die dieser über mehrere Jahrzehnte hinweg hatte behaupten können. Die Lords urteilten, der *State-Transport (Co-ordination) Act* 1931-1952 (NSW) verstoße gegen Section 92, soweit er auf Personen angewendet werde, die sich im grenzüberschreitenden Warentransport auf der Straße betätigen. Dieses Gesetz sah vor, daß zwischenstaatliche Warentransporte auf der Straße nur von demjenigen durchgeführt werden dürfen, der eine gültige Lizenz vorweisen kann. Die Lizenzerteilung stand im freien Ermessen einer gliedstaatlichen Behörde.

Darin sah der Privy Council keine erlaubte Regulierung mehr, sondern ein Verbot des *interstate trade and commerce*. Er räumte indes ein, der zwischenstaatliche Warentransport auf der Straße müsse grundsätzlich in gewissem Maße reguliert werden. Als erlaubte Regulierung betrachtete er beispielsweise zwin-

---

[247] *Commonwealth v Bank of New South Wales* (1949) 79 CLR 497, 640.

[248] *Australian National Airways Pty Ltd v Commonwealth* (1945) 71 CLR 29, 61, *Latham* CJ.

[249] (1950) 80 CLR 432.

[250] (1953) 87 CLR 49.

[251] Zu untersuchen waren in den beiden hier angegebenen Fällen der *Transport Regulation Act* 1933-1947 (Vic) sowie der *State-Transport (Co-ordination) Act* 1931-1952 (NSW).

[252] (1954) 93 CLR 1.

gende Registrierungen von Fahrzeugen, Sicherheitsvorschriften für Fahrzeuge sowie Geschwindigkeits- und Beladungsbeschränkungen.[253]

Die *Vizzard*-Entscheidung des High Court[254] war mit diesen Ausführungen des Privy Council überholt.[255] Viele Gliedstaaten mußten im Anschluß an das genannte Urteil des Privy Council ihre Gesetzgebung zum Warentransport ändern. Denn in den meisten Gliedstaaten galten während dieser Zeit Vorschriften, die dem *State-Transport (Co-ordination) Act* 1931-1952 (NSW) ähnelten. Die folgenden Gesetzesänderungen erwiesen sich jedoch teilweise als unzureichend, wie die Entscheidung des High Court in *Hughes and Vale Pty Ltd v New South Wales (No 2)*[256] nur kurze Zeit später zeigen sollte.

b. ***Hughes and Vale Pty Ltd v New South Wales (No 2)***

Der High Court entschied in *Hughes and Vale Pty Ltd v New South Wales (No 2)*[257], daß der *State-Transport (Co-ordination) Act* 1931-1952 (NSW) trotz einiger Ergänzungen noch immer gegen Section 92 verstößt. Begründet wurde dies zunächst mit dem weiterhin bestehenden weiten Ermessen der gliedstaatlichen Behörde im Hinblick auf die Lizenzerteilung für diejenigen Kraftfahrzeuge, die im zwischenstaatlichen Warentransport eingesetzt werden sollten. Die Richter meinten, Vorschriften könnten dann nicht mehr lediglich regulierender Natur sein, wenn es im Ermessen der Behörde stehe, Bedingungen für das Lockern von Verboten aufzustellen. Gerade das sei im zu hier untersuchenden Sachverhalt aber der Fall.[258]

Darüber hinaus urteilte der High Court im Ergebnis einstimmig, daß die im *State-Transport (Co-ordination) Act* 1931-1952 (NSW) im einzelnen festgelegte Erhebung von Straßenbenutzungsgebühren für Fahrzeuge, die im zwischenstaatlichen Warenverkehr benutzt werden, nicht mit Section 92 vereinbar ist.

---

[253] *Hughes and Vale Pty Ltd v New South Wales (No 1)* (1954) 93 CLR 1, 32 f.

[254] (1933) 50 CLR 30; zu dieser Entscheidung schon oben Teil 3, § 2, III., 3.

[255] *Coper*, Freedom of Interstate Trade under the Australian Constitution, S. 111; *Lumb/Moens*, The Constitution of the Commonwealth of Australia Annotated, Rn. 865; *Cullen*, (1989) 19 University of Western Australia Law Review 90, 99.

[256] (1955) 93 CLR 127.

[257] (1955) 93 CLR 127.

[258] *Hughes and Vale Pty Ltd v New South Wales (No 2)* (1955) 93 CLR 127, 159, *Dixon* CJ, *McTiernan*, *Webb* JJ sowie 206, *Fullagar* J; dieses Prinzip wurde bestätigt in den Entscheidungen *Hughes and Vale Pty Ltd v Queensland* (1955) 93 CLR 247; *Armstrong v Victoria* (1955) 93 CLR 264; *Nilson v South Australia* (1955) 93 CLR 292; *Pioneer Tourist Coaches Pty Ltd v South Australia* (1955) 93 CLR 307 sowie *Boyd v Carah Coaches Pty Ltd* (1979) 145 CLR 78.

Einige Richter argumentierten, derartige Gebühren verstießen stets gegen Section 92.[259] Hingegen wollten andere Mitglieder des High Court den Gliedstaaten solche Gebühren zugestehen, falls sie in ihrer Höhe fair und angemessen sind. Im hier zu untersuchenden Fall seien diese Voraussetzungen aber nicht erfüllt.[260]

c. Straßenbenutzungsgebühren als erlaubte Regulierung

Als Folge der Entscheidung des High Court in *Hughes and Vale Pty Ltd v New South Wales (No 2)* mußten einige Gliedstaaten ihre Gesetze zum Warentransport erneut modifizieren. Sie gingen nun unter anderem dazu über, Straßenbenutzungsgebühren für zwischenstaatlich verkehrende Kraftfahrzeuge anhand der von ihnen zurückgelegten Meilen und des Gewichts des Fahrzeugs zu berechnen. Diese Methode wurde zwar gleich mehrfach attackiert, letztendlich vom High Court aber gebilligt.[261]

Exemplarisch sei hier nur das Urteil *Armstrong v Victoria (No 2)*[262] aus dem Jahr 1957 genannt. Auf dem Prüfstand des High Court befand sich der *Commercial Goods Vehicle Act* 1955 (Vic). Dieser sah vor, Eigentümer von Warentransportfahrzeugen für jede Meile, die ihr Wagen auf Victorias Straßen gefahren ist, mit einem Betrag von 0,33 Penny pro Tonne Fahrzeuggewicht[263] zu belasten. Ferner bestimmte das Gesetz, daß die auf diese Weise erwirtschafteten Mittel ausschließlich für die Erhaltung öffentlicher Straßen verwendet werden dürfen.

Die Mehrheit der Richter des High Court konnte keinen Verstoß gegen Section 92 ausmachen. Chief Justice *Dixon* führte aus, auf diese Weise würden Einrichtungen unterhalten, ohne die kein *interstate trade and commerce* stattfinden könne. Die Höhe der Gebühren müsse sich aber am durch die Kraftfahrzeuge tatsächlich hervorgerufenen Verschleiß der Straßen orientieren. Im

---

[259] *Hughes and Vale Pty Ltd v New South Wales (No 2)* (1955) 93 CLR 127, 224, *Kitto* J und 239 f., *Taylor* J.

[260] *Hughes and Vale Pty Ltd v New South Wales (No 2)* (1955) 93 CLR 127, 172, *Dixon* CJ, *McTiernan* und *Webb* JJ; zu dem Problem der Erhebung von Straßenbenutzungsgebühren und Section 92 ausführlich *Coper*, Freedom of Interstate Trade under the Australian Constitution, S. 162 ff.

[261] Siehe *Armstrong v Victoria (No 2)* (1957) 99 CLR 28; *Commonwealth Freighters Pty Ltd v Sneddon* (1959) 102 CLR 280; *Boardman v Duddington* (1959) 104 CLR 456.

[262] (1957) 99 CLR 28.

[263] Das Fahrzeuggewicht setzt sich hier zusammen aus dem Gewicht des unbeladenen Vehikels plus 40 Prozent seiner maximalen Ladekapazität.

Vordergrund der Argumentation stand also, daß eine erbrachte Leistung des Staates abgegolten werden soll.[264] Eine solche Bestimmung wurde noch als erlaubte Regulierung des *interstate trade and commerce* betrachtet.

Davon abzugrenzen waren indessen diejenigen Fälle, in denen es um Gebühren für die Registrierung von Kraftfahrzeugen ging. Der High Court entschied in *Finemores Transport Pty Ltd v New South Wales*[265], daß eine gliedstaatliche und unterschiedslos anwendbare Registrierungsgebühr nicht von Transporteuren verlangt werden kann, die ihre Fahrzeuge ausschließlich für den zwischenstaatlichen Warentransport benutzen.

d. Erlaubte Regulierung im Lichte der *NEDCO*-Entscheidung

Die *NEDCO*-Entscheidung enthält neben den bereits erwähnten Ausführungen zum Kriterium „direkte Belastung des *interstate trade and commerce*“[266] auch wichtige Passagen zum Regulierung-Verbots-Test. Chief Justice *Barwick* stellte fest, Normen, die die öffentliche Gesundheit oder einen fairen Wettbewerb der Marktteilnehmer garantieren sollen, seien mit dem Konzept des freien Warenverkehrs gemäß Section 92 durchaus vereinbar. Jedoch dürften sich solche Regelungen nicht in einer Weise auf die Betätigung des einzelnen im *interstate trade and commerce* auswirken, die über das vernünftigerweise Notwendige hinausgeht. Zu beachten sei dabei, daß das Recht des einzelnen, sich im *interstate trade and commerce* zu engagieren, in der verfassungsmäßig garantierten Freiheit des *interstate trade and commerce* enthalten ist.[267] *Barwick* vertritt damit ein umfassendes Verständnis von Section 92, das eine Regulierung des *interstate trade and commerce* im Interesse eines integrierten Marktes auf ein Minimum reduziert. Der Bereich „erlaubte Regulierung“ solle nur Vorschriften umfassen, die zur Erhaltung einer geordneten Gesellschaft unabdingbar sind oder von der Natur des *trade and commerce* gefordert werden.[268]

---

[264] *Coper*, Freedom of Interstate Trade under the Australian Constitution, S. 164; *Lumb/Moens*, The Constitution of the Commonwealth of Australia Annotated, Rn. 867.

[265] (1978) 139 CLR 338. Im Hinblick auf die Rechtsprechungswende in *Cole v Whitfield* (1988) 165 CLR 360 ist vor allem eine Passage aus dem Urteil von Justice *Mason* von Interesse. Er führte in *Finemores Transport Pty Ltd v New South Wales* (1978) 139 CLR 338, 352 aus: „*I have always doubted whether section 92 was intended to do more than protect interstate trade from burdens of discriminatory kind of which [the NEDCO Case] provides a convenient example.*“

[266] Dazu oben Teil 3, § 2, V., 1., c.

[267] *North Eastern Dairy Co Ltd v Dairy Industry Authority of New South Wales* (1975) 134 CLR 559, 581 f., *Barwick* CJ.

[268] *North Eastern Dairy Co Ltd v Dairy Industry Authority of New South Wales* (1975) 134 CLR 559, 581 f., *Barwick* CJ; siehe auch schon die vorher ergangenen Entscheidungen

Barwicks enge Auslegung des Merkmals „erlaubte Regulierung" kommt hier deutlich zum Vorschein.

Eine andere Richtung schlägt hingegen Justice *Mason* ein. Um zu bestimmen, welche Vorschriften noch als erlaubte Regulierung einzustufen sind, sei bei der hier unumgänglichen Abwägung zu berücksichtigen, daß Section 92 überwiegend dem öffentlichen Interesse dient. Demnach sei der Schutz, den die Norm den Rechten des einzelnen gewährt, lediglich inzidenter Natur. Eine Regulierung des zwischenstaatlichen Handels zum Wohl der Gemeinschaft sei mit Section 92 vereinbar. Nicht zwingend sei es demnach, daß es hier zu einem Konflikt mit dem Recht des einzelnen kommt.[269] Bei der Interessenabwägung gelte es, die aktuellen gesellschaftlichen Bedürfnisse und Interessen der Freiheit des *interstate trade and commerce* gegenüberzustellen. Gesichtspunkte, die zur Zeit der Gründung Australiens eine tragende Rolle spielten, müßten heute nicht zwingend berücksichtigt werden.[270] Justice *Mason* unterstützt mithin ein deutlich weiteres Verständnis der Schranke „erlaubte Regulierung" als Justice *Barwick*.

Beide Richter vertreten im Hinblick auf die Funktion von Section 92 voneinander abweichende Standpunkte, die bewirken, daß auch über das Ausmaß erlaubter Regulierung des *interstate trade and commerce* Uneinigkeit besteht. In dem hier zu entscheidenden Fall stimmen sie indes im Ergebnis überein: Normen, die den Vertrieb von nicht in New South Wales pasteurisierter Milch unterbinden, sind keine erlaubte Regulierung des *interstate trade and commerce*. Nach Auffassung der Richtermehrheit[271] gehen die negativen Auswirkungen der fraglichen Vorschriften auf den *interstate trade and commerce* über das hinaus, was für die Aufrechterhaltung von Gesundheitsstandards notwendig ist.

Samuels v Readers' Digest Association Pty Ltd (1969) 120 CLR 1, 14 ff. *Barwick* CJ und *Mikasa (New South Wales) Pty Ltd v Festival Stores* (1972) 127 CLR 617.

[269] *North Eastern Dairy Co Ltd v Dairy Industry Authority of New South Wales* (1975) 134 CLR 559, 614 f., *Mason* J; siehe auch *Pilkington v Frank Hammond Pty Ltd* (1974) 131 CLR 124, 185 f., *Mason* J.

[270] *North Eastern Dairy Co Ltd v Dairy Industry Authority of New South Wales* (1975) 134 CLR 559, 615, *Mason* J.

[271] Lediglich Justice *McTiernan* befand, die hier zu untersuchenden Normen seien eine erlaubte Regulierung des *interstate trade and commerce*.

e. *Permewan Wright Consolidated Pty Ltd v Trewhitt*

Im Zusammenhang mit der *NEDCO*-Entscheidung ist noch das Urteil *Permewan Wright Consolidated Pty Ltd v Trewhitt*[272] zu erwähnen. Vorschriften des *Marketing of Primary Products Act* 1958 (Vic) waren hier auf ihre Verfassungsmäßigkeit hin zu untersuchen. Sie sahen unter anderem vor, daß Eier, die in Victoria im Einzelhandel verkauft werden sollen, in Victoria zu untersuchen und in Handelsklassen einzuordnen sind. Dies galt selbst für diejenigen Eier, die sich bereits einer entsprechenden Prozedur in New South Wales unterzogen hatten. Die Richtermehrheit[273] kam zu dem Ergebnis, daß die einschlägigen Normen nicht gegen Section 92 verstoßen.

Der High Court befand, die Verkäufe der aus New South Wales stammenden Eier durch die Supermarktkette *Permewan Wright Consolidated Pty Ltd* fallen unter den Begriff des *interstate trade and commerce.*[274] Daraufhin wandten sich die Richter der Frage zu, ob die relevanten gliedstaatlichen Normen auch eine erlaubte Regulierung des *interstate trade and commerce* darstellen. Der sich in der Minderheit befindliche Chief Justice *Barwick* wiederholte hier erneut seine warenverkehrsfreundliche Auslegung des *individual rights approach*, die die Bedeutung von Section 92 für den einzelnen und die Errichtung eines integrierten australischen Marktes auf Kosten anderer sozialer Interessen betont.[275] Vor diesem Hintergrund überrascht es nicht, daß er die Vorschriften des *Marketing of Primary Products Act* 1958 (Vic) nicht mehr als erlaubte Regulierung, sondern als Verbot des *interstate trade and commerce* einstufte.

Wie schon in der *NEDCO*-Entscheidung blieb *Barwicks* umfassende Interpretation der Section 92, die den Sektor „erlaubte Regulierung" verengt, nicht unwidersprochen. Insbesondere Justice *Mason* hob noch einmal hervor, daß Section 92 vorwiegend öffentlichen Interessen dient. Es treffe nicht zu, daß die Norm von einer Gesellschaft ausgehe, die lediglich im Interesse derer reguliert werde, die sich im *interstate trade and commerce* betätigen.[276] Aufgrund dessen

---

[272] (1979) 145 CLR 1.

[273] Die Richtermehrheit setzte sich zusammen aus den Justices *Mason*, *Stephen*, *Gibbs* und *Murphy*. In der Minderheit blieben Chief Justice *Barwick* und Justice *Aickin*.

[274] *Permewan Wright Consolidated Pty Ltd v Trewhitt* (1979) 145 CLR 1, 17, *Gibbs* J, 22, *Stephen* J und 34, *Mason* J.

[275] Siehe nur *Permewan Wright Consolidated Pty Ltd v Trewhitt* (1979) 145 CLR 1, 11, *Barwick* CJ: „ ... *the individual freedom to trade interstate is itself paramount and not required to yield to some actual or supposed public interest ... which is in its nature incompatible with that freedom.*"

[276] *Permewan Wright Consolidated Pty Ltd v Trewhitt* (1979) 145 CLR 1, 36, *Mason* J.

hielt *Mason* die fraglichen viktorianischen Normen für eine vernünftige und damit erlaubte Regulierung des zwischenstaatlichen Handels mit Eiern.

Auch Justice *Stephen* ging von einem solch engen Verständnis der Section 92 aus. Er stellte zwei Kategorien erlaubter Regulierung des *interstate trade and commerce* auf: Als vernünftige Regulierung seien zunächst diejenigen Normen einzuordnen, die dem *interstate trade and commerce* selbst und denen zum Vorteil gereichen, die sich in diesem Feld betätigen. Darüber hinaus werde das Ausmaß der durch Section 92 gewährleisteten Freiheit durch die Interessen der gesamten Gemeinschaft bestimmt. *Interstate trade and commerce* müsse sich mit anderen Interessen der Gemeinschaft arrangieren; die Existenz des zwischenstaatlichen Handels selbst hänge nicht zuletzt vom Wohlbefinden der Gemeinschaft ab.[277] Abgesehen von der öffentlichen Gesundheit existiere eine ganze Vielzahl von Bereichen, in denen *interstate trade and commerce* im öffentlichen Interesse reguliert werden könne.[278] Die hier zu untersuchenden Normen schränkten den zwischenstaatlichen Handel mit Eiern nicht mehr ein, als es der Schutz des Konsumenten erfordere. Auch werde der zwischenstaatliche Handel seiner Ansicht nach nicht diskriminiert. Justice *Stephen* gesteht zwar ein, daß man vorliegend ein identisches Schutzniveau mit weniger einschneidenden Mitteln hätte erreichen können. Doch gelte es, die Entscheidung des Gesetzgebers zu respektieren, solange sie nicht „*clearly unreasonable*“ sei.[279] Er räumt der legislativen Gewalt insoweit einen weiten Beurteilungsspielraum ein.

Die Justices *Mason* und *Stephen* befürworteten also eine eingeschränkte Spielart des *individual rights approach*. Ihr Verständnis läßt erlaubter Regulierung des *interstate trade and commerce* – und damit auch dezentraler Entscheidungsautonomie – deutlich mehr Raum als die Auslegung des Chief Justice *Barwick*.

f. *Uebergang v Australian Wheat Board*

Die sich immer deutlicher abzeichnenden Divergenzen der Richter des High Court im Hinblick auf den Umfang der zulässigen Regulierung des *interstate trade and commerce* kamen ferner in der Entscheidung *Uebergang v Australian Wheat Board*[280] zum Ausdruck.[281] In diesem Fall ging es – einmal mehr –

[277] *Permewan Wright Consolidated Pty Ltd v Trewhitt* (1979) 145 CLR 1, 26, *Stephen* J.
[278] *Permewan Wright Consolidated Pty Ltd v Trewhitt* (1979) 145 CLR 1, 27, *Stephen* J.
[279] *Permewan Wright Consolidated Pty Ltd v Trewhitt* (1979) 145 CLR 1, 30, *Stephen* J.
[280] (1980) 145 CLR 266; siehe in diesem Zusammenhang auch *Clark King & Co Pty Ltd v Australian Wheat Board* (1978) 140 CLR 120.
[281] *Winterton/Lee/Glass/Thomson*, Australian Federal Constitutional Law, S. 455.

darum, ob und gegebenenfalls welche Marketing Boards mit Section 92 vereinbar sind. Bund und Gliedstaaten hatten im Wege des *Complementary*-Verfahrens[282] das sog. *Australian Wheat Board* errichtet, das jeglichen in Australien wachsenden Weizen aufkaufte. Nur diese staatliche Stelle war berechtigt, den Weizen zu vertreiben. Im Gegenzug zahlte sie den Weizenbauern einen Standardpreis. Etwaige Preisschwankungen auf dem nationalen und internationalen Weizenmarkt berührten australische Farmer daher nicht.[283]

Die Richter konnten sich nicht über die Tragweite erlaubter Regulierung des *interstate trade and commerce* einigen. Umstritten war insbesondere, ob ein öffentliches Interesse dieses zwingende *marketing scheme* rechtfertigt.

Chief Justice *Barwick* und Justice *Aickin* waren der Ansicht, das Marketing Board sei grundsätzlich als Verbot im Sinne des Regulierung-Verbots-Tests einzuordnen. Es verstoße damit gegen Section 92. Die Teilnahme des Individuums am zwischenstaatlichen Handel sei durch die in Rede stehenden Regelungen völlig unterbunden. Nur in außergewöhnlichen Situationen ließe sich die Errichtung eines solchen Monopols rechtfertigen.[284]

Barwick wollte von dieser extremen Auffassung hilfsweise abweichen, falls seine Richterkollegen nicht mit ihm übereinstimmen. Für diesen Fall ließ er es – wie die Justices *Gibbs* und *Wilson*[285] – genügen, daß das Marketing Board die einzig praktische und vernünftige Methode ist, um die Freiheit des zwischenstaatlichen Handels mit Weizen zu gewährleisten.[286] Aber auch *Gibbs* und *Wilson* unterstrichen, ihr Ansatz toleriere nur in seltenen Ausnahmefällen Monopolisierungen im zwischenstaatlichen Handel.[287]

Die Justices *Mason* und *Stephen* vertraten in dieser Entscheidung erneut ein weitreichendes Verständnis von Regulierung. Sie ließen es ausreichen, daß die Errichtung eines Marketing Boards einer von mehreren praktischen und vernünftigen Wegen ist, *interstate trade and commerce* mit Weizen zu regulieren. Dabei sei der praktische Aspekt aus der Sicht derjenigen zu beurteilen,

---

[282] Dazu schon oben Teil 2, § 2, I., 2.

[283] Der High Court traf in diesem Fall keine Entscheidung in der Sache, da er der Auffassung war, daß der Sachverhalt noch weiterer Aufklärung bedarf.

[284] *Uebergang v Australian Wheat Board* (1980) 145 CLR 266, 282, *Barwick* CJ und 316, *Aickin* J.

[285] *Uebergang v Australian Wheat Board* (1980) 145 CLR 266, 301, *Gibbs* und *Wilson* JJ.

[286] *Uebergang v Australian Wheat Board* (1980) 145 CLR 266, 295, *Barwick* CJ.

[287] *Uebergang v Australian Wheat Board* (1980) 145 CLR 266, 301, *Gibbs* und *Wilson* JJ: „*The test remains a most stringent one, not likely to be satisfied except in exceptional circumstances.*"

die das Marketing Board verwalten. Hingegen befasse sich der Gesichtspunkt der Vernünftigkeit einer Methode „*with the adverse effect of the challenged law upon those whose activities in trade are affected by it, that adverse effect being weighed against the need which is felt for regulation in the interest of the public generally.*“[288]

Justice *Murphy* ging erneut seinen eigenen Weg.[289] Er meinte, Section 92 wolle nur diskriminierende fiskalische Belastungen des zwischenstaatlichen Handels verbieten. Solche seien in dem hier zu entscheidenden Sachverhalt nicht auszumachen, so daß kein Verstoß gegen Section 92 vorliege. Falls sein Ansatz keine Mehrheit bei den übrigen Richtern findet, wolle er sich dem Urteil der Justices *Mason* und *Stephen* anschließen.[290]

g. *Miller v TCN Channel Nine Pty Ltd*

Die Abkehr vom *individual rights approach* sollte sich in *Miller v TCN Channel Nine Pty Ltd*[291] weiter fortsetzen. Diese Entscheidung diente einigen Richtern als Plattform, um ihrer Unzufriedenheit mit der aktuellen Interpretation von Section 92 Ausdruck zu verleihen.

Justice *Mason* spielte dabei erneut eine tragende Rolle. Er meinte, der Gedanke des *laissez faire* werde überbewertet, falls man weiterhin am *individual rights approach* festhalte. *Mason* machte in seinem Votum unmißverständlich klar, der High Court solle den *individual rights approach* aufgeben. Er führte aus:

„*The judgments in that case demonstrate in convincing fashion that there is now no interpretation of s92 that commands the acceptance of a majority of the court. There is much to be said for the view that in this situation the court has the responsibility to undertake a fundamental reexamination of the section.*“[292]

In dieselbe Richtung ging auch Justice *Deane* in seinem Votum. Er bezeichnete die Rechtsprechung zu Section 92 als „*an area where the ordinary process of legal reasoning have had but a small part to play and where judicial exegesis*

---

[288] *Uebergang v Australian Wheat Board* (1980) 145 CLR 266, 306, *Stephen* und *Mason* JJ.

[289] Siehe dazu noch näher unten Teil 3, § 2, VI.

[290] *Uebergang v Australian Wheat Board* (1980) 145 CLR 266, 309, *Murphy* J.

[291] (1986) 161 CLR 556. Hier entschied der High Court, daß Section 92 die Ausstrahlung von Sendungen durch Fernsehanstalten schützt. Der zeitlich vorangehende Aufbau einer Fernsehstation falle hingegen noch nicht unter *interstate trade and commerce*.

[292] *Miller v TCN Channel Nine Pty Ltd* (1980) 161 CLR 556, 571, *Mason* J.

has tended to confuse rather than elucidate. Indeed, it is as if many voices of authority have been speaking differently at the same time with the result that, putting to one side some basic propositions, it is all but impossible to comprehend precisely what is that authority has said.“[293]

Im Juni 1987 – nur wenige Monate nach der Entscheidung *Miller v TCN Channel Nine Pty Ltd* – sollte sich die Gelegenheit ergeben, die Ära des *individual rights approach* (zumindest vorläufig) zu beenden: Die Verhandlungen in der Rechtssache *Cole v Whitfield* hatten begonnen.

VI. Justice *Murphys* enger *free trade approach*

Der oft eigenwillig agierende[294] Justice *Murphy* beteiligte sich nicht an der Kontroverse, welcher Spielart des *individual rights approach* denn nun zu folgen sei. Vielmehr entwickelte er seine eigene Interpretation der Section 92. In der Entscheidung *Buck v Bavone*[295] präsentierte er erstmals seinen extrem engen *free trade approach.* Demnach wolle „*absolutely free*“ im Sinne von Section 92 lediglich diskriminierende fiskalische Belastungen des *interstate trade and commerce* verbieten.[296] Ob eine solche Belastung vorliegt, sei anhand der praktischen Auswirkungen der fraglichen Maßnahme zu ermitteln. Es spiele keine Rolle, ob der zwischenstaatliche Handel unmittelbar oder lediglich mittelbar belastet wird.[297] Auch Erschwernisse der Warenproduktion fielen in den Schutzbereich der Norm. Sollte eine finanzielle Belastung auf den *interstate trade and commerce* abzielen, liegt ein Verstoß gegen Section 92 vor.[298]

---

[293] *Miller v TCN Channel Nine Pty Ltd* (1980) 161 CLR 556, 571, *Deane* J.

[294] Siehe *Campell*, (1996) 15 University of Tasmania Law Review 22 ff.; umfassend *Coper/Willliams*, Justice Lionel Murphy – Influential or Merely Prescient? (1997); *Ely/Ely*, Lionel Murphy: The Rule of Law (1986).

[295] (1976) 135 CLR 110. In dieser Entscheidung ging es um die Wirksamkeit von Normen des *Potato Marketing Act* 1948 (SA), die den Verkauf von Kartoffeln durch Farmer untersagten. Ein Verkauf war lediglich dann gestattet, wenn ein verkaufswilliger Bauer bei dem südaustralischen *Potato Board* registriert war. Herr *Bavone* versuchte nun, in eigener Regie - ohne die notwendige Registrierung - Kartoffeln in New South Wales zu vertreiben. Die Mehrheit der Richter des High Court entschied, daß zwar prima facie ein Verstoß gegen Section 92 vorliegt, die fraglichen Normen jedoch als erlaubte Regulierung einzuordnen seien.

[296] *Buck v Bavone* (1976) 135 CLR 110, 132 und 135, *Murphy* J. Diesen Ansatz vertrat *Murphy* auch in den Entscheidungen *HC Sleigh Ltd v South Australia* (1977) 136 CLR 475, 528; *Finemores Transport Pty Ltd v New South Wales* (1978) 139 CLR 338, 356 f.; *Bartter's Farms Pty Ltd v Todd* (1978) 139 CLR 499, 525; *Boyd v Carah Coaches Pty Ltd* (1979) 145 CLR 78, 101 ff.

[297] *Buck v Bavone* (1976) 135 CLR 110, 135, *Murphy* J.

[298] So deutlich in *Bartter's Farms Pty Ltd v Todd* (1978) 139 CLR 499, 525, *Murphy* J.

Justice *Murphy* begründete seinen Ansatz mit dem Wortlaut der Norm. Zudem berief er sich auf die Systematik der Bundesverfassung. Section 92 sei nur von Normen umgeben, die ausschließlich fiskalische Aspekte regeln. Insofern sei es fragwürdig, daß der Anwendungsbereich von Section 92 darüber hinausgehen soll.[299]

Ferner verwies er auf einen Aufsatz des ehemaligen Mitglieds des Privy Council *Lord Wright of Durley*. Dieser war zu dem Ergebnis gekommen, der Privy Council hätte den Fall *James v Commonwealth* seinerzeit falsch entschieden. Man habe Section 92 zu weit ausgelegt. Zutreffend sei vielmehr, daß Section 92 nur fiskalische Handelshemmnisse erfaßt.[300]

Schließlich argumentierte *Murphy*, selbst die Entscheidungsgründe des Privy Council in *James v Commonwealth* deuteten auf einen eingeschränkten Anwendungsbereich der Section 92 hin. Ihnen sei zu entnehmen, Section 92 wolle lediglich eine Freihandelszone in Australien errichten. Die Norm verleihe gerade kein individuelles Recht. Als Folge dieser ausufernden Interpretation von Section 92 habe der High Court erkennen müssen, daß *„absolutely free"* nicht frei von Ausnahmen sein kann, will man ein geordnetes Zusammenleben gewährleisten. Indem High Court und Privy Council mittels ihrer Rechtsprechung unpräzise Schranken[301] schufen, reduzierten sie de facto den Wortlaut von *„absolutely free"* auf *„relatively free"*.[302]

Murphy ließ den Einwand nicht gelten, das Verbot fiskalischer Diskriminierungen könne leicht umgangen werden, indem man nichtfiskalische Handelshemmnisse errichte. Der Bund könne nämlich nichtfiskalische Handelshemmnisse in eigener Regie beseitigen; Section 92 stehe einer solchen Regulierung nicht entgegen. Die seiner Ansicht nach weit auszulegende Section 51 Nr. 1

---

[299] *Buck v Bavone* (1976) 135 CLR 110, 135, *Murphy* J; so auch schon *Lord Wright of Durley*, (1954) 1 Sydney Law Review 145, 159.

[300] Siehe *Lord Wright of Durley*, (1954) 1 Sydney Law Review 145, 156 f.: *„[Section 92] ... is so limited that it cannot affect the general law, except on the narrow topic of fiscal affairs. Its scope is exhausted when it has excluded any operation of a fiscal character, it does not extend to operations which are not of a fiscal character. ... The idea of s 92 as a power in the air brooding and ready in the name of freedom to crush and destroy social and industrial or political experiments in Australian life ought, I think, to be exploded. In truth, as I said, s 92 is both pedestrian and humble, though very essential from the point of view of the founders of the Constitution who wished to establish internal inter-state free trade in fiscal matters for all time."*

[301] *Buck v Bavone* (1976) 135 CLR 110, 135, *Murphy* J: *„The tests are so obscure that (like the prophesies of the Oracle at Delphi) they can generally be shown to agree with any outcome."*

[302] *Buck v Bavone* (1976) 135 CLR 110, 135 f., *Murphy* J.

sowie die *corporations power* der Section 51 Nr. 20 verliehen dem Bund die hierfür notwendige Regelungskompetenz.[303]

Justice *Murphy* verwahrte sich auch gegen die Kritik, sein Ansatz ignoriere sämtliche Präzedenzfälle zu Section 92. Er konterte: „*The doctrine of stare decisis should not be applied to continue the effect of reasoning which has made the state and federal Parliaments almost impotent in the fields of social and economic importance. The task is to apply the Constitution, not the judicial decisions.*“[304]

Obwohl Justice *Murphy* die übrigen Richter des High Court nie von seiner extremen Auffassung überzeugen konnte, ist es nicht zuletzt sein Verdienst, daß der *free trade approach* wieder diskutiert wurde.[305] Auch er trug mithin dazu bei, daß der High Court den *individual rights approach* in *Cole v Whitfield* schließlich aufgab.

---

303 *Buck v Bavone* (1976) 135 CLR 110, 137, *Murphy* J.
304 *Buck v Bavone* (1976) 135 CLR 110, 137, *Murphy* J.
305 *Coper*, Freedom of Interstate Trade under the Australian Constitution, S. 273.

§ 3 Fazit

Die Rechtsprechung zu Section 92 durchlief zahlreiche Phasen. Versuche, aus der Entstehungsgeschichte der Norm sichere Hinweise auf die exakte Tragweite der Norm zu entnehmen, blieben ohne Erfolg. Der High Court verfolgte nicht immer eine klare Linie, weil die Richter sich nicht darüber einigen konnten, ob Section 92 im Lichte des restriktiven *free trade approach* oder des warenverkehrsfreundlichen *individual rights approach* auszulegen ist. Hinzu kam, daß einzelne Richter unterschiedliche Lesarten des *free trade* und *individual rights approach* vertraten. Insofern hing das Entscheidungsergebnis in vielen Fällen von der personellen Besetzung des High Court ab. Die Mehrheiten wechselten ständig und einflußreiche Richterpersönlichkeiten konnten Section 92 ihren Stempel aufdrücken.

Selbst nachdem sich der Privy Council 1949 im *Bank Nationalisation* Case für den *individual rights approach* entschieden hatte, ließen die beiden recht unbestimmten Schranken „erlaubte Regulierung" und „unmittelbare Belastung" des zwischenstaatlichen Handels den Gliedstaaten genügend Raum, um ihre Allgemeininteressen zu Lasten des freien Warenverkehrs durchzusetzen. Die Richter bedienten sich verschiedener Ansatzpunkte, um den *interstate trade and commerce* bei der unumgänglichen Interessenabwägung einmal mehr, einmal weniger zu beschränken. Im Vordergrund standen der Umfang des Begriffs „*interstate trade and commerce*", die Frage, welche Auswirkungen von Normen auf den *interstate trade and commerce* noch zu berücksichtigen sind, sowie die Funktion von Section 92. Über diese Hebel konnte sich der *individual rights approach* mit seinen Ergebnissen dem *free trade approach* annähern oder sich von ihm entfernen. In den achtziger Jahren bewegte sich der High Court wieder deutlich auf den *free trade approach* zu. Nicht ganz unerwartet sollte der High Court 1988 mit der Entscheidung *Cole v Whitfield*[306] die fast vierzig Jahre währende Dominanz des *individual rights approach* beenden.

[306] (1988) 165 CLR 360.

Teil 4: Negative Integration im australischen Markt durch Section 92 – Die aktuelle Rechtsprechung

In diesem Abschnitt wird anhand der einschlägigen Urteile des High Court die aktuelle Rechtsprechung zu Section 92 dargestellt, zusammengefaßt und analysiert. Schließlich werden noch offene Fragen angesprochen.

§ 1 *Cole v Whitfield* und die Folgeurteile

Die aktuelle Interpretation von Section 92 spiegeln die folgenden vier Entscheidungen des High Court wider:

(1) *Cole v Whitfield* (1988) 165 CLR 360;
(2) *Bath v Alston Holdings Pty Ltd* (1988) 165 CLR 411;
(3) *Castlemaine Tooheys Ltd v South Australia* (1990) 169 CLR 436 und
(4) *Barley Marketing Board (NSW) v Norman* (1990) 171 CLR 182.

I. Die Wende: *Cole v Whitfield*

Die letzte gravierende Richtungsänderung hinsichtlich der Interpretation von Section 92 vollzog der High Court im Jahr 1988 in seinem epochalen Urteil *Cole v Whitfield*[1]. In dieser Entscheidung legte der High Court den Grundstein für die immer noch aktuelle Auslegung der Section 92. Die drei weiteren Entscheidungen des High Court zu Section 92 präzisierten und ergänzten den neuen Ansatz.

1. Hintergrund der Entscheidung *Cole v Whitfield*

Schon lange vor *Cole v Whitfield* konnte man mehreren Indizien entnehmen, daß der High Court seine Rechtsprechung zu Section 92 bei der nächsten Gelegenheit überdenken werde.[2] Zehn Jahre vor *Cole v Whitfield* forderten die Justices *Mason* und *Jacobs* in *Finemores Transport Pty Ltd v New South Wales* eine Rückkehr zum *free trade approach*.[3] Wie bereits gesehen, setzte sich diese Tendenz fort in den Entscheidungen *Uebergang v Australian Wheat Board*[4] und

---

[1] (1988) 165 CLR 360.
[2] Siehe dazu schon *Coper*, (1984) 58 Australian Law Journal 92, 93 f.
[3] *Finemores Transport Pty Ltd v New South Wales* (1978) 139 CLR 338, 352, *Mason* J und 354, *Jacobs* J; zu dieser Entscheidung auch schon oben Teil 3, § 2, V., 2., c.
[4] (1980) 145 CLR 266.

Miller v TCN Channel Nine Pty Ltd[5].[6] In der letztgenannten Entscheidung aus dem Jahr 1986 monierten die Justices *Deane* und *Mason* die immensen Schwierigkeiten, eine stringente Interpretation der Norm zu finden.[7] *Deane* kam zu dem Ergebnis: „*[S]omewhere along the line, things have gone wrong.*“[8] *Coper* beschreibt die Zeit kurz vor *Cole v Whitfield* treffend, indem er ausführt: „*The law was only superficially settled, and the best advice at the time could not fail to note that change was in the air.*“[9]

Zunnehmend kritisiert wurde die „*privileged position*“[10] und „*preferential immunity*“[11], die zwischenstaatlich operierende Händler aufgrund des *laissez faire approach* und der damit einhergehenden umgekehrten Diskriminierung für sich in Anspruch nehmen konnten. Es sei „*unfair*“[12], daß sich diese Personen – anders als die lediglich innerstaatlich agierenden Händler – auf Section 92 berufen können, um sich auf diese Weise von Belastungen ihrer geschäftlichen Tätigkeiten durch allgemeine Vorschriften zu befreien.[13] Rufe nach Gleichbehandlung von *inter-* und *intrastate trade and commerce* und der damit einhergehenden Abschaffung der Privilegien der „*interstate trader*“ wurden lauter. Section 92 – so die Kritiker – verfolge nicht das Ziel, zwischenstaatlich operierende Händler und Industrien gegenüber den nur innerstaatlich Tätigen zu bevorzugen.[14]

---

[5] (1986) 161 CLR 556.

[6] Siehe oben Teil 3, § 2, V., 2., f. und g.

[7] (1986) 161 CLR 556, 571, *Mason* J sowie 615 f. und 619, *Deane* J; siehe dazu näher oben Teil 3, § 2, V., 2., g.; siehe auch *Temby*, (1984) 58 Australian Law Journal 86: „*No one knows the law, in the sense of being able to predict with confidence what the High Court will do in fact. This is an unsatisfactory state of affairs.*“

[8] *Miller v TCN Channel Nine Pty Ltd* (1986) 161 CLR 556, 618.

[9] *Coper*, in: Lee/Winterton, Australian Constitutional Perspectives, S. 129, 130; siehe auch *ders.*, Crayfish and Credit Unions, S. 6: „*There was tremendous pressure for change. The existing state of the law was highly confusing, with past decisions hard to reconcile and future decisions hard to predict. It gave anomalous protection to interstate traders over intra-state traders, and it encouraged artificial commercial arrangements such as 'border-hopping'. ... Most importantly, it was becoming apparent that the earlier law, in departing the historical context and intention of section 92, was fundamentally wrong.*“

[10] So schon in *Finemores Transport Pty Ltd v New South Wales* (1978) 139 CLR 338, 352, *Mason* J.

[11] *Miller v TCN Channel Nine Pty Ltd* (1986) 161 CLR 556, 618, *Deane* J.

[12] *Miller v TCN Channel Nine Pty Ltd* (1986) 161 CLR 556, 619, *Deane* J.

[13] *Solomon*, The Political High Court, S. 159 f.; *Lane*, (1988) 62 Australian Law Journal 604, 605.

[14] *Lane*, Commentary on the Australian Constitution, S. 694; *ders.*, (1988) 62 Australian Law Journal 604, 605.

Im übrigen führe die weite Auslegung von Section 92 zu enormen Schwierigkeiten, wenn Regelungen, die den zwischenstaatlichen Handel in irgendeiner Form berühren, erlassen oder bereits bestehende geändert werden sollen.[15] Der Bund und vor allem die Gliedstaaten sahen sich mit einer beträchtlichen Einschränkung ihrer Regelungsgewalt für *trade and commerce* konfrontiert.[16]

2. Sachverhalt und Ergebnis

In der *Cole v Whitfield* ging es um folgendes: Die sog. *Sea Fisheries Regulations* 1962 des Gliedstaates Tasmanien, die aufgrund von Section 9 *Fisheries Act* 1959 (Tas) erlassen wurden, verbieten in reg. 31 Abs. 1 lit. d) das Annehmen, Ankaufen, Verkaufen, Anbieten oder Ausstellen zum Verkauf, den Besitz oder die Kontrolle von Flußkrebsen, die eine bestimmte Mindestgröße und damit einhergehend ein gewisses Mindestalter noch nicht überschritten haben. Diese Vorschrift soll den Bestand von Flußkrebsen in Tasmanien schützen. In South Australia sind vergleichbare Vorschriften in Kraft. Aufgrund der abweichenden klimatischen Bedingungen befand der südaustralische Gesetzgeber indes, eine geringere Mindestgröße als die in Tasmanien geltende reiche aus, um die einheimische Flußkrebspopulation wirksam zu schützen.

Herr *Whitfield*, der Manager einer Flußkrebsfarm, importierte südaustralische Flußkrebse nach Tasmanien. Diese Krebse wiesen alle die in South Australia vorgeschriebene Mindestgröße auf, lagen aber teilweise unter der in Tasmanien geltenden. Herr *Cole*, der Senior Inspector der Tasmanian Fisheries Development Authority, warf nun dem Importeur vor, er habe gegen die zitierte tasmanische Vorschrift verstoßen. *Whitfield* wandte ein, diese gliedstaatliche Norm sei mit Section 92 nicht vereinbar.

Das erstinstanzliche Gericht entschied im Sinne *Whitfields*. Der daraufhin angerufene Supreme Court of Tasmania legte den Fall gemäß Section 40 *Judiciary Act* 1903 (Cth) dem High Court vor. Die Richter des High Court urteilten einstimmig, Section 92 sei nicht verletzt. Sie hoben das erstinstanzliche Urteil auf und verwiesen den Rechtsstreit zurück an den Supreme Court of Tasmania.

---

[15] *Lane*, (1988) 62 Australian Law Journal 604, 605.
[16] *Howard*, (1988) 16 Melbourne University Law Review 852.

3. Entwicklung des neuen Ansatzes

Der High Court argumentierte, Section 92 ziele darauf ab, Protektionismus in all seinen Erscheinungsformen zu beseitigen. Die Vorschrift wolle diejenigen Maßnahmen verbieten, die zwischenstaatlichen *trade and commerce* diskriminieren und dabei den Zweck oder Effekt aufweisen, innerstaatlichen Handel gegen Wettbewerb aus anderen Staaten zu schützen. Section 92 gewährleiste „*freedom from discriminatory burdens in the protectionist sense.*"[17] In den Anwendungsbereich von Section 92 fallen nicht nur protektionistische Diskriminierungen des zwischenstaatlichen Handels, die sich schon aus dem Wortlaut der jeweiligen Vorschrift entnehmen lassen, sondern auch faktische Diskriminierungen der genannten Art. Als Beleg für diesen weiten Anwendungsbereich der Norm zitiert der High Court den sog. *NEDCO* Case[18] aus dem Jahr 1975, auf den bereits oben[19] näher eingegangen wurde.[20] Bereits in dieser Entscheidung vertrat der High Court, der Anwendungsbereich von Section 92 erfasse formelle und materielle Diskriminierungen gleichermaßen.

Die neue Interpretation leitete der High Court zunächst aus den nicht eindeutigen[21] Materialien zu Section 92 ab. Er ließ sich darüber hinaus von allgemeinen politischen und wirtschaftlichen Erwägungen leiten, die Ende des 19. Jahrhunderts vorherrschten.[22] Das Gericht schloß, Section 92 gehe auf den Gedanken des *free trade* zurück. Die Gründungsväter wollten den Freihandel im damals neu errichteten Commonwealth of Australia gewährleisten, indem sie Section 92 in die Bundesverfassung aufnahmen. Bund und Gliedstaaten sollten daran gehindert werden, den Verkehr von Waren und Personen über gliedstaatliche Grenzen hinweg zu behindern oder gar ganz zu unterbinden.[23] All denjenigen, die im Handel tätig sind, müssen daher die gleichen Rechte verliehen werden. Keine Rolle dürfe es spielen, ob sich Handelsaktivitäten auf das Gebiet eines einzelnen Gliedstaates beschränken, oder ob sie grenzüberschreitenden

---

[17] *Cole v Whitfield* (1988) 165 CLR 360, 407 f.

[18] *North Eastern Dairy Co Ltd v Dairy Industry Authority of New South Wales* (1975) 134 CLR 559.

[19] Siehe oben Teil 3,. § 2, V., 2., d.

[20] *Cole v Whitfield* (1988) 165 CLR 360, 399 f.

[21] So *Zines*, The High Court and the Constitution, S. 136; *Hanks/Cass*, Australian Constitutional Law, S. 806 ff. und bereits oben Teil 3, § 1.

[22] Zum methodischen Vorgehen des High Court kritisch *Schoff*, (1994) 5 Public Law Review 253 ff. und *McCamish*, (1996) 70 Australian Law Journal 638 ff.; siehe auch *Lane*, Commentary on the Australian Constitution, S. 696 unter Verweisung auf den *Engineers*-Case (1920) 28 CLR 129.

[23] *Cole v Whitfield* (1988) 165 CLR 360, 391 f.

Charakter haben. Handelshemmnisse, die durch gliedstaatlichen Protektionismus hervorgerufen werden, seien zu beseitigen.[24]

In deutlichen Worten wies der High Court damit den *laissez faire approach* zurück, der die Auslegung von Section 92 seit der Entscheidung *Australian National Airways Pty Ltd v Commonwealth*[25] aus dem Jahr 1945 dominiert hatte. Die Privilegien der *interstate trader* waren mit der *Cole*-Entscheidung abgeschafft.

Die Handelshemmnisse, die Section 92 eliminiert, können laut High Court sowohl tarifärer als auch nichttarifärer Natur sein. Section 92 soll nicht nur etwaige Grenzzölle, sondern auch diskriminierende Frachtgebühren im öffentlichen Schienenverkehr oder anderweitige diskriminierende Belastungen unterbinden.[26] Der High Court erteilte der Ansicht von Justice *Murphy*[27], der den Anwendungsbereich von Section 92 auf Handelshemmnisse fiskalischer Natur beschränken wollte,[28] eine klare Absage.[29] Obwohl insbesondere die Systematik der Bundesverfassung *Murphys* Interpretation stützt, sprächen vor allem praktische Gründe gegen eine derart enge Auslegung. Lokaler Handel und lokale Industrien könnten durch nichtfiskalische Maßnahmen genauso stark beeinträchtigt werden wie durch Maßnahmen rein fiskalischer Natur.[30]

Interessanterweise nahm der High Court, nachdem er sich mit einigen seiner früheren Entscheidungen zu Section 92 auseinandergesetzt hatte,[31] auch Bezug auf die Rechtsprechung des US-amerikanischen Supreme Court zur *commerce clause*. Apodiktisch stellt er fest, daß diese Judikate für die aktuelle Interpretation von Section 92 keine nennenswerten Hinweise geben können.[32]

---

[24] *Cole v Whitfield* (1988) 165 CLR 360, 391 f., 394 und 407; bestätigt in *Capital Duplicators v Australian Capital Territory (No. 1)* (1992) 177 CLR 248, 274, *Brennan*, *Deane* und *Toohey* JJ.

[25] (1945) 71 CLR 29; dazu schon oben Teil 3, § 2, IV., 2., c., aa.

[26] *Cole v Whitfield* (1988) 165 CLR 360, 393 und 408 f.

[27] Siehe oben Teil 3, § 2, VI.

[28] Beispielsweise vertreten in *Buck v Bavone* (1976) 135 CLR 110, 132 ff., *Murphy* J; näher dazu oben Teil 3, § 2, VI. m.w.N.

[29] *Cole v Whitfield* (1988) 165 CLR 360, 407; *Lane*, Commentary on the Australian Constitution, S. 696 Fn. 27; *Carney*, (1991) 3 Bond Law Review 149, 153.

[30] *Cole v Whitfield* (1988) 165 CLR 360, 393 und 407; *Zines*, The High Court and the Constitution, S. 136; siehe auch die Ausführungen des Privy Council in *James v Commonwealth* (1936) 55 CLR 1, 36: „*There may be different and perhaps more drastic ways of interfering with freedom, as by restriction or partial or complete prohibition of passing into or out of the State.*"

[31] *Cole v Whitfield* (1988) 165 CLR 360, 397 ff.

[32] *Cole v Whitfield* (1988) 165 CLR 360, 405.

Dennoch erwähnte der High Court, daß sich seinerzeit Justice *Dixon* in der Entscheidung *Bank of New South Wales v Commonwealth*[33] auf die Ansicht des US-amerikanischen Justice *Frankfurter* in *Freeman v Hewitt*[34] berufen hatte, um seine weitreichende Auslegung von Section 92 im Sinne eines Beschränkungsverbotes zu stützen. Heutzutage sei die dort vertretene Auffassung des Supreme Court aber längst nicht mehr zeitgemäß. Sie sei vielmehr von einem engeren Ansatz abgelöst worden.[35]

Der High Court ging ferner auf die *criterion of operation*-Formel von Chief Justice *Dixon* ein.[36] Dieser Ansatz überzeuge nicht, da er sehr gekünstelt sei.[37] Es habe sich herausgestellt, daß seine Anwendung von erheblichen Rechtsunsicherheiten begleitet wird.[38] Ferner schütze diese Interpretation der Section 92 den *interstate trade and commerce* in zu starkem Ausmaß. Anstatt inner- und zwischenstaatlichen Handel gleich zu behandeln, werde letzterer ohne ersichtlichen Grund bevorzugt.[39] Außerdem befriedige diese Formel nicht das bestehende Bedürfnis nach Regulierung des inner- und zwischenstaatlichen Handels. Aus ihrer Entstehungsgeschichte sei nicht zu entnehmen, daß Section 92 wirtschaftsrechtliche Regelungen der Gliedstaaten und des Bundes unterbinden will, die nichtprotektionistischer Natur sind.[40]

Mehrere Passagen des Urteils konkretisieren den Begriff „Protektionismus" im Sinne der vom High Court verwandten Formel. Die Richter sprechen in diesem Zusammenhang von *„the protection of domestic industries against foreign competition…"*, *„[measures which have] the effect of conferring protection on intrastate trade and commerce of the same kind"* sowie *„protection of domestic industry"*.[41] Protektionismus im Sinne der *Cole*-Entscheidung meint also, daß Industrien, die in einem australischen Gliedstaat angesiedelt sind, vor Wettbewerb geschützt werden, den zwischenstaatlich operierende Rivalen derselben Branche verursachen.[42]

---

[33] (1948) 76 CLR 1, 386 f.; dazu schon näher oben Teil 3, § 2, .IV., 2., c., bb.

[34] (1946) 329 US 249, 252.

[35] *Cole v Whitfield* (1988) 165 CLR 360, 469 mit Verweis auf die US-amerikanischen Entscheidungen *Complete Auto Transit v Brady* (1977) 430 US 274, 281; deutlich vor allem in *Hunt v Washington State Apple Advertising Commission* (1977) 432 US 333; *CTS Corp v Dynamics of America* (1987) 95 Law. Ed., (2d), 67, 84.

[36] Dazu schon oben Teil 3, § 2, V., 1., a.

[37] *Cole v Whitfield* (1988) 165 CLR 360, 401: *„The doctrine [i.e. the criterion of operation Test] is highly artificial."*

[38] *Cole v Whitfield* (1988) 165 CLR 360, 402.

[39] *Cole v Whitfield* (1988) 165 CLR 360, 402.

[40] *Cole v Whitfield* (1988) 165 CLR 360, 403.

[41] *Cole v Whitfield* (1988) 165 CLR 360, 392 ff. und ähnlich 407 f.

[42] *Lane*, Commentary on the Australian Constitution, S. 696.

Weiterhin geht der High Court knapp auf eine Frage ein, die seine neue Interpretation zwangsläufig aufwerfen mußte. So ist zu berücksichtigen, daß der Bund gemäß Section 51 Nr. 1 nur den *interstate trade and commerce* regulieren kann, während die Gliedstaaten regelmäßig den innerstaatlichen Handel normieren.[43] Section 51 Nr. 1 bewirkt also, daß der zwischenstaatliche Handel durch die Gesetzgebungstätigkeit des Bundes diskriminiert wird.[44]

Die Richter hielten es indes für sehr unwahrscheinlich, daß diskriminierende Regelungen des Commonwealth zugleich als protektionistisch im Sinne der *Cole*-Formel einzustufen sind. Es sei kaum vorstellbar, daß eine künftige Bundesgesetzgebung das Ziel verfolgt, den Markt eines bestimmten Gliedstaates vor der Konkurrenz aus anderen Gliedstaaten zu schützen. Dennoch sieht der High Court die grundsätzlich bestehende Möglichkeit, diskriminierende und zugleich protektionistische Bundesgesetze gestützt auf Section 51 Nr. 1 zu erlassen.[45] Derartige Normen verstießen gegen Section 92.[46] Die praktische Relevanz dieses föderalen Problems kann in den Augen des High Court jedoch entscheidend reduziert werden, indem Bund und Gliedstaaten bei ihren Gesetzgebungsvorhaben miteinander kooperieren und auf diese Weise einheitliche Regelungen für *intra-* und *interstate trade and commerce* im australischen Markt schaffen.[47]

Schließlich äußerte sich der High Court in *Cole v Whitfield* noch zu dem Verständnis von „*intercourse*" im Sinne von Section 92. Die Richter führten aus, die verfassungsmäßige Garantie des „*absolutely free trade and commerce*" sei strikt zu trennen vom „*absolutely free intercourse*". Zwischen beiden Freiheiten bestehe nach Ansicht des High Court kein Abhängigkeitsverhältnis. Die beiden Begriffe seien selbständig zu bestimmen. Aus der nun restriktiven Auslegung der „*freedom of trade and commerce*" könne nicht auf eine damit einhergehende Beschränkung der „*freedom of intercourse*" geschlossen werden.[48]

---

[43] Dazu näher bereits oben Teil 2, § 1, II., 2.

[44] *Cole v Whitfield* (1988) 165 CLR 360, 400 f.

[45] *Cole v Whitfield* (1988) 165 CLR 360, 399.

[46] *Joseph/Castan*, Federal Constitutional Law – A Contemporary View, S. 270 führen zutreffend aus, im übrigen reduziere Section 99 der Bundesverfassung die Wahrscheinlichkeit, daß Bundesregelungen *interstate trade and commerce* in relevanter Weise diskriminieren. Section 99 lautet: „*The Commonwealth shall not, by any law or regulation of trade, commerce, or revenue, give preference to one State or any part thereof over another State or any part thereof.*"

[47] *Cole v Whitfield* (1988) 165 CLR 360, 400; siehe dazu näher *Lane*, Commentary on the Australian Constitution, S. 699 ff.

[48] *Cole v Whitfield* (1988) 165 CLR 360, 387 f.

4. Anwendung des neuen Ansatzes auf die Fakten

Die Richter widmeten sich schließlich der hier entscheidungserheblichen Vorschrift der *Sea Fisheries Regulations* 1962 (Tas). Sie kommen zunächst zu dem Ergebnis, der Wortlaut der Norm weise keinerlei Anhaltspunkte für eine offene Diskriminierung des interstaatlichen *trade and commerce* auf.[49]

Daraufhin untersucht der High Court, ob eine faktische Diskriminierung des *interstate trade and commerce* durch die hier in Rede stehende Norm vorliegt. Zu diesem Zweck prüfen die Richter, ob die Belastungen für den *interstate trade and commerce* mit Flußkrebsen, die durch die relevante Vorschrift hervorgerufen werden, über das hinausgehen, was noch als vernünftiger Standard für den Flußkrebshandel betrachtet werden kann. Sollte diese Grenze tatsächlich überschritten werden, wäre laut High Court weiter zu fragen, ob diese Belastung des *interstate trade and commerce* zu einem Schutz des tasmanischen Handels mit Flußkrebsen führt.[50]

Die Richter kommen zu dem Ergebnis, daß reg. 31 Abs. 1 lit. d) *Sea Fisheries Regulations* 1962 (Tas) auf inner- und zwischenstaatlichen Handel gleichermaßen Anwendung findet. Insoweit verfolge die fragliche Norm keine diskriminierenden Zwecke.[51]

Darüber hinaus sei der Bestandsschutz der tasmanischen Flußkrebspopulation – einer laut High Court wertvollen Naturressource – das erklärte Ziel sowohl der hier entscheidungserheblichen Norm als auch derjenigen Vorschrift, die das Fangen von Flußkrebsen verbietet, die die geforderte Mindestgröße noch nicht erreicht haben. Das Gericht räumt zwar ein, die tasmanische Flußkrebsindustrie werde durch reg. 31 Abs. 1 lit. d) *Sea Fisheries Regulations* 1962 (Tas) in gewisser Weise geschützt und der *interstate trade and commerce* dadurch belastet. Dieser Schutz gehe aber letztendlich nicht so weit, daß der tasmanischen Flußkrebsindustrie oder dem innerstaatlichen *trade and commerce* mit Flußkrebsen ein Wettbewerbs- oder Marktvorteil gegenüber importierten Flußkrebsen oder dem Handel mit solchen Tieren eingeräumt wird. Eine protektionistische Diskriminierung des *interstate trade and commerce* im Sinne der *Cole*-Formel liege somit nicht vor.[52]

Der High Court fügt noch den folgenden, im Hinblick auf spätere Entscheidungen wichtigen Passus hinzu: Ein Verstoß gegen Section 92 liege selbst dann

---

[49] *Cole v Whitfield* (1988) 165 CLR 360, 409.
[50] *Cole v Whitfield* (1988) 165 CLR 360, 409.
[51] *Cole v Whitfield* (1988) 165 CLR 360, 409.
[52] *Cole v Whitfield* (1988) 165 CLR 360, 409.

nicht vor, wenn man der Ansicht sei, die tasmanischen Vorschriften geben der einheimischen Flußkrebsindustrie einen Wettbewerbsvorteil, weil sie diejenigen importierten Flußkrebse vom lokalen Markt verbannen, die die notwendige Mindestgröße nicht erreichen. Die hier fragliche tasmanische Vorschrift auch auf aus anderen australischen Staaten importierte Flußkrebse anzuwenden, sei ein notwendiges Mittel, um das Verbot des Fangens zu kleiner Flußkrebse in Tasmanien wirksam durchzusetzen.[53] Die tasmanischen Behörden müßten sich aus praktischen Gründen darauf beschränken, Flußkrebsimporte mittels Stichproben zu untersuchen. Einheimische und aus South Australia importierte Flußkrebse ließen sich nicht voneinander unterscheiden.[54] Letztendlich – so der High Court – liege keine diskriminierende und protektionistische Belastung des *interstate trade and commerce* im Sinne der *Cole*-Formel vor.

II. Die Bestätigung: *Bath v Alston Holdings Pty Ltd*

Nur wenige Wochen nach *Cole v Whitfield* fällte der High Court mit *Bath v Alston Holdings Pty Ltd* ein weiteres Urteil zu Section 92.[55] Es sollten bereits die ersten Schwierigkeiten bei der Anwendung der *Cole*-Formel auftreten.

1. Sachverhalt und Ergebnis

Der Entscheidung liegt folgender Sachverhalt zugrunde: Der *Business Franchise (Tobacco) Act* 1974 (Vic) bestimmte, daß Einzel- und Großhändler Tabakprodukte nur mit entsprechender Lizenz in Victoria verkaufen dürfen. Die zu entrichtende Lizenzgebühr für Einzel- und Großhändler entsprach – abgesehen von einer geringen Mindestgebühr – grundsätzlich 25 % des Wertes derjenigen Tabakwaren, den potentielle Lizenznehmer in einem gewissen vorangehenden Zeitraum verkauft hatten.[56] Bei der Berechnung der Lizenzgebühren für Einzelhändler blieb jedoch der Wert bestimmter Tabakprodukte unberücksichtigt. So wurde gemäß Section 10 Abs. 1 lit. c) und d) *Business Franchise (Tobacco) Act* 1974 (Vic) der Wert derjenigen Tabakprodukte nicht in die Berechnung miteingestellt, die Einzelhändler von lizenzierten viktorianischen Großhändlern erworben hatten. Diese Waren blieben außen vor, weil die Großhändler bereits die ad valorem-Gebühr für die von ihnen verkauften Tabakprodukte entrichtet hatten, um ihre eigene Lizenz zu erhalten. Eine zweite finanzielle Belastung des Produkts auf Einzelhändlerebene konnte damit ent-

---

[53] *Cole v Whitfield* (1988) 165 CLR 360, 409.
[54] *Cole v Whitfield* (1988) 165 CLR 360, 409 f.
[55] (1988) 165 CLR 411.
[56] Section 10 Abs. 1 *Business Franchise (Tobacco)* Act 1974 (Vic).

fallen.[57] Diese zweistufige Methode sollte vor allem einer effizienten Verwaltung dienen. Während es in Victoria unzählige Tabakeinzelhändler gab, war die Zahl der Großhändler überschaubar gering. Es war somit wesentlich ökonomischer, die Gebühren bei den Großhändlern anstatt bei den Einzelhändlern zu erheben.

Die Beklagte *Alston Holdings Pty Ltd* war im Tabakeinzelhandel tätig. Das Unternehmen erwarb von einem Großhändler aus Queensland Tabakprodukte im Wert von über $ 26.000 und verkaufte sie an Endverbraucher in Victoria. Als *Alston Holdings Pty Ltd* ihre Einzelhändlerlizenz erwerben wollte, berechnete Frau *Bath*, der Victorian Commissioner of Business Franchises, die ad valorem-Gebühr unter Berücksichtigung des Wertes der in Queensland gekauften Produkte. Dagegen wandte sich *Alston Holdings Pty Ltd*, indem sie sich unter anderem auf Section 92 berief.

Es kam zu einem Verfahren vor dem Supreme Court of Victoria, der die Rechtssache schließlich gemäß Section 40 *Judiciary Act* 1903 (Cth) an den High Court verwies. Mit der denkbar knappen Mehrheit von vier zu drei Richterstimmen[58] entschied der High Court, Section 10 Abs. 1 lit. c) und d) *Business Franchise (Tobacco) Act* 1974 (Vic) verstoße gegen Section 92.

2. Begründung der Richtermehrheit

Die Mehrheit der Richter legte ihren Ausführungen die *Cole*-Formel zugrunde. Sie prüfte also, ob Section 10 Abs. 1 lit. c) und d) *Business Franchise (Tobacco) Act* 1974 (Vic) eine protektionistische Diskriminierung aufweist.

Da der Wert der in Victoria erworbenen Tabakprodukte bei der Berechnung der ad valorem-Gebühr außer Betracht bleibt, diskriminiere die streitgegenständliche Regelung prima facie den *interstate trade and commerce*; es liege eine offene Diskriminierung vor. Einzelhändler, die ihre Tabakwaren von Großhändlern beziehen, die ihre Niederlassungen außerhalb Victorias haben, müßten aufgrund der gewählten Berechnungsmethode höhere Lizenzgebühren ent-

---

[57] Es liegt auf der Hand, daß diese Lizenzgebühr die Funktion einer gliedstaatlichen Verbrauchssteuer übernehmen sollte. Diese Vorgehensweise der Gliedstaaten wurde gleich in mehreren Entscheidungen des High Court gebilligt, obwohl Section 90 den Gliedstaaten grundsätzlich das Recht abspricht, derartige Steuern zu erheben. Siehe dazu näher und mit ausführlichen Rechtsprechungsnachweisen *Bath v Alston Holdings Pty Ltd* (1988) 165 CLR 411, 424, *Mason* CJ, *Brennan*, *Deane* und *Gaudron* JJ.

[58] Die Richtermehrheit bestand aus Chief Justice *Mason* sowie den Justices *Brennan*, *Deane* und *Gaudron*; in der Minderheit blieben die Justices *Wilson*, *Dawson* und *Toohey*.

richten als Einzelhändler, die ihren Bedarf lediglich bei in Victoria ansässigen Großhändlern decken.[59]

Nach Ansicht der Richtermehrheit ist diese Diskriminierung in formeller und materieller Hinsicht als protektionistisch im Sinne der *Cole*-Formel einzustufen. Die Regelung sei schon aus formellen Gesichtspunkten protektionistisch, weil Section 10 Abs. 1 lit. c) und d) *Business Franchise (Tobacco) Act* 1974 (Vic) als maßgebliches Kriterium für die Nichtberücksichtigung bei der Berechnung der ad valorem-Gebühr für Einzelhändler bestimmt, daß das Tabakprodukt in Victoria bei einem lizenzierten Großhändler erworben wurde.[60]

In materieller Hinsicht sah die Richtermehrheit die Norm insbesondere deshalb als protektionistisch an, weil nichtviktorianische Tabakgroßhändler samt ihrer Produkte möglicherweise vergleichbaren oder sogar höheren finanziellen Belastungen in ihren Heimatstaaten ausgesetzt sein könnten. Durch die noch hinzukommenden Belastungen in Victoria drohe diesen Produkten der vollständige Ausschluß vom viktorianischen Markt.[61] Selbst wenn diese Großhändler in ihren jeweiligen Heimatstaaten geringeren finanziellen Belastungen unterliegen sollten als in Victoria, bewirke die angegriffene Regelung den Verlust ihres Wettbewerbsvorteils gegenüber viktorianischen Produkten.[62] Die fraglichen Normen führten dazu, daß Tabakverkäufe von viktorianischen Großhändlern an viktorianische Einzelhändler vor Konkurrenten geschützt werden, die ihre Niederlassungen außerhalb Victorias haben.

Zudem wiesen die Richter das Argument zurück, das viktorianische Modell wolle nur gewährleisten, daß sämtliche in Victoria verkauften Tabakprodukte gleichmäßig mit viktorianischen Lizenzgebühren belastet werden. Mit Blick auf Section 92 sei zu untersuchen, ob die finanzielle Belastung auf alle hier relevanten Vorgänge ohne Rücksicht auf Herkunfts- oder Zielstaat angewendet wird. Dies sei vorliegend gerade nicht der Fall.[63]

---

[59] *Bath v Alston Holdings Pty Ltd* (1988) 165 CLR 411, 425 f., *Mason* CJ, *Brennan*, *Deane* und *Gaudron* JJ.

[60] *Bath v Alston Holdings Pty Ltd* (1988) 165 CLR 411, 425 f., *Mason* CJ, *Brennan*, *Deane* und *Gaudron* JJ.

[61] *Bath v Alston Holdings Pty Ltd* (1988) 165 CLR 411, 425 f., *Mason* CJ, *Brennan*, *Deane* und *Gaudron* JJ.

[62] *Bath v Alston Holdings Pty Ltd* (1988) 165 CLR 411, 425 f., *Mason* CJ, *Brennan*, *Deane* und *Gaudron* JJ.

[63] *Bath v Alston Holdings Pty Ltd* (1988) 165 CLR 411, 428 f., *Mason* CJ, *Brennan*, *Deane* und *Gaudron* JJ.

3. Begründung der Minderheit der Richter

Die Richter, die in der Minderheit blieben, stellen die *Cole*-Formel keineswegs in Frage. Sie kommen aber letztendlich zu dem Ergebnis, die relevanten Normen wiesen keine protektionistische Diskriminierung auf.

Die Minderheit kritisiert, die Richtermehrheit habe eine falsche Perspektive gewählt.[64] Sie beschränke sich zu Unrecht darauf, die praktischen Auswirkungen des *Business Franchise (Tobacco) Act* 1974 (Vic) lediglich auf der Ebene des viktorianischen Einzelhandels zu betrachten. Diese Sichtweise sei zu eng. Sie lasse vor allem unberücksichtigt, daß in Queensland niedergelassene Großhändler nicht die Lizenzgebühren entrichten müssen, die der *Business Franchise (Tobacco) Act* 1974 (Vic) vorsieht. Mithin können sie ihre Tabakprodukte viktorianischen Einzelhändlern zu Preisen anbieten, die derartige Belastungen nicht einkalkulieren müssen. Dieser Wettbewerbsvorteil werde dadurch kompensiert, daß ein viktorianischer Einzelhändler, der Produkte von einem nichtviktorianischen Großhändler erwirbt, diejenigen Lizenzgebühren bezahlt, die im Fall des rein innerstaatlichen Tabakankaufs schon der viktorianischen Großhändler hätte entrichten müssen.[65] Nach Ansicht der überstimmten Richter wolle die angegriffene Norm durch die Lizenzgebühr jeglichen in Victoria gehandelten Tabak unabhängig von seiner Herkunft einheitlich belasten. Die Vorschrift beabsichtige jedoch nicht, viktorianische Großhändler gegenüber außerstaatlichen Konkurrenten zu bevorzugen.[66]

Man könne im vorliegenden Fall nicht von Protektionismus zu Gunsten des rein viktorianischen *trade and commerce* sprechen, da – aus wirtschaftlicher Perspektive betrachtet – letztendlich identische Resultate erreicht werden. Es sei im Ergebnis irrelevant, ob die finanziellen Belastungen bereits beim Großhandel oder erst auf der Ebene des Einzelhandels anfallen. Wenn die Ware das letzte Glied der Kette – den Endverbraucher – erreiche, sei die Lizenzgebühr in jedem Fall schon in die Preisbildung eingeflossen. Ein protektionistischer Charakter im Sinne der *Cole*-Formel fehle daher.[67] Die angegriffene Regelung wolle vielmehr die Erhebung von Lizenzgebühren vereinfachen, indem grundsätzlich die viktorianischen Großhändler die Gebühren entrichten. Nur falls Einzel-

---

[64] So auch Teile der Literatur; siehe statt aller *Coper*, in: Craven, Australian Federation – Towards the Second Century, S. 131, 140.

[65] *Bath v Alston Holdings Pty Ltd* (1988) 165 CLR 411, 433, *Wilson*, *Dawson* und *Toohey* JJ.

[66] *Bath v Alston Holdings Pty Ltd* (1988) 165 CLR 411, 432, *Wilson*, *Dawson* und *Toohey* JJ.

[67] *Bath v Alston Holdings Pty Ltd* (1988) 165 CLR 411, 432, *Wilson*, *Dawson* und *Toohey* JJ.

händler ihre Waren außerhalb Victorias einkaufen, sei dieser effiziente Weg nicht gangbar. Hier könne erst auf der Ebene der viktorianischen Einzelhändler angesetzt werden.[68]

Die Minderheit der Richter schließt ihr Votum mit einer bemerkenswerten Passage ab. Sie befaßt sich mit der hypothetischen Frage, wie der *Business Franchise (Tobacco) Act* 1974 (Vic) zu modifizieren sei, damit er nach Ansicht der Mehrheit nicht mehr gegen Section 92 verstößt. Zwei mögliche Wege werden dabei aufgezeigt:

(1) Bei der Ermittlung der Einzelhändlerlizenzgebühr wird künftig der Wert derjenigen Tabakprodukte nicht in die Berechnung miteingestellt, die von nichtviktorianischen Großhändlern erworben wurden. Diese Methode würde den *interstate trade and commerce* gegenüber dem rein innerstaatlichen Handel bevorzugen. Dieses Ergebnis lasse sich indes kaum mit der neuen Auslegung von Section 92 vereinbaren. Denn die Richter kehrten unter anderem zum *free trade approach* zurück, um die Privilegien der zwischenstaatlich operierenden Händler abzuschaffen.

(2) Lizenzgebühren werden ausschließlich auf der Ebene der Einzelhändler erhoben. Dabei wird der Wert sämtlicher Tabakprodukte berücksichtigt. Auf diese Weise würden alle Produkte mit Lizenzgebühren belastet, die in Victoria an den Endverbraucher verkauft werden. Der Effekt eines solchen Ansatzes wäre in wirtschaftlicher Hinsicht identisch mit demjenigen, den die Alston Holdings Pty Ltd im vorliegenden Fall angegriffen hatte. Jedoch entfiele die vereinfachte Erhebung der Lizenzgebühren bei den viktorianischen Großhändlern.[69]

Nach Ansicht der Richterminderheit unterstreichen nicht zuletzt diese Ausführungen, daß das Ergebnis der Mehrheit – Section 10 Abs. 1 lit. c) und d) *Business Franchise (Tobacco) Act* 1974 (Vic) ist eine protektionistische Diskriminierung im Sinne der *Cole*-Formel – nicht richtig sein kann.

Die Richterminderheit kommt insbesondere deshalb zu einem abweichenden Ergebnis, weil sie den viktorianischen Endverbraucher in das Zentrum ihrer Betrachtungen rückt. Hingegen wählt die Mehrheit der Richter eine andere Perspektive; sie konzentriert sich auf die Position der Großhändler außerhalb

---

[68] *Bath v Alston Holdings Pty Ltd* (1988) 165 CLR 411, 432, *Wilson*, *Dawson* und *Toohey* JJ.

[69] *Bath v Alston Holdings Pty Ltd* (1988) 165 CLR 411, 433 f., *Wilson*, *Dawson* und *Toohey* JJ.

Victorias.[70] Letztendlich befürworten jedoch alle Richter des High Court die *Cole*-Formel. Zu den beschriebenen Divergenzen kam es erst bei ihrer Anwendung auf den vorliegenden Sachverhalt.[71]

III. Legitime Interessen: *Castlemaine Tooheys Ltd v South Australia*

Die Entscheidung *Castlemaine Tooheys Ltd v South Australia*[72] ist ein weiterer Meilenstein für die aktuelle Auslegung der Section 92. Bereits in *Cole v Whitfield* deutete der High Court an, daß Regulierungen, die dem Schutz von wichtigen Umweltressourcen dienen und eigentlich als protektionistische Diskriminierung im Sinne der *Cole*-Formel zu qualifizieren sind, durchaus mit Section 92 vereinbar sein können.[73] An gleicher Stelle ließ er zudem erkennen, daß es selbst unter dem neuen Ansatz möglich sein muß, vernünftige Industriestandards vorzuschreiben.[74] Die Freiheit des *interstate trade and commerce* von protektionistischen Diskriminierungen kann also nicht schrankenlos sein. Unter bestimmten Voraussetzungen sollen sich die Gliedstaaten auch dieser potentiell warenverkehrshemmenden Maßnahmen bedienen können.

In *Castlemaine Tooheys Ltd v South Australia* greift der High Court dieses Problem auf und nimmt ausführlich zu der Frage Stellung, ob Normen, die gemäß der *Cole*-Formel eigentlich gegen Section 92 verstoßen, unter gewissen Umständen doch verfassungsgemäß sind, falls sie legitime gliedstaatliche Ziele verfolgen.[75] Diese Entscheidung illustriert besonders eindrucksvoll, wie der Konflikt zwischen den Zielen des freien Warenverkehrs und gliedstaatlichen Allgemeininteressen im australischen Markt zu lösen ist.[76]

---

[70] *Lane*, Commentary on the Australian Constitution, S. 702; *Coper*, The Curious Case of the Callow Crayfish, S. 15; *Carney*, (1991) 3 Bond Law Review 149, 158.

[71] So später der High Court selbst in *Castlemaine Tooheys Ltd v South Australia* (1990) 169 CLR 436, 468, *Mason* CJ, *Brennan*, *Deane*, *Dawson* und *Toohey* JJ; siehe auch *Howard*, (1988) 62 Law Institute Journal 760.

[72] (1990) 169 CLR 436.

[73] *Cole v Whitfield* (1988) 165 CLR 360, 409.

[74] *Cole v Whitfield* (1988) 165 CLR 360, 408 f.

[75] *Lumb/Moens*, The Constitution of the Commonwealth of Australia Annotated, Rn. 696; *Carney*, (1991) 3 Bond Law Review 149, 159.

[76] Vgl. *Castlemaine Tooheys Ltd v South Australia* (1990) 169 CLR 436, 472, *Mason* CJ, *Brennan*, *Deane*, *Dawson* und *Toohey* JJ.

1. Sachverhalt und Ergebnis

Die Kläger *Castlemaine Tooheys Ltd* und andere Mitglieder der *Bond Brewing Group* brauten Bier in Queensland, New South Wales und Western Australia. Sie verkauften ihre Produkte in ganz Australien ausschließlich in Einwegbehältern. In South Australia hatten sie gerade damit begonnen, sich auf dem lokalen Biermarkt zu etablieren. Die dort ansässigen Brauereien füllten ihr Bier ganz überwiegend in Mehrwegbehältern ab.

Im Jahr 1986 änderte der Gesetzgeber in South Australia den *Beverage Containers Act* 1975 (SA) durch den *Beverage Containers Amendment Act* 1986 (SA) und eine dazugehörige Verordnung dahingehend, daß Bierflaschen mit einem Pfand zu belegen sind. Dieses betrug 15 Cents statt bisher fünf Cents für Einwegbehälter sowie vier Cents für Mehrwegbehälter. Außerdem mußten Käufer leere Einwegbehälter wieder zu einem Einzelhändler zurückbringen. Letzterer war gesetzlich verpflichtet, die Einwegbehälter zurückzunehmen, wenn er solche Produkte selbst führte. Hingegen konnten Mehrwegbehälter auch zu Sammeldepots gebracht werden. Für sie bestand keine Rücknahmeverpflichtung der Einzelhändler.[77] Einzelhändler konnten also die zusätzlichen Belastungen, die mit der Rücknahme von Einwegbehältern einhergehen, vermeiden, indem sie keine Produkte in Einwegbehältern mehr anbieten.

Die südaustralische Regierung rechtfertigte diese Maßnahmen mit Umweltschutzgesichtspunkten. Die Gesetzesänderung trüge dazu bei, das Abfallvolumen zu reduzieren und die begrenzten Energiereserven des Gliedstaates, insbesondere die zur Glasproduktion notwendigen Gasreserven zu schützen.

Die unterschiedliche Behandlung von Mehr- und Einwegbehältern führte schließlich dazu, daß die Produkte der *Bond Brewing Group* preislich nicht länger konkurrenzfähig blieben; der Verkauf von in Einwegbehältern abgefülltem Bier rechnete sich nicht mehr. In dem von drei Brauereien der *Bond Brewing Group* angestrengten Verfahren entschied schließlich der High Court, daß die einschlägigen Vorschriften des *Beverage Containers Amendment Act* 1986 (SA) und der darauf beruhenden Verordnung gegen Section 92 verstoßen.

---

[77] Sections 4 bis 6 *Beverage Containers Amendment Act* 1986 (SA) and Regulation 7 lit. d) *Beverage Container Regulations* 1976 (SA).

2. Begründung der Richtermehrheit

Der Fall *Castlemaine Tooheys Ltd v South Australia* enthält zwei verschiedene Begründungen der insgesamt sieben Richter. Chief Justice *Mason* sowie die Justices *Brennan*, *Deane*, *Dawson* und *Toohey* verfaßten ein gemeinsames Urteil,[78] die Justices *Gaudron* und *McHugh* ein anderes.[79] Im Ergebnis – ein Verstoß gegen Section 92 liegt vor – stimmten jedoch beide Seiten überein.

Die Richtermehrheit begründete ihre Entscheidung damit, daß die Brauereien der *Bond Brewing Group* in zweierlei Hinsicht gegenüber den in South Australia ansässigen Brauereien benachteiligt werden. Zunächst verbessere sich die Marktposition der einheimischen Brauereien durch die geringere Pfandhöhe für ihre Produkte.[80] Darüber hinaus trügen auch die umfassenden Verpflichtungen der südaustralischen Einzelhändler hinsichtlich der Einwegbehälter dazu bei, daß die erreichte Stellung der *Bond Brewing Group* in diesem Markt untergraben wird.[81]

Es sei die zentrale Frage des Falles, wie der Konflikt zwischen gliedstaatlicher Regelungstätigkeit, die drängende gesellschaftliche Mißstände – hier Umweltverschmutzung und Ausbeutung nicht erneuerbarer Energiereserven – beheben möchte, und dem *interstate trade and commerce* zu lösen sei.[82] Die Richter kommen zu dem Ergebnis, die hier zu untersuchenden Normen stellen bei isolierter Betrachtung eine protektionistische Diskriminierung des zwischenstaatlichen Handels im Sinne der *Cole*-Formel dar. Dabei dürfe man aber nicht stehenbleiben. Vielmehr sei noch zu untersuchen, ob und inwieweit es sich auf die Interpretation von Section 92 auswirkt, daß soziale Probleme mittels gliedstaatlicher Gesetzgebung behoben werden sollen, die zugleich den zwischenstaatlichen Handel behindern.

Hier sei zu berücksichtigen, daß die australischen Gliedstaaten grundsätzlich berechtigt sind, Normen zum Wohle der Bevölkerung zu erlassen. Die von Section 92 gewährleistete Freiheit des *interstate trade and commerce* von protektionistischen Diskriminierungen werde sich also nur dann auf die Gesetzgebung der Gliedstaaten auswirken, wenn die jeweilige Gesetzgebung als

---

[78] *Castlemaine Tooheys Ltd v South Australia* (1990) 169 CLR 436, 457 ff.

[79] *Castlemaine Tooheys Ltd v South Australia* (1990) 169 CLR 436, 478 ff.

[80] *Castlemaine Tooheys Ltd v South Australia* (1990) 169 CLR 436, 462 f., *Mason* CJ, *Brennan*, *Deane*, *Dawson* und *Toohey* JJ.

[81] *Castlemaine Tooheys Ltd v South Australia* (1990) 169 CLR 436, 463, *Mason* CJ, *Brennan*, *Deane*, *Dawson* und *Toohey* JJ.

[82] *Castlemaine Tooheys Ltd v South Australia* (1990) 169 CLR 436, 472, *Mason* CJ, *Brennan*, *Deane*, *Dawson* und *Toohey* JJ.

„relevantly discriminatory“ einzustufen sei. Dementsprechend müßten sich zwischen- und innerstaatlicher Handel Vorschriften unterwerfen, die bezeichnet werden können als *„necessary or appropriate and adapted either to the protection of the community from a real danger or threat to its welfare or to the enhancement of its welfare.“*[83]

Zu diesem Ergebnis kamen die fünf Richter, nachdem sie sich unter anderem mit der Rechtsprechung des US-amerikanischen Supreme Court zur *commerce clause* auseinandergesetzt hatten.[84] Man könne – so die Richtermehrheit – die amerikanischen Erfahrungen zwar nicht unmittelbar für die Auslegung von Section 92 fruchtbar machen; sie wiesen jedoch Aspekte auf, die auch im australischen Kontext zu beachten seien.[85] Welche Punkte dies nun konkret seien, verschwiegen die Richter allerdings.

Ferner führte die Richtermehrheit aus, es sei vor allem eine politische Frage, ob eine gesetzgeberische Maßnahme eine notwendige oder wünschenswerte Lösung für ein gliedstaatliches Problem darstellt.[86] Wollten die Richter diese Frage selbst beantworten, müßten sie – anders als die gesetzgebende Gewalt – sämtliche politischen Einflüsse unberücksichtigt lassen, die in diesem Zusammenhang eine Rolle spielen.[87]

Es sei deshalb von den Richtern des High Court zu akzeptieren, wenn der Gesetzgeber in South Australia angesichts rationaler und legitimer Gründe zu dem Ergebnis gelangt, der Verkauf von Bier in Einwegflaschen trage zum Abfallproblem bei und wirkt sich negativ auf die endlichen Energieressourcen des Gliedstaates aus. Gesetzgeberische Maßnahmen, die im Hinblick auf die Lösung des jeweiligen Problems angemessen und angepaßt (*„appropriate and adapted“*) seien, verstoßen nicht gegen Section 92, wenn die durch sie hervorgerufenen Belastungen für den *interstate trade and commerce* lediglich inzidenter Natur sind und nicht außer Verhältnis zu den mit ihnen verfolgten

[83] *Castlemaine Tooheys Ltd v South Australia* (1990) 169 CLR 436, 472, *Mason* CJ, *Brennan, Deane, Dawson* und *Toohey* JJ.
[84] *Castlemaine Tooheys Ltd v South Australia* (1990) 169 CLR 436, 468 ff., *Mason* CJ, *Brennan, Deane, Dawson* und *Toohey* JJ; die Richter gingen insbesondere näher ein auf die Ausführungen des Supreme Court in *Pike v Bruce Church Inc* (1970) 397 US 137, 142.
[85] *Castlemaine Tooheys Ltd v South Australia* (1990) 169 CLR 436, 471, *Mason* CJ, *Brennan, Deane, Dawson* und *Toohey* JJ.
[86] *Castlemaine Tooheys Ltd v South Australia* (1990) 169 CLR 436, 473, *Mason* CJ, *Brennan, Deane, Dawson* und *Toohey* JJ.
[87] *Castlemaine Tooheys Ltd v South Australia* (1990) 169 CLR 436, 473, *Mason* CJ, *Brennan, Deane, Dawson* und *Toohey* JJ.

Zielen stehen.[88] Die Unangemessenheit einer Maßnahme sei indiziert, falls mögliche Alternativmaßnahmen den *interstate trade and commerce* in einem geringeren Ausmaß oder gar nicht belasten.[89]

Im vorliegenden Fall war damit zu prüfen, ob die südaustralische Gesetzgebung hinsichtlich der angeführten Umweltschutzgesichtspunkte angemessen und angepaßt ist. Außerdem dürfen die Beeinträchtigungen des *interstate trade and commerce* durch diese gliedstaatlichen Normen lediglich inzidenter Natur sein und nicht außer Verhältnis zur Erreichung der genannten umweltpolitischen Ziele stehen.[90]

Die Richtermehrheit kommt schließlich zu dem Ergebnis, weder das Bedürfnis, das Müllaufkommen zu reduzieren, noch das Bemühen, die Energiereserven im Staatsgebiet zu schützen, rechtfertigten die hier vorliegende Ungleichbehandlung von Mehr- und Einwegbehältern. Die angegriffenen Normen sollen erreichen, daß leere Behälter wieder zurückgebracht und gesammelt werden. Dafür sei es jedoch nicht notwendig, Einwegbehälter mit einem Pfand in Höhe von 15 Cents zu belegen, während das Pfand für Mehrwegbehälter lediglich vier Cents beträgt. So habe sich in der Praxis gezeigt, daß wesentlich niedrigere Pfandhöhen für Einwegbehälter dieselben Ziele ebenfalls erreichen.[91]

Zudem könnten die genannten Umweltschutzgesichtspunkte die unterschiedlichen Rücknahmesysteme für Ein- und Mehrwegbehälter nicht rechtfertigen. Die Richter sahen keinerlei Zusammenhang zwischen einer solchen Diskriminierung und dem Ziel der Abfallkontrolle.[92]

Das Argument, die angegriffenen Normen dienten dem Schutz heimischer Gasreserven, entkräfteten die Richter. Die hier in Rede stehenden Benachteiligungen der von der *Bond Brewing Group* benutzten Einwegflaschen könnten keine signifikanten Gaseinsparungen erreichen, da die *Bond Brewing Group* alle

---

[88] *Castlemaine Tooheys Ltd v South Australia* (1990) 169 CLR 436, 473, *Mason* CJ, *Brennan*, *Deane*, *Dawson* und *Toohey* JJ.

[89] *Castlemaine Tooheys Ltd v South Australia* (1990) 169 CLR 436, 472, 477, *Mason* CJ, *Brennan*, *Deane*, *Dawson* und *Toohey* JJ sowie 480, *Gaudron* und *McHugh* JJ.

[90] *Castlemaine Tooheys Ltd v South Australia* (1990) 169 CLR 436, 474, *Mason* CJ, *Brennan*, *Deane*, *Dawson* und *Toohey* JJ.

[91] *Castlemaine Tooheys Ltd v South Australia* (1990) 169 CLR 436, 474, *Mason* CJ, *Brennan*, *Deane*, *Dawson* und *Toohey* JJ.

[92] *Castlemaine Tooheys Ltd v South Australia* (1990) 169 CLR 436, 475 f., *Mason* CJ, *Brennan*, *Deane*, *Dawson* und *Toohey* JJ

ihre Einwegflaschen außerhalb von South Australia produziere. Somit sei schon kein lokaler Bezug gegeben.[93]

Schließlich sei es unerheblich, daß nicht alle zwischenstaatlich operierenden Händler von den protektionistischen Diskriminierungen in South Australia betroffen sind.[94] Im Interesse einer flexiblen und praxisnahen Interpretation von Section 92 reiche die protektionistische Diskriminierung *eines* Händlers aus der betroffenen Gruppe der *interstate trader* aus, um einen Verstoß gegen Section 92 zu begründen.[95]

3. Begründung der Richterminderheit

Die Justices *Gaudron* und *McHugh* stimmten in ihrem gemeinsamen Urteil zwar mit den übrigen Richtern darin überein, daß Section 92 verletzt ist. Sie gelangen aber auf einem anderen Weg dorthin. Zunächst machen sie einen Wettbewerbsvorteil der südaustralischen Bierbrauer gegenüber den Klägern aus.[96] Erst dann prüfen sie, ob auch eine Diskriminierung vorliegt. Sie stellen fest: „*The regime is therefore protectionist and, if also discriminatory, it infringes s 92 of the Constitution: Cole v Whitfield (1988) 165 CLR 360.*“[97]

Die Minderheit der Richter interpretiert die *Cole*-Formel damit in der Weise, daß zunächst das protektionistische Element festzustellen ist, um dann das Vorliegen einer Diskriminierung zu prüfen. Hingegen zieht die Richtermehrheit aus *Cole v Whitfield* den Schluß, daß eine Maßnahme erst unter dem Aspekt zu untersuchen ist, ob sie diskriminiert. Daraufhin sei zu prüfen, ob sie auch protektioniert.[98]

---

[93] *Castlemaine Tooheys Ltd v South Australia* (1990) 169 CLR 436, 477, *Mason* CJ, *Brennan, Deane, Dawson* und *Toohey* JJ.

[94] Der Hintergrund war hier folgender: Ein Konkurrent der *Bond Brewing Group*, die *Carlton and United Brewery Ltd*, braute ihr Bier in Victoria und füllte es dort auch in Mehrwegflaschen ab. Es verwendeten also nicht alle zwischenstaatlich operierenden Bierproduzenten Einwegflaschen und waren damit Opfer protektionistischer Diskriminierung in South Australia.

[95] *Castlemaine Tooheys Ltd v South Australia* (1990) 169 CLR 436, 478, *Mason* CJ, *Brennan, Deane, Dawson* und *Toohey* JJ.

[96] *Castlemaine Tooheys Ltd v South Australia* (1990) 169 CLR 436, 480, *Gaudron* und *McHugh* JJ.

[97] *Castlemaine Tooheys Ltd v South Australia* (1990) 169 CLR 436, 478, *Gaudron* und *McHugh* JJ.

[98] *Carney*, (1991) 3 Bond Law Review 149, 163.

Darüber hinaus erläutern die Justices *Gaudron* und *McHugh* in ihrem Urteil näher, was eine Diskriminierung im Sinne der *Cole*-Formel ausmacht. Sie liege vor, wenn ungleiche Sachverhalte gleich oder gleiche Sachverhalte ungleich behandelt würden, ohne daß dafür eine Rechtfertigung besteht.[99]

Im Ergebnis können die Justices *Gaudron* und *McHugh* letztendlich – ebenso wie die Richtermehrheit – nicht die notwendige Verbindung zwischen der unterschiedlichen Behandlung der Ein- und Mehrwegbehälter und den vorgebrachten Umweltschutzgesichtspunkten ausmachen. Vielmehr liege eine Ungleichbehandlung vor, für die kein Rechtfertigungsgrund ersichtlich sei. Demzufolge sei die angegriffene Gesetzgebung nicht nur protektionistisch, sondern auch diskriminierend zu nennen.[100]

IV. Exportschranken: *Barley Marketing Board (NSW) v Norman*

In *Barley Marketing Board (NSW) v Norman*[101] hatte der High Court wieder einmal Gelegenheit, sich mit Zwangsverkäufen bestimmter Waren an Marketing Boards zu befassen. Fälle dieser Art waren ein wesentlicher Bestandteil der Rechtsprechung zu Section 92 in den letzten 100 Jahren. Teilweise nahm der High Court einen Verstoß gegen Section 92 an, teilweise nicht.[102] Eine klare Linie war seinen Urteilen bislang nicht zu entnehmen.[103]

Bemerkenswert sind die Entscheidungen, die sich mit der Verfassungsmäßigkeit von Marketing Boards auseinandersetzen, insbesondere deshalb, weil diese Form der Handelsregulierung den Export der betroffenen Ware aus dem normsetzenden Gliedstaat belastet. Regelmäßig konnten betroffene Farmer ihre Produkte nicht in eigener Regie an Abnehmer in anderen Gliedstaaten verkaufen. *Barley Marketing Board (NSW) v Norman* lud nun den High Court dazu ein, das Verhältnis der Section 92 zu gliedstaatlich errichteten Exportbeschränkungen zu untersuchen.

---

[99] Siehe insbesondere *Castlemaine Tooheys Ltd v South Australia* (1990) 169 CLR 436, 478 und 480, *Gaudron* und *McHugh* JJ.

[100] *Castlemaine Tooheys Ltd v South Australia* (1990) 169 CLR 436, 480, *Gaudron* und *McHugh* JJ.

[101] *Barley Marketing Board (NSW) v Norman* (1990) 171 CLR 182.

[102] In den folgenden Entscheidungen nahm der High Court an, daß Regelungen, die Marketing Boards errichten, gegen Section 92 verstoßen: *Australian Coarse Grains Pool Pty Ltd v Barley Marketing Board (No. 2)* (1985) 157 CLR 605; *North Eastern Dairy Co Ltd v Dairy Industry Authority of New South Wales* (1975) 134 CLR 559; *Peanut Board v The Rockhampton Harbour Board* (1933) 48 CLR 266.

[103] *Carney*, (1991) 3 Bond Law Review 149, 164.

In Zeiten, in denen der High Court noch dem *laissez faire approach* folgte, stand vor allem die Frage im Mittelpunkt, ob Regulierungen, die Zwangsverkäufe an das Marketing Board vorsahen, unmittelbar in den *interstate trade and commerce* eingriffen. Wenn man dies bejahte, mußte noch untersucht werden, ob diese Regulierungen auch angemessen waren. Da der High Court seit *Cole v Whitfield* seiner Rechtsprechung den *free trade approach* zugrundelegt, wurde mit Spannung erwartet, welche Lösung er für das Problem der Marketing Schemes unter dem neuen Ansatz findet. In *Cole v Whitfield* selbst erwähnte er es nur am Rande. Lapidar stellten die Richter fest, daß „ ... *acquisition of a commodity may still involve the potential for conflict with s 92.*“[104]

1. Sachverhalt und Ergebnis

Section 56 Abs. 1 *Marketing of Primary Product Act* 1983 (NSW) ermächtigt den Governor, bestimmte Sorten Gerste, die in New South Wales angebaut werden, zum Eigentum des sog. *Barley Marketing Board* zu erklären. Die betroffenen Farmer sind berechtigt, von dem Board eine Bezahlung ihrer Ware als Gegenleistung zu fordern. Weiterhin sind gemäß Section 58 dieses Gesetzes diejenigen Verträge nichtig, die zwischen Farmern aus New South Wales und jeder anderen Partei, außer dem Marketing Board selbst, über die Lieferung von Gerste abgeschlossen werden, die kraft Gesetzes dem Marketing Board gehört. Das Ziel dieser Vorschriften ist es, Gerste einheitlich zu vermarkten, um den Farmern aus New South Wales möglichst hohe Gewinne zu sichern.

Gemäß den zitierten Vorschriften waren Vereinbarungen über Gerstelieferungen nichtig, die zwei der Beklagten mit einem Mälzer aus Victoria, dem dritten Beklagten, getroffen hatten. Die Beklagten meinten, Section 56 Abs. 1 und Section 58 *Marketing of Primary Product Act* 1983 (NSW) seien mit Section 92 unvereinbar. Die von ihnen abgeschlossenen Verträge seien daher gültig. Der High Court folgte dieser Argumentation nicht. Die Richter[105] entschieden vielmehr einstimmig, ein Verstoß gegen Section 92 liege nicht vor.

---

[104] *Cole v Whitfield* (1988) 165 CLR 360, 409.

[105] An dieser Entscheidung waren beteiligt Chief Justice *Mason* sowie die Justices *Brennan*, *Deane*, *Dawson*, *Toohey*, *Gaudron* und *McHugh*.

2. Begründung

Die Richter gehen in ihrer Begründung von der *Cole*-Formel aus und weisen zudem die Präzedenzfälle zurück, die noch auf dem *individual rights approach* beruhten.[106] Sie prüfen, ob die einschlägigen Vorschriften des *Marketing of Primary Product Act* 1983 (NSW) eine protektionistische Diskriminierung des *interstate trade and commerce* darstellen. Die Richter wenden mithin den in *Cole v Whitfield* für Importschranken entwickelten Ansatz unverändert auch auf gliedstaatliche Exporthindernisse an. Es besteht demzufolge ein einheitlicher Test für Import- und Exportschranken.

Die Beklagten argumentierten, der *Marketing of Primary Product Act* 1983 (NSW) sehe gewisse Mindestpreise vor, die dazu führten, daß viktorianische Mälzer aufgrund des Marketing Scheme nun für Gerste mehr bezahlen müssen als dies ursprünglich der Fall war. Insofern liege eine Protektionierung des Marktes in New South Wales vor.[107]

Die Richter wandten dagegen ein, alle potentiellen Käufer von in New South Wales angebauter Gerste der festgelegten Sorten müßten sich an das Marketing Board wenden. Es sei unerheblich, ob der Käufer aus New South Wales, aus einem anderen australischen Gliedstaat oder gar aus dem Ausland komme. Mangels Ungleichbehandlung sei eine Diskriminierung nicht gegeben.

Darüber hinaus brachten die Beklagten vor, das angegriffene Gesetz erlaube zwar Mälzern aus New South Wales, Gerste direkt von viktorianischen Farmern zu kaufen. Den umgekehrten Fall, daß Farmer aus New South Wales Gerste unmittelbar nach Victoria verkaufen, untersage der *Marketing of Primary Product Act* 1983 (NSW) jedoch. Insofern bestehe eine Diskriminierung des zwischenstaatlichen Handels.

Dem hielten die Richter entgegen, diese Unterscheidung sei hier irrelevant. Bei der Anwendung der *Cole*-Formel müsse vielmehr die Position des *interstate trader* mit der des *intrastate trader* verglichen werden. Beide Vergleichsgruppen kämen nicht umhin, sich zum Ankauf von Gerste an das Marketing Board zu wenden. Der direkte Zugang zu Gerstebauern aus New South Wales werde beiden Gruppen gleichermaßen verwehrt. Eine Diskriminierung sei nicht erkennbar. Mälzer aus New South Wales genössen keinen Wettbewerbsvorteil gegenüber ihren viktorianischen Konkurrenten. Eine protektionistische Diskri-

---

[106] *Barley Marketing Board (NSW) v Norman* (1990) 171 CLR 182, 201.
[107] *Barley Marketing Board (NSW) v Norman* (1990) 171 CLR 182, 202.

minierung des *interstate trade and commerce* liege weder in offener noch in versteckter Form vor.[108]

Aus *Barley Marketing Board (NSW) v Norman* läßt sich folgender Schluß ziehen: Gliedstaatliche Marketing Boards, die in diesem Staat produzierte Waren zwingend aufkaufen,[109] verstoßen nicht gegen Section 92, wenn inner- und zwischenstaatlich operierende Käufer gleichen Zugang zu dem Marketing Board haben. Im übrigen darf sich auch aus der Verwaltungspraxis des Marketing Board keine anderweitige Diskriminierung des *interstate trade and commerce* ergeben.[110] Die Richter bestätigten zudem ausdrücklich, daß sie den *laissez faire approach* bereits in *Cole v Whitfield* aufgegeben haben.[111]

Bemerkenswert ist schließlich noch, daß der High Court erneut Entscheidungen des US-amerikanischen Supreme Court zu der hier in Rede stehenden Problematik in seinem Urteil ansprach.[112] Angesichts der abweichenden Interpretation der US-amerikanischen *commerce clause* seien diese Urteile nach Auffassung der Richter für die Lösung des vorliegenden Falles aber lediglich von begrenztem Nutzen.[113] Sie spielten für ihre Begründung erneut keine Rolle.

---

[108] *Barley Marketing Board (NSW) v Norman* (1990) 171 CLR 182, 203.

[109] Zu beachten ist, daß es mehrere Varianten der Marketing Boards gibt. Eine weitergehende Form als die hier vorliegende ist der zwangsweise Ankauf von Waren durch das Marketing Board unabhängig davon, ob sie aus dem jeweiligen Staat stammen oder nicht. Eine solche Form der Vermarktung war etwa Gegenstand der Entscheidung *North Eastern Dairy Co Ltd v Dairy Industry Authority of New South Wales* (1975) 134 CLR 559. Ob diese Marketing Boards heutzutage mit Section 92 zu vereinbaren sind, hängt wohl vor allem davon ab, wie das Marketing Board in der Praxis operiert. Siehe dazu näher *Zines*, The High Court and the Constitution, S. 148; *Coper*, in: Lee/Winterton, Australian Constitutional Perspectives, S. 129, 136; *Carney*, (1991) 3 Bond Law Review 149, 167; *Howard*, (1988) 16 Melbourne University Law Review 852, 853.

[110] *Carney*, (1991) 3 Bond Law Review 149, 166.

[111] *Barley Marketing Board (NSW) v Norman* (1990) 171 CLR 182, 201.

[112] Für eine Vereinbarkeit des Marketing Board mit Section 92 wurden angeführt: *Parker v Brown* (1943) 317 US 341; *Cities Service Gas Co v Peerless Oil & Gas Co* (1950) 340 US 179; dagegen wurden vorgebracht: *Hood & Sons Inc v Du Mond* (1949) 336 US 525; *Philadelphia v New Jersey* (1978) 437 US 617.

[113] *Barley Marketing Board (NSW) v Norman* (1990) 171 CLR 182, 203: „*The United States decisions provide limited assistance.*“

3. Obiter dictum: Präzisierungen zu Beschränkungen und Verboten des Exports

Die Entscheidung *Barley Marketing Board (NSW) v Norman* enthält ferner ein obiter dictum zu der Frage, wie sich gliedstaatliche Exportbeschränkungen für Waren zu Section 92 verhalten. Die Richter führten dazu aus, Exportbeschränkungen und -verbote seien unter bestimmten Umständen als protektionistische Diskriminierung im Sinne der *Cole*-Formel anzusehen.[114] So könnten etwa in einem Gliedstaat Rohstoffe gefunden werden, die entweder selten in der Natur vorkommen oder gemessen am landesweiten Preisniveau sehr günstig sind und zudem für bestimmte Produktionsprozesse benötigt werden. Erläßt nun der betreffende Gliedstaat ein Exportverbot, um einheimische Unternehmen, die die besagten Rohstoffe weiterverarbeiten, gegenüber ihren außerstaatlichen Konkurrenten zu bevorzugen, liegt nach Auffassung des High Court ein Verstoß gegen Section 92 vor.[115]

4. Obiter dictum: Präzisierung der Vergleichsgruppen

In einem weiteren obiter dictum präzisierte der High Court folgende Passage aus seinem Urteil in *Cole v Whitfield*:

„ ... *we must say something about the resolution of cases in which no impermissible purpose appears on the face of the impugned law, but its effect is discriminatory in that it discriminates against interstate trade and commerce and thereby protects intrastate trade and commerce of the same kind*".[116]

Die Richter machen deutlich, daß „*of the same kind*" weit auszulegen ist. Ein Verstoß gegen Section 92 liege auch dann vor, wenn gliedstaatliche Normen einheimische Waren bevorzugen, die nicht völlig identisch mit den dadurch benachteiligten Produkten aus Drittstaaten sind.[117] Eine protektionistische Diskriminierung im Sinne der *Cole*-Formel scheitere nicht daran, daß die zu vergleichenden inner- und außerstaatlichen Waren graduelle Unterschiede aufweisen.

Der High Court erläuterte dies anhand der Entscheidung *Castlemaine Tooheys Ltd v South Australia*. In diesem Fall führten die südaustralischen Vorschriften dazu, daß der *interstate trade and commerce* mit Bier in Einwegbehältern

---

[114] *Barley Marketing Board (NSW) v Norman* (1990) 171 CLR 182, 204.
[115] *Barley Marketing Board (NSW) v Norman* (1990) 171 CLR 182, 204.
[116] *Cole v Whitfield* (1988) 165 CLR 360, 394 und 407.
[117] *Barley Marketing Board (NSW) v Norman* (1990) 171 CLR 182, 204 f.

diskriminiert und der lokale Flaschenbiermarkt geschützt wird.[118] Obwohl sich beide Produkte in ihrer Verpackung unterschieden, bilden sie zwei miteinander vergleichbare Warengruppen.

Die in diesem obiter dictum angesprochene Problematik wird zudem aktuell, wenn Produkte diskriminiert werden, die im Substitutionswettbewerb mit einheimischen Waren stehen. Denkbar ist etwa, daß gliedstaatliche Vorschriften (auch) den zwischenstaatlichen Butterhandel mit dem Ziel belasten, nicht den lokalen Buttermarkt, sondern den einheimischen Margarinemarkt zu schützen.[119] Ein ähnliches Beispiel ließe sich zudem mit den ebenfalls rivalisierenden Produkten Wein und Bier bilden. Inwieweit der High Court auch derartige Handelshindernisse als protektionistische Diskriminierungen im Sinne der Section 92 einordnet, bleibt letztendlich unbeantwortet.

Dennoch ist festzuhalten, daß für den High Court vor allem die praktischen Auswirkungen gliedstaatlicher Regelungstätigkeiten maßgeblich sind, wenn er prüft, ob eine protektionistische Diskriminierung des zwischenstaatlichen Handels vorliegt. Angesichts dessen ist es unwahrscheinlich, daß der High Court künftig Argumentationen folgt, die auf nuanciert-formalistischen Unterscheidungen zwischen zwei in Wettbewerb stehenden Produktgruppen abstellen. Die Vergleichsgruppen werden sich voraussichtlich recht breit ausnehmen; das Merkmal „*of the same kind*“ steht einer weiten Auslegung offen. Insofern liegt es nahe, daß der High Court auch Diskriminierungen im Substitutionswettbewerb stehender Produkte unter Section 92 subsumieren wird.[120]

---

[118] *Barley Marketing Board (NSW) v Norman* (1990) 171 CLR 182, 205.

[119] *Carney*, (1991) 3 Bond Law Review 149, 166.

[120] Dieses weite Verständnis wird ferner gestützt durch folgende Passage aus *Castlemaine Tooheys Ltd v South Australia* (1990) 169 CLR 436, 467: „ ... *laws which give the domestic product ... a competitive or market advantage over the imported product*“.

§ 2 Zusammenfassung der aktuellen Interpretation von Section 92

Die aktuelle Rechtslage zu Section 92 stellt sich nach den vier vorstehend beschriebenen Urteilen wie folgt dar:

(1) Normen des Bundes und der Gliedstaaten verstoßen prima facie gegen Section 92, falls sie den *interstate trade and commerce* in protektionistischer Weise diskriminieren. Eine protektionistische Diskriminierung liegt vor, wenn der *interstate trade and commerce* stärker als der *intrastate trade and commerce* belastet und dadurch der rein innerstaatliche Handel derselben Art geschützt wird.[121] Die Bildung der Vergleichsgruppen hat sich an wirtschaftlichen Gesichtpunkten, nicht an nuanciert-formalistischen Kriterien zu orientieren. Eine Diskriminierung kann sich aus dem Wortlaut der jeweiligen Norm oder aus ihrem praktischen Effekt ergeben. Der Anwendungsbereich der Section 92 umfaßt sowohl fiskalische als auch nichtfiskalische Handelshemmnisse.[122]

(2) Es wird vermutet, daß diejenigen Normen nichtprotektionistisch sind, die Standards für Produkte oder Dienstleistungen setzen oder das Verhalten der Wirtschaftsteilnehmer regulieren.[123]

(3) Regelungen, die grundsätzlich aufgrund ihrer nichtprotektionistischen Ziele gerechtfertigt werden können, verstoßen dennoch gegen Section 92, wenn sie *interstate trade and commerce* in einer Weise diskriminieren, die zur Annahme protektionistischer Zwecke berechtigt.[124]

(4) Exportschranken durch gliedstaatliche Normsetzungstätigkeiten unterliegen denselben Maßstäben wie Importbeschränkungen. Auch Regelungen für Marketing Boards müssen sich daran messen lassen, ob sie den *interstate trade and commerce* in protektionistischer Weise diskriminieren.[125] Ob dies der Fall ist, hängt vor allem von der konkreten Ausgestaltung des jeweiligen Marketing Board ab.

Verstöße gegen Section 92 können unter bestimmten Bedingungen gerechtfertigt werden. Der High Court hat dafür vor allem in der Entscheidung *Castlemaine Tooheys Ltd v South Australia* folgende Kriterien entwickelt:

---

[121] *Cole v Whitfield* (1988) 165 CLR 360, 394 f.
[122] *Cole v Whitfield* (1988) 165 CLR 360, 393 und 408 f.
[123] *Cole v Whitfield* (1988) 165 CLR 360, 408.
[124] *Cole v Whitfield* (1988) 165 CLR 360, 408.
[125] *Barley Marketing Board (NSW) v Norman* (1990) 171 CLR 182, 201.

(1) Eine Rechtfertigung setzt zunächst voraus, daß die fraglichen Normen ein schutzwürdiges – das heißt nichtprotektionistisches[126] – Interesse verfolgen. Für den regulierenden Gliedstaat muß eine wirkliche Gefahr bestehen oder drohen.[127] Zumindest müssen rationale und legitime Gründe vorliegen, die zu der Annahme einer solchen Gefahr berechtigen.[128] Als legitime gliedstaatliche Interessen hat der High Court bislang die folgenden vier Fällen anerkannt: Produkt- und Dienstleistungsstandards, Verhalten der Wirtschaftsteilnehmer, Schutz natürlicher Ressourcen und Abfallkontrolle.[129]

(2) Die staatlichen Maßnahmen müssen darüber hinaus im Hinblick auf die zu erreichenden Ziele notwendig oder zumindest angemessen und angepaßt sein. Es muß nicht bewiesen werden, daß die vorgesehenen Maßnahmen auch wirklich ihr vorgegebenes Ziel erreichen oder die bestmögliche Lösung darstellen. Dies sind rein politische Fragen, deren Beantwortung dem jeweiligen Gesetzgeber zu überlassen ist.[130] Der Gesetzgeber besitzt insofern eine Einschätzungsprärogative. Protektionismus wird jedoch indiziert, sollten vernünftige und zugleich den *interstate trade and commerce* weniger oder gar nicht belastende Alternativmaßnahmen verfügbar sein.[131]

(3) Schließlich dürfen die jeweiligen Regelungen den *interstate trade and commerce* lediglich inzident belasten und nicht unverhältnismäßig hinsichtlich der zu schützenden öffentlichen Interessen sein.[132] Hier kommt es insoweit zu Überschneidungen mit dem vorangehenden Punkt, als daß Maßnahmen, die unverhältnismäßig bezüglich der zu schützenden öffentlichen Interessen zu nennen sind, regelmäßig nicht angemessen sein werden.[133]

---

[126] *Coper*, in: Lee/Winterton, Australian Constitutional Perspectives, S. 129, 140.

[127] *Castlemaine Tooheys Ltd v South Australia* (1990) 169 CLR 436, 473, *Mason* CJ, *Brennan*, *Deane*, *Dawson* und *Toohey* JJ.

[128] *Castlemaine Tooheys Ltd v South Australia* (1990) 169 CLR 436, 472 f., *Mason* CJ, *Brennan*, *Deane*, *Dawson* und *Toohey* JJ

[129] *Castlemaine Tooheys Ltd v South Australia* (1990) 169 CLR 436, 473, *Mason* CJ, *Brennan*, *Deane*, *Dawson* und *Toohey* JJ.

[130] *Castlemaine Tooheys Ltd v South Australia* (1990) 169 CLR 436, 473, *Mason* CJ, *Brennan*, *Deane*, *Dawson* und *Toohey* JJ

[131] *Castlemaine Tooheys Ltd v South Australia* (1990) 169 CLR 436, 472, 477, *Mason* CJ, *Brennan*, *Deane*, *Dawson* und *Toohey* JJ, und 480, *Gaudron* und *McHugh* JJ.

[132] *Castlemaine Tooheys Ltd v South Australia* (1990) 169 CLR 436, 473, *Mason* CJ, *Brennan*, *Deane*, *Dawson* und *Toohey* JJ.

[133] *Carney*, (1991) 3 Bond Law Review 149, 163 f.

Haben die zu untersuchenden Normen keinen protektionistischen Zweck oder Effekt, so sind folgende Maßnahmen, die gemäß früherer Auslegungen des High Court zum Teil hochproblematisch waren, heutzutage (zumindest) mit Section 92 zweifelsfrei vereinbar:

(1) Normen der Gliedstaaten oder des Bundes, die bewirken, daß *interstate trade and commerce* in bestimmten Bereichen eingestellt werden muß;

(2) Regelungen, die Individuen ein Engagement im *interstate trade and commerce* versagen;

(3) Besteuerung des *interstate trade and commerce*;

(4) Handelshemmnisse, die allein durch die von Gliedstaat zu Gliedstaat verschiedenen Normen hervorgerufen werden; und

(5) Maßnahmen, die sowohl inner- als auch zwischenstaatlichen Handel in einem Ausmaß belasten, das nicht mehr notwendig oder angemessen ist, um legitime gliedstaatliche Interessen zu verfolgen.

§ 3 Analyse

Nachdem Rechtsunsicherheit, eine Vielzahl unterschiedlicher Interpretationsmöglichkeiten und Meinungsverschiedenheiten innerhalb des High Court die ersten knapp neunzig Jahre der Section 92 geprägt haben, kam es in *Cole v Whitfield* zu einer einstimmigen Entscheidung aller beteiligten sieben Richter. Das Urteil bedeutete das Ende der vierzigjährigen Ära des *individual rights approach* in seinen unterschiedlichen Ausgestaltungen; es verhalf dem *free trade approach* zum Sieg.

Die nun aktuelle Auslegung von Section 92 führt dazu, daß insbesondere der Bund, aber auch die Gliedstaaten, wieder in größerem Ausmaß von ihren Gesetzgebungskompetenzen Gebrauch machen können.[134] Die Kriterien des High Court begünstigen vor allem die Gesetzgebungstätigkeiten des Bundes nicht nur hinsichtlich des *interstate trade and commerce*, sondern weitergehend in bezug auf das australische Wirtschaftsrecht allgemein.[135] Wie bereits oben näher ausgeführt,[136] ist es fernliegend, daß Regelungen des Commonwealth den *interstate trade and commerce* zu Gunsten des lokalen Handels diskriminieren. Mangels Diskriminierung erübrigt sich die Frage, ob ein Verstoß gegen Section 92 gegeben ist. Es liegt auf der Hand, daß der neue Test dem Bund einen beträchtlichen Freiraum für seine wirtschaftsrechtlich relevanten Regelungstätigkeiten einräumt. Positive Integration wird insoweit durch den aktuellen Test gefördert.

Aber auch die Regelungstätigkeiten der Gliedstaaten profitieren von der Interpretation der Section 92 im Sinne eines Diskriminierungsverbotes. Lediglich diejenigen handelsbeschränkenden Regelungen können noch gegen Section 92 verstoßen, die den *interstate trade and commerce* in protektionistischer Weise diskriminieren. Gliedstaatliche handelshemmende Normen, die diese Schwelle nicht überwinden, gelten pauschal als rechtmäßige Ausübung dezentraler Entscheidungsautonomie. Die Abkehr vom Beschränkungsverbot des *laissez faire approach* reduziert den Rechtfertigungsdruck für die Gliedstaaten erheblich. Damit geht einher, daß sich das Potential für Verfassungsverstöße durch Gliedstaaten reduziert. Das *Cole*-Urteil betont also eindeutig dezentrale Entscheidungsautonomie im australischen Organisationsgefüge. Dieser Ansatz leistet Handelshemmnissen Vorschub, die durch variierende, dezentral gesetzte

---

[134] *Zines*, The High Court and the Constitution, S. 151; *Coper*, The Curious Case of the Callow Crayfish, S. 27; *Connolly*, (1991) 16 University of Queensland Law Journal 290.

[135] *Lumb/Moens*, The Constitution of the Commonwealth of Australia Annotated, Rn. 700; *Solomon*, The Political High Court, S. 161; *Coper*, Crayfish and Credit Unions, S. 17 Fn. 40.

[136] Siehe Teil 4, § 1, I., 3.

Normen entstehen. Negative Integration durch Section 92 wird durch den neuen Ansatz beschnitten.

Ferner ist zu berücksichtigen, daß Sachbereiche, die sich noch unter dem *laissez faire approach* dem bundes- und gliedstaatlichen Gesetzgeber entzogen, nun wieder Gegenstand seiner Regelungstätigkeiten sein können.[137] Die Wende in der Rechtsprechung trägt damit auch dem praktischen Bedürfnis Rechnung, den zwischenstaatlichen Handel zu regulieren.[138] Dies wird noch dadurch unterstrichen, daß nach *Cole v Whitfield* viele klassische Streitpunkte der Section 92 aufgrund des neuen Tests einen Großteil ihrer Brisanz eingebüßt haben. Sämtliche den *interstate trade and commerce* behindernde Maßnahmen, die oben aufgelistet wurden,[139] sind im Hinblick auf Section 92 nicht mehr problematisch, falls die fraglichen Regelungen keine protektionistischen Zwecke verfolgen oder protektionistische Effekte nicht erkennbar sind.

In Zeiten des *laissez faire approach* mußte auch für nichtdiskriminierende Bundesgesetzgebung, die den *interstate trade and commerce* belastete, eine Interessenabwägung vorgenommen werden, um zu ermitteln, ob die jeweilige Regelung mit Section 92 vereinbar ist. Indem der neue Ansatz eine Interessenabwägung nur noch dann vornimmt, wenn die jeweiligen Maßnahmen in einem vorhergehenden Schritt schon als protektionistisch und diskriminierend eingestuft wurden, reduziert der High Court die Anzahl der Fälle, in denen ein Abwägungsprozeß notwendig ist. Ein maßgeblicher Faktor für Rechtsunsicherheit im Zusammenhang mit Section 92 wurde somit beschränkt.[140]

Dieser Gedanke ist ebenfalls für die gliedstaatliche Gesetzgebungstätigkeit einschlägig. Hier ist es jedoch – im Gegensatz zu etwaiger Bundesgesetzgebung – nicht so unwahrscheinlich, daß gliedstaatliche Gesetzgebungstätigkeit den *interstate trade and commerce* in protektionistischer Weise diskriminiert. Das Konfliktpotential ist in diesem Zusammenhang ungleich größer. Unbeschadet dessen wird auch hier der Abwägungsprozeß auf die Ebene der Rechtfertigung verschoben. Dies schränkt die Zahl der Fälle ein, in denen die widerstreitenden Interessen gegeneinander abgewogen werden müssen. Gesteigerte Rechtssicherheit liegt also ebenfalls im Hinblick auf gliedstaatliche Gesetzgebungstätigkeiten vor. Ein Vorteil des neuen Ansatzes ist demzufolge, daß es aufgrund seiner Systematik seltener zu Abwägungsprozessen kommt, die regelmäßig mit

---

[137] Ähnlich *Cullen*, (1989) 19 University of Western Australia Law Review 90, 130; *Connolly*, (1991) 16 University of Queensland Law Journal 290.

[138] *Lane*, (1988) 62 Australian Law Journal 604, 614.

[139] Siehe Teil 4, § 2.

[140] In diese Richtung auch *Coper*, in: Lee/Winterton, Australian Constitutional Perspectives, S. 129, 141.

Rechtsunsicherheit einhergehen. Dies gilt für Regelungstätigkeiten des Bundes und der Gliedstaaten gleichermaßen.

Jedoch kann der *free trade approach* zu Unwägbarkeiten in anderen Bereichen führen, die seinen gerade beschriebenen Vorteil möglicherweise wieder aufheben. Diesen Punkt deutete der High Court schon in *Cole v Whitfield* an. So könne es schwierig sein zu ermitteln, ob im Einzelfall eine protektionistische Diskriminierung des *interstate trade and commerce* vorliegt. Denn es existierten zahllose staatliche Maßnahmen, die lokalen Handel vor fremder Konkurrenz schützen.[141] In künftigen Verfahren werde somit vor allem den Sachverständigen eine prozeßentscheidende Rolle zukommen.[142]

Insbesondere in Fällen, in denen eine versteckte Diskriminierung in Rede steht, können sich erhebliche Probleme einstellen, da die praktischen Auswirkungen der jeweiligen Regelungen zu bestimmen sind. Solche Schwierigkeiten bestanden in *Cole v Whitfield* und *Castlemaine Tooheys Ltd v South Australia* nicht, weil beide Sachverhalte außer Streit standen und ausschließlich Rechtsfragen zu entscheiden waren. Das muß jedoch in künftigen Verfahren nicht immer der Fall sein.[143]

Dieses Manko des neuen Ansatzes ändert indes nichts daran, daß der High Court völlig zu Recht den Anwendungsbereich der Section 92 auch auf versteckte Diskriminierungen erstreckt. Hätten die Richter diese Gruppe der Benachteiligungen ausgenommen, wäre der integrative Wert einer solchen Interpretation für den grenzüberschreitenden Warenverkehr aufgrund zahlreicher Umgehungsmöglichkeiten arg beschränkt. Die skizzierte Schwäche des neuen Tests ist mithin als unvermeidbar in Kauf zu nehmen.

Außerdem kritisiert eine Stimme in der Literatur, daß die zahllosen Präzedenzfälle, die noch unter dem alten Ansatz entschieden wurden, durch den Wechsel

---

[141] *Cole v Whitfield* (1988) 165 CLR 360, 408 f.: „*The means by which domestic industry or trade can be advantaged or protected are legion. The consequence is that there will always be scope for difficult questions of fact in determining whether particular legislative or executive measures constitute discriminatory interference with interstate trade. ... The latter questions are questions of fact and degree on which minds might legitmately differ.*“

[142] *Carney*, (1991) 3 Bond Law Review 149, 173.

[143] *Bell*, (1991) 20 Federal Law Review 240, 245 f.; ähnlich *Zines*, The High Court and the Constitution, S. 151 f.; siehe in diesem Zusammenhang auch *Coper*, (1989) 63 Australian Law Journal 731, 734 ff. mit dem – bislang nicht aufgegriffenen – Vorschlag, sich der sog. Inter-State Commission (Sections 101-104 der Bundesverfassung) für die rein tatsächlichen Fragen zu bedienen.

zu dem neuen Tests ihre richtungsweisende Bedeutung verloren haben.[144] Nach der radikalen Wende in *Cole v Whitfield* müßte der High Court erst wieder neue Leitentscheidungen fällen, um ein vergleichbares System aufzubauen. Rechtsunsicherheit werde insofern gerade hervorgerufen statt beseitigt.[145]

Das Schrifttum bemängelt zudem, daß die Richter den Bedeutungsgehalt von „*discriminatory in a protectionist sense*" nicht hinreichend präzisieren. Es könne nicht sicher vorhergesagt werden, in welchen Fällen dieses Kriterium erfüllt sei.[146] Im übrigen hebt *Coper* hervor, er verstehe den Ansatz des High Court in der Weise, daß in deutlicher Abwendung vom formalistischen *criterion of operation approach* anhand materieller Kriterien zu ermitteln ist, ob ein Verstoß gegen Section 92 vorliege. Das begrüßt er grundsätzlich, fügt aber hinzu, diese Methode begünstige Rechtsunsicherheit in starkem Maß.[147]

Die Entscheidung *Bath v Alston Holdings Pty Ltd* illustriert eindrucksvoll die Schwierigkeiten bei der Anwendung des neuen Tests. Die Richter konnten sich nicht darüber einigen, aus welcher Perspektive die gliedstaatlichen Normen auf eine protektionistische Diskriminierung hin zu untersuchen sind.

Der neue Ansatz reduziert zwar die Anzahl der Fälle, in denen Abwägungsprozesse stattfinden müssen, doch kann auch er nicht gänzlich auf sie verzichten.[148] Es werden auf der Ebene der Rechtfertigung in den durch den High Court vorgegebenen Grenzen soziale glied- oder bundesstaatliche Interessen mit den Zielen des freien Warenverkehrs konfrontiert. Eingekleidet ist dies nun in die Frage, ob die staatlichen Maßnahmen im Hinblick auf ihre nichtprotektionistischen Ziele verhältnismäßig sind. Die an dieser Stelle unumgänglichen Wertungen und Güterabwägungen sind offensichtlich eine Quelle erneuter Rechtsunsicherheit. Darüber hinaus kann es im Einzelfall problematisch sein, das (wirkliche) Ziel eines Regelungssystems auszumachen. Insofern ist der Schluß zu ziehen, daß die Rechtsunsicherheiten der überholten Ansätze teilweise verlagert, teilweise aufgehoben und möglicherweise von neuen Unwägbarkeiten in der Anwendung abgelöst wurden.[149]

---

[144] *Connolly*, (1991) 16 University of Queensland Law Journal 290, 293.
[145] So *Connolly*, (1991) 16 University of Queensland Law Journal 290, 293.
[146] *Coper*, in: Lee/Winterton, Australian Constitutional Perspectives, S. 129, 138.
[147] *Coper*, in: Lee/Winterton, Australian Constitutional Perspectives, S. 129, 138.
[148] *Coper*, in: Lee/Winterton, Australian Constitutional Perspectives, S. 129, 141.
[149] Anderer Ansicht ist wohl *Lane*, (1988) 62 Australian Law Journal 604, 614: „*The decision descended as a deus ex machina, providing an uncomplicated solution for those who write and advise on the kind of freedom of interstate trade and commerce that is now guaranteed by s 92 of the Constitution.*"

Die neue Rechtsprechung ist auch aufgrund eines weiteren Gesichtspunktes bemerkenswert. So fehlen in allen seit 1988 zu Section 92 gefällten Urteilen des High Court nähere Erläuterungen zu der Frage, welche gliedstaatlichen Ziele grundsätzlich als schutzwürdig anzuerkennen sind. Aus den bisherigen Judikaten läßt sich lediglich entnehmen, daß diese Ziele nichtprotektionistischer Natur sein müssen. Weitergehende Einschränkungen sind – zumindest zur Zeit – nicht ersichtlich.[150] Nichtprotektionistischer Normsetzungen werden insoweit keine engen Grenzen gesetzt; der High Court hat insbesondere keinen abschließenden Katalog legitimer Allgemeininteressen aufgestellt. Auch dies ist ein Faktor, der handelshemmende Regelungstätigkeiten der Gliedstaaten begünstigt.

Der High Court hat in *Castlemaine Tooheys Ltd v South Australia* dem Gesetzgeber ausdrücklich einen weiten Beurteilungsspielraum hinsichtlich derjenigen Maßnahmen einräumt, die legitime gliedstaatliche Ziele gegebenenfalls unter Beeinträchtigung des *interstate trade and commerce* erreichen sollen. Australische Gerichte sind also darin beschränkt, diese Maßnahmen, die weitgehend politischer Natur sind, auf ihre Rechtmäßigkeit hin zu überprüfen.[151] Dies ist insbesondere deshalb erwähnenswert, weil ein solcher Beurteilungsspielraum auch dann besteht, wenn die Regelungen eine protektionistische Diskriminierung im Sinn der *Cole*-Formel aufweisen und sie insofern auf eine mögliche Rechtfertigung hin zu untersuchen sind. Der High Court ist also anscheinend gewillt, dem Gesetzgeber einen weiten Beurteilungsspielraum hinsichtlich derjenigen Maßnahmen einzuräumen, die legitime Ziele erreichen sollen, obwohl sie den *interstate trade and commerce* in protektionistischer Weise diskriminieren.

Dieser Beurteilungsspielraum gewährleistet, daß zahlreiche (politische) Probleme, die den freien zwischenstaatlichen Warenverkehr betreffen, durch die Legislative gelöst werden und sich einer gerichtlichen Überprüfung entziehen.[152] Der Schluß liegt mithin nahe, daß nach *Cole v Whitfield* und den Ergänzungen vor allem in *Castlemaine Tooheys Ltd v South Australia* der Einfluß der Judikative auf den *interstate trade and commerce* im dezentralen

---

150 Siehe dazu ausführlich unten Teil 5, § 2, II., 4., b., aa., aaa., aaaa.

151 *Castlemaine Tooheys Ltd v South Australia* (1990) 169 CLR 436, 473, *Mason* CJ, *Brennan*, *Deane*, *Dawson* und *Toohey* JJ.

152 So auch *Zines*, The High Court and the Constitution, S. 151; *Coper*, The Curious Case of the Callow Crayfish, S. 9 ff.; *ders.*, Crayfish and Credit Unions, S. 7; *ders.*, Some Reflections on Constitutional Change, S. 11; *ders.*, Section 92 and the Future of Agricultural Marketing, S. 9 ff.; *ders.*, in: Craven, Australian Federation – Towards the Second Century, S. 131, 138; *ders.*, (1989) 63 Australian Law Journal 463, 471.

Entscheidungssystem Australiens abgenommen hat. Insoweit hat eine Verlagerung auf die Legislative stattgefunden.

Die aktuelle Interpretation von Section 92 räumt den Gliedstaaten beträchtliche Freiheiten ein, ihre lokalen Interessen auf Kosten des zwischenstaatlichen Warenverkehrs und damit letztendlich auf Kosten der Gesamtheit aller australischen Gliedstaaten durchzusetzen. Indem der High Court Section 92 lediglich im Sinne eines umfassenden Diskriminierungsverbotes auslegt, wird den Gliedstaaten die Gelegenheit gegeben, eine Reihe von substantiellen Belastungen durch variierende Normen für den *interstate trade and commerce* zu schaffen, die dem Ziel einer weitgehenden Integration der gliedstaatlichen Märkte zuwiderlaufen. Die Produktionskosten zwischenstaatlich operierender Unternehmen können sich auf diese Weise erhöhen. Grenzüberschreitender Handel mag eingeschränkt oder gar ganz unterbunden werden.[153] Section 92 verhindert diese Folgen nur durch ein Diskriminierungsverbot. Sollten gliedstaatliche Regelungen dagegen verstoßen, so können sie immer noch auf der Ebene der Rechtfertigung vor einem Verfassungsverstoß bewahrt werden.

Auch der Rechtfertigungsmaßstab orientiert sich an der hier angedeuteten Tendenz, daß es den Gliedstaaten nicht besonders schwer gemacht wird, eigene legitime Interessen durchzusetzen. So steht der Beurteilungsspielraum, den der High Court in *Castlemaine Tooheys Ltd v South Australia* dem Gesetzgeber für die Lösung gesellschaftlicher Probleme anscheinend eingeräumt hat,[154] einer eingehenden gerichtlichen Untersuchung der gliedstaatlichen Maßnahmen entgegen.

Die im zwischenstaatlichen Handel Tätigen können nach der Wende in *Cole v Whitfield* mit zahlreichen von Gliedstaat zu Gliedstaat variierenden Regelungen konfrontiert werden, sollten die intergouvernementalen Kooperationen der vergangenen Jahre zu kurz greifen. Es hat sich erwiesen, daß Section 92 dieses Problem nicht beheben kann.[155] Aufgrund der letzten Rechtsprechungswende mag die Kollision zwischen den Zielen des freien Warenverkehrs und den Interessen der Gliedstaaten wieder neue Aktualität erfahren. Das muß insbesondere vor dem Hintergrund der oben beschriebenen Interpretation der Section 51 Nr. 1 durch den High Court gelten.[156] So wird die Position der Gliedstaaten durch die enge, strikt am Wortlaut orientierte Auslegung der *commerce clause* eindeutig

---

[153] Als Beispiel soll hier nur die Entscheidung *Cole v Whitfield* (1988) 165 CLR 360 genannt werden.

[154] *Castlemaine Tooheys Ltd v South Australia* (1990) 169 CLR 436, 473, *Mason* CJ, *Brennan*, *Deane*, *Dawson* und *Toohey* JJ.

[155] *Carney*, (1991) 3 Bond Law Review 149, 173.

[156] Siehe Teil 2, § 1, II.

gestärkt. Aus der Zusammenschau der Rechtsprechung zu Section 92 und Section 51 Nr. 1 läßt sich damit entnehmen, daß eine (noch) weiterführende Marktintegration zumindest von seiten des High Court zur Zeit kaum Unterstützung erfährt.[157] Zwar wird dem Prinzip der Marktgleichheit über das Diskriminierungsverbot Rechnung getragen. Ein auch den Marktzugang sicherndes Beschränkungsverbot sucht man jedoch seit *Cole v Whitfield* vergebens.

Gemildert werden die Folgen der gliedstaatliche Interessen begünstigenden Auslegungen von Section 92 und Section 51 Nr. 1 jedoch durch die Entwicklungen im Zuge des *new federalism* seit 1990. Wie bereits oben dargelegt,[158] wird den potentiell warenverkehrsfeindlichen Tendenzen des australischen Entscheidungssystems im Wege warenverkehrsspezifischer intergouvernementaler Kooperationen recht gezielt Einhalt geboten. Die daraus resultierende Harmonisierung und gegenseitige Anerkennung wirtschaftsrechtlich relevanter Normen und Standards im australischen Markt trägt dazu bei, daß sich das Ausmaß der Marktsegmentierungen aufgrund variierender dezentraler Regelungen in Grenzen hält.[159] Dieses Ergebnis wird auch dadurch bestätigt, daß der High Court schon seit 1990 keine Entscheidung mehr zu Section 92 im Hinblick auf die Warenverkehrsfreiheit fällen mußte. Das diesbezügliche Konfliktpotential im australischen Markt scheint recht gering (geworden) zu sein.[160]

Darüber hinaus fördert der High Court Regelungsharmonisierung durch den Bund, indem er die *corporations power* der Section 51 Nr. 20 in der jüngeren Vergangenheit betont extensiv ausgelegt hat. Zusammen mit den übrigen, teils recht spezifischen Gesetzgebungskompetenzen des Bundes werden weite Bereiche des australischen Wirtschaftsrechts zentral und damit warenverkehrsfreundlich reguliert. Entgegen des ersten Anscheins sind insofern die Möglichkeiten der Gliedstaaten ziemlich eingeschränkt, den sie eigentlich begünstigenden *free trade approach* im Sinne von *Cole v Whitfield* auszunutzen, um ihre lokalen Interessen zu verfolgen und so gegebenenfalls den zwischenstaatlichen Warenverkehr zu behindern.

Schließlich ist es zu begrüßen, daß der High Court im Wege seiner Rechtsprechungswende auch dem Drängen von mehreren Seiten[161] nachgab und den *interstate trade and commerce* nicht länger gegenüber dem rein innerstaatlichen

---

[157] Vgl. *Cullen*, (1989) 18 Federal Law Review 53, 62.
[158] Siehe Teil 2, § 2.
[159] Siehe Teil 2, § 2 und § 3.
[160] *Joseph/Castan*, Federal Constitutional Law – A Contemporary View, S. 280.
[161] Siehe dazu schon oben Teil 4, § 1, I., 1.

Handel privilegiert.[162] Dadurch wird das Problem der umgekehrten Diskriminierung und mit ihm eine wesentliche durch den *laissez faire approach* hervorgerufene Unstimmigkeit in der Auslegung von Section 92 beseitigt. So konnte der High Court in seinen Urteilen aus der Zeit vor *Cole v Whitfield* nie überzeugend begründen, warum die Bundesverfassung die Freiheit des zwischenstaatlichen Handels schützt, jedoch dem innerstaatlichen *trade and commerce* keine vergleichbare Position einräumt. Weiterhin führt die Abschaffung der Privilegien des *interstate trade and commerce* dazu, daß so mancher Mißbrauch der Section 92 – etwa im Wege des sog. *border hopping*[163] – ein Ende genommen hat.[164]

Ziel des High Court muß es nun sein, mittels künftiger Entscheidungen eine Auslegung zu entwickeln, die frei von den Unsicherheiten und Widersprüchen ist, die so prägend für die diversen Ansätze der Vergangenheit waren. Schon die Schwierigkeiten der Richter, den aktuellen, auf den ersten Blick recht einfach konstruierten Ansatz in *Bath v Alston Holdings Pty Ltd* anzuwenden, illustrieren, daß der High Court hier vor einer diffizilen Aufgabe steht.[165]

---

[162] *Hanks/Cass*, Australian Constitutional Law, S. 848; *Lane*, (1988) 62 Australian Law Journal 604, 614; *Cullen*, (1989) 19 University of Western Australia Law Review 90, 130; *Carney*, (1991) 3 Bond Law Review 149, 173; sehr kritisch dazu *Connolly*, (1991) 16 University of Queensland Law Journal 290, 294 ff.

[163] *Border hopping* bedeutet, daß eigentlich rein innerstaatliche Transporte Umwege über einen anderen Gliedstaat machen, um so das zwischenstaatliche Element im Sinne von Section 92 zu kreieren. Siehe dazu auch die Entscheidungen *Naracoorte Transport Pty Ltd v Butler* (1956) 95 CLR 455; *Golden v Hotchkiss* (1959) 101 CLR 568; *Harris v Wagner* (1959) 103 CLR 452.

[164] *Howard*, (1988) 16 Melbourne University Law Review 852, 853.

[165] Siehe auch *Cole v Whitfield* (1988) 165 CLR 360, 408: „*Inevitably the adoption of a new principle of law, though facilitating the resolution of old problems, brings a new array of questions in its wake.*“

§ 4 Viele offene Fragen

Obwohl seit der Rechtsprechungswende im Jahr 1988 geraume Zeit vergangen ist, sind noch längst nicht alle mit Section 92 zusammenhängenden Fragen höchstrichterlich entschieden worden. Trotz der vier zu Section 92 ergangenen Urteile bestehen auch weiterhin Unklarheiten in einigen Punkten.[166] Insbesondere ist auf folgende, teilweise bereits angesprochene Problemkreise hinzuweisen: Was ist die exakte Bedeutung von *„discriminatory in a protectionist sense"*? Unterscheidet der High Court zwischen *„discrimination"* und *„protectionism"*? Oder verwendet er beide Begriffe ohne selbständigen Bedeutungsgehalt? Wie wird der neue Test hinsichtlich derjenigen Belastungen angewendet, die durch Regelungen des Bundes entstehen? Wie behandelt der High Court *trade and commerce*, der Territorien berührt? Welchen Inhalt weist die vor allem in der Entscheidung *Castlemaine Tooheys Ltd v South Australia* angeklungene Verhältnismäßigkeitsprüfung auf? Welche vor *Cole v Whitfield* ergangenen Urteile sind auch heute noch richtungsweisend für die Interpretation von Section 92? Wie ist der Sachverhalt in Fällen zu ermitteln, in denen es auf Section 92 ankommt?[167]

An dieser Stelle soll nicht darüber spekuliert werden, welche Antworten der High Court künftig auf diese und andere noch unbeantwortete Fragen geben wird.[168] Doch sollen im Verlauf des folgenden Vergleichs der beiden Ansätze die wesentlichen Probleme herausgegriffen und anhand der Rechtsprechung näher erläutert werden, um sie dann dem europäischen Maßstab gegenüberstellen zu können.

---

[166] Siehe etwa *Lumb/Moens*, The Constitution of the Commonwealth of Australia Annotated, Rn. 700 f.; *Sonter*, (1995) 69 Australian Law Journal 332 ff. und den Fragenkatalog von *Coper*, in: Lee/Winterton, Australian Constitutional Perspectives, S. 129, 131.

[167] Siehe zu diesen Fragen näher *Coper*, in: Lee/Winterton, Australian Constitutional Perspectives, S. 129, 131.

[168] *Coper*, in: Lee/Winterton, Australian Constitutional Perspectives, S. 129, 139 präsentiert seine Antworten auf einige der hier aufgeworfenen Fragen.

Teil 5: Systemvergleich

Nachdem die Lösungen dargestellt worden sind, die EuGH und High Court für den Konflikt zwischen dezentraler Regelungsbefugnis und den Zielen des freien Warenverkehrs jeweils entwickelt haben, werden nun – unterteilt in positive und negative Integration – Gemeinsamkeiten und Unterschiede der beiden Tests herausgearbeitet. Schließlich wird untersucht, ob und inwieweit Erfahrungen, die in dem einen Wirtschaftsraum gesammelt worden sind, für den jeweils anderen Markt fruchtbar gemacht werden können.

§ 1 Positive Integration

I. Ziel- und sachgegenstandsbezogene Kompetenznormen

Positive Integration im Bereich des Warenverkehrs wird in den beiden Vergleichsmärkten durch zwei völlig unterschiedliche Instrumentarien erreicht. Zwar gehen beide Systeme übereinstimmend vom Prinzip der begrenzten Einzelermächtigung aus. Für den europäischen und den australischen Markt dürfen Normen also nur dann zentral gesetzt werden, wenn der EG dem Gemeinschaftsgesetzgeber bzw. die Australische Bundesverfassung dem Bund die Gesetzgebungskompetenz übertragen hat. Zudem räumen beide Systeme grundsätzlich dem von der jeweiligen Zentralebene gesetzten Recht den Vorrang ein.[1] Doch unterscheiden sich die für die Rechtsangleichung warenverkehrsrelevanter Bereiche einschlägigen Rechtsgrundlagen schon im Ansatz ganz erheblich, so daß sich ein Vergleich schwierig gestaltet.

Die Europäischen Gemeinschaft betreibt die Harmonisierung der unterschiedlichen nationalen warenverkehrsrelevanten Rechts- und Verwaltungsvorschriften heutzutage vor allem über Art. 95 EG. Obwohl der EuGH die Tragweite dieser Norm noch jüngst in seinem Urteil zur Tabakwerbeverbotrichtlinie einschränkte,[2] ist unverkennbar, daß diese Querschnittskompetenz (auch weiterhin) aufgrund ihres funktionalen und zielbezogenen Charakters – sie spricht von Errichtung und Funktionieren des Binnenmarktes – potentiell jeden warenverkehrsrelevanten Bereich auf Kosten mitgliedstaatlicher Regelungsgewalt wird abdecken können. Sie macht als finale Kompetenz nicht vor bestimmten Sach- und Rechtsgebieten halt.[3] In den Grenzen der Binnenmarktzielbindung gewährt

---

[1] Zu den Durchbrechungen dieses Grundsatzes durch dezentrale Alleingänge noch unten Teil 5, § 1, III.

[2] Dazu näher oben Teil 1, § 3, I., 2.

[3] *Müller*, Systemwettbewerb, Harmonisierung und Wettbewerbsverzerrung, S. 162.

sie dem Gemeinschaftsgesetzgeber auch nichtwirtschaftliche Gestaltungsfreiheit im Hinblick auf legitime Allgemeininteressen.[4]

Weder die *commerce clause* noch die *corporations power* sind so formuliert, daß man sie derart dynamisch und extensiv auslegen könnte, wie dies der EuGH bei Art. 95 EG tut. Denn die beiden stärksten Hebel für positive Integration im australischen Markt sind lediglich sachgegenstands-, nicht aber zielbezogen abgefaßt. Section 51 Nr. 1 und Nr. 20 betrifft lediglich den *interstate trade and commerce* sowie die *foreign, trading* und *financial corporations*. Zusammen decken diese beiden Gesetzgebungskompetenzen zwar viele Bereiche ab, die Art. 95 EG ebenfalls erfaßt. Letztendlich können sie indes aufgrund ihrer Sachgegenstandsbezogenheit nicht das Ausmaß annehmen wie Art. 95 EG.

Insbesondere fällt es schwer, über Section 51 Nr. 1 und Nr. 20 soziale Allgemeininteressen bundesweit einheitlich im Interesse eines freien Warenverkehrs zu normieren. Dies würde dem bisherigen Verständnis der beiden Kompetenztitel klar widersprechen; ihre Sachgegenstände wären höchstens mittelbar betroffen. Auch die einzelnen Kriterien, die wegen ihrer engen Auslegung nur ganz vereinzelt die Regelungsbefugnisse des Bundes zu Lasten der Gliedstaaten ausdehnen konnten, werden hier regelmäßig nicht weiterhelfen. Es läßt sich kaum begründen, daß eine „*substantial connection with commerce*“ oder „*direct relation to interstate trade*“ besteht. Ebenso führen das Kriterium „*causally affects commerce*“ und die *incidental powers* zu keinem anderen Ergebnis.[5] Das Argument, die Harmonisierung warenverkehrsrelevanter Normen fördere den zwischenstaatlichen Handel, hat dem High Court bislang jedenfalls nicht ausgereicht, um die Regelungsbefugnis des Bundes gestützt auf einen der beiden Kompetenztitel zu begründen.

Der Umstand, daß in Australien im Zuge des *new federalism* ausschließlich intergouvernementale Kooperationen diese für den zwischenstaatlichen Warenverkehr besonders sensiblen Bereiche[6] harmonisierten, indiziert, daß es sich

---

[4] *Möstl*, EuR 2002, 318, 326; *Hilf/Frahm*, RIW 2001, 128, 131; gegebenenfalls sind Spezialvorschriften zu berücksichtigen, wie etwa Art. 6, Art. 152 Abs. 1 und Art. 153 Abs. 2 EG.

[5] Zu diesen Kriterien näher oben Teil 2, § 1, II., 3.

[6] Es handelte sich unter anderem um nationale Standards für Lebensmittel, Gesundheit und Sicherheit am Arbeitsplatz und den Umweltschutz. Über intergouvernementale Kooperationen wurden zudem der Verbraucherschutz und der Straßentransport harmonisiert; dazu näher Teil 2, § 2, II., 1. und 3. In den genannten Bereichen hat auch die Europäische Gemeinschaft in der jüngeren Vergangenheit einen Schwerpunkt ihrer Harmonisierungstätigkeit gelegt. Sie konnte sich jedoch dazu – anders als der Bund in Australien – auf eigene Regelungskompetenzen berufen, siehe *Oppermann*, Europarecht, Rn. 1254-1258.

hier traditionell um Materien handelt, die die Gliedstaaten, nicht aber der Bund regeln dürfen.

Trotz dieser sehr unterschiedlichen strukturellen Ausgangslage – einerseits der zielbezogene Art. 95 EG, andererseits der ausführliche Kompetenzkatalog der Section 51 samt der sachgegenstandsbezogenen *commerce clause* und *corporations power* – nähert sich der australische dem europäischen Ansatz hinsichtlich seiner Tragweite zunächst dadurch an, daß die *commerce clause* ihre Regelungsmaterie lediglich generalklauselartig beschreibt. Sollten keine spezielleren Normsetzungskompetenzen des Bundes einschlägig sein, so können aufgrund der Section 51 Nr. 1 ganz verschiedene Sachbereiche einheitlich geregelt werden, sollten sie unter *interstate trade and commerce* zu subsumieren sein.[7]

Der High Court ließ bereits im *Bank Nationalisation*-Case deutlich erkennen, daß den Bedürfnissen einer modernen Industriegesellschaft Rechnung zu tragen ist. Bei der Auslegung der Section 51 Nr. 1 sind daher auch aktuelle ökonomische und gesellschaftliche Entwicklungen zu berücksichtigen.[8] Dieser Kompetenztitel ist daher keineswegs statisch, sondern flexibel zu nennen.

Ähnliches gilt für Section 51 Nr. 20. Der Wortlaut der Norm ist offen gefaßt; der High Court legt ihn seit seiner Entscheidung in *Strickland v Rocla Concrete Pipes Ltd*[9] trotz aller Streitigkeiten unter den Richtern sehr weit aus. Im Gegensatz zu Section 51 Nr. 1 vermag der Bund über die *corporations power* auch rein innerstaatliche Sachverhalte zu regulieren. Beide Kompetenztitel ergänzen sich insofern, schließen jedoch Überschneidungen nicht aus.

Dem punktuellen und unsystematischen Kompetenzkatalog der Australischen Bundesverfassung[10] steht die extrem weitreichende Regelungsbefugnis des Art. 95 EG samt mehrerer Spezialermächtigungen gegenüber. Art. 95 EG ersetzt auf europäischer Seite einen detaillierten Kompetenzkatalog. Während der Bund kraft eigener Regelungsbefugnisse den australischen Markt nur teilweise zu harmonisieren vermag, kann der europäische Gesetzgeber für seinen Markt (fast) lückenlose und umfassende Rechtsangleichung betreiben.

Selbst der Umstand, daß gemäß Art. 95 Abs. 2 EG die Bereiche Steuern, Freizügigkeit sowie Rechte und Interessen der Arbeitnehmer aus dem Anwendungsbereich des Art. 95 EG herausfallen, läßt keinen anderen Schluß zu. Denn die

---

[7] Siehe oben Teil 2, § 1, II.

[8] *Bank of NSW v Commonwealth* (1948) 76 CLR 1, 382 f., *Dixon* J; zu dieser Entscheidung oben Teil 2, § 1, II., 1., c.

[9] (1971) 124 CLR 468; dazu schon oben Teil 2, § 1, IV., 2.

[10] Siehe oben Teil 2, § 1, 1.

Materien Steuern und Freizügigkeit erfaßt Art. 94 EG; sie unterliegen also dem Einstimmigkeitserfordernis. Bestimmungen über die Rechte und Interessen der Arbeitnehmer können nunmehr aufgrund der Spezialvorschrift des Art. 137 EG harmonisiert werden.[11] Für alle in Art. 95 Abs. 2 EG genannten Ausnahmebereiche gilt deshalb, daß sie über andere Rechtsetzungskompetenzen der Gemeinschaft angeglichen werden können. Demzufolge ist gewährleistet, daß für diese Materien keine divergierenden nationalen Regelungen gelten, soweit der Gemeinschaftsgesetzgeber von seinen speziellen, teilweise Einstimmigkeit voraussetzenden Regelungsbefugnissen Gebrauch gemacht hat. Die Ausnahmebereiche des Art. 95 Abs. 2 EG bleiben damit zwar nicht dezentraler Regulierung vorbehalten, ihre Harmonisierung wird aber teilweise durch das Einstimmigkeitserfordernis erschwert.

Das australische System bedient sich nicht der Regelungstechnik des Art. 95 Abs. 2 EG; es statuiert keine ausdrücklichen Ausnahmebereiche. Parallelen bestehen indes insoweit, als daß der Kompetenzkatalog für zahlreiche wirtschaftsrechtliche Materien[12] spezielle Regelungsbefugnisse vorsieht, die Section 51 Nr. 1 und Nr. 20 verdrängen. Warenverkehrsrelevante Normen werden auf diese Weise ebenfalls bundesweit einheitlich normiert, so daß Harmonisierungsdefizite hier nicht entstehen können. Im Gegensatz zu den Art. 94 EG und Art. 137 EG sehen diese Regelungsbefugnisse des Bundes gemäß Section 51 keine formellen oder materiellen Abweichungen gegenüber der *commerce clause* und der *corporations power* vor. So gilt etwa kein Einstimmigkeitserfordernis. Anders als in der Europäischen Gemeinschaft wird Rechtsangleichung in diesen speziellen Bereichen insofern nicht erschwert; lediglich der Kompetenztitel ist ein anderer.

II. Harmonisierungsdefizite in Australien

Angesichts der enormen Tragweite des Art. 95 EG samt der Spezialkompetenzen des Gemeinschaftsgesetzgebers fällt es um so mehr ins Gewicht, daß das Harmonisierungspotential der *commerce clause* und der *corporations power* insbesondere durch die folgenden Punkte reduziert wird, die im europäischen System in dieser deutlichen Form nicht zu finden sind.

---

[11] *Lecheler*, Einführung in das Europarecht, S. 295.

[12] Siehe die Aufstellung in Teil 2, § 1, I.

1. Binnenmarktbezug und Zwischenstaatlichkeit

Der High Court begünstigt das Entstehen von Harmonisierungslücken im australischen Markt, indem er zunächst untersucht, ob der vom Bund mittels Section 51 Nr. 1 zu normierende Bereich als *trade and commerce* einzuordnen ist. Nachdem sich in der Vergangenheit des öfteren Tendenzen angedeutet haben, hier einem engen Begriffsverständnis zu folgen,[13] vertritt der High Court nun schon seit längerem eine extensive Auslegung. Diese an sich warenverkehrsfördernde Tendenz soll aber nicht den Blick dafür verstellen, daß der Sachgegenstand „*trade and commerce*" bei weitem nicht die inhaltliche Tragweite aufweisen kann wie das Ziel „Binnenmarkt".

Hinzu kommt, daß die Richter sehr genau prüfen, ob auch das zwischenstaatliche Element bei den fraglichen Sachverhalten gegeben ist.[14] Das teilweise überzogen anmutende Festhalten an diesem Kriterium schließt zahlreiche Konstellationen aus dem Anwendungsbereich der Section 51 Nr. 1 aus und verhindert so umfassende Rechtsangleichung durch den Bund.

Nichts anderes ergibt sich daraus, daß der High Court in einer Reihe von Urteilen unterschiedliche, nebeneinander anwendbare Kriterien herausgearbeitet hat, die die Beziehung zwischen dem Bundesgesetz und *interstate trade and commerce* näher konkretisieren. Denn auf diesem Weg konnten die Regelungsbefugnisse des Bundes lediglich ganz vereinzelt und nur auf Randbereiche des zwischenstaatlichen Handels ausgedehnt werden. Eine umfangreiche und systematische Harmonisierung warenverkehrsrelevanter Normen ist so sicherlich nicht erreicht worden.[15]

Die gliedstaatliche Gesetzgebungskompetenzen wahrende Rechtsprechung des High Court zu Section 51 Nr. 1 wurde jedoch in der jüngeren Vergangenheit zum Teil durch einige Urteile zur *corporations power* unterlaufen. Über diesen Kompetenztitel vermag der Bund auch innerstaatliche Bereiche des australischen Wirtschaftsrechts zu normieren, die er mittels der *commerce clause* nicht erreichen kann. Doch selbst wenn man denjenigen Richtern des High Court folgt, die eine mittelbare Beziehung des Bundesgesetzes zu den *foreign*, *trading*

---

[13] Siehe dazu oben Teil 2, § 1, II., 1. Erinnert sei daran, daß einzelne Richter des High Court vertraten, der Warentransport sei lediglich ein Werkzeug des *trade and commerce* und falle deshalb nicht unter Section 51 Nr. 1 (siehe Teil 2, § 1, II., 1., a.). Auch die Diskussion, ob Bankgeschäfte mangels eines körperlichen Elements noch unter Section 51 Nr. 1 subsumiert werden können (siehe Teil 2, § 1, II., 1., b.), zeugt von den Begriffsstreitigkeiten unter den Richtern des High Court.

[14] Siehe oben Teil 2, § 1, II., 2.

[15] Siehe dazu oben Teil 2, § 1, II., 3.

und *financial corporations* ausreichen lassen,[16] können zwar über Section 51 Nr. 20 (in Verbindung mit Section 51 Nr. 1) ganz wesentliche Teile des australischen Wirtschaftsrechts harmonisiert werden, weil insbesondere die dort genannten Unternehmen auf dem Markt tätig sind. Doch werden selbst beide Kompetenztitel vereint aufgrund ihrer fehlenden Zielbezogenheit nicht dieselbe Breite aufweisen können wie Art. 95 EG und die übrigen, teils sachgegenstandsbezogenen Spezialermächtigungen des EG. Dies indizieren schon die zahlreichen intergouvernementalen Kooperationen zwischen dem Bund und den Gliedstaaten mit Bezug zum Warenverkehr sowie der beachtliche Erfolg des *Mutual Recognition Scheme*. Hätte dem Bund für die betroffenen Sachgebiete die Regelungsbefugnis zugestanden, so wäre es wesentlich einfacher und effektiver gewesen, die fraglichen Normen auf die Kompetenztitel des Bundes zu stützen. Die bereits skizzierten (möglichen) Harmonisierungsdefizite intergouvernementaler Kooperationen und des *Mutual Recognition Scheme*[17] hätten auf diese Weise vermieden werden können.

Während der High Court in der jüngeren Vergangenheit die Regelungsbefugnisse des Bundes insbesondere mit Hilfe der *corporations power* weiter ausgedehnt hat, ist in der Europäischen Gemeinschaft eine gegenläufige Tendenz erkennbar. Der EuGH hat in seinem Urteil zur Tabakwerbeverbotrichtlinie ausgeführt, daß der harmonisierende Rechtsakt tatsächlich zur Beseitigung von Wettbewerbsverzerrungen sowie von Hemmnissen für die Warenverkehrs- und Dienstleistungsfreiheit beitragen muß. Er hat einen spezifischen Gewinn für den Binnenmarkt zu bewirken;[18] die zu beseitigenden Wettbewerbsverzerrungen müssen spürbar sein.[19] Die bloße Feststellung von Unterschieden zwischen den nationalen Normen, die abstrakte Gefahr der Beeinträchtigung von Grundfreiheiten oder die daraus gegebenenfalls resultierenden Wettbewerbsverzerrungen reichten nicht aus, um Rechtsangleichungsakte auf Art. 95 EG zu stützen.[20]

Obwohl Art. 95 EG nicht ausdrücklich von einem zwischenstaatlichen Handel spricht, sondern den inhaltlich abweichenden Begriff des Binnenmarktes verwendet, bestehen hier gewisse Überschneidungen. Weist der zu normierende Sachverhalt typischerweise keine zwischenstaatlichen Bezüge auf, so kann es auch nicht zu tatsächlichen Beeinträchtigungen des Binnenmarktes kommen. Es

---

[16] *Actors and Announcers Equity Association v Fontana Films Pty Ltd* (1982) 150 CLR 169, 207, *Mason* J und 211 f., *Murphy* und *Aicken* JJ; *Commonwealth v Tasmania* (1983) 158 CLR 1, 151 f., *Mason* J und 269 f., *Deane* J; zu den unterschiedlichen Strömungen innerhalb des High Court siehe oben Teil 2, § 1, IV., 2.

[17] Dazu oben Teil 2, § 2, I. und II.

[18] EuGH, Rs. C-376/98 (Deutschland/Parlament und Rat), Slg. 2000, I-8419, 8527.

[19] EuGH, Rs. C-376/98 (Deutschland/Parlament und Rat), Slg. 2000, I-8419, 8529.

[20] EuGH, Rs. C-376/98 (Deutschland/Parlament und Rat), Slg. 2000, I-8419, 8524.

mögen zwar unterschiedliche nationale Regelungsregime bestehen, doch mangels eines grenzüberschreitenden Charakters bewirken diese keine Wettbewerbsverzerrungen. Soll also ein harmonisierender Rechtsakt auf Art. 95 EG gestützt werden, setzt dies – wie in Australien im Rahmen der Section 51 Nr. 1 – ein zwischenstaatliches Element voraus, um den notwendigen Binnenmarktbezug herzustellen.

Entsprechendes gilt für gemeinschaftliche Harmonisierungsakte gemäß Art. 95 EG, die künftige, auf divergierenden mitgliedstaatlichen Vorschriften beruhende Handelshemmnisse beseitigen sollen. Das Entstehen solcher Hindernisse muß wahrscheinlich sein; der fragliche Harmonisierungsakt hat ihre Vermeidung zu bezwecken.[21] Auch diese Fallgruppe setzt eine zwischenstaatliche Komponente voraus, da Handelshemmnisse bedingt durch abweichende nationale Normen nur entstehen können, wenn es tatsächlich zu grenzüberschreitenden Transaktionen in dem fraglichen Bereich kommt oder künftig kommen wird. Müssen hingegen mitgliedstaatliche Grenzen nicht überschritten werden, kann innergemeinschaftlicher Handel auch nicht behindert werden.

Die beschriebenen Ähnlichkeiten, die trotz der unterschiedlichen Wortlaute zwischen dem Sachgegenstand „*interstate trade and commerce*" im Sinne der Section 51 Nr. 1 und dem Ziel „Binnenmarkt" des Art. 95 EG bestehen, dürfen indes nicht darüber hinwegtäuschen, daß der High Court sein überholt anmutendes Begriffsverständnis von *interstate trade and commerce* nicht aufgegeben hat. Der Bund kann also produktionsrelevante Vorschriften über Section 51 Nr. 1 nur dann erlassen, falls die jeweiligen Produkte tatsächlich – die Intention allein reicht nicht aus –, ausschließlich und zweifellos für den grenzüberschreitenden Warenverkehr bestimmt sind.[22] Auf Section 51 Nr. 1 fußende Produktionsregelungen hat der High Court damit wohl auf ein Minimum reduziert. Zurückgegriffen werden muß hier auf das *Mutual Recognition Scheme* und, soweit dies nicht mehr einschlägig ist, auf anderweitige intergouvernementale Kooperationen. Je nach Adressatenkreis eines Regelungswerkes käme auch die *corporations power* als Kompetenznorm in Betracht.

Die Enge des Begriffes „*interstate trade and commerce*" illustriert die Rechtsprechung des High Court zur Regulierung des australischen Luftraums. Hier unterschieden die Richter entgegen jeglichen ökonomischen Zweckmäßigkeits-

---

[21] EuGH, Rs. C-376/98 (Deutschland/Parlament und Rat), Slg. 2000, I-8419, 8524.

[22] *O'Sullivan v Noarlunga Meat Ltd (No. 1)* (1954) 92 CLR 565, 596 ff., *Fullagar* J; *O'Sullivan v Noarlunga Meat Ltd (No. 2)* (1956) 94 CLR 367, 373; *Beal v Marrickville Magarine Pty Ltd* (1966) 114 CLR 283, 304 f., *Kitto* J; näher Teil 2, § 1, II., 2., a.

erwägungen stets zwischen rein innerstaatlichen einerseits sowie interstaatlichen und internationalen Flügen andererseits.[23]

Derart feine Differenzierungen sucht man in der Rechtsprechung des EuGH zu den warenverkehrsrelevanten Kompetenznormen vergeblich. Vielmehr gilt das durch den Gemeinschaftsgesetzgeber harmonisierte Recht regelmäßig auch für Vorgänge innerhalb der Mitgliedstaaten, soweit es sich nicht lediglich auf Teilbereiche oder Mindeststandards beschränkt.[24]

In seinem Urteil zur Tabakwerbeverbotrichtlinie ließ der EuGH zwar erkennen, daß er künftig genauer überprüfen werde, ob die Voraussetzungen der gemeinschaftlichen Regelungsbefugnisse vorliegen. Diese die mitgliedstaatlichen Kompetenzen bewahrende Haltung des EuGH reicht aber (zur Zeit) bei weitem noch nicht an die rigide Auffassung des High Court heran. Der High Court legt das zwischenstaatliche Element damit immer noch wesentlich strikter aus, als dies der EuGH selbst in seinen jüngsten Ausführungen zur Binnenmarktbezogenheit eines Rechtsangleichungsaktes hat erkennen lassen. Dieser Unterschied schlägt sich nicht zuletzt in der abweichenden Tragweite positiver Integration in den Vergleichsmärkten nieder.

2. Harmonisierungslücken im Rahmen der Section 51 Nr. 20

Mögliche Harmonisierungslücken ruft im Rahmen der Section 51 Nr. 20 die teils sehr eng am Wortlaut der Norm verhaftete Interpretation des High Court hervor. Danach ist es dem Bund verwehrt, die Gründung von *trading* und *financial corporations* zu normieren; dies ist Sache der Gliedstaaten.[25] Dieser Teilbereich des Gesellschaftsrechts mußte daher im Wege einer intergouvernementaler Kooperation mit den damit einhergehenden Nachteilen[26] harmonisiert werden.[27]

Darüber hinaus können (gegenständlich eng begrenzte) Harmonisierungslücken dadurch entstehen, daß laut High Court Section 51 Nr. 20 dem Bund keine

---

[23] Näher Teil 2, § 1, II., 2., b.

[24] *Everling*, in: Schwarze, Wirtschaftsverfassungsrechtliche Garantien für Unternehmen im europäischen Binnenmarkt, S. 11, 22.

[25] *New South Wales v Commonwealth* (1990) 169 CLR 482, 498, *Mason* CJ, *Brennan*, *Dawson*, *Toohey*, *Gaudron* und *McHugh* JJ; näher dazu oben Teil 2, § 1, IV., 2.

[26] Zu den Nachteilen siehe oben Teil 2, § 2, I.

[27] Siehe oben Teil 2, § 1, IV., 2.

Kompetenz verleiht, Normen zu setzen, die die Grundlage für Verbote von *foreign*, *trading* und *financial corporations* bilden.[28]

Beide hier skizzierten Beschränkungen zentraler Regelungsbefugnis finden in den einschlägigen gemeinschaftsrechtlichen Harmonisierungskompetenzen Art. 44 Abs. 3 lit. g) sowie Art. 94 f. EG keine Entsprechung. Hier ist das Potential für eine umfassende Harmonisierung durch den Gemeinschaftsgesetzgeber gegeben. Dennoch gestaltet sich der Rechtsangleichungsprozeß für das Gesellschaftsrecht in der Europäischen Gemeinschaft aus anderen Gründen langatmig und schwierig.[29]

3. Dezentrale Alleingänge

Trotz der angesprochenen Unterschiede zwischen beiden Systemen bestehen im Hinblick auf mögliche Harmonisierungslücken auch gewisse Parallelen. Bereits oben wurden die Schwierigkeiten skizziert, die sich in Australien bei der Rechtsangleichung durch intergouvernementale Kooperationen ergeben können. Insbesondere werden bundesweit einheitliche Normen regelmäßig nur dann erreicht, wenn alle Gliedstaaten und Territorien geschlossen das neue Regelungswerk in ihrer Jurisdiktion in Kraft setzen und es dann nachträglich auch nicht mehr modifizieren, ohne sich vorher mit den übrigen Vertragspartnern der intergouvernementalen Kooperation abgesprochen zu haben. Je nach Ausgestaltung der Vereinbarung besteht die mehr oder weniger große Gefahr, daß einzelne Jurisdiktionen ausscheren und Materien selbständig regeln, so daß möglicherweise Handelshemmnisse durch divergierende Normen auftreten oder gar nicht erst beseitigt werden.

Im Markt der Europäischen Gemeinschaft bestehen ähnliche Schwierigkeiten. Art. 95 Abs. 4-10 EG hält ein differenziertes System bereit, das es den Mitgliedstaaten gestattet, von gemeinschaftsweit harmonisierten Rechts- und Verwaltungsvorschriften im Wege eines nationalen Alleingangs in den in Art. 95 Abs. 4, 5 und 10 EG aufgezählten Bereichen abzuweichen („*opting out*"). In diesen Sachgebieten kann es zu divergierenden Normen vor allem in Gestalt von unterschiedlich hohen Schutzniveaus kommen, die sich behindernd auf den innergemeinschaftlichen Warenverkehr auswirken.

Art. 95 Abs. 4, 5 und 10 EG begrenzt die Bereiche, in denen den Mitgliedstaaten nationale Alleingänge gestattet sind. Hingegen kann in Australien ein

---

[28] Siehe oben Teil 2, § 1, IV., 2.
[29] *Oppermann*, Europarecht, Rn. 1245 m.w.N.

Ausscheren einzelner Jurisdiktionen grundsätzlich jede intergouvernementale Kooperation treffen und so ihren Harmonisierungseffekt mindern. Angesichts der zahlreichen intergouvernementalen Kooperationen, die den inneraustralischen Warenverkehr berühren, wiegt dieser Punkt um so schwerer.

Selbst wenn sich alle Gliedstaaten und Territorien staatsvertraglich dazu verpflichtet haben, das jeweilige Regelungswerk umzusetzen, besteht immer noch ein Restrisiko, da intergouvernementale Vereinbarungen nicht justitiabel sind.[30] Dem Art. 95 Abs. 4, 5 und 10 EG vergleichbare Instrumente kennt das australische System nicht; eine abschließende Aufzählung von Sachbereichen sucht man vergebens. Damit ist in Australien das Spektrum der Materien, in denen dezentrale Sonderwege trotz bestehender Harmonisierungsbestrebungen beschritten werden können, deutlich breiter angelegt als in der Europäischen Gemeinschaft.

Relativierend ist indessen hinzuzufügen, daß die in Art. 95 Abs. 4, 5 und 10 EG genannten Schutzgüter weitgehend diejenigen Gebiete abdecken, in denen traditionell besonders häufig Einschränkungen der Warenverkehrsfreiheit zu Gunsten legitimer Allgemeininteressen vorgenommen worden sind. Obwohl sich das australische System nicht auf die in Art. 95 Abs. 4, 5 und 10 EG genannten Kernbereiche beschränkt, sein warenverkehrshemmendes Potential also grundsätzlich größer ist als das des Art. 95 Abs. 4, 5 und 10 EG, werden wahrscheinlich auch künftig die Unterschiede in der Praxis recht gering ausfallen. Bislang haben sowohl Gliedstaaten und Territorien als auch die Mitgliedstaaten nur sehr selten von der Möglichkeit Gebrauch gemacht, eigene abweichende Normen zu setzen.[31] Weder die strukturelle Schwäche intergouvernementaler Kooperationen in Australien noch Art. 95 Abs. 4, 5 und 10 EG haben sich bisher als Einfallstor für warenverkehrshemmende dezentrale Regelungssetzungen erwiesen.

Obwohl das australische System nicht über ein Verfahren verfügt, das die Funktion des Art. 95 Abs. 4-10 EG übernimmt und dezentrale Alleingänge kanalisiert, muß dieser Befund nicht überraschen. Der australische Markt ist im

---

[30] So *John Cooke & Co Pty Ltd v Commonwealth* (1922) 31 CLR 394, 416; *PJ Magennis Pty Ltd v Commonwealth* (1949) 80 CLR 382, 409, *Dixon* J; *South Australia v Commonwealth* (1962) 108 CLR 130, 139 ff., *Dixon* CJ, 148 f., *McTiernan* J und 154, *Windeyer* J; *Saunders*, in: Galligan, Essays in Legal Theory: A Collaborative Work, S. 29, 46 ff.

[31] Für die Europäische Gemeinschaft: *Gundel*, JuS 1999, 1171, 1174; für den australischen Markt siehe oben Teil 2, § 2, II.

Vergleich zur Europäischen Gemeinschaft[32] sehr homogen; er zeichnet sich insbesondere dadurch aus, daß alle Gliedstaaten und Territorien auf britische Wurzeln zurückgehen, Teil eines Nationalstaates sind und seit jeher ein gemeinsames Rechtssystem haben. Insofern unterscheiden sich die Gliedstaaten und Territorien in wirtschaftlicher, rechtlicher und kultureller Hinsicht nicht sonderlich stark voneinander. Selbst in Bereichen, in denen es divergierende Normen gibt, existiert regelmäßig ein allgemein akzeptierter Mindestregulierungs- und Schutzstandard in den Gliedstaaten und Territorien.[33] Es besteht daher in Australien nur ein vergleichsweise geringes Bedürfnis für dezentrale Alleingänge zu Lasten des freien Warenverkehrs.

III. Rolle des High Court und des EuGH

Mit Blick auf positive Integration haben High Court und EuGH noch bis in die jüngste Vergangenheit hinein ganz unterschiedliche Rollen gespielt. Während sich der EuGH bislang vor allem als Motor der Integration verstand und dies unter anderem dadurch zum Ausdruck brachte, daß er die Regelungsbefugnisse der Gemeinschaft tendenziell sehr weit zu Lasten der Mitgliedstaaten auslegte und deren Inanspruchnahme durch die Gemeinschaftsorgane billigte, wußte der High Court die Gesetzgebungskompetenzen der Gliedstaaten trotz seiner nun extensiven Auslegung der *corporations power* weitgehend zu wahren. Letzteres indiziert insbesondere die restriktive Interpretation der *commerce clause.*

Erst in jüngster Zeit hat der EuGH sein Selbstverständnis an das des High Court angenähert, indem er dem Gemeinschaftsgesetzgeber insbesondere für Art. 95 EG in seinem Urteil zur Tabakwerbeverbotrichtlinie klare Grenzen gezogen hat.[34] Er befindet sich damit auf dem besten Weg, ein „Hüter" der Kompetenzverfassung zu werden, der der föderalen Struktur der Gemeinschaft stärker als bisher Rechnung trägt, indem er einen Ausgleich zwischen zentralen und dezentralen Interessen sucht.[35] Historisch bedingt nimmt der High Court eine solche Funktion nunmehr schon seit über 100 Jahren wahr.

---

[32] Vgl. *Everling*, in: Schwarze, Wirtschaftsverfassungsrechtliche Garantien für Unternehmen im europäischen Binnenmarkt, S. 11, 13 f.; *ders*, in: Liber Amicorum Pierre Pescatore, S. 227, 232 f.; *ders*, in: Festschrift für Steindorff, S. 1155, 1164.

[33] *Wilkens*, in: Thomas/Saunders, The Australian Mutual Recognition Scheme: A New Approach to an Old Problem, S. 2, 4.

[34] Vgl. *Möstl*, EuR 2002, 318, 342; *Götz*, JZ 2001, 34; *Hilf/Frahm*, RIW 2001, 128, 129; *Calliess*, JURA 2001, 311, 316.

[35] *Calliess*, JURA 2001, 311, 318; vgl. auch *Götz*, JZ 2001, 34, 35; *Everling*, EuR 1991, 179, 182.

IV. Annäherung der Ergebnisse?

Der Gemeinschaftsgesetzgeber hat heutzutage mit Art. 95 EG und den Spezialermächtigungen ein Instrumentarium zur Verfügung, mit dem er – im Gegensatz zum australischen Bund – fast alle warenverkehrsrelevanten Materien effektiv harmonisieren kann. Im australischen Markt konnten verfassungsbedingte Rechtsangleichungsdefizite zumindest teilweise durch gezielte und systematische intergouvernementale Kooperationen ausgeglichen werden, so daß letztendlich das Ausmaß von Rechtsangleichung in Australien gar nicht mehr so weit von dem Standard entfernt ist, den der Gemeinschaftsgesetzgeber dank seiner Querschnittskompetenzen erreichen kann.

Hinzu kommt, daß der EuGH voraussichtlich mittels der in seinem Urteil zur Tabakwerbeverbotrichtlinie entwickelten Kriterien stärker als bisher darauf achten wird, daß ein Binnenmarktbezug auch tatsächlich gegeben ist. Dieses Judikat des EuGH ähnelt in gewisser Weise der Rechtsprechung des High Court zur *commerce clause*, in der die australischen Richter anhand strenger Maßstäbe überprüfen, ob der Regelungsgegenstand des jeweiligen Gesetzes das notwendige zwischenstaatliche Element aufweist.

Viel wird zudem davon abhängen, wie sich die Auslegung der *corporations power* in Zukunft entwickelt. Sollte tatsächlich jeglicher – und nicht nur ein ausreichend enger – Bezug zu den in Section 51 Nr. 20 genannten Unternehmen ausreichen, um die Regelungskompetenz des Bundes zu begründen, könnten wesentliche Bereiche warenverkehrsrelevanter Normen harmonisiert werden. Auf intergouvernementale Kooperationen müßte zu diesem Zweck nicht mehr zurückgegriffen werden. Der Umfang positiver Integration in Australien könnte auf diese Weise entschieden erweitert werden und sich möglichen europäischen Größenordnungen annähern.

Indes muß bezweifelt werden, daß sich eine solch extensive Interpretation der *corporations power* in Australien durchsetzen wird. Sie würde die bisherige föderale Balance zwischen den Regelungsbefugnissen des Bundes und der Gliedstaaten arg aus dem Gleichgewicht bringen und sie stark zu Lasten der Gliedstaaten verändern. Es träte eine Zentralisierung der Regelungsbefugnisse ein, vor der – auch in der Europäischen Gemeinschaft – schon oft gewarnt worden ist.

Im übrigen würde es doch sehr überraschen, wenn der High Court, der sich jahrzehntelang einer extensiven Auslegung der *commerce clause* zum Nachteil der Gliedstaaten und Territorien verweigert hat, nun über die *corporations power* die Regelungsbefugnisse des Bundes nachhaltig ausdehnt und so zentralistischen Tendenzen Vorschub leistet. Er käme auf diesem (Um-)Weg zu jenem Ergebnis, das er durch seine Rechtsprechung zu Section 51 Nr. 1 stets hatte vermeiden wollen.

§ 2 Negative Integration

I. Tarifäre und inländische abgabenrechtliche Handelshemmnisse

In beiden Märkten stand nie zur Debatte, daß tarifären Handelshemmnissen ein (langfristiger) Bestandsschutz eingeräumt werden soll. Wurden doch das Commonwealth of Australia und die Europäische (Wirtschafts-)Gemeinschaft nicht zuletzt in der Absicht gegründet, diesen meist offensichtlichen Handelshemmnissen entschieden zu begegnen, um sie schließlich vollständig abzuschaffen. Dem entspricht es, daß tarifäre Handelshemmnisse im Interesse des freien Warenverkehrs in beiden Märkten von den jeweils einschlägigen Normen untersagt werden.

Section 90 Abs. 1 der Bundesverfassung verbietet den australischen Gliedstaaten, Waren mit eigenen Zöllen oder Abgaben zollgleicher Wirkung zu belegen. Dies ist allein Aufgabe des Bundes. Dasselbe warenverkehrsfreundliche Ergebnis wird ebenfalls erreicht, indem man Section 92 anwendet.[36] Ferner verhindern beide Normen, daß Produkte mittels abgabenrechtlicher Handelshemmnisse – insbesondere gliedstaatlicher Steuern – diskriminiert werden.

Auf europäischer Ebene gewährleistet Art. 25 EG, daß Mitgliedstaaten keine Handelsbarrieren durch Zölle und Abgaben zollgleicher Wirkung errichten. Diskriminierende inländische abgabenrechtliche Handelshemmnisse verbietet Art. 90 EG. Beide Systeme sehen also keine dezentrale Entscheidungsautonomie vor in den für den freien Warenverkehr besonderes sensiblen Bereichen Zölle, zollgleiche Abgaben und diskriminierende Produktbesteuerung. Eine nähere vergleichende Analyse dieser Aspekte hat aufgrund der offensichtlichen Deckungsgleichheit beider Ansätze keine Aussicht auf reichen Ertrag;[37] sie kann hier unterbleiben.

II. Nichttarifäre Handelshemmnisse

Der Schwerpunkt des Vergleichs liegt im Rahmen der negativen Integration bei den nichttarifären Handelshemmnissen. Insbesondere hier – das indizieren die zahlreichen Urteile des EuGH und des High Court sowie die diversen Stellungnahmen in der Literatur – besteht in beiden Wirtschaftsräumen enormer Klärungsbedarf.

---

[36] *Cole v Whitfield* (1988) 165 CLR 360, 407; *Geradin/Stewardson*, (1995) 44 ICLQ 41, 44; *Staker*, (1990) 19 Federal Law Review 322, 325 Fn. 24.

[37] *Staker*, (1990) 19 Federal Law Review 322, 325.

1. Bindung der Zentralebene

Seit der Entscheidung des Privy Council in *James v Commonwealth*[38] aus dem Jahr 1936 ist geklärt, daß Section 92 nicht nur die Gliedstaaten, sondern auch den Bund bindet.

Hingegen ist in der Europäischen Gemeinschaft die Rechtsprechung nicht ganz so eindeutig.[39] Die Art. 28 ff. EG richten sich unmittelbar nur an die Mitgliedstaaten, während die Europäische Gemeinschaft selbst kein Adressat der Art. 28 ff. EG ist.[40] Die Grundfreiheiten entfalten indes für die Organe der Gemeinschaft eine (zumindest mittelbare) Bindungswirkung.[41] Im Hinblick auf ihre Tragweite läßt sich in der Rechtsprechung[42] folgende Differenzierung erkennen: Die Gemeinschaft muß ebenso wie die Mitgliedstaaten den Kernbestand der den Binnenmarkt konstituierenden Grundregeln einhalten. Sie darf die Mitgliedstaaten nicht dazu ermächtigen oder verpflichten, gegen die Grundfreiheiten zu verstoßen.[43] Zudem ist es ihr untersagt, Ziele anzustreben, die die Mitgliedstaaten selbst nicht verfolgen können.[44] Gemeinschaftliche Regelungen dürfen

---

[38] (1936) 55 CLR 1; dazu schon oben Teil 3, § 2, IV., 1.

[39] Siehe *Roth*, Beiheft 1 zu EuR 1994, 45, 48.

[40] *Roth*, in: Festschrift für Mestmäcker, S. 725, 731.

[41] EuGH, verb. Rs. 80/77 und 81/77 (Commissionaires Réunies/Receveur des douanes), Slg. 1978, 927, 947; EuGH, Rs. 15/83 (Denkavit Nederland/Hoofdproduktschap voor Akkerbouwprodukten), Slg. 1984, 2171, 2184; EuGH, Rs. C-51/93 (Meyhui/Schott Zwiesel Glaswerke), Slg. 1994, I-3879, 3898; EuGH, verb. Rs. C-427/96, 429/96 und 436/96 (Bristol-Myers Squibb u.a.), Slg. 1996, I-3457, 3529; EuGH, Rs. C-114/96 (Kieffer und Thill), Slg. 1997, I-3629, 3655; EuGH, Rs. C-284/95 (Safety Hi-Tech), Slg. 1998, I-4301, 4350; EuGH, Rs. C-341/95 (Bettati), Slg. 1998, I-4355, 4380; siehe auch *Roth*, in: Festschrift für Mestmäcker, S. 725, 731 f.; *ders.*, ZBB 1997, 373, 378 ff.; *ders.*, Beiheft 1 zu EuR 1994, 45, 48; zum Meinungsstand in der Literatur siehe jüngst noch *Möstl*, EuR 2002, 318, 322 Fn. 17; das Spektrum reicht von einer weitgehenden Gleichstellung der Gemeinschaft mit den Mitgliedstaaten, über eine nach Art der gemeinschaftlichen Maßnahme differenzierende Ansicht bis hin zu der Auffassung, die lediglich eine begrenzte, nur an der Einheit des Marktes orientierte Bindung annimmt; monographisch zu dieser Frage *Schwemer*, Die Bindung des Gemeinschaftsgesetzgebers an die Grundfreiheiten (1995) und *Scheffer*, Die Marktfreiheiten des EG-Vertrages als Ermessensgrenze des Gemeinschaftsgesetzgebers (1997).

[42] Eine ausführliche Analyse der EuGH-Rechtsprechung zur Bindung der Gemeinschaft an die Grundfreiheiten findet sich bei *Scheffer*, Die Marktfreiheiten des EG-Vertrages als Ermessensgrenze des Gemeinschaftsgesetzgebers, S. 49 ff.

[43] *Mestmäcker*, in: Festgabe für Willgerodt, S. 263, 280 f.; *Roth*, in: Festschrift für Mestmäcker, S. 725, 732; siehe auch *Everling*, ZHR 162 (1998), 403, 421.

[44] EuGH, Rs. 172/82 (Syndicat national de fabricants raffineurs d'huiles de graissage u.a./Groupement d'intérêt économique „Inter-Huiles"), Slg. 1983, 555, 565 f.; EuGH, verb. Rs. 80/77 und 81/77 (Commissionaires Réunies/Receveur des douanes), Slg. 1978, 927, 946

bestehende Unterschiede zwischen den mitgliedstaatlichen Rechtsordnungen nicht weiter vertiefen; es ist der Gemeinschaft untersagt, den Markt eines Mitgliedstaates gegenüber anderen mitgliedstaatlichen Märkten abzuschotten.[45] Zu formellen und materiellen Diskriminierungen ist der Gemeinschaftsgesetzgeber nicht berechtigt.[46]

Sollen hingegen Maßnahmen der Gemeinschaft die Wahrnehmung der Grundfreiheiten erleichtern, werden also mitgliedstaatliche, durch legitime Allgemeininteressen gerechtfertigte Regelungen abgebaut, gesteht der EuGH der Gemeinschaft einen weiten Ermessensspielraum zu. Dieser bezieht sich auf die schrittweise Verwirklichung des Binnenmarktes,[47] die (politische) Bestimmung des gemeinschaftlichen Allgemeininteresses und die Intensität seiner Instrumentierung.[48] Er führt im Ergebnis zu einer lockeren Verhältnismäßigkeitsprüfung.[49] Lediglich offensichtlich unverhältnismäßige Maßnahmen der Gemeinschaft sind somit rechtswidrig.[50] Bestimmt die Gemeinschaft einheitliche Normen zum Schutz legitimer Allgemeininteressen, fehlt es regelmäßig an einer spezifischen Belastung des innergemeinschaftlichen Handels, so daß der Anwendungsbereich der Grundfreiheiten nicht eröffnet ist.[51] Abweichendes gilt nur, falls eine uniforme Regelung den Marktzugang behindert.[52] Insoweit bleibt es bei einer Kontrolle anhand der Grundfreiheiten samt des skizzierten Ermessensspielraums des Gemeinschaftsgesetzgebers.[53]

---

f.; *Roth*, ZBB 1997, 373, 379; siehe auch *Schwemer*, Die Bindung des Gemeinschaftsgesetzgebers an die Grundfreiheiten, S. 96 f.

[45] EuGH, Rs. 172/82 (Syndicat national de fabricants raffineurs d'huiles de graissage u.a./Groupement d'intérêt économique „Inter-Huiles"), Slg. 1983, 555, 565 f.; EuGH, Rs. 41/84 (Pinna/Caisse d'allocations familiales de la Savoi), Slg. 1986, 1, 25.

[46] EuGH, Rs. 313/86 (Lenoir/Caisse d'allocations familiales des Alpes Maritimes), Slg. 1988, 5391, 5423; siehe auch EuGH, Rs. 41/84 (Pinna/Caisse d'allocations familiales de la Savoi), Slg. 1986, 1, 25.

[47] EuGH, Rs. 37/83 (REWE-Zentral/Direktor der Landwirtschaftskammer Rheinland), Slg. 1984, 1229, 1249.

[48] Vgl. EuGH, Rs. C-51/93 (Meyhui/Schott Zwiesel Glaswerke), Slg. 1994, I-3879, 3901.

[49] Vgl. EuGH, Rs. C-51/93 (Meyhui/Schott Zwiesel Glaswerke), Slg. 1994, I-3879, 3901; siehe auch *Roth*, EuR 1987, 7, 14 f.

[50] EuGH, Rs. C-233/94 (Deutschland/Parlament und Rat), Slg. 1997, I-2405, 2461 f.

[51] *Roth*, Festschrift für Mestmäcker, S. 725, 732; *ders.*, ZBB 1997, 373, 380; *ders.*, EuR 1987, 7, 13.

[52] Beispielsweise EuGH, Rs. C-51/93 (Meyhui/Schott Zwiesel Glaswerke), Slg. 1994, I-3879; in dieser Entscheidung ging es um die Kennzeichnung von Waren in der jeweiligen Landessprache des Vertriebsstaates.

[53] *Roth*, Festschrift für Mestmäcker, S. 725, 732; *ders.*, ZBB 1997, 373, 380.

Der Kreis der unmittelbaren Normadressaten ist damit in Australien größer als in der Europäischen Gemeinschaft. Während in Australien zentrale und dezentrale Maßnahmen sich gleichermaßen unmittelbar an Section 92 messen lassen müssen, bindet die Warenverkehrsfreiheit unmittelbar lediglich die Mitgliedstaaten, während die Gemeinschaftsorgane einer nur mittelbaren Bindung unterliegen. Die differenzierten Kontrollmaßstäbe des EuGH für Regelungen der Gemeinschaft finden in der australischen Rechtsprechung keine Entsprechung. Unabhängig davon, ob zentrale oder dezentrale Maßnahmen in Rede stehen, hält Section 92 stets denselben Test bereit.

Dieser fundamentale Unterschied führt indes nicht dazu, daß der australische Ansatz Maßnahmen des Bundes einer deutlich strengeren Prüfung unterziehen kann als der differenzierende Test des EuGH. Denn über die nur mittelbare Bindung des Gemeinschaftsgesetzgebers werden regelmäßig all diejenigen Fälle erfaßt, auf die auch Section 92 in seiner aktuellen Auslegung abzielt.

Die mittelbare Bindung des Gemeinschaftsgesetzgebers in dem skizzierten Sinne bewirkt zunächst, daß Maßnahmen der Gemeinschaft in jedem Fall zumindest einem (weit verstandenen) Diskriminierungsverbot unterliegen. Formelle oder materielle Diskriminierungen des zwischenstaatlichen Handels sind der Gemeinschaft untersagt.[54] Diese Regelungen fallen in Australien wiederum unter das in Section 92 hineingelesene umfassende Diskriminierungsverbot, wenn man davon ausgeht, daß mit dem Vorliegen einer Diskriminierung auch in der Regel das protektionistische Element gegeben sein wird.[55] Insofern besteht hier (weitestgehende) Deckungsgleichheit zwischen beiden Ansätzen.

Bereits oben wurde darauf hingewiesen, daß es zwar denkbar ist, daß der australische Bund den *interstate trade and commerce* auf protektionistische Weise diskriminiert. Praktische Relevanz hat diese Fallgruppe in Australien bislang jedoch nicht gehabt.[56] Die Zentralebene wird regelmäßig die Wirtschaft

---

[54] EuGH, Rs. 313/86 (Lenoir/Caisse d'allocations familiales des Alpes Maritimes), Slg. 1988, 5391, 5423.

[55] Dazu noch näher unten Teil 5, § 2, II., 3., a., aa., aaa.

[56] Siehe schon oben Teil 4, § 1, I. 3; vgl. indes auch die folgenden europäischen Judikate: EuGH, Rs. 313/86 (Lenoir/Caisse d'allocations familiales des Alpes Maritimes), Slg. 1988, 5391, 5423; EuGH, Rs. 41/84 (Pinna/Caisse d'allocations familiales de la Savoi), Slg. 1986, 1, 25; EuGH, Rs. 359/87 (Pinna/Caisse d'allocations familiales de la Savoi), Slg. 1989, 585, 614; EuGH, Rs. 20/85 (Roviello/Landesversicherungsanstalt Schwaben), Slg. 1988, 2805, 2852; EuGH, Rs. 220/83 (Kommission/Frankreich), Slg. 1986, 3663; EuGH, Rs. 252/83 (Kommission/Dänemark), Slg. 1986, 3713; EuGH, Rs. 205/84 (Kommission/Deutschland), Slg. 1986, 3755; EuGH, Rs. 206/84 (Kommission/Irland), Slg. 1986, 3817; Vgl. auch EuGH, Rs. 240/83 (Procureur de la République/ADBHU), Slg. 1985, 531, 549; EuGH, Rs. 172/82 (Syndicat national de fabricants raffineurs d'huiles de graissage u.a./Groupement d'intérêt

von Einzelstaaten nicht zu Lasten anderer (Mit-)Gliedstaaten in einem integrierten Markt fördern.[57]

Maßnahmen der Europäischen Gemeinschaft, die die Wahrnehmung der Grundfreiheiten erleichtern und sich demnach lediglich einer lockeren Verhältnismäßigkeitsprüfung zu unterziehen haben, fallen mangels einer formellen oder materiellen Diskriminierung nicht in den Anwendungsbereich der Art. 28 f. EG. Das gilt vor allem für zentrale Harmonisierungsmaßnahmen, die aufgrund ihrer marktweiten Einheitlichkeit in der Regel keine spezifischen Belastungen des zwischenstaatlichen Warenverkehrs auslösen,[58] sondern – im Gegenteil – dazu beitragen, daß Behinderungen des Warenverkehrs durch divergierende Regelungsregime abgebaut werden. Etwaige verbleibende Belastungen durch harmonisierte Normen, die einer (politischen) Entscheidung für einheitliche Standards immanent sind, werden in beiden Märkten lediglich an einem grundrechtlich geprägten Maßstab gemessen. Denn derartige Maßnahmen führen zu keiner spezifischen Belastung des grenzüberschreitenden Warenverkehrs.

Mit Blick auf die folgenden Ausführungen ist schließlich festzuhalten, daß die Funktion der Section 92 im Ansatz umfassender ist als die der Art. 28 ff. EG. Während sich Art. 28 ff. EG unmittelbar nur mit dem Konflikt zwischen dezentraler Entscheidungsautonomie der Mitgliedstaaten und dem Ziel eines freien Warenverkehrs befassen, geht Section 92 noch darüber hinaus. Ihre originäre Aufgabe ist es, auch den Widerstreit sozialer Interessen mit dem freien Warenverkehr auf Bundesebene zu kanalisieren. Trotz der sehr ähnlichen praktischen Auswirkungen im Hinblick auf Maßnahmen der jeweiligen Zentralebene besteht also keine vollkommene Funktionsidentität zwischen den zu vergleichenden Normen.

2. Zweistufigkeit der beiden Tests

Im Gegensatz zu den recht speziell formulierten Normen des EG suggeriert der Wortlaut der Section 92 einen umfassenden Anwendungsbereich und damit einhergehend eine weitgehende Beschränkung dezentraler Entscheidungsautonomie (auch) im Interesse eines möglichst freien Warenverkehrs. Die bisherigen Untersuchungen haben indes gezeigt, daß dieser erste Eindruck trügt. Allein die

---

économique „Inter-Huiles“), Slg. 1983, 555, 565 f.; EuGH, Rs. 76/81 (Transporoute/Ministère des travaux publics), Slg. 1982, 417, 427 f.; vgl. auch *Roth*, EuR 1987, 7, 15.

[57] Vgl. *Jarass*, EuR 2000, 705, 715.

[58] Daß auch zentrale Harmonisierungsmaßnahmen zu spezifischen Belastungen des zwischenstaatlichen Warenverkehrs führen können, zeigt der Fall EuGH, Rs. C-51/93 (Meyhui/Schott Zwiesel Glaswerke), Slg. 1994, I-3879.

konkretisierende Rechtsprechung des EuGH und des High Court kann bei einer vergleichenden Analyse der beiden Ansätze weiterführen.

Löst man sich demnach wieder vom Wortlaut und wendet sich der Judikatur des EuGH und des High Court zu, so fällt auf, daß der australische und der europäische Test für den Konflikt zwischen dezentralen Regelungsinteressen und den Zielen des freien Warenverkehrs jeweils zwei voneinander zu trennende Stufen aufweisen. Gemäß seinen Ausführungen in *Cole v Whitfield* untersucht der High Court gliedstaatliche Maßnahmen in einem ersten Schritt daraufhin, ob sie als „*discriminatory in a protectionist sense*" charakterisiert werden können. Sollte dies der Fall sein, so liegt prima facie ein Verstoß gegen Section 92 vor. Dieses Ergebnis wird nur noch dann korrigiert, falls die fragliche Maßnahme in einem zweiten Schritt gemäß der vor allem in *Castlemaine Tooheys Ltd v South Australia* präzisierten Prinzipien gerechtfertigt werden kann.[59] Der High Court hat demzufolge einen Prüfungsmechanismus für Section 92 entwickelt, der die beiden Stufen Grundregel (Tatbestand) und Ausnahme (Rechtfertigung) aufweist.

Nach einem solchen Grobschema geht auch der EuGH vor. Zunächst wird ermittelt, ob die mitgliedstaatliche Maßnahme in den Anwendungsbereich der Grundregel der Art. 28 EG und/oder Art. 29 EG fällt. Anders als in Australien verändert der EuGH jedoch auf der Ebene der Grundregel seinen Maßstab danach, ob die fragliche Maßnahme den Im- oder Export betrifft. Ist die Grundregel einschlägig, prüft der EuGH, ob die fragliche Maßnahme entweder gemäß Art. 30 EG oder – sollte eine formell nichtdiskriminierende Maßnahme in Rede stehen – anhand des Art. 30 EG und der zwingenden Erfordernisse des Allgemeinwohls im Sinne des *Cassis*-Urteils gerechtfertigt werden kann.

Auch der EuGH verwendet damit einen zweistufigen Ansatz, der jedoch im Vergleich zu seinem australischen Pendant eine differenziertere Struktur aufweist. Sowohl auf der Ebene der Grundregel als auch auf der Ebene der Ausnahme unterscheidet der EuGH je nach Art der zu untersuchenden Maßnahme. Hingegen wendet der High Court seinen Test durchweg einheitlich an. Seine Maßstäbe hängen nicht davon ab, ob eine Import- oder Exportbeschränkung bzw. eine formell diskriminierende oder gleichförmig anwendbare Maßnahme zu untersuchen ist.

---

[59] *Smith*, (1998) 72 Australian Law Journal 465, 467; *Kirk*, (1997) 21 Melbourne University Law Review 1, 15; *Coper*, in: Lee/Winterton, Australian Constitutional Perspectives, S. 129, 140.

Dieses Schema gilt im europäischen Kontext indes nur dann, wenn man die Unklarheiten und Streitigkeiten über die korrekte dogmatische Einordnung der in *Cassis de Dijon* entwickelten Formel unberücksichtigt läßt. Für den Vergleich mit dem australischen Ansatz ist es unerheblich, ob die zwingenden Erfordernisse des Allgemeinwohls im Sinne der *Cassis*-Formel immanente Schranken des Art. 28 EG[60], tatbestandsausschließende Elemente[61], negative Tatbestandsmerkmale[62], Tatbestandseinschränkungen[63], ungeschriebene Ausnahmen[64], *restrictions of the principle of free trade*[65], *judicial exceptions*[66], Rechtfertigungsgründe[67] oder *derogations* bzw. *saving tests*[68] sind. Entscheidend kann nur sein, daß die zwingenden Erfordernisse der *Cassis*-Formel Maßstäbe für den Abwägungsprozeß zwischen den Zielen des freien Warenverkehrs und den mitgliedstaatlichen Interessen in der Weise setzen, daß letzteren unter gewissen Bedingungen der Vorzug gegenüber ersteren gegeben wird. Ebenso wie die in Art. 30 EG ausdrücklich genannten Rechtfertigungsgründe können die zwingenden Erfordernisse im Sinne von *Cassis de Dijon* warenverkehrshemmende mitgliedstaatliche Maßnahmen im Ergebnis vor einem Verstoß gegen die warenverkehrsfreundliche Grundregel des Art. 28 EG bewahren. Ungeachtet gegebenenfalls bestehender dogmatischer Unterschiede ist die Funktion des Art. 30 EG und der *Cassis*-Formel im Hinblick auf die hier interessierende Fragestellung zumindest in dieser Hinsicht identisch, so daß beide Elemente für den hier durchzuführenden Vergleich ohne weiteres auf einer Stufe behandelt werden können.

---

[60] So etwa *Oppermann*, Europarecht, Rn. 1298 ff.; *Novak*, DB 1997, 2589, 2591.

[61] So etwa *Leible*, in: Grabitz/Hilf, Das Recht der Europäischen Union (Band 1), Art. 28 EG EG Rn. 20; *Dauses*, in: Dauses, Hdb. EU-WirtschaftsR (Band 1), C. I. Rn. 108; Commentaire Mégret (Band 1), S. 233.

[62] So beispielsweise *Dubach*, DVBl. 1995, 595, 598.

[63] So etwa *Schwintowski*, RabelsZ 64 (2000), 38, 54.

[64] So etwa *Dörr*, RabelsZ 54 (1990), 677, 684.

[65] So *Geradin/Stewardson*, (1995) 44 ICLQ 41, 54.

[66] So *Burrows*, Free Movement in European Community Law, S. 57 ff.; *Moens*, (1990) 17 Melbourne University Law Review 733, 734.

[67] So *Smit/Herzog*, The Law of the European Community, § 30.03; *Herdegen*, Europarecht, Rn. 293 ff.; *Emmert*, Europarecht, § 29 Rn. 30 ff.; *Fischer*, Europarecht, § 13 Rn. 45; *Kommers/Waelbroeck*, in: Cappelletti/Seccombe/Weiler, Integration Through Law, Vol. I, Book 3, S. 165, 211 f.; *Sack*, EWS 1994, 37, 46; *ders.*, WRP 1998, 103, 110; *ders.*, GRUR 1998, 871, 877; *Steindorff*, ZHR 158 (1994), 149, 156 mit dem Hinweis, daß man wohl besser von einer teleologischen Reduktion des Art. 28 EG sprechen sollte; siehe auch *Kapteyn/VerLoren van Themaat/Gormley*, Introduction to the Law of the European Communities, S. 674 ff., die von *case-law based justifications* sprechen; *Moore*, in: Craig/de Búrca, The Evolution of EU Law, S. 517, 526 nennt sie *mandatory requirements justifications*; *Bernard*, (1996) 45 ICLQ 82, 93 hingegen meint, es handele sich um *two types of justification*.

[68] So wohl *Smith*, (1998) 72 Australian Law Journal 465, 467.

Beide Ansätze gehen somit grundsätzlich in zwei Prüfungsschritten vor. Zunächst wird bestimmt, ob eine dezentrale Maßnahme die im jeweiligen Markt einschlägige Grundregel verletzt. In einem zweiten Schritt ist dann zu ermitteln, ob die fragliche Maßnahme gemäß den jeweils geltenden Maßstäben eine Ausnahme von der Grundregel darstellt, also doch noch mit der Australischen Bundesverfassung oder dem EG zu vereinbaren ist.

3. Anwendungsbereiche der Grundregeln

Auf der Ebene der Grundregel werden die Weichen gestellt im Hinblick auf den Umfang dezentraler Entscheidungsautonomie. Ein weiter Anwendungsbereich vermag das Ausmaß der den Warenverkehr behindernden dezentralen Entscheidungsautonomie weitgehend einzuschränken. Er erhöht den Rechtfertigungsdruck für die Einzelstaaten. Ein enger Anwendungsbereich kann dies hingegen nicht leisten. Das Potential für warenverkehrshemmende Maßnahmen dezentralen Ursprungs ist im letzten Fall ungleich größer.

Schon hier ist zu berücksichtigen, daß die Konsequenzen eines weiten Anwendungsbereichs für dezentrale Entscheidungsautonomie – zumindest teilweise – dadurch korrigiert werden können, daß ein weicher Maßstab auf der Rechtfertigungsebene es den Einzelstaaten relativ einfach macht, ihre Interessen zu Lasten des freien Warenverkehrs letztendlich durchzusetzen. Umgekehrt kann ein schmaler und damit tendenziell warenverkehrshemmender Anwendungsbereich der jeweiligen Grundregel auf der Ebene der Rechtfertigung – zumindest ein wenig – kompensiert werden, indem man strenge Anforderungen an die Rechtfertigung einzelstaatlicher Regelungstätigkeiten stellt. Die warenverkehrshemmende Extremposition besetzen wiederum Tests, die einen engen Anwendungsbereich gekoppelt mit einfach zu erfüllenden Rechtfertigungsvoraussetzungen aufweisen. Die warenverkehrsfreundlichste Tendenz weisen schließlich Ansätze auf, die einen umfassenden Anwendungsbereich mit strengen Rechtfertigungsanforderungen verbinden.

Verengt man nun die Perspektive und betrachtet allein die einzelne, auf ihre Vereinbarkeit mit Art. 28 f. EG bzw. Section 92 hin zu untersuchende gliedstaatliche Regelung, so fällt dank der bestehenden methodischen Gemeinsamkeiten beider Tests schon auf der Ebene der Grundregel eine Vorentscheidung darüber, wie die unumgängliche Abwägung zwischen den Zielen des freien Warenverkehrs und den Allgemeininteressen der Einzelstaaten ausfällt. Dezentrale, den Warenverkehr behindernde Regelungen, die schon nicht in den Anwendungsbereich der jeweiligen Grundregel fallen, können nicht gegen Art. 28 f. EG oder Section 92 verstoßen. Derartige Regelungen müssen nicht mehr gerechtfertigt werden. Bereits der Umfang des Anwendungsbereichs indiziert somit die Tragweite, die das jeweilige Ordnungssystem dezentraler Entscheidungsautonomie einräumt.

Vergleicht man die Anwendungsbereiche der australischen und der europäischen Grundregel, so sticht hervor, daß sich beide Ansätze zumindest grundsätzlich bemühen, den Zielen einer weitreichenden Marktintegration Rechnung zu tragen. Dies ergibt sich vor allem aus dem Umstand, daß beide Tests von einem umfassenden Anwendungsbereich ausgehen, der tarifäre und nichttarifäre Handelshemmnisse erfaßt.

Mit Blick auf nichttarifäre Handelshemmnisse muß insbesondere folgendes gelten: Die Errichtung dieser Handelshemmnisse durch dezentrale Maßnahmen in Gestalt der mengenmäßigen Beschränkungen und Maßnahmen gleicher Wirkung wie mengenmäßige Beschränkungen ist zu einem gewissen Ausmaß grundsätzlich in beiden Märkten untersagt. Für den europäischen Markt bedarf dies keiner weiteren Erläuterung; dies ergibt sich unmittelbar aus dem Wortlaut der Art. 28 f. EG.

In Australien hingegen reduzierte zwar die Mehrheit der Richter des High Court Section 92 niemals auf einen Kern, der lediglich das Verbot tarifärer Handelshemmnisse zwischen den Gliedstaaten vorsah. Doch nahm Justice *Murphy* in *Buck v Bavone*[69] und später auch in anderen Entscheidungen[70] die Systematik der Bundesverfassung zum Anlaß, um mit zumindest theoretisch guten Gründen für einen derart beschränkten Anwendungsbereich der Section 92 zu plädieren.[71] Dieser zwar im Ergebnis erfolglose Versuch, der Norm ihre umfassende marktintegrative Wirkung zu nehmen,[72] hinterließ aber immerhin noch einen solch starken Eindruck, daß sich der High Court in *Cole v Whitfield* mehr als ein Jahrzehnt später mit dieser Thematik ausführlicher auseinandersetzte. Die Richter stellten bei dieser Gelegenheit ausdrücklich klar, daß Section 92

---

[69] (1976) 135 CLR 110, 132 ff.; siehe dazu auch *Campbell*, (1996) 15 University of Tasmania Law Review 22, 39 ff.

[70] *HC Sleigh Ltd v South Australia* (1977) 136 CLR 475, 528; *Finemores Transport Pty Ltd v New South Wales* (1978) 139 CLR 338, 356 f.; *Bartter's Farms Pty Ltd v Todd* (1978) 139 CLR 499, 525; *Boyd v Carah Coaches Pty Ltd* (1979) 145 CLR 78, 101 ff.

[71] Siehe oben Teil 3, § 2, IV.

[72] Zu dem Problem, daß das alleinige Verbot tarifärer Handelshemmnisse zum Zweck einer weitgehenden Marktintegration nur unzureichend ist, da dezentrale Regelungstätigkeiten deren Wirkung unterlaufen können, indem sie im Ergebnis vergleichbare Barrieren durch nichttarifäre Handelshemmnisse errichten, siehe nur die Entscheidung des Privy Council in *James v Commonwealth* (1936) 55 CLR 1, 36.

nicht zuletzt aus praktischen Gründen auch nichttarifäre Handelshemmnisse erfassen muß.[73]

Mit Blick auf das Spannungsverhältnis zwischen dezentralen Regelungsinteressen und den Zielen des freien Warenverkehrs läßt sich insofern feststellen, daß in beiden Märkten nichttarifäre Handelshemmnisse durch den bestehenden rechtlichen Rahmen kanalisiert werden. Beide Märkte weisen damit die Gemeinsamkeit auf, daß sich einzelstaatliche Regelungstätigkeiten an einer – zumindest aus dieser Perspektive – weitreichend zu nennenden Grundregel messen lassen müssen. Den Einzelstaaten wird insoweit keine Gelegenheit gegeben, ihre jeweiligen Märkte ohne Rücksicht auf das Funktionieren des Gesamtmarktes zu regulieren und auf diese Weise zu schützen. Den hier wie dort gleichermaßen bestehenden praktischen Bedürfnissen hinsichtlich einer möglichst weitgehenden Marktintegration wird insoweit nachgekommen. Dies indiziert eine grundsätzlich integrations- und damit warenverkehrsfreundliche Tendenz in beiden Märkten, die zu Lasten dezentraler Entscheidungsautonomie geht.

Entsprechend der durch die Art. 28 f. EG angeordneten Dichotomie wird nun auf der Ebene der Grundregel weiter zwischen Import- und Exportschranken differenziert. Dadurch soll insbesondere folgendem Strukturunterschied zwischen beiden Ansätzen Rechnung getragen werden: Schon oben wurde dargelegt, daß der EuGH hinsichtlich der Auslegung von Art. 28 EG nicht bei einem Diskriminierungsverbot stehen bleibt, sondern die Norm im Sinne eines vor allem durch die *Keck*-Rechtsprechung in seinem Umfang geprägten Beschränkungsverbotes interpretiert.[74] Hingegen reduziert er Art. 29 EG auf ein Diskriminierungsverbot.[75] Der EuGH hält also auf der Ebene der Grundregel zwei unterschiedliche Ansätze bereit, die je nach Art der Handelsschranke einschlägig sind.

Der High Court indessen wendet seinen Test für Im- und Exportbeschränkungen ohne inhaltliche Variation an. Dies zeigte sich noch zuletzt in der oben dargelegten Entscheidung *Barley Marketing Board (NSW) v Norman.*[76] Ein solch uniformer Ansatz entspricht der Tradition des High Court. Soweit ersichtlich hat das Gericht in der Vergangenheit niemals einen Ansatz vertreten, der unterschiedliche Maßstäbe an Im- und Exportschranken anlegte. Die je nach Art des Handelshemmnisses verschieden gelagerten staatlichen Interessen münzte der High Court zu keinem Zeitpunkt in einen differenzierenden Test um. Es läßt

---

[73] Siehe *Cole v Whitfield* (1988) 165 CLR 360, 393 und 408 f.
[74] Siehe dazu oben Teil 1, § 3, II., 3., a.,.bb., ccc.
[75] Siehe dazu oben Teil 1, § 3, II., 3., a., cc.
[76] Siehe oben Teil 4, § 1, IV., 2.

sich somit schon an dieser Stelle voraussagen, daß die Gemeinsamkeiten und Unterschiede zwischen europäischem und australischem Ansatz je nach Charakteristik der zu untersuchenden Handelsschranke zwangsläufig eine abweichende Tragweite aufweisen.

a. Importbeschränkungen

Zunächst werden die für dezentrale Importbeschränkungen einschlägigen Ansätze verglichen. Auf australischer Seite muß die gliedstaatliche Regelung „*discriminatory in a protectionist sense*" sein, um unter die Grundregel des High Court zu fallen. Diesem auf den ersten Blick recht einfach strukturierten Test steht auf europäischer Seite ein wesentlich differenzierterer Ansatz gegenüber. Demgemäß unterliegen alle den zwischenstaatlichen Warenverkehr behindernden Regelungen der Mitgliedstaaten zumindest einem Diskriminierungsverbot, das formelle und materielle Diskriminierungen durch die Mitgliedstaaten grundsätzlich verbietet.[77] Davon ausgehend ist es dann fraglich und nicht immer eindeutiger Einzelfalljurisprudenz überlassen, inwieweit sich produktbezogene Maßnahmen der Mitgliedstaaten darüber hinaus an einem Beschränkungsverbot messen lassen müssen. Art. 28 EG hält somit ein Diskriminierungs- und ein Beschränkungsverbot bereit.[78]

aa. Diskriminierungsverbot – Übereinstimmung oder Unterschied?

Es bietet sich an, zunächst die Basis des europäischen Tests – das Verbot formeller und materieller Diskriminierungen durch die Mitgliedstaaten – mit dem australischen Ansatz zu vergleichen.

aaa. Diskriminierungsverbot des High Court

Das Diskriminierungsverbot auf europäischer Ebene ist klar konturiert. Es untersagt grundsätzlich nicht nur offene, sondern auch versteckte Diskriminierungen.[79] Aufgrund der vielgerühmten Kreativität der Mitgliedstaaten bei der Errichtung von Handelsschranken kommt dem Verbot versteckter Diskriminierungen eine maßgebliche Bedeutung zu, will man weitgehende Marktinte-

---

[77] EuGH, verb. Rs. C-267/91 und C-268/91 (Keck und Mithouard), Slg. 1993, I-6097, 6131.

[78] Siehe nur *Roth*, in: Festschrift für Großfeld, S. 929, 941.

[79] EuGH, verb. Rs. C-267/91 und C-268/91 (Keck und Mithouard), Slg. 1993, I-6097, 6131.

gration erreichen. In Anbetracht des nicht minder beeindruckenden Ideenreichtums der australischen Gliedstaaten folgt auch der High Court dieser Einsicht.[80] Sein Test erfaßt ebenfalls offene und versteckte Diskriminierungen des *interstate trade and commerce.*[81]

Es stellt sich jedoch die Frage, ob das Diskriminierungsverbot des High Court exakt dem des europäischen Tests entspricht. Hält man sich noch einmal die einschlägigen Passagen der Entscheidung *Cole v Whitfield* vor Augen, so fällt auf, daß der High Court nicht allein von Diskriminierungen des *interstate trade and commerce* spricht, die Section 92 verbietet. Vielmehr werden die Diskriminierungen noch näher konkretisiert. So heißt es: „*[Section 92] is an intended guarantee of freedom from discriminatory protectionism.*“[82] In dieselbe Richtung geht auch: „*The general hallmark of measures which contravene s92 ... is their effect as discriminatory against interstate trade and commerce in ... [a] protectionist sense.*“ Ferner führen die Richter aus, daß sich die Belastungen darstellen müssen als „ ... *discriminatory burdens of a protectionist kind*“. In den Anwendungsbereich von Section 92 fallen laut High Court nur „ ... *discriminatory burdens having a protectionist purpose or effect.*“[83]

In *Castlemaine Tooheys Ltd v South Australia* ergänzt die Richtermehrheit des High Court: „*[A] law which imposes a burden on interstate trade and commerce but does not give the domestic product or the intrastate trade in that product a competitive or market advantage over the imported product or the interstate trade in that product, is not a law which discriminates against interstate trade and commerce on protectionist grounds.*“[84] Besonders deutlich sind hier die Worte der in der Minderheit gebliebenen Richter: „*The regime is therefore protectionist and, if also discriminatory, it infringes s 92 of the Constitution: Cole v Whitfield (1988) 165 CLR 360.*“[85]

Diese Ausführungen legen es nahe, daß der High Court nicht ein einfaches, sondern ein qualifiziertes Diskriminierungsverbot vertritt. Anders als auf europäischer Ebene scheint eine Diskriminierung des *interstate trade and commerce* alleine noch nicht auszureichen, um einen Verstoß gegen Section 92 zu begründen. Nimmt man die zitierten Passagen des High Court wörtlich, so muß zu der

---

[80] Siehe *Cole v Whitfield* (1988) 165 CLR 360, 395.

[81] *Cole v Whitfield* (1988) 165 CLR 360, 399 f. und 408 unter Verweisung auf *North Eastern Dairy Co Ltd v Dairy Industry Authority of New South Wales* (1975) 134 CLR 559 ff.; siehe auch *Vacuum Oil Pty Ltd v Queensland* (1934) 51 CLR 108 ff.

[82] *Cole v Whitfield* (1988) 165 CLR 360, 393 und 408.

[83] *Cole v Whitfield* (1988) 165 CLR 360, 394, 398 und 404.

[84] *Castlemaine Tooheys Ltd v South Australia* (1990) 169 CLR 436, 467.

[85] *Castlemaine Tooheys Ltd v South Australia* (1990) 169 CLR 436, 478.

Diskriminierung – kumulativ – noch ein protektionistisches Element hinzukommen. Dies würde bedeuten, daß der Anwendungsbereich der Grundregel auf australischer Ebene noch unter das Niveau eines schlichten Diskriminierungsverbotes absinkt. Section 92 würde nicht jede Diskriminierung des *interstate trade and commerce* erfassen. Untersagt wären lediglich Regelungen, die den *interstate trade and commerce* diskriminieren und zugleich den *intrastate trade and commerce* schützen. Falls lediglich eine der beiden Komponenten vorliegt, wäre kein Verstoß gegen die Grundregel des Section 92 gegeben.[86]

In der australischen Literatur finden sich jedoch namhafte Stimmen, die dieses zweistufige Konzept anzweifeln.[87] Sie argumentieren, daß beide Elemente untrennbar miteinander verbunden sind und zu einem einzigen Kriterium verschmelzen. Demnach wäre der aktuelle Test des High Court auf der Ebene der Grundregel nicht zwei-, sondern lediglich eingliedrig. Es sei kaum vorstellbar, daß Regelungen protektionistisch sind, aber nicht diskriminieren, oder diskriminieren, jedoch keinen protektionistischen Charakter aufweisen. Diese Annahme werde noch dadurch unterstrichen, daß der High Court sowohl offene als auch versteckte Diskriminierungen unter den Begriff „Diskriminierung" subsumiert.[88]

Die Kritiker des zweistufigen Diskriminierungstests sind also der Ansicht, daß eine Regelung, die *interstate trade and commerce* diskriminiert, zugleich auch *intrastate trade and commerce* schützt. Dies gelte auch umgekehrt. Eine Regelung, die den *intrastate trade and commerce* schützt, muß auch den *interstate trade and commerce* diskriminieren. Im Endeffekt vertrete der High Court damit kein qualifiziertes, sondern ein einfaches Diskriminierungsverbot.

---

[86] So deutlich *Lane*, Commentary on the Australian Constitution, S. 696 f.; *Joseph/Castan*, Federal Constitutional Law – A Contemporary View, S. 268, 270 und 274; *Omar*, Constitutional Law, S. 141; *Waugh*, The Rules – An Introduction to the Australian Constitutions, S. 83; *Lane*, (1988) 62 Australian Law Journal 604, 607 f.; *Howard*, (1988) 62 Law Institute Journal 644; *ders.*, (1988) 62 Law Institute Journal 760; *Starke*, (1991) 65 Australian Law Journal 123 f.; *Geradin/Stewardson*, (1995) 44 ICLQ 41, 46 f.; *Sonter*, (1995) 69 Australian Law Journal 332, 335 f.; *Smith*, (1998) 72 Australian Law Journal 465, 475; in diese Richtung wohl ebenfalls *Zines*, The High Court and the Constitution, S. 137.

[87] Siehe vor allem *Coper*, in: Lee/Winterton, Australian Constitutional Perspectives, S. 129, 139 f.; *Lumb/Moens*, The Constitution of the Commonwealth of Australia Annotated, Rn. 700 f.; *Hanks*, Constitutional Law in Australia, S. 522 geht überhaupt nicht auf diese Frage ein; er läßt die Diskriminierung des zwischenstaatlichen Handels für einen Verstoß gegen Section 92 ausreichen.

[88] *Coper*, in: Lee/Winterton, Australian Constitutional Perspectives, S. 129, 140; siehe auch *ders.*, Freedom of Interstate Trade under the Australian Constitution, S. 301 f.

Lane, ein Befürworter des zweistufigen Tests, nennt Beispiele, die veranschaulichen sollen, daß dieser naheliegende Schluß nicht zwingend ist. Eine nichtprotektionistische Diskriminierung des *interstate trade and commerce* sei etwa ein Gesetz, das das Verbreiten illegaler und grenzüberschreitend operierender Lotterien mit höheren Strafen belegt als das Verbreiten illegaler Lotterien, die lediglich innerstaatlich betrieben werden. Hier gehe es darum, illegales Glücksspiel seinem Ausmaß entsprechend zu bestrafen. Der Schutz verbotener Lotterien, die nur in einem Gliedstaat stattfinden, werde mit einer solchen Regelung gerade nicht bezweckt.[89] Auch in Fällen, in denen zwischenstaatlich verkehrende Transportunternehmer mit höheren Straßenerhaltungsgebühren belastet werden als nur innerstaatlich operierende Spediteure, sei zwar eine Diskriminierung gegeben, die aber nicht immer protektionistischer Natur sein müsse. Die Diskriminierung könne auch lediglich dazu dienen, eine umfangreichere Straßenbenutzung entsprechend abzugelten.[90]

Hingegen sei laut *Lane* eine protektionistische Maßnahme, die nicht diskriminiert, unter anderem dann gegeben, wenn ein Gliedstaat versucht, eine bestimmte lokale Industrie gegen den Wettbewerb zu schützen, der durch Substitutionsprodukte gleich welcher Herkunft hervorgerufen werde. So könne etwa New South Wales den Verkauf von Margarine zu Gunsten der einheimischen Milchindustrie beschränken[91] oder lokale Eisenbahntransporte vor dem Wettbewerb durch inner- und zwischenstaatlich operierende Straßentransportunternehmen schützen.[92]

Ob der High Court einer solchen Argumentation folgt, scheint allerdings fraglich. Wie bereits oben dargelegt,[93] hat der High Court vor allem in *Barley Marketing Board (NSW) v Norman* signalisiert, daß er künftig Diskriminierungen gegen im Substitutionswettbewerb stehende Produkte unter die

---

[89] *Lane*, (1988) 62 Australian Law Journal 604, 607 mit Verweis auf *Mansell v Beck* (1956) 95 CLR 550, 582 und *R v Martin; ex parte Wawn* (1939) 62 CLR 457, 461; kritisch zu diesem Beispiel *Ratnapala*, Australian Constitutional Law, S. 229, der meint, es fehle hier schon an einer Diskriminierung, da ungleiche Sachverhalte unterschiedlich behandelt werden.

[90] *Lane*, (1988) 62 Australian Law Journal 604, 607 mit Verweis auf *Boardman v Duddington* (1959) 104 CLR 456, 463 und 465; kritisch zu diesem Beispiel *Ratnapala*, Australian Constitutional Law, S. 229 f., der auch hier schon keine Diskriminierung erkennen kann, da ungleiche Sachverhalte abweichend geregelt werden.

[91] *Lane*, (1988) 62 Australian Law Journal 604, 607 mit Verweis auf *Grannall v Marrickville Margarine Pty Ltd* (1955) 93 CLR 55, 78 f.; siehe auch *Ratnapala*, Australian Constitutional Law, S. 230.

[92] *Lane*, (1988) 62 Australian Law Journal 604, 608 mit Verweis auf *Finemores Transport Pty Ltd v New South Wales* (1978) 139 CLR 338, 353 f., *Jacobs* J; siehe auch *Zines*, The High Court and the Constitution, S. 151.

[93] Siehe oben Teil 4, § 1, IV., 4.

Grundregel von Section 92 subsumieren wird.[94] Insofern sind auch Fälle dieser Art protektionistische Diskriminierungen im Sinne der *Cole*-Formel. Folgendes ist jedoch zu beachten: Diese Beispiele gehen davon aus, daß nicht nur aus anderen Gliedstaaten stammende Produkte einer bestimmten Gattung benachteiligt werden, sondern alle diese Erzeugnisse ungeachtet ihrer Herkunft. Insofern könnte der High Court versucht sein, eine protektionistische Diskriminierung zu verneinen.

Aus den genannten Beispielen läßt sich entnehmen, daß man zwischen den beiden Elementen Diskriminierung und Protektionierung unterscheiden kann. Denkunmöglich ist dies selbst dann nicht, falls man wie der High Court von einem umfassenden Verständnis des Begriffs „Diskriminierung" ausgeht und sich bei der Bildung der Vergleichsgruppen an wirtschaftlichen Gesichtspunkten statt an nuanciert-formalistischen Kriterien orientiert.

Der Diskussion ist ferner zu entnehmen, daß sich dieses Problem – nicht zuletzt wegen der beiden gerade genannten Punkte – nur in wenigen Ausnahmefällen stellen wird. Regelmäßig liegt es sehr nahe, von einer Diskriminierung auf eine Protektionierung sowie umgekehrt von einer protektionistischen Maßnahme auf eine Diskriminierung zu schließen.[95] Das erklärt auch, warum die australische Literatur diese Frage nur ganz vereinzelt aufwirft.

Mögen die Unterschiede zwischen einer einfachen Diskriminierung und *discriminatory in a protectionist sense* in der Praxis auch noch so marginal sein, so läßt sich insbesondere aufgrund des eindeutigen Wortlautes der oben zitierten Passagen der High Court-Urteile der Schluß ziehen, daß der australische Test ein qualifiziertes Diskriminierungsverbot enthält. Hätten die Richter des High Court Section 92 als einfaches Diskriminierungsverbot auslegen wollen, wären jegliche Ausführungen zur Protektionierung innerstaatlichen Handels überflüssig. Allein dieser Punkt indiziert, daß die Richter des High Court über ein einfaches Diskriminierungsverbot hinausgehen wollten.

---

[94] (1990) 171 CLR 182, 204 f.; in diese Richtung auch schon unter Berücksichtigung, daß sich die Interpretation zu Section 92 nun insbesondere an ökonomischen Gesichtspunkten orientiert, *Cole v Whitfield* (1988) 165 CLR 360, 394 sowie *Castlemaine Tooheys Ltd v South Australia* (1990) 169 CLR 436, 467; abweichend anscheinend *Lane*, (1988) 62 Australian Law Journal 604, 612, der meint, daß der High Court seinen Test ändern muß, wolle er auch im Substitutionswettbewerb stehende Produkte einbeziehen.

[95] In diese Richtung auch *Staker*, (1990) 10 YEL 209, 224, der meint, daß dieser Schluß vor allem dann zu ziehen ist, wenn eine offene Diskriminierung vorliegt.

bbb. Formelle Diskriminierungen

Der europäische Test erfaßt formelle Diskriminierungen im Zusammenhang mit dem Import von Waren aus anderen Mitgliedstaaten. Diese verstoßen gegen die Grundregel des Art. 28 EG, können aber gemäß Art. 30 EG gerechtfertigt werden. Auch die australische Grundregel verbietet offene Diskriminierungen, die jedoch über die vor allem in *Castlemaine Tooheys Ltd v South Australia* entwickelten Prinzipien vor einem Verstoß gegen Section 92 bewahrt werden können.

Regelmäßig sind für den Bereich der formellen Diskriminierungen identische Ergebnisse zu erwarten. Dies gilt insbesondere für die Maßnahmen dezentralen Ursprungs, die diskriminieren und zugleich protektionieren. Der Anwendungsbereich des australischen und des europäischen Tests ist hier eröffnet. Für diese Fallgruppe können unterschiedliche Ergebnisse nur noch durch abweichende Rechtfertigungsmaßstäbe erzielt werden. Inwieweit es auf der Rechtfertigungsebene letztlich zu Abweichungen kommt, wird weiter unten gesondert untersucht.[96]

Indessen ist darauf hinzuweisen, daß die skizzierten unterschiedlichen Inhalte der beiden Diskriminierungsverbote schon auf der Ebene der Grundregel abweichende Endergebnisse bewirken können. Normen, die lediglich formell diskriminieren, nicht aber protektionistisch sind, fallen unter die europäische Grundregel. Sie können nur noch über Art. 30 EG gerechtfertigt werden.

Hingegen ist in Australien für eine solche Regelung noch nicht einmal der Anwendungsbereich der Section 92 eröffnet. Ungeachtet der methodischen Abweichung würden sich die Endergebnisse der beiden Ansätze nur dann decken, wenn Art. 30 EG auf der nächsten Prüfungsstufe auch tatsächlich eingreift. Sollte jedoch keiner der Rechtfertigungsgründe des Art. 30 EG vorliegen, so räumt der europäische Ansatz dezentraler Entscheidungsautonomie in diesem Teilbereich weniger Freiraum ein als der australische Test.

Hier deutet sich somit das Potential für abweichende Ergebnisse hinsichtlich der Importbeschränkungen an. Allein die Möglichkeit, daß Art. 30 EG diskriminierende, aber nichtprotektionistische Maßnahmen der Mitgliedstaaten nicht rechtfertigt, indiziert, daß ein härterer europäischer Maßstab im Hinblick auf dezentrale Entscheidungsautonomie nicht nur anhand der Methodik abzulesen ist; er manifestiert sich auch in abweichenden Endergebnissen.

---

[96] Siehe Teil 5, § 2, II., 4., b., aa.

Im Zusammenhang mit offenen Diskriminierungen betont *Staker* noch einen Punkt, der bereits oben angeklungen ist.[97] Seiner Ansicht nach läßt sich aus *Bath v Alston Holdings Pty Ltd* entnehmen, daß in Fällen offener Diskriminierungen von importierten Waren eine kaum widerlegbare Vermutung dahingehend besteht, daß die Diskriminierung auch als protektionistisch zu qualifizieren ist.[98] Die herausgearbeiteten Unterschiede zwischen der australischen und der europäischen Lösung bezüglich importierter Waren würden dadurch für die Fallgruppe der offenen Diskriminierungen weitestgehend nivelliert.

Nach *Staker* soll die Annäherung der beiden Tests sogar ein solches Ausmaß annehmen, daß Regelungen, die eine automatische und unentgeltliche Erteilung von Lizenzen an Importeure vorsehen, nicht nur gegen Art. 28 EG,[99] sondern auch gegen Section 92 verstoßen.[100] Allein die in einer solchen Situation gegebene offene Diskriminierung würde den Nachweis einer Protektionierung des *intrastate trade and commerce* erübrigen. *Staker* begründet dies damit, daß in *Bath v Alston Holdings Pty Ltd* der High Court einen Verstoß der fraglichen viktorianischen Vorschriften gegen Section 92 lediglich aufgrund der in diesem Fall vorliegenden offenen Diskriminierung annahm. Protektionistische Zwecke könnten diesen gliedstaatlichen Normen nicht zugeschrieben werden.[101]

Die Ansicht *Stakers* überzeugt nicht. Zwar ist ihr zuzugeben, daß es vor allem bei einer offenen Diskriminierung naheliegt, daß auch das protektionistische Element gegeben ist. Aus den Ausführungen in *Bath v Alston Holdings Pty Ltd* läßt sich jedoch nicht schließen, daß im Fall einer offenen Diskriminierung von Importen das protektionistische Element de facto nicht mehr zu prüfen ist. So untersucht die Richtermehrheit des High Court in *Bath v Alston Holdings Pty Ltd* – trotz der gegebenen offenen Diskriminierung – ausführlich, ob die fraglichen Normen auch protektionistische Wirkung entfalten.[102] Anders als die Richterminderheit kommt die Mehrheit hier zu dem Ergebnis, daß das protektionistische Element der *Cole*-Formel gegeben ist. Dieses Resultat beruht jedoch nicht darauf, daß die Richtermehrheit von einer Diskriminierung auf eine Protektionierung schließt. Entgegen *Staker* bestehen die Unterschiede zwischen

---

[97] Siehe Teil 5, § 2, II., 1., a., aa.

[98] *Staker*, (1990) 10 YEL 209, 225.

[99] Siehe EuGH, verb. Rs. 51-54/71 (International Fruit Company u.a./Produktschap voor groenten en fruit), Slg. 1971, 1107, 1116.

[100] *Staker*, (1990) 10 YEL 209, 226 unter Verweis auf *Ackroyd v McKechnie* (1986) 161 CLR 60 und *James v Commonwealth* (1936) 55 CLR 1 – beides Entscheidungen aus der Zeit vor *Cole v Whitfield.*

[101] *Staker*, (1990) 10 YEL 209, 225 f.

[102] *Bath v Alston Holdings Pty Ltd* (1988) 165 CLR 411, 425 f.; siehe dazu auch schon oben Teil 4, § 1, IV., 2.

dem australischen und dem europäischen Test auch für die Fallgruppe der offenen Diskriminierungen von Importprodukten in der dargelegten Form.

ccc. Materielle Diskriminierungen

Laut High Court und EuGH erfassen die australische und die europäische Grundregel auch materielle Diskriminierungen. Sie sind den formellen Diskriminierungen im Rahmen der Importbeschränkungen insoweit gleichgestellt. Somit gilt das oben für offene Diskriminierungen Gesagte in diesem Zusammenhang entsprechend. Für diskriminierende und zugleich protektionistische Regelungen kommen beide Ansätze zu dem Ergebnis, daß der Anwendungsbereich der jeweiligen Grundregel eröffnet ist. Unterschiedliche Endergebnisse sind nur noch auf der Ebene der Rechtfertigung möglich.

Anderes gilt für Regelungen, die diskriminieren, ohne jedoch protektionistisch zu sein. Bereits auf der Ebene der Grundregel weichen die Ergebnisse der Tests ab. Deckungsgleichheit der Endergebnisse kann nur noch über ein Eingreifen der Rechtfertigungsgründe des Art. 30 EG oder die zwingenden Erfordernisse des Allgemeininteresses erreicht werden. Der australische Ansatz begünstigt somit auch für diese Fallgruppe dezentrale Entscheidungsautonomie in größerem Ausmaß als sein europäisches Pendant.

ddd. Ergebnis

In bezug auf Importbeschränkungen gehen beide Tests im Kern von einem Diskriminierungsverbot aus. Dies ist auf beiden Seiten umfassend in der Hinsicht, daß es sowohl offene als auch versteckte Diskriminierungen erfaßt. Während der EuGH alle Importbeschränkungen einem einfachen Diskriminierungsverbot unterwirft, modifiziert der High Court seinen Diskriminierungstest. Eine Regelung muß den *interstate trade and commerce* formell oder materiell diskriminieren und zugleich den innerstaatlichen Handel schützen. Zwischen beiden Komponenten besteht ein enger Zusammenhang. Sollte ein Element vorliegen, ist regelmäßig auch das andere gegeben. Dieser Schluß ist indes nicht zwingend. Zwischen dem europäischen und dem australischen Test besteht damit ein gradueller Unterschied. Im Gegensatz zum EuGH, der ein einfaches Diskriminierungsverbot annimmt, vertritt der High Court ein qualifiziertes Diskriminierungsverbot. Unterschiedliche Ergebnisse auf der Ebene des Anwendungsbereichs im Hinblick auf diskriminierende Regelungen können sich in den seltenen Fällen ergeben, in denen dezentrale Regelungen importierte Ware diskriminieren, ohne protektionistisch bezüglich des innerstaatlichen Handels zu sein.

bb. Europäisches Beschränkungsverbot – Vergrößerung der Kluft

Der EuGH beschränkt sich nicht darauf, Art. 28 EG lediglich im Sinne eines umfassenden Diskriminierungsverbotes auszulegen. Vor allem produktbezogene Maßnahmen der Mitgliedstaaten müssen sich zudem an einem Beschränkungsverbot messen lassen. Mit Blick auf den australischen Test ergibt sich damit folgendes Bild für Importbeschränkungen: In dem Ausmaß, in dem der EuGH mittels seines Beschränkungsverbotes den Anwendungsbereich der europäischen Grundregel noch über das einfache Diskriminierungsverbot hinaus ausdehnt, vergrößert sich die Kluft zwischen den beiden Ansätzen. Im Gegensatz zum EuGH bleibt der High Court bei einem qualifizierten Diskriminierungsverbot stehen. Er unternimmt keine weiteren Schritte mehr in Richtung Beschränkungsverbot.

Es liegt auf der Hand, daß dieser methodische Unterschied zwischen beiden Ansätzen enormes Potential für Abweichungen sowohl auf der Ebene des Anwendungsbereichs als auch im Hinblick auf die Endergebnisse schafft. Warenverkehrsrelevante Regelungen der australischen Gliedstaaten, die weder offen noch versteckt in protektionistischer Weise importierte Waren diskriminieren, sind nicht Gegenstand des Abwägungsprozesses zwischen den Partikularinteressen der Gliedstaaten und den Zielen des freien Warenverkehrs. Sie laufen nicht Gefahr, über Section 92 für verfassungswidrig erklärt zu werden.

Dagegen droht in der Europäischen Gemeinschaft auch nichtdiskriminierenden mitgliedstaatlichen Maßnahmen ein Verstoß gegen Art. 28 EG, soweit das Beschränkungsverbot nach *Keck* reicht. Der europäische Abwägungsprozeß zwischen den Zielen des freien Warenverkehrs und dezentraler Entscheidungsautonomie erfaßt damit ein deutlich breiteres Regelungsspektrum. Schon auf der Ebene der Grundregel wird dezentrale Entscheidungsautonomie der Mitgliedstaaten der Europäischen Gemeinschaft in weitaus größerem Umfang im Interesse einer fortschreitenden Marktintegration kanalisiert. Da es in der Praxis vor allem die Handelsbarrieren für Warenimporte sind, die die Einzelstaaten durch ihre Maßnahmen hervorrufen, wiegt die Weite des europäischen Tests um so schwerer.

Zudem ist zu berücksichtigen, daß insbesondere das Beschränkungsverbot den Zugang von Produkten zu einem Binnenmarkt gewährleistet.[103] Der australische Test blendet diesen Aspekt der Marktintegration völlig aus, indem er sich darauf beschränkt, lediglich den Grundsatz der Marktgleichheit über sein Diskriminierungsverbot durchzusetzen.

Diese Zurückhaltung der australischen Rechtsprechung überrascht auf den ersten Blick ein wenig angesichts des Ausmaßes positiver Integration und der teilweise noch immer bestehenden Segmentierung des australischen Marktes. So liegt es doch – nicht zuletzt mit Blick auf europäische Erfahrungen – nahe, das im australischen Markt vorhandene warenverkehrshemmende Potential für dezentrale Regelungstätigkeit durch einen weitreichenden Test der Rechtsprechung zu reduzieren. Ein Beschränkungsverbot könnte vor allem denjenigen Behinderungen des Warenverkehrs ihre Spitzen nehmen, die allein durch divergierende Normen der Gliedstaaten geschaffen werden.

Indessen ist zu berücksichtigen, daß das bereits oben angesprochene *Mutual Recognition Scheme* sowie die übrigen koordiniert-uniformen Regelungstätigkeiten der Gliedstaaten den Marktzugang für die meisten Produkte grundsätzlich sicherstellen.[104] Insoweit bestehen gewisse Parallelen zu den zahlreichen Richtlinien, die die Europäische Gemeinschaft aufgrund ihrer „Neuen Strategie" erlassen hat. Denn auch hier war es die Aufgabe der Mitgliedstaaten, die Richtlinien im eigenen nationalen Markt umzusetzen. Marktintegration in Form von gewährleistetem Marktzugang wird in Australien also vielfach auch ohne ein Beschränkungsverbot erreicht. Allzu starke, durch die Binnenmarktperspektive motivierte Kritik ist daher unberechtigt.

Ferner sind die beiden Fallgruppen zu untersuchen, die zwar jeweils nichtdiskriminierende Regelungen aufweisen, sich aber in bezug auf das protektionistische Element unterscheiden. Hier ergibt sich im einzelnen folgendes:

Falls lediglich das protektionistische, nicht aber das diskriminierende Element vorliegt, gilt es zu differenzieren. Der australische Test kommt zu dem Ergebnis, daß sein Anwendungsbereich nicht eröffnet ist. Der europäische Ansatz erreicht zunächst – auch in methodischer Hinsicht übereinstimmend – ein identisches Ergebnis. Dies bezieht sich jedoch lediglich auf Art. 28 EG im Sinne eines Diskriminierungsverbotes. Die darüber hinausgehende Frage, ob der Anwendungs-

---

[103] *Roth*, in: Festschrift für Großfeld, S. 929, 944; *ders.*, ZHR 159 (1995), 78, 91 f.; für die Niederlassungsfreiheit *ders.*, in: Gedächtnisschrift für Knobbe-Keuk, S. 729, 737 f.; allgemein *Grabitz*, in: Festschrift für Steindorff, S. 1229, 1233; *ders.*, in: Festschrift für Hans Peter Ipsen, S. 645 ff.

[104] Siehe dazu schon oben Teil 2, § 2.

bereich von Art. 28 EG nicht doch noch über ein Beschränkungsverbot europäischer Prägung eröffnet werden kann, ist damit nicht beantwortet. Dies bedarf gesonderter Prüfung.

Ein vom australischen Ansatz abweichendes Endergebnis kann sich nur dann ergeben, wenn die nichtdiskriminierende Maßnahme unter das europäische Beschränkungsverbot fällt und diese Importbehinderung weder über Art. 30 EG noch über zwingende Erfordernisse des Allgemeininteresses zu rechtfertigen ist. Ist jedoch das Beschränkungsverbot nicht einschlägig, stimmen die Endergebnisse der beiden Ansätze überein. Die Endergebnisse decken sich ferner, falls der Anwendungsbereich des Art. 28 EG über das Beschränkungsverbot eröffnet ist und die jeweilige Regelung entweder über Art. 30 EG oder über zwingende Erfordernisse des Allgemeininteresses gerechtfertigt werden kann.

Zu prüfen sind schließlich noch die Fälle, in denen dezentrale Maßnahmen weder diskriminieren noch protektionistisch sind. Der Anwendungsbereich des australischen Tests ist nicht eröffnet. Ein Verstoß gegen Section 92 ergibt sich unter keinen Umständen. Auf europäischer Ebene hingegen ist die Rechtslage nicht so eindeutig. Zwar wird der Anwendungsbereich des Art. 28 EG nicht über das Diskriminierungsverbot eröffnet, doch könnte das Beschränkungsverbot einschlägig sein. Trotz methodischer Unterschiede zwischen beiden Ansätzen gelangt man zunächst dann zu identischen Ergebnissen, wenn der Anwendungsbereich des Art. 28 EG nicht über das Beschränkungsverbot eröffnet werden kann. Fällt die mitgliedstaatliche Maßnahme jedoch unter das Beschränkungsverbot, da sie produktbezogen im Sinne der *Keck*-Rechtsprechung ist, können gleiche Endergebnisse nur erreicht werden, wenn Art. 30 EG oder zwingende Erfordernisse des Allgemeininteresses die gegebene Importbehinderung rechtfertigen.

cc. Einzelfälle

Die mannigfaltigen Sachverhaltsgestaltungen im Bereich der europäischen Importbeschränkungen geben den Anlaß, einige im europäischen Markt typische Handelshemmnisse herauszugreifen und am australischen Maßstab zu messen. Es sollen aber auch umgekehrt vom High Court entschiedene Sachverhalte dem europäischen Test unterzogen werden, um so die oben aufgezeigten Gemeinsamkeiten und Unterschiede anhand von Einzelfällen zu illustrieren.

aaa. Diskriminierungsverbot als Maßstab

Zunächst werden Sachverhalte beleuchtet, die an einem Verbot formeller und materieller Diskriminierungen durch Einzelstaaten gemessen werden. Bestimmte Verkaufsmodalitäten im Sinne des *Keck*-Urteils unterliegen gemäß dem europäischen Ansatz lediglich einem solchen Diskriminierungsverbot. Ladenöffnungszeiten sowie Verbote, an Sonntagen zu arbeiten oder Waren zu verkaufen, fallen nicht in den Anwendungsbereich des Art. 28 EG, falls sie gleichförmig anwendbar sind und sich keine materielle Diskriminierung feststellen läßt.

Entsprechendes gilt gemäß dem australischen Ansatz. Das hier einschlägige modifizierte Diskriminierungsverbot wird zu gleichen Ergebnissen führen. Je nach Fallgestaltung kann es jedoch fraglich sein, ob der Bereich des *interstate trade and commerce* überhaupt noch Gegenstand der jeweils in Rede stehenden Regelung ist. So hat der High Court stets betont, daß die Regelungen, die die Warenproduktion betreffen, grundsätzlich nicht mehr unter *interstate trade and commerce* fallen.[105] Gliedstaatliche Sonntagsarbeitsverbote verstießen schon aus diesem Grund nicht gegen Section 92. Die Abweichungen in diesen Fällen sind regelmäßig auf die Methodik begrenzt. Auf das übereinstimmende Endergebnis – bereits der Anwendungsbereich von Art. 28 EG oder Section 92 ist nicht eröffnet – wirken sie sich nicht aus.

Seit dem *Keck*-Urteil hatte der EuGH mehrfach Fälle zu entscheiden, in denen es um Werbung auf Vertriebsebene ging.[106] Gemäß seiner in *Keck* getroffenen Unterscheidung ging der EuGH hier niemals über ein Diskriminierungsverbot hinaus. Auch für diese Fallgruppe sind damit keine abweichenden Resultate zwischen europäischem und australischem Ansatz zu erwarten. Gleiches gilt für diejenigen Verkaufsmodalitäten, die den Warenvertrieb in einer Weise beschränken, daß ein Verkauf entweder nur durch bestimmte Stellen – etwa Apotheken – erfolgen darf[107] oder quantitative Zugangsbeschränkungen für den Einzelhandel bestehen.[108]

---

[105] Siehe dazu schon oben Teil 2, § 1, II., 2., a.

[106] Siehe EuGH, Rs. C-292/92 (Hünermund u.a./Landesapothekenkammer Baden-Württemberg), Slg. 1993, I-6787; EuGH, Rs. C-412/93 (Leclerc/TF1 und M6), Slg. 1995, I-179; EuGH, verb. Rs. C-34-36/95 (Konsumentenombudsmannen/De Agostini/TV-Shop), Slg. 1997, I-3843.

[107] Siehe etwa EuGH, Rs. C-391/92 (Kommission/Griechenland), Slg. 1995, I-1621, 1647.

[108] Siehe beispielsweise EuGH, Rs. C-387/93 (Banchero), Slg. 1995, I-4663, 4694 f.

Die ebenfalls zu den Verkaufsmodalitäten zählenden mitgliedstaatlichen Preisvorschriften unterwirft der EuGH seit jeher nur einem Diskriminierungstest.[109] Gleichförmig anwendbare Systeme fallen also grundsätzlich nicht in den Anwendungsbereich von Art. 28 EG. Dies gilt indes dann nicht, wenn die Preiskontrollen bewirken, daß importierte gegenüber einheimischen Erzeugnissen dadurch benachteiligt werden, daß die Importwaren nicht gewinnbringend zu vertreiben sind oder Preiskontrollen bestehende Wettbewerbsvorteile neutralisieren.[110] Maßgeblich ist demzufolge eine protektionistische Wirkung von Preiskontrollen. Der hier verwandte Ansatz fällt damit aus dem üblichen europäischen Diskriminierungstest heraus.

Der australische Ansatz kommt im Hinblick auf Preiskontrollen zu gleichen Ergebnissen. Nur wenn gliedstaatliche Preisvorschriften importierte Waren formell oder materiell diskriminieren und zudem – was in diesen Fällen naheliegt – protektionistisch sind, ist der Anwendungsbereich von Section 92 eröffnet. Die Ähnlichkeiten beider Ansätze sind für die Fallgruppe der Preiskontrollen deswegen außerordentlich groß, weil der EuGH hier anders als sonst besonderes Augenmerk auf die protektionistische Wirkung der mitgliedstaatlichen Regelung legt.

Lediglich anhand des Diskriminierungsmaßstabs überprüft der EuGH mitgliedstaatliche Maßnahmen, die (noch nicht einmal) als Verkaufsmodalitäten zu qualifizieren sind und nur eine mittelbare Verbindung zum Warenimport aufweisen.[111] Der australische Test käme in diesen Fallgestaltungen grundsätzlich zu identischen Resultaten. Zu beachten ist jedoch, daß insbesondere dann, wenn Sachverhalte nur noch sehr lockere Bezüge zum Warenimport haben, der High Court sich gegebenenfalls auf eine Prüfung des Diskriminierungsverbotes gar nicht erst einläßt, da der *interstate trade and commerce* und mit ihm Section 92 nicht betroffen ist.

---

[109] Siehe etwa EuGH, verb. Rs. 80/85 und 159/85 (Nederlandse Bakkerij Stichting u.a./Edah), Slg. 1986, 3359, 3380 m.w.N.; *Weyer*, Freier Warenverkehr und nationale Regelungsgewalt in der Europäischen Union, S. 354 ff. und S. 440 f. m.w.N.; *Roth*, in: FIW (Hrsg.), Marktwirtschaft und Wettbewerb im sich erweiternden europäischen Raum, S. 21, 27 und 30.

[110] EuGH, verb. Rs. 80/85 und 159/85 (Nederlandse Bakkerij Stichting u.a./Edah), Slg. 1986, 3359, 3380; *Becker*, in: Schwarze, EU-Kommentar, Art. 28 EG Rn. 63 ff. m.w.N.

[111] EuGH, Rs. C-379/92 (Peralta), Slg. 1994, I-3453, 3497; EuGH, Rs. C-134/94 (Esso Espanola/Communidad Autónoma de Canarias), Slg. 1995, I-4223, 4249; EuGH, verb. Rs. C-140-142/94 (DIP/Commune di Banano de Grappa und Commune di Chioggia), Slg. 1995, I-3257, 3297.

Wendet man wiederum den europäischen Ansatz auf den Sachverhalt aus *Castlemaine Tooheys Ltd v South Australia* an, so ist der Anwendungsbereich des Art. 28 EG aufgrund der faktisch diskriminierenden Wirkung der einzelstaatlichen Normen eröffnet. Wie auch beim australischen Test fiele die endgültige Entscheidung über die Wirksamkeit der Regelungen erst auf der Rechtfertigungsebene. Auf der Ebene des Anwendungsbereichs bestehen insofern keine Unterschiede zwischen beiden Tests.

bbb. Beschränkungsverbot als Maßstab

Anders verhält es sich indessen in Fällen, in denen das Beschränkungsverbot den europäischen Maßstab bildet. Für den gesamten Bereich der produktbezogenen Vertriebsregelungen ist der Anwendungsbereich des Art. 28 EG eröffnet und somit der Weg frei für eine Güterabwägung auf der Rechtfertigungsebene. Dies gilt im einzelnen für Normen, die die Zusammensetzung,[112] Kennzeichnung,[113] Etikettierung und Verpackung[114] sowie Aufmachung[115] von Produkten regeln. Ebenso sind gleichförmig anwendbare Vorschriften an Art. 28 EG zu messen, die den Vertrieb von importierten Produkten von einer Zulassung oder Genehmigung abhängig machen, obwohl das betreffende Erzeugnis in seinem Ursprungsstaat rechtmäßig hergestellt und in Verkehr gebracht wurde.[116] Für den High Court hingegen ist Section 92 nicht einschlägig. Er akzeptiert derartige Handelshemmnisse generell ohne weitere Prüfung.

Wendet man wiederum den europäischen Ansatz auf eine Konstellation an, wie sie in *Cole v Whitfield* vorlag, so gelangt man auch hier zu einem zwischen beiden Tests abweichenden Ergebnis. Die unterschiedslos anwendbare Regelung über die Mindestgröße von Flußkrebsen betrifft die Ware selbst und ist deshalb als produktbezogene Vertriebsregelung einzuordnen. Sie wäre somit am Beschränkungsverbot des Art. 28 EG zu messen und könnte über die zwingenden Erfordernisse im Sinne der *Cassis*-Formel oder Art. 30 EG gerechtfertigt werden.

---

[112] EuGH, Rs. C-17/93 (Van der Veldt), Slg. 1994, I-3537; EuGH, Rs. C-358/95 (Morellato/USL), Slg. 1997, I-1431; EuGH, Rs. C-368/95 (Vereinigte Familiapress Zeitungsverlags- und vertriebs GmbH/Heinrich Bauer Verlag), Slg. 1997, I-3689.

[113] Beispielsweise EuGH, Rs. C-317/92 (Kommission/Deutschland), Slg. 1994, I-2039.

[114] EuGH, Rs. C-51/94 (Kommission/Deutschland), Slg. 1995, I-3599.

[115] Siehe EuGH, Rs. C-315/93 (Verband Sozialer Wettbewerb/Clinique Laboratories und Estée Lauder Cosmetics), Slg. 1994, I-317; EuGH, Rs. C-470/93 (Verein gegen Unwesen in Handel und Gewerbe Köln/Mars), Slg. 1995, I-1923.

[116] Siehe etwa EuGH, Rs. C-80/92 (Kommission/Belgien), Slg. 1994, I-1019, 1034.

Unter dem australischen Ansatz ist indessen – wie bereits oben gesehen[117] – noch nicht einmal der Anwendungsbereich eröffnet. Eine Rechtfertigungsprüfung anhand umweltschutzorientierter Zielsetzungen entfällt. Gleiche Endresultate erreichen beide Ansätze im Fall *Cole* trotz der abweichenden Methodik nur dann, wenn gemäß dem europäischen Test einer der möglichen Rechtfertigungsgründe zu Gunsten der gliedstaatlichen Normen eingreift.

b. Exportbeschränkungen

Hinsichtlich der Exportbeschränkungen dezentralen Ursprungs gestaltet sich ein Vergleich der Anwendungsbereiche einfacher. So reduziert der EuGH Art. 29 EG – entgegen der Kritik der Literatur[118] – zu einem Diskriminierungsverbot.[119] Die in der *Groenveld*-Entscheidung angewandte Formel besagt, daß gemäß Art. 29 EG „sämtliche nationalen Maßnahmen verboten sind, die spezifische Beschränkungen der Ausfuhrströme bezwecken oder bewirken und damit unterschiedliche Bedingungen für den Binnenhandel eines Mitgliedstaates und seinen Außenhandel schaffen, so daß die nationale Produktion oder der Binnenmarkt des betroffenen Staates zum Nachteil der Produktion oder des Handels anderer Mitgliedstaaten einen besonderen Vorteil erlangt."[120] Unterschiedslos anwendbare Maßnahmen fallen nicht in den Anwendungsbereich der Norm.[121]

---

[117] Siehe oben Teil 4, § 1, I.

[118] Siehe oben Teil 1, § 3, II., 3., a., cc., aaa.

[119] *Kapteyn/VerLoren van Themaat/Gormley*, Introduction to the Law of the European Communities, S. 649; *von Wilmowsky*, Europäisches Kreditsicherungsrecht, S. 20 ff.; *ders.*, EuR 1996, 362, 364 ff.; *Roth*, ZHR 159 (1995), 78, 81 f. m.w.N. in Fn. 23.

[120] EuGH, Rs. 15/79 (Groenveld/Produktschap voor Vee en Vlees), Slg. 1979, 3409, 3415; EuGH, Rs. 155/80 (Oebel), Slg. 1981, 1993, 2009.

[121] EuGH, Rs. C-339/89 (Alsthom Atlantique/Compagnie de construction mécanique Sulzer), Slg. 1991, I-1991, 107, 124; EuGH, Rs. 155/80 (Oebel), Slg. 1981, 1993, 2009; deutlich auch GA *Jacobs* in seinen Schlußanträgen zu EuGH, Rs. C-203/96 (Chemische Afvalstoffen Dusseldorp u.a./Minister van Volkshuisvesting, Ruimtelijke Ordening en Milieubeheer), Slg. 1998, I-4075, 4100; *Becker*, in: Schwarze, EU-Kommentar, Art. 29 EG Rn. 9 ff. und 24; *Matthies/von Borries*, in: Grabitz/Hilf, Das Recht der Europäischen Union (Altband 1), Art. 34 EG Rn. 4; *Oliver*, Free Movement of Goods in the European Community, Rn. 6.91 und 6.95; *von Wilmowsky*, Europäisches Kreditsicherungsrecht, S. 20 f.; *Jarvis*, The Application of EC Law by National Courts – The Free Movement of Goods, S. 133; *Reich*, Europäisches Verbraucherrecht, S. 82; *Klauer*, Die Europäisierung des Privatrechts, S. 84; *Füller*, Grundlagen und inhaltliche Reichweite der Warenverkehrsfreiheiten nach dem EG-Vertrag, S. 241 f.; *Vollbrecht*, Warenverkehrslenkung nach dem Außenwirtschaftsgesetz im Rahmen des Europäischen Gemeinschaftsrechts, S. 121; *Oliver*, CMLRev 36 (1999), 783, 800; *ders.*, CMLRev 19 (1982), 217, 241; *von Wilmowsky*, EuR 1996, 362, 363 f.; wohl auch *Epiney*, in: Calliess/Ruffert, EUV/EGV, Art. 29 EG Rn. 12; a.A. anscheinend *Leible*, in:

Der differenzierte Ansatz des EuGH zu Art. 28 EG findet damit bei Art. 29 EG keine Entsprechung.

Die Entscheidung *Bath v Alston Holdings Pty Ltd* hat gezeigt, daß der High Court den in *Cole v Whitfield* für Importbeschränkungen entwickelten Test ohne Modifizierungen auch für gliedstaatliche Exportbeschränkungen verwendet. Section 92 erfaßt also Exportbeschränkungen, die sich als „*discriminatory in a protectionist sense*" entpuppen.[122]

Beide Ansätze stellen übereinstimmend auf ein Diskriminierungsverbot ab; Exportbeschränkungen unterliegen auf australischer und europäischer Ebene keinem Beschränkungsverbot. Daß der europäische Test eine Diskriminierung fordert, ist dem ersten Teil der *Groenveld*-Formel zu entnehmen. Dort wird bestimmt, daß der Binnenhandel anders als der Außenhandel zu behandeln ist. Diese Diskriminierung ist zwar notwendig, aber nicht hinreichend, um unter Art. 29 EG zu fallen. Die *Groenveld*-Formel in der hier zitierten Fassung besagt darüber hinaus, daß die Diskriminierung dazu führen muß, daß die nationale Produktion oder der mitgliedstaatliche Binnenmarkt gegenüber Produktion und Handel im EG-Ausland bevorzugt wird. Zu der Diskriminierung muß also – wie beim australischen Ansatz – noch ein protektionistisches Element hinzukommen.[123] Beide Tests wären insoweit in ihrem Anwendungsbereich deckungsgleich.

Eine solche Betrachtungsweise läßt aber außer acht, daß der EuGH in späteren Urteilen seine *Groenveld*-Formel wieder verkürzte. Derjenige Teil der Formel, der das protektionistische Element enthält, fiel in den meisten Folgeurteilen ersatzlos weg.[124] Maßgeblich ist gemäß dieser Kurzfassung der ursprünglichen *Groenveld*-Formel allein die diskriminierende Komponente.[125] Der europäische

---

Grabitz/Hilf, Das Recht der Europäischen Union (Band 1), Art. 29 EG Rn. 3 f.; *Jarass*, NuR 1998, 397, 403.

[122] Siehe dazu oben Teil 4, § 1, IV.

[123] Siehe auch *Roth*, ZHR 159 (1995), 78, 82, der der Rechtsprechung des EuGH zu Art. 29 EG ein Verbot diskriminierend-protektionistischer Maßnahmen entnimmt.

[124] Siehe EuGH, verb. Rs. 141-143/81 (Holdijk), Slg. 1982, 1299, 1313; EuGH, Rs. 237/82 (Jongeneel Kaas/Nederlande), Slg. 1984, 483, 504; EuGH, Rs. C-47/90 (Delhaize/Promalvin), Slg. 1992, I-3669, 3708; EuGH, Rs. C-388/95 (Belgien/Spanien), Slg. 2000, I-3123, 3162; jedoch gebrauchte der EuGH die *Groenveld*-Formel in seiner ursprünglichen Fassung in dem Urteil EuGH, Rs. 15/83 (Denkavit Nederland/Hoofdproduktschap voor Akkerbouwprodukten), Slg. 1984, 2171, 2184 sowie jüngst noch EuGH, Rs. C-203/96 (Chemische Afvalstoffen Dusseldorp u.a./Minister van Volkshuisvesting, Ruimtelijke Ordening en Milieubeheer), Slg. 1998, I-4075, 4126; EuGH, Rs. C-412/97 (Ed/Fenocchio), Slg. 1999, I-3845, 3879.

[125] *Oliver*, Free Movement of Goods in the European Community, Rn. 6.92.

und australische Test stimmen somit nur in dem Punkt überein, daß beide auf eine Diskriminierung abstellen.

Während es der EuGH dabei bewenden läßt, reduziert der High Court den Anwendungsbereich seines Tests, indem er noch das protektionistische Element fordert. Insoweit übt der europäische Ansatz einen größeren Rechtfertigungsdruck auf einzelstaatliche Regelungstätigkeit aus als der australische Test. Dieser Befund relativiert sich jedoch, wenn man sich noch einmal vergegenwärtigt, daß eine diskriminierende Maßnahme regelmäßig auch als protektionistisch einzustufen ist. Die Abweichungen zwischen beiden Tests sind also in dieser Hinsicht lediglich marginal.

Dieses Zwischenresultat wird indessen nicht weiter bestätigt, wenn man den jeweiligen Umfang der Diskriminierungsverbote betrachtet. Auf die Beseitigung offener und versteckter Diskriminierungen zielt lediglich Section 92 ab. Hingegen zieht sich der europäische Test bislang auf ein Diskriminierungsverbot zurück, das nur offene Diskriminierungen erfaßt. Versteckte Diskriminierungen unterfallen also nicht der Grundregel des Art. 29 EG; sie müssen demzufolge auch nicht gerechtfertigt werden.

Weitgehende Übereinstimmung in bezug auf Methodik und Ergebnisse auf der Ebene der Grundregel sind demzufolge ausschließlich für offen diskriminierende Maßnahmen der Einzelstaaten auszumachen. Zumindest insoweit reduzieren beide Ansätze die Möglichkeiten, Handelshemmnisse durch dezentrale Maßnahmen zu errichten. Im Gegensatz zum europäischen Ansatz bleibt der australische Test an dieser Stelle nicht stehen. Er geht noch einen Schritt weiter in Richtung umfassende Marktintegration, indem er auch versteckte Diskriminierungen unter die Grundregel der Section 92 subsumiert. In bezug auf diese in der Praxis bisher kaum relevant gewordenen Warenverkehrshindernisse ist der Beitrag des High Court zur Marktintegration somit umfassender zu nennen als der des EuGH.

Das Bild, das einen integrationsfreundlicheren australischen Test für Exportbeschränkungen zeigt, trübt sich jedoch, wenn man diejenigen Märkte untersucht, für die in der Europäischen Gemeinschaft eine gemeinsame Marktorganisation besteht. Dies ist im Bereich Landwirtschaft der Fall.[126] Mitgliedstaatliche Exportbeschränkungen im Rahmen einer gemeinsamen Marktorganisation müssen sich nicht nur an einem Diskriminierungsverbot, sondern an einem Be-

---

[126] Siehe *Kapteyn/VerLoren van Themaat/Gormley*, Introduction to the Law of the European Communities, S. 649 m.w.N.

schränkungsverbot messen lassen.[127] Letzteres zielt darauf ab, die Einheit des jeweiligen Teilmarktes zu erhalten.[128]

Den Unterschieden zwischen beiden hier zu vergleichenden Ansätzen, die dadurch auftreten, daß Teilbereiche des europäischen Marktes einem gemeinsamen Regime unterworfen werden, soll nicht weiter nachgegangen werden. Allein der Umstand, daß auf australischer Seite für alle Teilbereiche des Marktes lediglich ein umfassendes Diskriminierungsverbot einschlägig ist, während in der Europäischen Gemeinschaft für Teile des Gesamtmarktes ein Beschränkungsverbot gilt, indiziert, daß die Abweichungen zwischen beiden Tests in diesen speziellen Bereichen erhebliche Ausmaße annehmen. Indes trägt dies nicht zu einem repräsentativen Ergebnis bei, da gemeinsame Marktorganisationen lediglich für wenige Teilbereiche des europäischen Marktes gelten. Allgemeingültige Schlüsse lassen sich nicht ziehen.

Bereits oben wurde die Kritik der europarechtlichen Literatur an der Auslegung des Art. 29 EG durch den EuGH angesprochen.[129] Hingewiesen wurde insbesondere darauf, daß Exportschranken dezentralen Ursprungs, die lediglich durch ein Verbot offener Diskriminierungen kanalisiert werden, den Zugang zu den Märkten dritter Mitgliedstaaten unterbinden können.[130] Aus der Binnenmarktperspektive liegt es mithin nahe, Art. 29 EG im Sinne eines Beschränkungsverbotes auszulegen.[131] Dieser Schritt wird teilweise als längst überfällig angesehen.[132]

---

[127] Siehe etwa EuGH, Rs. 83/78 (Pigs Marketing Board/Redmond), Slg. 1978, 2347, 2372; EuGH, Rs. 94/79 (Vriend), Slg. 1980, 327, 338 f.; EuGH, Rs. 29/82 (van Luipen), Slg. 1983, 151, 162.

[128] *Kapteyn/VerLoren van Themaat/Gormley*, Introduction to the Law of the European Communities, S. 649.

[129] Siehe oben Teil 1, § 3, II., 3., a., cc., bbb.

[130] *Müller-Graff*, in: Groeben/Thiesing/Ehlermann, Kommentar zum EU-/EG-Vertrag (Band 1), Art. 34 EG Rn. 21 f.; *Roth*, ZHR 159 (1995), 78, 92.

[131] *Müller-Graff*, in: Groeben/Thiesing/Ehlermann, Kommentar zum EU-/EG-Vertrag (Band 1), Art. 34 EG Rn. 23; *Kapteyn/VerLoren van Themaat/Gormley*, Introduction to the Law of the European Communities, S. 650 f.; *Gormley*, Prohibiting Restrictions on Trade within the EEC, S. 108 ff.; *Mattera*, Le marché unique européen, S. 516 ff.; *Roth*, ZHR 159 (1995), 78, 91 ff.; *Koenig/Sander*, EuZW 1996, 8, 10 f.; *Weatherill*, CMLRev 33 (1996), 885, 902 f.

[132] *Kapteyn/VerLoren van Themaat/Gormley*, Introduction to the Law of the European Communities, S. 650 f. unter Hinweis auf die Entscheidung EuGH, Rs. C-384/93 (Alpine Investments/Minister van Financiën), Slg. 1995, I-1141; siehe auch *von Wilmowsky*, Europäisches Kreditsicherungsrecht, S. 21; *ders.*, EuR 1996, 362, 364, der in diesem Zusammenhang von einem Anachronismus spricht.

Aufgrund der dargelegten Parallelen zwischen europäischem und australischem Ansatz sieht sich der australische Markt ebenfalls mit dem Problem konfrontiert, daß dezentrale Exportschranken den Zugang zu gliedstaatlichen Märkten versperren können. Angesichts dessen verwundert es, daß der aktuelle australische Test zwar Gegenstand sich teilweise sehr speziell ausnehmender Kritik der Literatur war und noch ist.[133] Doch hat sie – soweit ersichtlich – niemals gefordert, die *Cole*-Formel von einem umfassenden Diskriminierungsverbot zu einem Beschränkungsverbot im Rahmen der Exportschranken zu erweitern. Das Problem des Marktzugangs wurde in diesem Zusammenhang bislang vollständig ausgeblendet.

Des weiteren verleiht eine Betrachtung des australischen Tests für Exportschranken denjenigen Stimmen in der europarechtlichen Literatur in gewisser Weise Nachdruck, die vom EuGH fordern, Art. 29 EG im Sinne eines Beschränkungsverbotes auszulegen. Selbst im australischen Markt – einem Wirtschaftsraum, der im Vergleich zur Europäischen Gemeinschaft immer noch ein wesentlich höheres Niveau an Marktintegration aufweist – beschränkt man sich nicht darauf, nur offene Diskriminierungen durch einzelstaatliche Maßnahmen grundsätzlich zu verbieten.

c. Transitschranken

In Australien ist das Problem der Durchfuhrschranken für Waren bislang nicht aktuell geworden. Soweit ersichtlich war es nur ganz vereinzelt Gegenstand der Rechtsprechung des High Court zu Section 92.[134] Auch im australischen Schrifttum findet diese Spielart der Beschränkungen des freien Warenverkehrs lediglich ganz am Rand Erwähnung.[135] Dies mag vor allem daran liegen, daß das Commonwealth nur aus sechs Gliedstaaten besteht. Dieser Umstand in Verbindung mit der geographischen Anordnung der Gliedstaaten und dem Verlauf der Handelsströme hält die Anzahl derjenigen zwischenstaatlichen Warentransporte niedrig, die durch Transitgliedstaaten führen. Es gibt im australischen Markt keine typischen Transitstaaten. New South Wales hat gemeinsame Grenzen mit den ebenfalls im *interstate trade and commerce* besonders engagierten Gliedstaaten Queensland und Victoria. Viele zwischenstaatlichen

---

[133] Siehe dazu oben Teil 4, § 3.

[134] Der High Court sprach Transitschranken an in *Foggitt Jones and Co Ltd v New South Wales* (1916) 21 CLR 357; *James v Commonwealth* (1936) 55 CLR 1; *Bierton v Higgins* (1961) 106 CLR 127; siehe auch die weiteren Rechtsprechungsnachweise bei *Rose*, (1972) 46 Australian Law Journal 371, 378 Fn. 55.

[135] *Rose*, (1972) 46 Australian Law Journal 371, 377 f.

Warentransporte müssen daher nur eine Grenze überschreiten, um ihren Destinationsstaat zu erreichen.

Angesichts dessen verwundert es nicht, daß der High Court bislang (noch) keinen spezifischen Test für Transitschranken entwickelt hat. Es kann lediglich darüber spekuliert werden, wie ein solcher Maßstab aussehen wird.

d. Zwischenergebnis

Ein Diskriminierungsverbot bildet für Im- und Exportschranken die Ausgangsbasis beider Ansätze. Der EuGH geht in bezug auf Importschranken noch über ein Diskriminierungsverbot hinaus und unterwirft einige Regelungen dezentralen Ursprungs einem Beschränkungsverbot, dessen Umfang die *Keck*-Entscheidung maßgeblich geprägt hat. Hingegen geht der High Court – aus der Perspektive der Marktintegration betrachtet – einen Schritt in die entgegengesetzte Richtung. Gemäß der *Cole*-Formel erfaßt Section 92 lediglich Regelungen, die in protektionistischer Weise formell oder materiell diskriminieren. Section 92 präsentiert sich damit als modifiziertes Diskriminierungsverbot.

Soweit formell und materiell diskriminierende dezentrale Regelungen in Rede stehen, sind die Abweichungen zwischen europäischem und australischem Ansatz hinsichtlich der Ergebnisse auf der Ebene des Anwendungsbereichs lediglich marginal. Dies ändert sich jedoch, wenn Handelshemmnisse zu untersuchen sind, die weder auf formell noch materiell diskriminierende Regelungen zurückzuführen sind. Diese Regelungen, die das europäische Beschränkungsverbot gegebenenfalls noch erfaßt, fallen unter keinen Umständen mehr in den Anwendungsbereich der Section 92. Der Rechtfertigungsdruck des australischen Tests ist insoweit geringer als der des europäischen Ansatzes.

Für Exportschranken ergibt sich ein anderes Bild. Während der High Court seinen Test gegenüber den Importbeschränkungen nicht variiert, interpretiert der EuGH Art. 29 EG lediglich als Verbot offen diskriminierender Maßnahmen. Der australische Ansatz ist insofern integrationsfreundlicher als sein europäisches Pendant. Er unterwirft auch versteckte Diskriminierungen der Gliedstaaten einem Rechtfertigungszwang. Zu einem gegenteiligen Ergebnis gelangt man lediglich für die Teilbereiche, für die auf europäischer Ebene eine gemeinsame Marktorganisation besteht. Exportschranken werden hier an einem Beschränkungsverbot gemessen.

Das in der Europäischen Gemeinschaft und Australien bestehende Ziel, eine umfassende Integration der einzelstaatlichen Märkte zu erreichen, ließe sich in beiden Märkten effektiver erreichen. Der Konflikt zwischen dezentraler Entscheidungsautonomie und einem möglichst freien Warenverkehr wird sowohl auf australischer als auch auf europäischer Ebene über weite Strecken hinweg lediglich durch Diskriminierungsverbote kanalisiert, die je nach Art der Handelsschranke unterschiedliche Ausmaße annehmen können. In beiden Märkten tragen diese Diskriminierungsverbote dazu bei, daß Wettbewerbsverzerrungen zwischen inländischen Marktteilnehmern und denjenigen aus dem EG-Ausland beseitigt werden. Doch vermag ein Diskriminierungsverbot nicht zu gewährleisten, daß freier Marktzugang in einer Weise garantiert wird, die dem Binnenmarktideal entspricht. Vielmehr können nichtdiskriminierende Regelungen dezentralen Ursprungs weiterhin bewirken, daß der Zugang zum Markt erschwert oder gänzlich unterbunden wird.[136] Im Interesse weitreichender Marktintegration müßten somit auch nichtdiskriminierende, den Marktzugang hemmende Regelungen über ein Beschränkungsverbot in den Anwendungsbereich der jeweiligen Grundregel fallen.

Dieser Punkt gewinnt noch zusätzlich an Bedeutung vor dem Hintergrund, daß heutzutage Handelshemmnisse vor allem durch von Mitgliedstaat zu Mitgliedstaat variierende Normen – und gerade nicht mehr durch (formell) diskriminierende Regulierungen – hervorgerufen werden.[137] Selbst weit verstandene Diskriminierungsverbote können hier zwar negative Auswirkungen auf die Integration der einzelstaatlichen Märkte mildern, aber niemals völlig ausschließen.

Indem sich nun der australische Test lediglich mit einem Diskriminierungsverbot begnügt und damit ein integrationspolitisches Defizit[138] in Kauf nimmt, gibt er den Weg dafür frei, daß die Gliedstaaten ihre Entscheidungsautonomie nutzen, um Handelsbarrieren und damit Marktsegmentierungen mittels Regelungen einzuführen, die formell und materiell nicht diskriminieren. Bereits bestehende Handelshemmnisse dieser Art genießen auch weiterhin Bestandsschutz, sollten nicht andere Integrationsmechanismen eingreifen.

---

[136] *Roth*, in: Festschrift für Großfeld, S. 929, 944; *ders.*, ZHR 159 (1995), 78, 91 f.; *Weiler*, in: Craig/de Búrca, The Evolution of EU Law, S. 349, 373; für die Niederlassungsfreiheit *Roth*, in: Gedächtnisschrift für Knobbe-Keuk, S. 729, 737 f.; allgemein *Grabitz*, in: Festschrift für Steindorff, S. 1229, 1233; *ders.*, in: Festschrift für Hans Peter Ipsen, S. 645 ff.; *Behrens*, EuR 1992, 145, 148; vgl. auch den Schlußantrag von GA *Tesauro* zu EuGH, Rs. C-292/92 (Hünermund u.a./Landesapothekenkammer Baden-Württemberg), Slg. 1993, I-6787, 6812 f.; vgl. auch *Tesauro*, The Internal Market of the EC in the Light of the Recent Case-Law of the Court of Justice, Zentrum für Europäisches Wirtschaftsrecht – Vorträge und Berichte Nr. 65 (1996), S. 5.

[137] *Chalmers/Szyszczak*, European Union Law – Vol. II, S. 289; *Oppermann*, Europarecht, Rn. 1299; *Moore*, in: Craig/de Búrca, The Evolution of EU Law, S. 517, 523; *de Búrca*, in: Dashwood/O'Leary, The Principle of Equal Treatment in EC Law, S. 17, 20 ff.

[138] Vgl. *Behrens*, EuR 1992, 145, 148.

Den Zugang zu den gliedstaatlichen Märkten kann der australische Test somit nur teilweise garantieren. Angesichts der insbesondere seit 1990 energisch vorangetriebenen Harmonisierung warenverkehrsrelevanter Regulierungen sowie der Errichtung des *Mutual Recognition Scheme* im australischen Markt mag dies zwar den Fortgang der Integration künftig nicht mehr in schwerwiegender Weise belasten. Doch vermutlich wird die traditionell starke Stellung der Gliedstaaten im australischen Organisationsgefüge es auch in Zukunft zu verhindern wissen, daß dieses Problem seine praktische Relevanz gänzlich verliert und ein vollkommener australischer Binnenmarkt entsteht.

Entsprechendes gilt für den Markt der Europäischen Gemeinschaft. Im Hinblick auf die Problematik, daß Marktzugang auch mittels Exportschranken verhindert werden kann, hält der europäische Test die gleiche, unter marktintegrativen Gesichtspunkten nicht optimal zu nennende Lösung bereit. Im Gegensatz zu Australien ist dem europäischen Markt jedoch zuzugeben, daß das bezeichnete Phänomen in bezug auf Importschranken nur in dem Ausmaß auftreten kann, in dem Handelshemmnisse durch nichtdiskriminierende Maßnahmen errichtet werden, die das Beschränkungsverbot im Sinne der *Keck*-Rechtsprechung nicht mehr erfaßt. Das europäische System vermag damit Marktzugang in weitaus größerem Umfang sicherzustellen als sein australisches Pendant.

Trotz der für den Bereich der Importschranken bestehenden Abweichungen haben letztlich beide Systeme gemeinsam, daß sie das Prinzip der Marktgleichheit mittels eines Diskriminierungsverbotes verwirklichen. Lediglich der EuGH geht noch darüber hinaus, indem er für Im- und Exportschranken in begrenztem Ausmaß mit einem Beschränkungsverbot operiert. Er trägt insofern dem im Vergleich zu Australien niedrigeren Marktintegrationsniveau Rechnung.

4. Die Ebene der Rechtfertigung

Die Ebene der Rechtfertigung dient bei beiden Tests dazu, dezentrale Regelungen, die in den Anwendungsbereich der jeweiligen Grundregel fallen, gegebenenfalls vor einem Verstoß gegen Art. 28 oder Art. 29 EG bzw. Section 92 zu bewahren. Hinsichtlich derjenigen Regelungen, für die der Anwendungsbereich eröffnet ist, erreicht eine erfolgreiche Rechtfertigung noch eine Ergebniskorrektur.

a. Allgemeines

Der europäische Test hält für die Rechtfertigung einer mitgliedstaatlichen Maßnahme zwei verschiedene Ansätze bereit. Formell diskriminierende Im- und

Exportschranken können lediglich über Art. 30 EG gerechtfertigt werden, während diejenigen unterschiedslos anwendbaren Maßnahmen, die in den Anwendungsbereich von Art. 28 EG fallen, über Art. 30 EG und die zwingenden Erfordernisse des Allgemeinwohls vor einem Verstoß gegen Art. 28 EG bewahrt werden können. Beim europäischen Test setzt sich mithin auf der Ebene der Rechtfertigung eine Unterscheidung fort, die ihren Ursprung bereits auf der Tatbestandsebene findet. Wie schon beim Tatbestand hängt der auf der Rechtfertigungsebene anzuwendende Maßstab davon ab, ob eine mitgliedstaatliche Maßnahme den Import oder den Export von Waren betrifft. Sollte eine Importschranke in Rede stehen, so wird zusätzlich danach unterschieden, ob eine formell diskriminierende oder eine gleichförmig anwendbare Maßnahme zu prüfen ist.

Es liegt auf der Hand, daß der australische Einheitstest zumindest keine solche Differenzierung vornehmen kann. Schon sein Anwendungsbereich reduziert sich lediglich auf formell und materiell diskriminierende Regelungen. Aber auch von anderen denkbaren Unterscheidungen nimmt der australische Test Abstand. Er beschränkt sich darauf, die in den Anwendungsbereich von Section 92 fallenden Regelungen ausschließlich anhand des bereits oben näher dargestellten Maßstabes[139] auf die Vereinbarkeit mit Section 92 hin zu untersuchen. Eine gliedstaatliche Maßnahme, die als „*discriminatory in a protectionist sense*" einzuordnen ist, verstößt dann nicht gegen Section 92, wenn sie ein notwendiges Mittel ist, um ein legitimes, also nichtprotektionistisches, Ziel zu erreichen. Zudem dürfen die Auswirkungen der fraglichen Maßnahme auf den zwischenstaatlichen Handel lediglich inzidenter Natur sein.[140] Es ist somit zu erwarten, daß zahlreiche Unterschiede zwischen europäischem und australischem Test allein aus dieser methodischen Divergenz resultieren werden.

b. Rechtfertigung von Importbeschränkungen

Zunächst werden die Rechtfertigungsmaßstäbe des australischen und des europäischen Tests für Importbeschränkungen vergleichend analysiert. Hier wird dem europäischen Ansatz entsprechend zwischen formell diskriminierenden und gleichförmig anwendbaren Maßnahmen differenziert.

---

[139] Siehe oben Teil 4, § 1, III.

[140] *Castlemaine Tooheys Ltd v South Australia* (1990) 169 CLR 436, 472 ff.

aa. Rechtfertigung von Importdiskriminierungen

In den Mittelpunkt des Interesses rücken zunächst die Methoden, mit denen formell und materiell diskriminierende Importbeschränkungen der Einzelstaaten gerechtfertigt werden können. Die Anwendungsbereiche beider Tests erfassen diskriminierende Importbeschränkungen. Insofern gehen beide Tests von einer übereinstimmenden Ausgangsbasis aus.

Die Gemeinsamkeiten in bezug auf diese Fallgruppe setzen sich auf der Ebene der Rechtfertigung fort. So spielt hier bei beiden Tests eine Verhältnismäßigkeitsprüfung eine ganz zentrale Rolle. In deren Rahmen kommt es zu einer Abwägung zwischen dem Ziel, einen möglichst freien Warenverkehr im gesamten Marktgebiet zu erreichen, und den Partikularinteressen der Einzelstaaten. Schranken für die Durchsetzung dezentraler Regelungsinteressen ergeben sich also nicht nur aus dem Diskriminierungsverbot, sondern auch aus dem Verhältnismäßigkeitsgrundsatz.[141]

aaa. Legitime warenverkehrsfeindliche Ziele

Zunächst ist zu ermitteln, welche Interessen und Ziele der Glied- bzw. Mitgliedstaaten in eine Verhältnismäßigkeitsprüfung australischer und europäischer Prägung eingestellt werden können.[142] Zu bestimmen ist damit, welche Allgemeininteressen die Einzelstaaten generell verfolgen dürfen, obwohl sie damit potentiell den freien Warenverkehr im gesamten Marktgebiet behindern.

Für das Ausmaß der im jeweiligen System gewährten dezentralen Entscheidungsautonomie ist dieser Punkt insbesondere unter dem folgenden Aspekt von wesentlicher Bedeutung: So können vom Anwendungsbereich erfaßte Maßnahmen dezentralen Ursprungs, die keinem der grundsätzlich anerkannten Ziele zuzuordnen sind, nicht mehr gerechtfertigt werden; sie sind rechtswidrig. Es kann gar nicht erst zu einem Abwägungsprozeß kommen. Die Bandbreite der anerkannten warenverkehrsfeindlichen Ziele sowie deren jeweiliger Umfang können damit je nach Ausgestaltung dazu beitragen, dezentrale Entscheidungsautonomie zu stärken oder zu schwächen.

---

[141] Vgl. *Streinz*, Europarecht, Rn. 703; *Kirk*, (1997) 21 Melbourne University Law Review 1, 5 ff.; *Selway*, (1996) 7 Public Law Review 212 f.

[142] Vgl. *Kirk*, (1997) 21 Melbourne University Law Review 1, 5.

aaaa. Spektrum der Ziele – abschließend oder ergänzungsfähig?

Näheren Aufschluß über die Strenge des anzulegenden Rechtfertigungsmaßstabes ergibt die Untersuchung der Frage, ob der vom jeweiligen Test bereits anerkannte Katalog legitimer Ziele abschließend oder ergänzungsfähig ist. Ein ergänzungsfähiger Test kann sich nicht nur den im Laufe der Zeit veränderten Lebensumständen und Interessenlagen problemlos anpassen. Er ist – im Gegensatz zu einem abschließenden Interessenkatalog – auch in der Lage, dezentrale Entscheidungsautonomie im Rahmen bestehender einzelstaatlicher Kompetenzen zu Lasten des freien Warenverkehrs zu stärken. Selbst wenn noch andere Korrektive im Verlauf der weiteren Rechtfertigungsprüfung eingreifen mögen, spricht ein offener Interessenkatalog bereits dafür, daß warenverkehrsfeindliche Normen recht einfach durch Gliedstaaten gesetzt werden können. Hingegen indiziert die abschließende Nennung einiger weniger Ziele einen strengen Rechtfertigungsmaßstab, der die Ausübung einzelstaatlicher Regelungsautonomie erschwert.

Der High Court hat sich niemals ausdrücklich zu der hier aufgeworfenen Frage geäußert.[143] Doch läßt sich aus einigen Passagen der seit *Cole v Whitfield* ergangenen Urteile entnehmen, daß der aktuelle Test ergänzungsfähig ist. In *Castlemaine Tooheys Ltd v South Australia* führen die Richter aus, daß die Gliedstaaten von ihren jeweiligen Verfassungen ermächtigt werden, Regelungen zum Wohle der Bevölkerung zu erlassen, es sei denn, die Australische Bundesverfassung sehe etwas anderes vor. Für den zwischenstaatlichen Warenverkehr bedeute dies lediglich, daß gliedstaatliche Regelungen nicht in protektionistischer Weise diskriminieren dürfen. Section 92 wolle zudem keine gliedstaatlichen Maßnahmen verbieten, die zwar den *interstate trade and commerce* gegenüber dem rein innerstaatlichen Handel benachteiligen, aber auf angemessene Weise die Bevölkerung vor Gefahren oder Bedrohungen ihres Wohlergehens sowie dessen Verbesserung schützen.[144]

Eine selbstverständliche und zugleich weite Begrenzung für die durch die Gliedstaaten verfolgten Interessen bildet die Kompetenzverteilung der Australischen Bundesverfassung. Ein rechtmäßiger Eingriff in den zwischenstaatlichen Warenverkehr setzt voraus, daß eine gliedstaatliche Normsetzungskompetenz überhaupt besteht. In Bereichen, in denen eine konkurrierende Gesetzgebungskompetenz des Bundes vorgesehen ist, darf zudem keine abschließende bundesweite Regelung erlassen worden sein. Darüber hinaus dürfen gliedstaat-

---

[143] Siehe auch *Fitzgerald*, (1993) 12 University of Tasmania Law Review 263, 281 Fn. 80: „*How the end is justified is a bit of a mystery.*"

[144] *Castlemaine Tooheys Ltd v South Australia* (1990) 169 CLR 436, 472.

liche Regelungen keine protektionistischen Ziele verfolgen. Legitime Allgemeininteressen müssen also nichtprotektionistischer Natur sein und dem Schutz der Bevölkerung vor Gefahren und Bedrohungen dienen. Weitere, den Kreis der legitimen Interessen einengende Kriterien lassen sich aus dieser Passage nicht ableiten.

Der High Court spricht ferner in *Castlemaine Tooheys Ltd v South Australia* vom Schutz der Gemeinschaft („*protection of the community*"), dem Section 92 keinesfalls entgegenstehe.[145] Dieses Kriterium ist so vage, daß man daraus auf einen breiten und flexiblen Interessenkatalog schließen kann. Weiterhin nehmen sich die bisher vom High Court ausdrücklich anerkannten Rechtfertigungsgründe Produkt- und Dienstleistungsstandards, Verhalten der Wirtschaftsteilnehmer, Schutz natürlicher Ressourcen und Abfallkontrolle zumindest teilweise recht speziell aus.

Betrachtet man die auf europäischer Ebene legitimen Rechtfertigungsgründe für diskriminierende Maßnahmen, fällt die Annahme schwer, der australische Test wolle sich auf diese vier Ausnahmen beschränken. Es liegt vielmehr nahe, daß der High Court diese vier Gründe lediglich deshalb explizit nannte, weil sie in dem jeweiligen Fall eine Rolle spielten. Im Interesse einer geordneten Gesellschaft müssen jedoch noch andere Rechtsgüter staatliche Eingriffe ebenfalls rechtfertigen können. Es kann sich somit lediglich um eine exemplarische Nennung legitimer Interessen durch den High Court handeln.

Im übrigen gibt die folgende Passage aus der *Cole*-Entscheidung nähere Aufschlüsse im Hinblick auf das hier interessierende Problem. Der High Court führte aus: „*A law which has as its real object the prescription of a standard for a product or a service or a norm of commercial conduct will not ordinarily be grounded in protectionism and will not be prohibited by s 92. But if a law, which may be otherwise justified by reference to an object which is not protectionist, discriminates against interstate trade or commerce in pursuit of that object in a way or to an extent which warrants characterization of the law as protectionist, a court will be justified in concluding that it nonetheless offends s 92.*"[146]

Diesen Ausführungen läßt sich ebenfalls entnehmen, daß den freien Warenverkehr regulierende Normen der Gliedstaaten (und des Bundes) grundsätzlich alle möglichen Ziele verfolgen können, solange sie nicht protektionistischer Natur sind. Als Schranke staatlicher Regelungstätigkeiten in bezug auf die

---

[145] *Castlemaine Tooheys Ltd v South Australia* (1990) 169 CLR 436, 472.
[146] *Cole v Whitfield* (1988) 165 CLR 360, 408.

schützenswerten Ziele ist in *Cole v Whitfield* damit lediglich das Kriterium „Protektionismus" zu entdecken.[147]

Auf eine weitere Einschränkung des Katalogs legitimer warenverkehrsfeindlicher Interessen deutet jedoch hin, daß die Richter in *Castlemaine Tooheys Ltd v South Australia* ausdrücklich betonen, die Wohlfahrt der Gemeinschaft müsse einer tatsächlichen Gefahr oder Bedrohung („*a real danger or threat*") ausgesetzt sein, wolle man den *interstate trade and commerce* durch gliedstaatliche Regelungstätigkeit einschränken.[148] Nur dann also, wenn eine Gefahr oder Bedrohung derart qualifiziert werden kann, soll ein legitimes Interesse gegeben sein. Es scheint, der High Court behalte sich dadurch vor, in künftigen Entscheidungen den Schutz gliedstaatlicher Ziele gegebenenfalls als so unbedeutend im Vergleich zu den warenverkehrsfeindlichen Auswirkungen der Maßnahmen zu ihrer Erreichung einzustufen, daß sie nicht mehr als legitime Interessen bezeichnet werden können.[149]

Bislang hat der High Court jedoch von diesem, zumindest im Ansatz erkennbaren Korrektiv noch keinen Gebrauch gemacht. Abzuwarten bleibt, ob er diesen Vorbehalt in Zukunft als Einfallstor nutzt, um ausufernden gliedstaatlichen Regelungstätigkeiten einen Riegel vorzuschieben. Eine weitere Beschneidung des Katalogs legitimer warenverkehrsfeindlicher Interessen der Gliedstaaten – über die Schranke „Protektionismus" hinaus – ist jedenfalls mehr als ein Jahrzehnt nach *Castlemaine Tooheys Ltd v South Australia* nicht erkennbar.

Gegen den Eintritt einer solchen Entwicklung spricht vor allem, daß der High Court in *Castlemaine Tooheys Ltd v South Australia* ausführte, die Legislative müsse lediglich „*rational and legitimate grounds*" haben, um eine tatsächlich bestehende Gefahr oder Bedrohung für das Wohlergehen der Bevölkerung anzunehmen.[150] Das deutet darauf hin, daß die Anforderungen, die an die Begründung eines legitimen gliedstaatlichen Allgemeininteresses gestellt werden, insbesondere aufgrund der fehlenden Trennschärfe dieser beiden Begriffe nicht allzu hoch sind. Rationale und legitime Gründe, die auf das Vorliegen einer tatsächlichen Gefahr oder Bedrohung für die Wohlfahrt der Bevölkerung hindeuten, werden sich wohl in den meisten Fällen recht einfach finden und

---

[147] So *Coper*, in: Lee/Winterton, Australian Constitutional Perspectives, S. 129, 140; in diese Richtung auch schon *Coper*, Freedom of Interstate Trade under the Australian Constitution, S. 304; *Mason*, (1983) 6 University of New South Wales Law Journal 234, 238.

[148] *Castlemaine Tooheys Ltd v South Australia* (1990) 169 CLR 436, 472 f.

[149] *Staker*, (1990) 10 YEL 209, 232; *Kirk*, (1997) 21 Melbourne University Law Review 1, 53; in diese Richtung wohl auch *Carney*, (1991) 3 Bond Law Review 149, 163.

[150] *Castlemaine Tooheys Ltd v South Australia* (1990) 169 CLR 436, 473.

gegebenenfalls nachweisen lassen. Der gliedstaatliche Gesetzgeber besitzt somit in dieser Hinsicht eine umfassende Einschätzungsprärogative. Eine hohe Hürde für warenverkehrsfeindliche Regelungstätigkeiten der Gliedstaaten errichtet er so sicherlich nicht.[151]

Schon die vorstehenden Ausführungen machen deutlich, daß der High Court den Zielen, die Gliedstaaten mit ihrer autonomen Regelungstätigkeit verfolgen können, nur weite Grenzen setzt. Eine dem europäischen Ansatz vergleichbare, abschließende Aufzählung der von gliedstaatlicher Seite aus zu verfolgenden Ziele kann dem australischen Test nicht zugeschrieben werden.[152]

Dieses Ergebnis bestätigen zudem einige Entscheidungen des High Court, die noch aus der Zeit vor *Cole v Whitfield* stammen. Obwohl sie vom integrationsfreundlichen *individual rights approach* ausgingen, können auch diese Judikate des High Court wichtige Hinweise auf die aktuelle Auslegung von Section 92 geben. Denn an all diesen Entscheidungen wirkte auch Justice *Mason* mit, der später in seiner Rolle als Chief Justice einen ganz entscheidenden Anteil an der Rechtsprechungswende in *Cole v Whitfield* haben sollte.[153]

In seinem Votum zum *NEDCO* Case[154] führte der damalige Chief Justice *Barwick* aus: „ ... *laws to ensure public health and honesty and fairness in commercial dealings form examples of laws which the concept of freedom of trade and commerce does not deny. Consequently, laws, eg, to secure public health, must have no impact which is reasonably unnecessary upon the activities of the individual in interstate trade and commerce.*“[155]

Diese Worte wiegen um so schwerer, da insbesondere Chief Justice *Barwick* warenverkehrshemmenden Regulierungen durch Bund und Gliedstaaten stets sehr kritisch gegenüberstand. In den *interstate trade and commerce* sollte seiner

---

[151] Der EuGH legt in diesem Zusammenhang wohl einen strengeren Maßstab an. Er fordert, daß eine ernste Gefahr für ein in Art. 30 EG aufgelistetes Rechtsgut besteht, EuGH, Rs. 227/82 (van Bennekom), Slg. 1983, 3883, 3905.

[152] Zu diesem Ergebnis kommt auch *Staker*, (1990) 10 YEL 209, 231 Fn. 143 unter Hinweis auf *Castlemaine Tooheys Ltd v South Australia* (1990) 169 CLR 436, 470 f.

[153] Siehe *Brennan*, in: Saunders, Courts of Final Jurisdiction: The Mason Court in Australia, S. 1, 10 ff.; *Winterton/Lee/Glass/Thomson*, Australian Federal Constitutional Law, S. 470; siehe auch „In Conversation: An Interview with *Sir Anthony Mason*“, (1996) 17 Singapore Law Review 3, 6, wo *Mason* die Entscheidung *Cole v Whitfield* als die wichtigste Errungenschaft seiner Amtszeit als Chief Justice bezeichnet.

[154] *North Eastern Dairy Co Ltd v Dairy Industry Authority of New South Wales* (1975) 134 CLR 559; dazu schon näher oben Teil 3, § 2, V., 2., d.

[155] *North Eastern Dairy Co Ltd v Dairy Industry Authority of New South Wales* (1975) 134 CLR 559, 581 f., *Barwick* CJ.

Ansicht nach nur in dem Ausmaß eingegriffen werden, das für die Erhaltung einer geordneten Gesellschaft unabdingbar ist oder von der Natur des *trade and commerce* gefordert wird.[156] Trotz seines sehr warenverkehrsfreundlichen Ansatzes forderte *Barwick* niemals einen abschließenden Katalog legitimer Allgemeininteressen.

Mason hatte bereits in Entscheidungen aus einer Zeit, in der sie beide noch gemeinsam als Richter am High Court tätig waren, *Barwicks* Verständnis von erlaubter Regulierung des australischen Marktes in seinen Voten als zu eng kritisiert. *Masons* Interpretation der Section 92 ging stets davon aus, daß *interstate trade and commerce* im öffentlichen Interesse unter recht einfach zu erfüllenden Voraussetzungen durch staatliche Maßnahmen einschränkbar sein muß.[157]

Vor diesem Hintergrund liegt es nahe, daß Chief Justice *Mason* Section 92 nicht in einer Weise auslegen möchte, die staatliche Eingriffe in den grenzüberschreitenden Handel lediglich zu abschließend genannten Zielen zulassen. Denn das würde bedeuten, daß *Mason* seinen eigenen Ansatz zu Gunsten einer Interpretation aufgibt, die an Warenverkehrsfreundlichkeit noch deutlich über das hinausgeht, was er schon in früheren Entscheidungen als zu umfassend gescholten hatte.

Das Votum des Justice *Stephen* in der Entscheidung *Permewan Wright Consolidated Pty Ltd v Trewhitt*[158] spricht ebenfalls dafür, daß kein geschlossener Interessenkatalog die Regulierung des freien Warenverkehrs bestimmen kann. Er schrieb: „*The boundaries of permissible regulation extend, in my view, at least as far as to include such traditional areas of legislative intervention as the protection of standards of public health by ensuring the purity and wholesomeness of foodstuffs and the prohibition of deceptive or fraudulent practices engaged in by traders to the detriment of the public* ... ."[159]

---

[156] *Samuels v Readers' Digest Association Pty Ltd* (1969) 120 CLR 1, 14 ff.; *Mikasa (New South Wales) Pty Ltd v Festival Stores* (1972) 127 CLR 617, 623 ff.; *North Eastern Dairy Co Ltd v Dairy Industry Authority of New South Wales* (1975) 134 CLR 559, 581 f.; *Clark King & Co Pty Ltd v Australian Wheat Board* (1978) 140 CLR 120, 152; *Uebergang v Australian Wheat Board* (1980) 145 CLR 266, 283.

[157] Siehe *Permewan Wright Consolidated Pty Ltd v Trewhitt* (1979) 145 CLR 1, 36, *Mason* J; *North Eastern Dairy Co Ltd v Dairy Industry Authority of New South Wales* (1975) 134 CLR 559, 614 f., *Mason* J (dazu schon oben Teil 3, § 2, V., 2., d.); *Pilkington v Frank Hammond Pty Ltd* (1974) 131 CLR 124, 185 f., *Mason* J.

[158] (1979) 145 CLR 1; dazu näher schon oben Teil 3, § 2, V., 2., e.

[159] *Permewan Wright Consolidated Pty Ltd v Trewhitt* (1979) 145 CLR 1, 27, *Stephen* J.

Seiner Ansicht nach rechtfertigen also bestimmte Bereiche, wie etwa der Schutz der öffentlichen Gesundheit und der Lauterkeit des Handels, seit jeher staatliche Eingriffe in den *interstate trade and commerce*. Legitime Allgemeininteressen erschöpfen sich aber nicht in diesen exemplarisch genannten Bereichen, wie die Worte „*at least*" erkennen lassen.

Hält man nun die australische Lösung für diesen Aspekt neben den Maßstab des Art. 30 EG, so ergeben sich ganz beträchtliche Unterschiede. Laut der Rechtsprechung des EuGH sind die Rechtfertigungsgründe im Hinblick auf formal diskriminierende Maßnahmen der Mitgliedstaaten abschließend in Art. 30 EG genannt. Dies ist dem Wortlaut der Norm selbst zwar nicht zu entnehmen, wird aber vom EuGH – trotz der Kritik in der europarechtlichen Literatur[160] – bei jeder sich bietenden Gelegenheit unterstrichen.

Der High Court hingegen hat sich noch nicht einmal ansatzweise auf ähnliche Überlegungen eingelassen. Seit der ersten Entscheidung des High Court zu Section 92 in *Fox v Robbins* aus dem Jahr 1909[161] ist es unstreitig, daß die Freiheit das Warenverkehrs nicht uneingeschränkt sein kann, auch wenn dies der Wortlaut der Section 92 nahelegen möchte. Dennoch griff der High Court in seiner Rechtsprechung zu Section 92 niemals die Idee auf, staatliche Beschränkungen des *interstate trade and commerce* über ein abschließendes Spektrum von Rechtfertigungsgründen zu kanalisieren. Eine solche Methode ist zwar nicht der einzig gangbare Weg, eine herausragende Stellung des freien Warenverkehrs in einem dezentralen Organisationsgefüge zu dokumentieren. Doch ist es im Interesse des freien zwischenstaatlichen Warenverkehrs sicherlich ein effektives Mittel.

Indem sich die Australische Bundesverfassung nicht dieser Regelungstechnik bedient und nur recht lockere, kaum konkretisierte Anforderungen an legitime gliedstaatliche Interessen stellt, leistet sie warenverkehrshemmenden Tendenzen Vorschub. Gliedstaaten werden ermutigt, ihre insoweit starke Position auszunützen und sie in eigene diskriminierende Regelungstätigkeiten umzusetzen,

---

[160] *Leible*, in: Grabitz/Hilf, Das Recht der Europäischen Union (Band 1), Art. 28 EG Rn. 20; *Becker*, in: Schwarze, EU-Kommentar, Art. 30 EG Rn. 43; *Hakenberg*, in: Lenz, EG-Kommentar, Art. 49/50 Rn. 20 und 26; *dies.*, Grundzüge des Europäischen Wirtschaftsrechts, S. 99; *Poiares Maduro*, We The Court, S. 52; *Kingreen*, Die Struktur der Grundfreiheiten des Europäischen Gemeinschaftsrechts, S. 154 ff.; *Steinberg*, EuGRZ 2002, 13, 23 f.; *Roth*, WRP 2000, 979, 984; *Nowak/Schnitzler*, EuZW 2000, 627 ff.; *Streinz/Leible*, EuZW 2000, 459, 463; *Weiß*, EuZW 1999, 493, 497 f.; *Poiares Maduro*, Maastricht Journal of European and Comparative Law 6 (1998), 298, 310 f.; *Sack*, WRP 1998, 503, 510; *Novak*, DB 1997, 2589, 2592.

[161] Dazu schon oben Teil 3, § 2, I., 1.

falls keine Vorschriften des Bundes bestehen. Der australische Test betont demzufolge dezentrale Entscheidungsautonomie selbst im Zusammenhang mit (formell und materiell) diskriminierenden Regelungen. Im Gegensatz zur Europäischen Gemeinschaft vermag sich gliedstaatliche Regelungsautonomie im australischen Markt insoweit einer strikten Kontrolle zu entziehen. Etwaige Mißbräuche dezentraler Entscheidungsautonomie kann der High Court nur über das Kriterium „protektionistische Ziele" oder das noch weitgehend unerprobte, aber im Ansatz vorhandene Korrektiv „*real danger or threat*" beseitigen.

Der australische Test ist wesentlich flexibler als sein europäisches Pendant. Dezentrale Entscheidungsautonomie, die zu diskriminierenden Maßnahmen führt, kann veränderten Lebensverhältnissen im Rahmen des australischen Tests viel leichter Rechnung tragen als der statische europäische Ansatz.[162] Dies ist insbesondere vor dem Hintergrund von Bedeutung, daß der australische Markt deutlich älter ist als der europäische. Hätten sich die Gründungsväter Ende des 19. Jahrhunderts für eine Lösung entsprechend dem europäischen Modell entschieden, wären wahrscheinlich nach Ablauf eines Jahrhunderts zumindest Teile eines solchen hypothetischen Tests inzwischen nicht mehr zeitgemäß und damit obsolet. Dogmatisch fragwürdige Ausweichlösungen, wie sie der EuGH in *Cassis de Dijon* gefunden hat, mußte der High Court nicht finden.

Allein der Punkt, daß Art. 30 EG einige wenige legitime Rechtfertigungsgründe abschließend vorgibt, während der High Court in dieser Hinsicht großzügiger verfährt, läßt schon an dieser Stelle erkennen, daß der europäische Test dezentrale Entscheidungsautonomie anhand strikterer Standards überprüft als der australische Ansatz.

Der europäische Test bleibt bei materiellen Diskriminierungen nicht bei dem Maßstab stehen, den er für formale Diskriminierungen verwendet. Zwar stehen die in Art. 30 EG abschließend genannten Rechtsgüter auch zur Rechtfertigung unterschiedslos anwendbarer Maßnahmen zur Verfügung. Doch das Spektrum der mitgliedstaatlichen Interessen ist – anders als bei Art. 30 EG – über die dort aufgeführten Tatbestände hinaus noch erweiterbar, sollte zwingenden Erfordernissen des Allgemeinwohls im Sinne der *Cassis*-Entscheidung Rechnung getra-

---

[162] Die fehlende Flexibilität wird auch nicht dadurch beseitigt, daß der EuGH in vereinzelten Entscheidungen aus dem sich selbst angelegten dogmatischen Korsett ausgebrochen ist, siehe EuGH, Rs. 113/80 (Kommission/Irland), Slg. 1981, 1625, 1639; EuGH, Rs. C-2/90 (Kommission/Belgien), Slg. 1992, I-4431, 4479 f.; EuGH, verb. Rs. C-34-36/95 (Konsumentenombudsmannen/De Agostini/TV-Shop), Slg. 1997, I-3843, 3891; EuGH, Rs. C-120/95 (Decker/Caisse de maladie des employés privés), Slg. 1998, I-1831, 1884; EuGH, Rs. C-379/98 (PreussenElektra/Schleswag), Slg. 2001, I-2099, 2185.

gen werden.[163] Ebenso wie im australischen Markt verbietet es sich auch in der Europäischen Gemeinschaft, auf diesem Weg mitgliedstaatliche Märkte zu schützen. Die Methodik der beiden Tests ist insoweit deckungsgleich.

Erhebliche Unterschiede werden jedoch deutlich, wenn man die einzelnen, bislang von High Court bzw. EuGH anerkannten Rechtsgüter miteinander vergleicht. Der EuGH hat hier seit *Cassis de Dijon* eine umfangreiche Kasuistik zu jedem der anerkannten zwingenden Allgemeininteressen entwickelt.[164] Hingegen hat es dem High Court seit der Wende in *Cole v Whitfield* an geeigneten Gelegenheiten gefehlt, mit dem EuGH in dieser Hinsicht gleichzuziehen. Die einstige Flut von Fällen zu Section 92 ebbte nach 1988 jäh ab. Urteile zu den legitimen gliedstaatlichen Interventionsinteressen ergingen daher nur punktuell; sie haben noch kein umfassendes Bild zeichnen können.

Beide Ansätze überschneiden sich bislang insoweit, als daß Umweltschutzgesichtspunkte grundsätzlich in beiden Märkten dazu herangezogen werden können, um den zwischenstaatlichen Warenverkehr durch dezentrale Maßnahmen einzuschränken.[165] Der High Court nimmt zudem keinen Verstoß gegen Section 92 an, falls verhältnismäßige Regelungen des Verhaltens von Wirtschaftsteilnehmern Hürden für den freien Warenverkehr errichten. Dies entspricht im Kern dem, was der EuGH unter dem zwingenden Allgemeininteresse „Schutz der Lauterkeit des Handelsverkehrs und Verbraucherschutz" versteht.

Darüber hinaus spricht der EuGH seit *Cassis de Dijon* eine Reihe von mitgliedstaatlichen Interessen an, die der High Court bisher noch nicht in seiner Rechtsprechung behandelt hat. Allein aus diesem Umstand läßt sich aber nicht schließen, daß der High Court in dieser Hinsicht eine restriktive oder ablehnende Haltung einnehmen möchte. Vielmehr waren diese in Australien bislang nicht erwähnten Aspekte in den vom High Court zu Section 92 zu entscheidenden Fällen irrelevant. Angesichts der vor allem in der *Castlemaine*-Entscheidung verwandten Kriterien, die keine allzu hohen Hürden für legitime Interventionsinteressen aufstellen, liegt es nahe, daß der High Court in künftigen Urteilen dem EuGH in diesen Punkten zumindest im Ansatz folgen wird.

---

[163] Siehe dazu oben Teil 1, § 3, II., 3., a., bb., bbb., aaaa.

[164] Siehe nur *Müller-Graff*, in: Groeben/Thiesing/Ehlermann, Kommentar zum EU-/EG-Vertrag (Band 1), Art. 30 EG Rn. 203 ff.; *Oliver*, Free Movement of Goods in the European Community, Rn. 8.80 ff.; monographisch *Ahlfeld*, Zwingende Erfordernisse im Sinne der Cassis-Rechtsprechung des EuGH zu Art. 30 EG.

[165] Siehe etwa EuGH, Rs. 302/86 (Kommission/Dänemark), Slg. 1988, 4607 sowie *Castlemaine Tooheys Ltd v South Australia* (1990) 169 CLR 436.

Das bedeutet: Ziele, die der EuGH bereits als zwingende Interessen des Allgemeinwohls anerkannt hat, wird wahrscheinlich auch der High Court früher oder später ausdrücklich als legitime gliedstaatliche Interessen qualifizieren. Denn der High Court hat – im Gegensatz zum EuGH – bislang nicht hervorgehoben, daß Einschränkungen des freien Warenverkehrs nur ausnahmsweise gerechtfertigt werden können. Die Haltung des High Court ist hier im Ansatz also stärker auf die Betonung dezentraler Entscheidungsautonomie ausgerichtet als die des EuGH.

bbbb. Auslegungsmaßstab für legitime Rechtfertigungsgründe

Ein weiteres wichtiges Indiz für die Strenge des anzuwendenden Rechtfertigungsmaßstabes ist die Art und Weise, mit der EuGH und High Court die legitimen Allgemeininteressen auslegen. Beträchtliche Unterschiede zwischen beiden Tests werden hier deutlich.

Der EuGH betont stets, daß die in Art. 30 EG genannten Rechtfertigungsgründe restriktiv zu interpretieren sind. Die Norm sei eine Ausnahmevorschrift und eine enge Auslegung entspreche der überragenden Bedeutung des freien Warenverkehrs für den europäischen Integrationsprozeß.[166] Vergleichbare Überlegungen spielten in der Vergangenheit auch auf australischer Ebene eine bedeutende Rolle. Vor allem Chief Justice *Barwick* wies in seinen Voten eindringlich und wiederholt auf den hohen Stellenwert eines gemeinsamen australischen Marktes hin.[167] Er führte in der *NEDCO*-Entscheidung aus, staatliche Eingriffe in den *interstate trade and commerce* dürften nur so weit gehen, wie dies zur Erhaltung einer geordneten Gesellschaft unabdingbar sei oder von der Natur des *trade and commerce* gefordert werde.[168]

Heute bemüht sich der High Court indessen nicht mehr, über eine solche Vorgehensweise die Rechtfertigung warenverkehrshemmender Regelungen zu erschweren. Es verwundert daher nicht, daß aktuellere Urteile des High Court keine Passagen aufweisen, in denen die Richter von der grundsätzlich überragenden Bedeutung des *interstate trade and commerce* auf eine enge Auslegung legitimer Rechtfertigungsgründe schließen.

---

[166] Ständige Rechtsprechung seit EuGH, Rs. 7/68 (Kommission/Italien), Slg. 1968, 633, 644; kritisch zu dieser Begründung *Roth*, WRP 2000, 979, 983 f. m.w.N. in Fn. 39.

[167] Siehe dazu näher Teil 3, § 2, V., 1., c.

[168] *North Eastern Dairy Co Ltd v Dairy Industry Authority of New South Wales* (1975) 134 CLR 559, 581 f., *Barwick* CJ; siehe auch schon *Samuels v Readers' Digest Association Pty Ltd* (1969) 120 CLR 1, 14 ff. und *Mikasa (New South Wales) Pty Ltd v Festival Stores* (1972) 127 CLR 617, 623 ff.

Zwar ist die Ausgangslage für die beiden hier zu vergleichenden Tests sehr unterschiedlich. Der europäische Ansatz benennt abschließend einige wenige Rechtfertigungsgründe, während der australische Test lediglich fordert, daß diskriminierende warenverkehrshemmende Regelungen keine protektionistischen Ziele verfolgen dürfen. Doch hätte man erwarten können, daß der High Court zumindest die von ihm gewählte Schranke für diskriminierende Maßnahmen effektiv ausgestaltet, indem er das Kriterium „nichtprotektionistische Ziele" eng auslegt. Für eine solche warenverkehrsfördernde Tendenz sind jedoch keinerlei Anzeichen in den Ausführungen des High Court seit *Cole v Whitfield* erkennbar.

Gleiches ergibt sich im Hinblick auf die Argumentation des EuGH, daß von der Natur des Art. 30 EG als Ausnahmevorschrift auf eine enge Auslegung der Rechtfertigungsgründe geschlossen werden muß. Nun fehlt zwar in der Australischen Bundesverfassung eine Art. 30 EG entsprechende Norm. Doch liegt es aufgrund der gegebenen Funktionsidentität nahe, in der in Section 92 hineingelesenen Rechtfertigungsprüfung ein australisches Äquivalent zu Art. 30 EG zu sehen. Der High Court vermeidet aber jedes Wort, das den beschriebenen Schluß nahelegen könnte.

Das Ergebnis hinsichtlich des hier untersuchten Aspekts der Rechtfertigungsmaßstäbe bestätigt, daß der europäische Test bemüht ist, formal diskriminierende Handelshemmnisse auf ein Minimum zu reduzieren, während der australische Ansatz in dieser Frage vergleichsweise indifferent erscheint. Im Gegensatz zum EuGH hebt der High Court durch seine Methodik den Stellenwert des freien Warenverkehrs nicht gesondert hervor.

cccc. Gemeinsame Natur der legitimen Ziele?

Entscheidende Bedeutung kommt bei beiden Rechtfertigungsmaßstäben der Natur derjenigen Ziele zu, die eine Einschränkung des freien Warenverkehrs legitimieren. Der EuGH betont in diesem Zusammenhang stets, daß sich Art. 30 Satz 1 EG auf Tatbestände nichtwirtschaftlicher Art beschränkt.[169] Mitgliedstaaten dürfen keine Ziele der Wirtschaftslenkung unter dem Deckmantel der in Art. 30 Satz 1 EG genannten Gründe verfolgen.[170] Der Rechtsprechung des High Court läßt sich entnehmen, daß legitime gliedstaatliche Interessen nichtprotektionistischer Natur sein müssen.

---

[169] Ständige Rechtsprechung seit EuGH, Rs. 7/61 (Kommission/Italien), Slg. 1961, 699, 720; jüngst noch EuGH, Rs. C-120/95 (Decker/Caisse de maladie des employés privés), Slg. 1998, I-1831, 1884

[170] *Müller-Graff*, in: Groeben/Thiesing/Ehlermann, Kommentar zum EU-/EG-Vertrag (Band 1), Art. 36 EG Rn. 34; *Epiney*, in: Calliess/Ruffert, EUV/EGV, Art. 30 EG Rn. 14.

Zu prüfen ist, ob neben der terminologischen Abweichung auch ein Unterschied in der Sache zwischen beiden Tests besteht. Es ließe sich leicht annehmen, der Term „nichtwirtschaftlich“ sei umfassender als der Begriff „nichtprotektionistisch“. Ziele, die als nichtwirtschaftlich zu bezeichnen sind, werden auch stets nichtprotektionistischer Natur sein. Jedoch müssen nichtprotektionistische Zielsetzungen nicht unbedingt einen nichtwirtschaftlichen Charakter aufweisen. Aus diesen Begrifflichkeiten könnte man also schließen, daß nichtwirtschaftliche Ziele die nichtprotektionistischen Interessen mitenthalten und sogar noch darüber hinausgehen.

Angesichts der Funktion der beiden Rechtfertigungsmaßstäbe ist ein solcher Schluß nicht unbedingt zwingend. Bei beiden Tests geht es letztendlich darum, soziale Interessen auf Kosten des freien Warenverkehrs durchzusetzen. Beide Tests bezwecken nicht den Schutz lokaler Industrien, sondern einen unverzerrten Wettbewerb. Obwohl der europäische Begriff aufgrund seiner fehlenden Trennschärfe[171] weiter erscheint als sein australisches Pendant, werden sich wirtschaftslenkende Maßnahmen der Mitgliedstaaten regelmäßig als protektionistische Maßnahmen qualifizieren lassen. Selbst wenn man hier keine völlig identischen Inhalte annimmt, so liegt „nichtwirtschaftlich“ im Sinne der Rechtsprechung des EuGH zu Art. 30 EG sehr nahe bei dem Begriff „nichtprotektionistisch“. Mögliche Abweichungen dürften lediglich marginaler Natur sein. Die Schranken, die durch diese Kriterien für warenverkehrshemmende Interessen dezentralen Ursprungs errichtet werden, nehmen somit zumindest weitgehend übereinstimmende Konturen an. Dem High Court ist hier zuzugeben, daß er seinen Test in diesem Punkt etwas griffiger formuliert als der EuGH und auf diese Weise zu mehr Rechtssicherheit beiträgt.

Im Hinblick auf diskriminierende Importbeschränkungen läßt sich dennoch ein wesentlicher Unterschied zwischen beiden Konzeptionen ausmachen. Soweit bislang ersichtlich, setzt beim australischen Test das Kriterium „nichtprotektionistisch“ – neben einer bestehenden gliedstaatlichen Regelungskompetenz – die einzige Schranke für durchsetzbare gliedstaatliche Interessen. Im Rahmen des europäischen Tests bildet hingegen das Kriterium „nichtwirtschaftlich“ lediglich den Oberbegriff und zugleich die notwendige Bedingung für die ausdrücklich in Art. 30 EG aufgeführten Rechtfertigungsgründe. Im Gegensatz zum australischen Test müssen mitgliedstaatliche Interessen zudem noch eine hinreichende Bedingung erfüllen: Sie müssen einem der genannten Rechtfertigungsgründe zuzuordnen sein, um in eine Güterabwägung im Rahmen der Verhältnismäßigkeitsprüfung eingestellt werden zu können.

---

[171] So *Müller-Graff*, in: Groeben/Thiesing/Ehlermann, Kommentar zum EU-/EG-Vertrag (Band 1), Art. 36 EG Rn. 34.

dddd. Altruistische Interessenwahrnehmung als Grenze?

Zu untersuchen ist ferner, ob und inwieweit sich die beiden Ansätze im Hinblick auf altruistische Interessenwahrnehmung durch Einzelstaaten decken. Lassen sich doch unter diesem Gesichtspunkt weitere Grenzen für dezentrale Entscheidungsautonomie ziehen. Wird Einzelstaaten untersagt, im Rahmen der ihnen zustehenden Regelungskompetenzen soziale Ziele zu verfolgen, die nicht (nur) für das eigene Territorium von Belang sind, wie etwa Umwelt-, Tier-[172] oder Verbraucherschutzgesichtspunkte[173], so beschneidet man einzelstaatliche Regelungsgewalt. Dürfen andererseits (Mit-)Gliedstaaten auch solche Bereiche regeln, erweitert sich das Feld, in dem Einzelstaaten rechtmäßig ihre Entscheidungsautonomie ausüben können.

Der EuGH hat sich bislang mit dieser Frage nur selten beschäftigt;[174] in der europarechtlichen Literatur ist dieses Problem heftig umstritten.[175] Der High Court hat sich niemals ausdrücklich mit dieser Thematik auseinandersetzen müssen. Er begnügt sich mit ganz vereinzelt gebliebenen, recht vagen Andeutungen.[176] Stimmen in der australischen Literatur interpretieren diese Ausführungen des High Court dahingehend, daß es den Gliedstaaten nicht zusteht, sich auf fremdnützige Interessen zu berufen.[177] Sie schließen dies vor allem aus derjenigen Passage der *Castlemaine*-Entscheidung, in der die Richtermehrheit das Argument zurückweist, daß die strittigen Normen dazu dienen, südaustralische Gasreserven zu bewahren.

---

[172] Vgl. *Müller-Graff*, in: Groeben/Thiesing/Ehlermann, Kommentar zum EU-/EG-Vertrag (Band 1), Art. 36 EG Rn. 39; *von Wilmowsky*, Europäisches Kreditsicherungsrecht, S. 16; *Roth*, in: Festschrift für Fikentscher, S. 723, 726 f.; *Kirk*, (1997) 21 Melbourne University Law Review 1, 53.

[173] Vgl. EuGH, Rs. C-384/93 (Alpine Investments/Minister van Financiën), Slg. 1995, I-1141.

[174] Siehe etwa EuGH, Rs. 46/76 (Bauhuis/Niederlande), Slg. 1977, 5; EuGH, Rs. C-169/89 (Gourmetterie Van der Burg), Slg. 1990, I-2143; EuGH, Rs. C-384/93 (Alpine Investments/Minister van Financiën), Slg. 1995, I-1141.

[175] *Roth*, in: Festschrift für Fikentscher, S. 723 ff.; siehe auch *Müller-Graff*, in: Groeben/Thiesing/Ehlermann, Kommentar zum EU-/EG-Vertrag (Band 1), Art. 36 EG Rn. 36 ff.; *Epiney*, in: Calliess/Ruffert, EUV/EGV, Art. 30 EG Rn. 17 ff.; *Becker*, in: Schwarze, EU-Kommentar, Art. 30 EG Rn. 61; *Leible*, in: Grabitz/Hilf, Das Recht der Europäischen Union (Band 1), Art. 30 Rn. 7; *von Wilmowsky*, Abfallwirtschaft im Binnenmarkt, S. 328; *ders.*, Europäisches Kreditsicherungsrecht, S. 17; *Fetsch*, Eingriffsnormen und EG-Vertrag, S. 228 ff.; *Everling*, RIW Beilage 2 zu Heft 3/1993, 1, 10.

[176] Siehe vor allem *Castlemaine Tooheys Ltd v South Australia* (1990) 169 CLR 436, 477.

[177] *Kirk*, (1997) 21 Melbourne University Law Review 1, 53; *Detmold*, (1993) 13 Sydney Law Review 38, 51 ff.

Entscheidend für einen Verstoß gegen Section 92 war hier in den Augen der Richter, daß die Kläger nicht in South Australia produzierte Flaschen benutzten. Sie verbrauchten also keine südaustralischen Gasreserven und trugen auf diese Weise – wenn auch unbeabsichtigt – zu ihrem Schutz bei. Diese Argumentation der Richtermehrheit beruhe laut *Kirk* auf der Prämisse, daß es den einzelnen Gliedstaaten verwehrt ist, diskriminierende Regelungen zu erlassen, die die Energiereserven Gesamtaustraliens oder weitergehend der Welt schützen sollen. Legitime Allgemeininteressen müßten sich mithin auf den regelnden Gliedstaat selbst beschränken.[178]

Diese Interpretation *Kirks* verdient keine Zustimmung. Zwar ging es in der von ihm angeführten Argumentation des High Court ausschließlich um die Frage, ob die faktisch diskriminierenden Regelungen Südaustraliens unter Berufung auf rein südaustralische Interessen gerechtfertigt werden können. Doch allein aus diesem Umstand darauf schließen zu wollen, daß auch fremdnützige Interessen nicht durch Gliedstaaten wahrgenommen werden können, geht zu weit. Diese Thematik war schon deshalb nicht Gegenstand des fraglichen Verfahrens, weil die südaustralische Regierung niemals vorbrachte, nicht nur eigene, sondern auch die Energiereserven anderer Gliedstaaten mit ihren Maßnahmen schützen zu wollen. Der High Court prüfte in der *Castlemaine*-Entscheidung ausschließlich die Frage, ob die diskriminierenden Maßnahmen das vorgegebene Ziel – den Schutz *südaustralischer* Gasreserven – erreichen können. Nicht einmal implizit brachten die Richter in dieser Passage zum Ausdruck, daß es Gliedstaaten untersagt ist, (auch) fremdnützige Interessen wahrzunehmen.

Gegen die Interpretation *Kirks* sprechen zudem Ausführungen der Justices *Gaudron* und *McHugh* in ihrem gemeinsamen Votum in *Castlemaine Tooheys Ltd v South Australia*. Sie schrieben: „*Even if the facts, meagre though they be, are accepted as establishing that non-refillable beer bottles, in some way that is different from refillable beer bottles, add to the general problem of energy conservation in the State of South Australia, the conclusion is inevitable that the different treatment of refillable and non-refillable containers in a law which deals only with beverage containers and which is not part of a general legislative scheme directed to the conservation of the State's energy resources is unlikely to result in an amelioration of that general problem other than to a trifling extent. If, on the other hand, it be suggested that the focus of consideration is the general problem of energy consumption from a national or a global perspective, the legislative regime for beverage containers must be viewed as likely to have an even less significant impact.*“[179]

---

[178] *Kirk*, (1997) 21 Melbourne University Law Review 1, 53.
[179] *Castlemaine Tooheys Ltd v South Australia* (1990) 169 CLR 436, 479.

Dem läßt sich entnehmen, daß der entscheidende Punkt nicht die Verfolgung eigener gliedstaatlicher Ziele sein kann. Vielmehr hätten anscheinend – das läßt sich aus dem letzten Satz der gerade zitierten Urteilspassage schließen – auch nationale oder gar globale Interessen wahrgenommen werden können, wenn dies denn der gliedstaatliche Gesetzgeber gewollt hätte. Zu fordern sei lediglich, daß legitime Ziele gliedstaatlicher, nationaler oder globaler Natur in einer Art und Weise verfolgt werden, die zu zählbaren Ergebnissen führt.

Selbst wenn diese Ausführungen der beiden Richter darauf hindeuten, daß den Gliedstaaten fremdnützige Interessenwahrnehmung gestattet ist, läßt sich aus diesem Votum einer Richterminderheit noch keine klare Position des High Court in dieser Frage ableiten. Angesichts der hier dargelegten Aspekte überzeugt *Kirks* restriktive Auslegung der *Castlemaine*-Entscheidung jedoch nicht. Es gilt abzuwarten, bis der High Court einen deutlicher formulierten Standpunkt in dieser Frage einnimmt. In Ermangelung dessen fällt es schwer, den australischen und den europäischen Ansatz in diesem Punkt sinnvoll miteinander zu vergleichen.

Zu erwarten ist, daß angesichts der jüngeren lebhaften Diskussion in der europarechtlichen Literatur diese Problematik auch im australischen Schrifttum künftig intensiver als bisher diskutiert werden wird. Bislang läßt sich jedenfalls der Rechtsprechung des High Court nicht sicher entnehmen, ob und inwieweit legitimen gliedstaatlichen Interessen dadurch Grenzen gesetzt werden können, daß sie sich auf das eigene Territorium beziehen müssen. Die zitierten Passagen aus der *Castlemaine*-Entscheidung deuten eher darauf hin, daß der High Court die Gliedstaaten in dieser Hinsicht nicht beschränken möchte.

bbb. Weitere Aspekte der Verhältnismäßigkeit

Bereits oben wurde festgestellt, daß der EuGH bislang keine einheitliche Terminologie für seine Verhältnismäßigkeitsprüfung entwickelt hat.[180] Es variieren seine Formulierungen, die in der Sache nichts anderes als den Verhältnismäßigkeitsgrundsatz ausdrücken wollen.[181] Letztendlich läßt sich aber in seinen Entscheidungen der schon aus der deutschen Grundrechtsdogmatik bekannte Dreiklang ausmachen. Der EuGH prüft also die Geeignetheit, die Erforderlichkeit (Notwendigkeit) und die Verhältnismäßigkeit im engeren Sinn (Angemessenheit) einer mitgliedstaatlichen Maßnahme.[182]

---

[180] Oben Teil 1, § 3, II., b., cc; *Jarvis*, The Application of EC Law by National Courts – The Free Movement of Goods, S. 203; *de Búrca*, (1993) 13 YEL 105, 107.
[181] *Kischel*, EuR 2000, 380, 383; *Moench*, NJW 1982, 2689, 2692.
[182] Siehe dazu näher oben Teil 1, § 3, II., 3., b., cc.

Zu untersuchen ist, ob und inwieweit der australische Test diese Methode aufgreift. Dies liegt nahe, da der High Court und die australische Literatur häufig betont haben, daß das Verhältnismäßigkeitsprinzip von Europa aus kommend Eingang in das australische Verfassungsrecht gefunden hat. Unterstrichen wird die Vorbildfunktion des EuGH[183] und des deutschen Verfassungs- und Verwaltungsrechts[184] für eine Verhältnismäßigkeitsprüfung australischer Prägung.

Gewisse Parallelen zwischen dem europäischen und australischen Verhältnismäßigkeitstest kann man schon auf den ersten Blick feststellen. So deuten die Formulierungen der Richter des High Court zwar an vielen Stellen auf den Grundsatz der Verhältnismäßigkeit hin, weisen aber nicht immer klare und einheitliche Strukturen auf. Schon in dieser formalen Hinsicht sieht sich der australische Test mit einem ähnlichen Problem konfrontiert wie sein europäisches Pendant.[185]

Solche Schwierigkeiten auf australischer Seite wurden nicht zuletzt dadurch begünstigt, daß das Verhältnismäßigkeitsprinzip zwar schon in verschiedenen älteren Entscheidungen des High Court – insbesondere im Zusammenhang mit Section 92 – der Sache nach angeklungen ist,[186] sich aber erst in den achtziger

---

[183] Deutlich in *Minister for Resources v Dover Fisheries Pty Ltd* (1993) 116 ALR 54, 64, *Gummow* J: „*The concept of 'reasonable proportionality' as a criterion for assessment of validity in constitutional and administrative law appears to have entered the stream of the common law from Europe and, in particular, from the jurisprudence of the Court of Justice of the European Communities and the European Court of Human Rights*"; *Leask v Commonwealth* (1996) 140 ALR 1, 14, *Dawson* J, 15, *Brennan* CJ, 25 f., *Toohey* J, 33, *Gummow* J; *Joseph/Castan*, Federal Constitutional Law – A Contemporary View, S. 376; *Kirk*, (1997) 21 Melbourne University Law Review 1, 2; *Selway*, (1996) 7 Public Law Review 212 m.w.N.; *Mason*, (1995) 18 University of New South Wales Law Journal 237, 246; *Lee*, in: Lindell, Future Directions in Australian Constitutional Law – Essays in the Honour of Leslie Zines, S. 126.

[184] *Joseph/Castan*, Federal Constitutional Law – A Contemporary View, S. 377; *Kirk*, (1997) 21 Melbourne University Law Review 1, 4; *Selway*, (1996) 7 Public Law Review 212; *Fitzgerald*, (1993) 12 University of Tasmania Law Review 263, 270 f.

[185] Vgl. *Geradin/Stewardson*, (1995) 44 ICLQ 41, 70; *Staker*, (1990) 10 YEL 209, 230; *ders.*, (1990) 19 Federal Law Review 322, 337.

[186] Siehe beispielsweise *North Eastern Dairy Co Ltd v Dairy Industry Authority of New South Wales* (1975) 134 CLR 559, 578 f., *Barwick* CJ: „*[Measures could be valid only if they were] reasonable and no more onerous in their impact on interstate trade than may be regarded as reasonably necessary to achieve that purpose*"; ebenda, 601, *Gibbs* J: „*[The law] went far beyond what is reasonably necessary for the purpose*"; ebenda, 615, *Mason* J: „ ... *reasonably necessary to protect the interests of the public*"; *Uebergang v Australian Wheat Board* (1980) 145 CLR 266, 306, *Stephen* und *Mason* JJ: „*[Legislation should be] no more restrictive than is reasonable in all the circumstances, due regard being had to the public*

Jahren endgültig als selbständiges Konzept des australischen Verfassungsrechts hat etablieren können.[187] Erschwerend kommt hinzu, daß das Verhältnismäßigkeitsprinzip bislang nur selten und erst in jüngerer Vergangenheit im Mittelpunkt von Untersuchungen des australischen Schrifttums stand.[188] Viele Fragen sind hier zur Zeit noch ungeklärt.[189]

Für die Anwendung des Verhältnismäßigkeitsprinzips im Rahmen von Section 92 ist wiederum *Castlemaine Tooheys Ltd v South Australia* als Leitentscheidung anzusehen. Vor allem die folgenden Passagen dieses Urteils spiegeln das Verhältnismäßigkeitsprinzip australischer Prägung gut wider und lassen nähere Schlüsse auf seinen Inhalt zu:

„[L]egislative measures which are appropriate and adapted to the resolution of those [identified community] problems would be consistent with s 92 so long as any burden imposed on interstate trade was incidental and not disproportionate to their achievement.“[190]

An anderer Stelle formulieren die Richter:

„[I]interstate trade, as well as intrastate trade, must submit to such regulation as may be necessary or appropriate and adapted either to the protection of the

---

interest“; siehe auch *Clark King & Co Pty Ltd v Australian Wheat Board* (1978) 140 CLR 120, 191 ff., *Mason* und *Jacobs* JJ; *McGraw-Hinds (Australia) Pty Ltd v Smith* (1979) 144 CLR 633, 647 f., *Gibbs* J, 660, *Mason* J, 670, *Murphy* J und 671, *Aickin* J; *Permewan Wright Consolidated Pty Ltd v Trewhitt* (1979) 145 CLR 1, 18, *Gibbs* J.

[187] Als Geburtsstunde des Verhältnismäßigkeitsprinzips australischer Prägung werden die Ausführungen des Justice *Deane* in der Entscheidung *Commonwealth v Tasmania* (1983) 158 CLR 1, 259 ff. angesehen.

[188] Soweit ersichtlich haben sich bislang erst folgende Autoren mit dem Verhältnismäßigkeitsprinzip in dem hier dargelegten Sinne näher auseinandergesetzt: *Kirk*, (1997) 21 Melbourne University Law Review 1 ff.; *Selway*, (1996) 7 Public Law Review 212 ff.; *Lee*, in: Lindell, Future Directions in Australian Constitutional Law – Essays in the Honour of Leslie Zines, S. 126 ff. und *Fitzgerald*, (1993) 12 University of Tasmania Law Review 263 ff.; siehe auch die Überblicke von *Joseph/Castan*, Federal Constitutional Law – A Contemporary View, S. 376 ff.; *Hanks/Cass*, Australian Constitutional Law, S. 43; *Blackshield/Williams*, Australian Constitutional Law and Theory, S. 696 sowie *Loftus*, (1999) 3 Southern Cross University Law Review 30 ff.

[189] *Kirk*, (1997) 21 Melbourne University Law Review 1, 2.

[190] *Castlemaine Tooheys Ltd v South Australia* (1990) 169 CLR 436, 473, *Mason* CJ, *Brennan*, *Deane*, *Dawson* und *Toohey* JJ.

community from a real danger or threat to its welfare or the enhancement of its welfare.“[191]

Der Wortlaut dieser Urteilspassagen bestimmt nicht ausdrücklich, daß das Verhältnismäßigkeitsprinzip australischer Prägung die drei Komponenten Geeignetheit, Erforderlichkeit und Verhältnismäßigkeit im engeren Sinne aufweist. Bei einer genaueren Untersuchung der Entscheidungsgründe in *Castlemaine Tooheys Ltd v South Australia* lassen sich diese europäischen Wurzeln im australischen Test aber durchaus wiedererkennen.

aaaa. Geeignetheit und Erforderlichkeit

Zunächst beinhaltet die Prüfung des High Court, ob eine Maßnahme „*necessary*“ oder „*appropriate and adapted*“ im Sinne der *Castlemaine*-Entscheidung ist – der High Court scheint diese Begriffe synonym zu verwenden[192] –, auch die Frage nach der Geeignetheit dieser Maßnahme.[193] Deutlich wird dies, wenn man sich noch einmal die Argumentation des High Court in der *Castlemaine*-Entscheidung ins Gedächtnis ruft, die sich damit auseinandersetzte, ob ein Rücknahmesystem zu rechtfertigen ist, das Mehrwegflaschen gegenüber Einwegflaschen bevorzugt. Die Richter sehen die gliedstaatlichen Normen, die dieses diskriminierende Rücknahmesystem statuieren, als mit Section 92 unvereinbar an, weil bei der Verursachung von Abfall zwischen Ein- und Mehrwegflaschen kein solcher Unterschied besteht, der die hier vorliegende Ungleichbehandlung rechtfertigen könnte. Die Belastung des Verkaufs von Einwegflaschen durch ein diskriminierendes Flaschenrücknahmesystem führe zu keiner signifikanten Reduzierung des durch Flaschen verursachten Müllaufkommens in diesem Gliedstaat.[194] Diese Maßnahme ist also schlichtweg nicht dazu geeignet, das vorgegebene Ziel Abfallreduzierung zu erreichen.[195]

Das Merkmal der Geeignetheit prüft der High Court in *Castlemaine Tooheys Ltd v South Australia* zudem im Zusammenhang mit dem gliedstaatlichen Vorbringen, daß die gerügten Diskriminierungen aus Gründen des Schutzes end-

---

[191] *Castlemaine Tooheys Ltd v South Australia* (1990) 169 CLR 436, 472, *Mason* CJ, *Brennan*, *Deane*, *Dawson* und *Toohey* JJ.

[192] So *Geradin/Stewardson*, (1995) 44 ICLQ 41, 51; in diese Richtung auch *Carney*, (1991) 3 Bond Law Review 149, 163.

[193] *Joseph/Castan*, Federal Constitutional Law – A Contemporary View, S. 378.

[194] *Castlemaine Tooheys Ltd v South Australia* (1990) 169 CLR 436, 475 f., *Mason* CJ, *Brennan*, *Deane*, *Dawson* und *Toohey* JJ und 480, *Gaudron* und *McHugh* JJ.

[195] Vgl. *Kirk*, (1997) 21 Melbourne University Law Review 1, 14; *Geradin/Stewardson*, (1995) 44 ICLQ 41, 52.

licher Energiereserven in South Australia gerechtfertigt sind. Die Richter führen aus, die Belastungen des Bierverkaufs in Einwegflaschen, die nicht in South Australia hergestellt werden, könnten nicht dazu beitragen, die Gasreserven in South Australia selbst zu schonen. Soweit ersichtlich benutzen die klagenden Bierbrauer Flaschen, die mit Gas aus anderen Gliedstaaten produziert wurden. Die Diskriminierung könne – so die Mutmaßung der Richter – sogar einen gegenteiligen Effekt erreichen, da sie den Marktanteil der lokalen Bierbrauer erhöht. Dies wiederum führe möglicherweise zu einer vermehrten Inanspruchnahme der einheimischen Gasreserven.[196] Die gliedstaatliche Maßnahme ist somit schon nicht geeignet, einheimische Gasreserven zu schützen.[197] Diese Argumentation des High Court macht ebenfalls deutlich, daß er de facto das Merkmal der Geeignetheit prüft, indem er untersucht, ob eine Maßnahme „*necessary*“ oder „*appropriate and adapted*“ ist.

Darüber hinaus stellt der High Court die Frage nach der Erforderlichkeit einer Maßnahme im Rahmen der Prüfung, ob die diskriminierende Handelsbehinderung als „*appropriate and adapted*“ oder „*necessary*“ zu bezeichnen ist. Dies läßt sich gleich durch mehrere Passagen der *Castlemaine*-Entscheidung belegen. So führt die Richtermehrheit aus, daß der Schutz der gliedstaatlichen Gasreserven auch mit Maßnahmen hätte erreicht werden können, die den *interstate trade and commerce* weniger stark belasten. Solche milderen Mittel seien beispielsweise ein völliges Verkaufsverbot für in South Australia hergestellte Einwegflaschen oder ein Verbot, Einwegflaschen in South Australia überhaupt erst zu produzieren.[198] Die Richter verneinen demzufolge neben der Geeignetheit auch die Erforderlichkeit der diskriminierenden Maßnahmen im Hinblick auf den Schutz endlicher Energiereserven des Gliedstaates.

An der Erforderlichkeit der diskriminierenden Maßnahme fehlt es ebenfalls unter dem Gesichtspunkt der Abfallreduzierung. In den Augen des High Court hätte schon ein geringeres Pfand für Einwegflaschen ausgereicht, um dieses Ziel zu erreichen. Nicht notwendig sei es hingegen, daß das Pfand für Einwegflaschen die Höhe des Pfands für Mehrwegflaschen um elf Cents übersteigt. Selbst der Beklagte gestand ein, eine Pfandhöhe von zunächst sechs Cents und später vier Cents für Einwegflaschen hätte identische Resultate erzielt.[199] Die Richter stellen bei dieser Gelegenheit die Frage nach einem milderen Mittel. Sie

---

[196] *Castlemaine Tooheys Ltd v South Australia* (1990) 169 CLR 436, 477, *Mason* CJ, *Brennan*, *Deane*, *Dawson* und *Toohey* JJ.

[197] Vgl. *Kirk*, (1997) 21 Melbourne University Law Review 1, 14.

[198] *Castlemaine Tooheys Ltd v South Australia* (1990) 169 CLR 436, 477, *Mason* CJ, *Brennan*, *Deane*, *Dawson* und *Toohey* JJ.

[199] *Castlemaine Tooheys Ltd v South Australia* (1990) 169 CLR 436, 474, *Mason* CJ, *Brennan*, *Deane*, *Dawson* und *Toohey* JJ.

sprechen ganz gezielt den zwischenstaatlichen Handel weniger belastende Maßnahmen an, selbst wenn sie davon absehen, sämtliche denkbaren Alternativen intensiv zu diskutieren. Nichtsdestotrotz gehen die Richter damit an dieser Stelle der Erforderlichkeit der fraglichen Maßnahme auf den Grund. Daß dies eingekleidet wird in eine Prüfung, die nicht unter diesem Begriff firmiert, ist unschädlich angesichts der kaum gefestigten Terminologie des High Court in bezug auf das Verhältnismäßigkeitsprinzip.

Für die Übernahme des Erforderlichkeitsmerkmals durch den High Court spricht ferner noch eine andere Passage in *Castlemaine Tooheys Ltd v South Australia*. Die Richter führen aus, daß die Annahme einer protektionistischen Zielsetzung einer Maßnahme naheliegt, wenn eine nichtdiskriminierende anstatt der eigentlich vorgesehenen diskriminierenden Maßnahme das legitime warenverkehrsfeindliche Ziel ebenfalls erreicht.[200] Der Aspekt des milderen Mittels zur Erreichung legitimer sozialer Interessen wird damit auch an dieser Stelle angedeutet.

Die Übernahme des Erforderlichkeitsmerkmals durch den High Court bahnte sich schon in der *Uebergang*-Entscheidung an. *Mason* – damals noch Justice – und Justice *Stephen* führten gemeinsam aus, daß den zwischenstaatlichen Handel behindernde Maßnahmen „*no more restrictive than is reasonable in all the circumstances*“ zu sein haben.[201] Sollten weniger belastende Mittel existieren, die das legitime Ziel ebenfalls erreichen, indiziere dies einen Verstoß gegen Section 92.[202] Die Parallelen zum europäischen Test werden somit auch schon hier offensichtlich.

Schließlich ist noch auf einen rein terminologischen Aspekt hinzuweisen. Obwohl die australische und die europäische Verhältnismäßigkeitsprüfungen regelmäßig mit variierenden Begriffen und Prüfungsschemata arbeiten, läßt sich dennoch feststellen, daß in den allermeisten Fällen die Begriffe „*necessary*“ und „*necessity*“ mit einer Bedeutung belegt werden, die entweder der Erforderlichkeit gemäß der deutschen Grundrechtsdogmatik entspricht, oder aber im Rahmen der Frage nach dem mildesten Mittel inzident mitprüft, ob die in Rede

---

[200] *Castlemaine Tooheys Ltd v South Australia* (1990) 169 CLR 436, 472, *Mason* CJ, *Brennan*, *Deane*, *Dawson* und *Toohey* JJ.

[201] *Uebergang v Australian Wheat Board* (1980) 145 CLR 266, 306, *Stephen* und *Mason* JJ.

[202] *Uebergang v Australian Wheat Board* (1980) 145 CLR 266, 306, *Stephen* und *Mason* JJ.

stehende Maßnahme überhaupt geeignet ist.[203] Auch der High Court untersucht in der *Castlemaine*-Entscheidung die gliedstaatlichen Maßnahmen unter dem Gesichtspunkt, ob sie *„necessary"* sind. Berücksichtigt man zudem noch, welche – bereits oben näher aufgezeigten – Maßstäbe er hierbei verwendet, so drängt sich der Schluß auf, daß der High Court im Rahmen der Frage nach der *„necessity"* eine Erforderlichkeitsprüfung vornimmt, die mit einer Geeignetheitsprüfung einhergeht.

Als Zwischenergebnis läßt sich somit festhalten, daß die ersten beiden Komponenten des europäischen Verhältnismäßigkeitsprinzips auch beim australischen Test auszumachen sind. Trotz abweichender Terminologie und den nicht immer eindeutigen Ausführungen sind hier keine inhaltlichen Unterschiede zwischen beiden Ansätzen erkennbar.[204]

bbbb. Angemessenheit

Das dritte Element der europäischen Verhältnismäßigkeitsprüfung, die Verhältnismäßigkeit im engeren Sinn (Angemessenheit), sprechen die Richter in *Castlemaine Tooheys Ltd v South Australia* nicht ausdrücklich an und auch eine Durchsicht der Urteilsgründe gibt keinerlei Hinweise auf eine etwaige implizite Prüfung dieses Merkmals in dieser Entscheidung. Angesichts des dortigen Befunds, daß die den zwischenstaatlichen Handel mit Bier diskriminierenden Maßnahmen weder geeignet noch erforderlich sind, überrascht dies keineswegs. Zu klären bleibt dennoch, ob das australische Verhältnismäßigkeitsprinzip, wie es im Zusammenhang mit Section 92 verwendet wird, grundsätzlich auch diese dritte Komponente aufweist.

Ein Anhaltspunkt dafür ist die Forderung des High Court, daß die staatliche Maßnahme nicht nur *„necessary"* bzw. *„appropriate and adapted"* bezüglich des legitimen Ziels zu sein hat, sondern darüber hinaus nur Belastungen für den *interstate trade and commerce* auslösen darf, die lediglich inzidenter Natur sind und nicht außer Verhältnis (*„not disproportionate"*) zur Erreichung dieses legitimen Ziels stehen.[205] Fruchtbar erscheint in diesem Zusammenhang insbesondere die Forderung des High Court, daß die Belastungen für den *interstate trade and commerce* verhältnismäßig zur Erreichung eines legitimen Ziels sein

---

[203] *Kirk*, (1997) 21 Melbourne University Law Review 1, 7 f. und 14; *Selway*, (1996) 7 Public Law Review 212; *Fitzgerald*, (1993) 12 University of Tasmania Law Review 263, 271; in diesem Punkt abweichend *Geradin/Stewardson*, (1995) 44 ICLQ 41, 48 und 66.

[204] So im Ergebnis auch *Staker*, (1990) 10 YEL 209, 231.

[205] *Castlemaine Tooheys Ltd v South Australia* (1990) 169 CLR 436, 473, *Mason* CJ, *Brennan*, *Deane*, *Dawson* und *Toohey* JJ.

müssen. Diese Komponente der australischen Rechtfertigungsprüfung setzt voraus, daß – entsprechend der europäischen Dogmatik – die Zweck-Mittel-Relation näher zu untersuchen ist.[206]

Für eine Angemessenheitsprüfung durch den High Court spricht ferner, daß die Richter in der *Castlemaine*-Entscheidung noch ausführen:
„*There is also some room for comparison, if not balancing, of means and objects in the context of s 92.*“[207]

Dies indiziert ebenfalls, daß der High Court grundsätzlich abwägen möchte, ob die warenverkehrshemmenden Mittel noch in einem angemessenen Verhältnis zu ihren Zielen stehen.

Schließlich sprachen die Justices *Stephen* und *Mason* das Element der Angemessenheit schon in ihrem gemeinsamen Votum in der *Uebergang*-Entscheidung an. Beide Richter forderten, daß die den Warenverkehr behindernden Maßnahmen nicht nur das mildeste Mittel zu sein haben. Zusätzlich müsse noch abgewogen werden zwischen den negativen Auswirkungen der fraglichen Maßnahmen auf den zwischenstaatlichen Handel und dem Bedürfnis, diesen Handel zu regulieren.[208] Das zweite und dritte Element der europäischen Verhältnismäßigkeitsprüfung wurde damit bereits in der Zeit vor *Cole v Whitfield* sichtbar.[209]

Keinen weiterführenden Hinweis in dieser Frage gibt hingegen das Kriterium, daß die Belastungen für den zwischenstaatlichen Handel lediglich inzidenter Natur sein dürfen, um noch gerechtfertigt werden zu können. Der High Court erläutert dieses Merkmal nicht näher; die australische Literatur geht nur ganz vereinzelt darauf ein. Bei ihr herrscht die Ansicht vor, es handele sich um ein überflüssiges Element. So könne man ihm nur den Inhalt beimessen, daß der substantielle Kern eines Rechts durch die fragliche Maßnahme unangetastet bleiben muß. Auf den *interstate trade and commerce* bezogen bedeute dies, daß eine Belastung nicht exzessiv sein darf. Dieser Aspekt werde jedoch schon im Rahmen der Angemessenheitsprüfung untersucht, die mit dem Merkmal „*not*

---

[206] *Kirk*, (1997) 21 Melbourne University Law Review 1, 14 f; *Geradin/Stewardson*, (1995) 44 ICLQ 41, 51.

[207] *Castlemaine Tooheys Ltd v South Australia* (1990) 169 CLR 436, 472, *Mason* CJ, *Brennan, Deane, Dawson* und *Toohey* JJ.

[208] *Uebergang v Australian Wheat Board* (1980) 145 CLR 266, 306, *Stephen* und *Mason* JJ: „*Reasonableness, on the other hand, we regard as concerned with the adverse effect of the challenged law upon those whose activities in trade are affected by it, the adverse effect being weighed against the need which is felt for regulation in the interests of the public generally.*“

[209] *Kirk*, (1997) 21 Melbourne University Law Review 1, 13.

disproportionate" eine eindeutige Basis im Wortlaut der Entscheidung findet. Insofern mangele es hier an einer eigenständigen Bedeutung.[210]

In der Tat ist nicht ersichtlich, was das Kriterium „inzidente Belastung" noch leisten kann, wenn man rekapituliert, daß sich der High Court bei seiner Verhältnismäßigkeitsprüfung eng am europäischen Vorbild orientiert. Angesichts des Wortlauts der relevanten Urteilspassage liegt es nahe, die Angemessenheitsprüfung allein an dem Merkmal „*not disproportionate*" festzumachen. Es drückt trefflich das aus, was wahrscheinlich mit den lediglich inzidenten Belastungen für den zwischenstaatlichen Handel ebenfalls angedeutet werden sollte. Insofern fällt es schwer, dem Merkmal „inzidente Belastung" eine eigene, vom Kriterium „*not disproportionate*" zu trennende Funktion zuzuschreiben.[211]

Letztendlich läßt sich aber aufgrund der hier angeführten Punkte darauf schließen, daß der High Court auch das Element „Angemessenheit" in seiner Rechtsprechung übernommen hat. Aufgrund der nur vagen Hinweise auf australischer Seite lassen sich zu diesem Aspekt des Verhältnismäßigkeitsgrundsatzes keine sinnvollen Vergleiche anstellen. Voraussichtlich wird der High Court den Prüfungspunkt der Angemessenheit in enger Anlehnung an sein europäisches Vorbild weiter ausgestalten, sollte sich ihm künftig eine passende Gelegenheit bieten.

cccc. Prüfungsintensität

Die vorstehenden Ausführungen zur Vorgehensweise des High Court lassen den Verdacht aufkommen, daß sich der High Court nicht an diejenigen Beschränkungen hält, die er sich selbst in *Castlemaine Tooheys Ltd v South Australia* auferlegte. Bevor die Richter die diskriminierenden Maßnahmen im einzelnen prüfen, konstatieren sie noch:

„*The question whether a legislative enactment is a necessary or even a desirable solution to a particular problem is in large measure a political question best left for resolution to the political process. The resolution of that*

---

[210] *Kirk*, (1997) 21 Melbourne University Law Review 1, 15; so wohl auch *Carney*, (1991) 3 Bond Law Review 149, 163 f.; *Saunders*, in: Mullins/Saunders, Economic Union in Federal Systems, S. 1, 4.

[211] Überraschend und verwirrend ist es zudem, wenn der High Court in *Castlemaine Tooheys Ltd v South Australia* (1990) 169 CLR 436, 476 f. fragt, ob eine inzidente Belastung des *interstate trade and commerce* vorliegt, um dann in der Sache die Geeignetheit einer Maßnahme zu untersuchen. Diese Passage trägt mithin nicht dazu bei, die Funktion des hier fraglichen Kriteriums zu erläutern.

problem by the Court would require it to sit in judgment on the legislative decision, without having access to all the political considerations that played a part in the making of that decision, thereby giving a new and unacceptable dimension to the relationship between the Court and the legislature of the State."[212]

Die hier unmißverständlich zum Ausdruck gebrachte umfassende Einschätzungsprärogative der Legislative in bezug auf die zu ergreifenden Mittel[213] ignoriert der High Court zumindest in der *Castlemaine*-Entscheidung.[214] Wie gezeigt, setzt er sich sehr wohl mit der Erforderlichkeit der fraglichen warenverkehrshemmenden Maßnahmen auseinander. An verschiedenen Stellen zeigt er den zwischenstaatlichen Handel weniger belastende Alternativen auf, die die vorgegebenen sozialen Ziele ebenfalls erreichen.[215] Von einer nur zurückhaltenden Überprüfung der Erforderlichkeit der gliedstaatlichen Maßnahme kann also keine Rede sein.

Diese Vorgehensweise des High Court in *Castlemaine Tooheys Ltd v South Australia* mag darauf zurückzuführen sein, daß die protektionistischen Zwecke der südaustralischen Gesetzgebung – trotz der nur versteckten Diskriminierungen – recht offensichtlich waren. Zudem ließen sich nichtdiskriminierende Alternativmaßnahmen ohne weiteres ausmachen. Angesichts der deutlichen Worte des High Court in der *Castlemaine*-Entscheidung liegt es nahe, daß er künftig zurückhaltender agieren wird, falls protektionistische Bestrebungen einzelner Gliedstaaten und nichtdiskriminierende Alternativmaßnahmen schwieriger zu identifizieren sind. Voraussichtlich werden die Richter die vor allem politischen Entscheidungen der Legislative über die zu ergreifenden Mittel ohne genauere Überprüfung akzeptieren.

Sollte der High Court in diese Richtung gehen, entstünde aufgrund der in diesem Punkt abweichenden Methodik der beiden zu vergleichenden Ansätze ein erhebliches Potential für unterschiedliche Endergebnisse. Zwar gesteht auch der EuGH den Mitgliedstaaten einen weiten Beurteilungsspielraum hinsichtlich der Geeignetheit ihrer Maßnahmen zu.[216] Darüber hinaus ist es auch Sache der

---

212 *Castlemaine Tooheys Ltd v South Australia* (1990) 169 CLR 436, 473, *Mason* CJ, *Brennan*, *Deane*, *Dawson* und *Toohey* JJ.

213 *Carney*, (1991) 3 Bond Law Review 149, 163.

214 So auch *Geradin/Stewardson*, (1995) 44 ICLQ 41, 52.

215 Dies verkennen *Geradin/Stewardson*, (1995) 44 ICLQ 41, 53 und 66.

216 EuGH, Rs. C-293/93 (Houtwipper), Slg. 1994, I-4249, 4269; siehe auch *Müller-Graff*, in: Groeben/Thiesing/Ehlermann, Kommentar zum EU-/EG-Vertrag (Band 1), Art. 36 EG Rn. 131; *Epiney/Möllers*, Freier Warenverkehr und nationaler Umweltschutz, S. 81 ff.; *Epiney*, Umgekehrte Diskriminierungen, S. 303 ff.

Mitgliedstaaten, die Höhe des Schutzniveaus mit Blick auf die legitimen Rechtsgüter des Art. 30 EG festzulegen.[217] Doch die insoweit gegebenen Parallelen beider Tests relativieren sich insbesondere angesichts des für die Erforderlichkeitsprüfung geltenden Maßstabs des EuGH. So betont der EuGH, daß aufgrund der fundamentalen Bedeutung des freien Warenverkehrs für die Europäische Gemeinschaft jede mitgliedstaatliche Maßnahme, die über Art. 30 EG gerechtfertigt werden soll, sich an einem strikten Verhältnismäßigkeitsmaßstab messen lassen muß.[218] Dies scheint auch eine strenge Prüfung der Erforderlichkeit der Maßnahme miteinzuschließen.[219] Die Rechtsprechung des EuGH zu dieser Frage zeigt jedoch, daß sich bislang noch kein einheitlicher Standard entwickeln konnte. Vielmehr variiert das Ausmaß der Justitiabilität mit Blick auf die Verhältnismäßigkeit der zu untersuchenden Maßnahme je nach den im Einzelfall betroffenen legitimen Rechtsgütern.[220] Vereinzelt wird hier sogar ein weiter Beurteilungsspielraum zu Gunsten der Mitgliedstaaten angenommen.[221] Dies gilt partiell für die Rechtsgüter der öffentlichen Sittlichkeit, Ordnung und Sicherheit, während der EuGH im Bereich des Schutzes der Gesundheit und des Lebens von Menschen, Tieren sowie Pflanzen eine intensive Überprüfung der nationalen Maßnahmen am Maßstab der Erforderlichkeit vornimmt.[222] Letztendlich wählt der EuGH in bezug auf die Prüfungsintensität einen differenzierten Ansatz, der je nach betroffenem Schutzgut Raum für eine strenge Verhältnismäßigkeitsprüfung läßt.[223]

Ob der High Court dieser europäischen Entwicklung folgt, bleibt abzuwarten. Vergleichbares läßt sich wegen der in dieser Hinsicht nur spärlich vorhandenen Hinweise in der australischen Rechtsprechung bislang jedenfalls nicht ausmachen. Sollte der High Court die sich in *Castlemaine Tooheys Ltd v South Australia* klar abzeichnende Tendenz beibehalten und lediglich in den Fällen dezentrale Entscheidungsautonomie über das Korrektiv der Verhältnismäßigkeit begrenzen, in denen ganz offensichtlich protektionistische Ziele durch die Gliedstaaten verfolgt werden, so ergäben sich folgende Konsequenzen:

---

[217] Siehe nur EuGH, Rs. 104/75 (de Peijper), Slg. 1976, 613, 635; EuGH, Rs. 34/79 (Henn und Darby), Slg. 1979, 3795, 3813.

[218] Beispielsweise EuGH, Rs. 12/78 (Eggers/Freie Hansestadt Bremen), Slg. 1978, 1935, 1955 f.; siehe auch *Roth*, in: Festschrift für Großfeld, S. 929, 935.

[219] *De Búrca*, (1993) 13 YEL 105, 126.

[220] Siehe die umfassende Analyse von *de Búrca*, (1993) 13 YEL 105, 126 ff.

[221] *Epiney*, in: Calliess/Ruffert, EUV/EGV, Art. 30 EG Rn. 56; in diese Richtung wohl auch *Hartley*, The Foundations of European Community Law, S. 149; differenzierend *de Búrca*, (1993) 13 YEL 105 ff. m.w.N.

[222] Siehe EuGH, Rs. C-17/93 (Van der Veldt), Slg. 1994, I-3537, 3560; *de Búrca*, (1993) 13 YEL 105, 127, 132 und 137 ff.; kritisch *Epiney*, in: Calliess/Ruffert, EUV/EGV, Art. 30 EG Rn. 56.

[223] *De Búrca*, (1993) 13 YEL 105, 146 f.

Dank seiner lockereren Maßstäbe würde der australische Test dezentrale Entscheidungsautonomie auch an dieser Stelle wesentlich stärker betonen als sein europäisches Pendant. Eine tragende Rolle würde dabei nicht nur die umfassende Einschätzungsprärogative der Legislative (und wohl auch der Exekutive[224]) spielen. Hinzu käme noch, daß eine herausragende Bedeutung des freien Warenverkehrs – wie sie der EuGH stets unterstreicht – bei der australischen Verhältnismäßigkeitsprüfung laut High Court nicht zu berücksichtigen wäre. Den *interstate trade and commerce* diskriminierende Maßnahmen ließen sich deutlich leichter rechtfertigen als im Rahmen der europäischen Verhältnismäßigkeitsprüfung. Angesichts der großen praktischen Bedeutung des Merkmals der Erforderlichkeit für die Verhältnismäßigkeitsprüfung insgesamt[225] wiegen potentielle Abweichungen in diesem Punkt um so schwerer. Der Marktintegration Australiens würde durch eine solche, die gliedstaatliche Regelungsautonomie stark begünstigende Entwicklung sicherlich ein Bärendienst erwiesen.

ccc. Ergebnis

Bei offen diskriminierenden Importbehinderungen erheben sowohl der australische als auch der europäische Ansatz den Anspruch, dezentrale Entscheidungsautonomie derart zu beschneiden, daß protektionistische Maßnahmen nicht zu rechtfertigen sind. Unterschiedliche Antworten geben sie jedoch auf die Frage, welche Ziele die Einzelstaaten verfolgen dürfen. Der abschließende Katalog des Art. 30 EG errichtet eine hohe Hürde für mitgliedstaatliche Regelungsbefugnis in der Europäischen Gemeinschaft, während die australischen Gliedstaaten keinen vergleichbaren Einschränkungen unterliegen. Das Spektrum legitimer Allgemeininteressen ist gemäß dem australischen Ansatz wesentlich breiter und flexibler angelegt. Einzelstaatlichen Maßnahmen werden insofern im australischen Markt deutlich mehr Freiräume gewährt als in der Europäischen Gemeinschaft.

Im Hinblick auf die Rechtfertigung materieller Diskriminierungen lassen sich zwischen beiden Tests – zumindest bislang – keine gravierenden methodischen Unterschiede ausmachen. Beide Ansätze stimmen darin überein, daß sie keinen abschließenden Katalog legitimer einzelstaatlicher Interventionsziele vorgeben. Einzelstaatlicher Regelungsgewalt wird insoweit im australischen und im

---

[224] Der High Court mißt der exekutiven Gewalt nicht ausdrücklich diese Einschätzungsprärogative bei. Dies mag wohl vor allem daran liegen, daß in der *Castlemaine*-Entscheidung selbst keine Maßnahmen der Exekutive zu untersuchen waren. Es liegt jedoch nahe, daß auch der exekutiven Gewalt dieses Privileg zukommt.

[225] Siehe *de Búrca*, (1993) 13 YEL 105, 146.

europäischen Markt recht freie Hand gelassen. Bezüglich der bislang anerkannten einzelstaatlichen Ziele bestehen (bisher) nur vereinzelte Parallelen. Jedoch ist es angesichts des durch den High Court noch nicht voll entwickelten australischen Tests verfrüht, Rückschlüsse auf das gegebenenfalls unterschiedliche Ausmaß dezentraler Entscheidungsautonomie in beiden Vergleichsmärkten zu ziehen.

Trotz der teilweise abweichenden Terminologie prüfen High Court und EuGH im Rahmen der Verhältnismäßigkeit in der Sache übereinstimmend, ob eine Maßnahme geeignet, erforderlich und angemessen ist. Insoweit lassen sich (bislang) keine Divergenzen zwischen den beiden Ansätzen ausmachen.[226] Hingegen scheint der High Court in der *Castlemaine*-Entscheidung den Grundstein für eine weitreichende Einschätzungsprärogative zu Gunsten der legislativen und exekutiven Gewalt gelegt zu haben. Diese birgt das Potential, daß dezentrale Entscheidungsautonomie im australischen Markt unter diesem Aspekt stärker betont wird als in der Europäischen Gemeinschaft. Im Gegensatz zum EuGH räumt der High Court dem freien Warenverkehr gerade keine Sonderstellung in der Interessenabwägung ein. Der australische Test setzt damit auf der Ebene der Rechtfertigung dezentraler Entscheidungsautonomie, die diskriminierende Importhindernisse bewirkt, nicht so enge Schranken wie der europäische Ansatz. Diskriminierende Importschranken lassen sich demnach gemäß dem australischen Ansatz im Ergebnis leichter rechtfertigen. Die warenverkehrsfreundlichere Tendenz des europäischen Ansatzes, die sich schon auf der Ebene des Anwendungsbereichs abzeichnete, wird also auf der Rechtfertigungsebene durch einen strikteren Maßstab bestätigt. Dem Ideal der Marktgleichheit kommt der europäische Ansatz insoweit näher als der australische Test.

bb. Rechtfertigung diskriminierungsfreier Importbeschränkungen

Ein Vergleich der beiden Tests in bezug auf die Rechtfertigung diskriminierungsfreier Importbeschränkungen hinkt. Der schmalere Anwendungsbereich von Section 92 führt dazu, daß gemäß dem australischen Ansatz lediglich formell und materiell diskriminierende Maßnahmen gerechtfertigt werden müssen. Für diejenigen unterschiedslos anwendbaren Maßnahmen, denen kein materiell diskriminierender Charakter zugeschrieben werden kann, ist überhaupt keine Rechtfertigungsprüfung mehr anzustellen. Importbeschränkungen, die

[226] So auch – zumindest im Ergebnis – übereinstimmend *Smith*, (1998) 72 Australian Law Journal 465, 470; *Kirk*, (1997) 21 Melbourne University Law Review 1, 14 f.; *Selway*, (1996) 7 Public Law Review 212; *Fitzgerald*, (1993) 12 University of Tasmania Law Review 263, 271; *Staker*, (1990) 10 YEL 209, 231 f.; teilweise zustimmend *Geradin/Stewardson*, (1995) 44 ICLQ 41, 51 ff., 66 und 70.

weder de iure noch de facto diskriminieren, fallen nicht in den Anwendungsbereich der Section 92. Eine Güterabwägung zwischen legitimen gliedstaatlichen Interessen und dem Ziel eines freien australischen Warenverkehrs findet für diese handelsbehindernden Maßnahmen nicht statt. Indem der High Court seit *Cole v Whitfield* ein umfassendes Diskriminierungsverbot vertritt, hat er entschieden, daß die durch diskriminierungsfreie Regelungen entstehenden Handelshemmnisse unabhängig von ihrem Ausmaß und ihrer Schwere im Einzelfall stets hinzunehmen sind.

Der Konflikt zwischen dezentraler Entscheidungsautonomie und dem freien Warenverkehr ist in Australien für formell und materiell diskriminierungsfreie Importbeschränkungen schon auf der Ebene des Anwendungsbereichs ausnahmslos zu Gunsten der Gliedstaaten und damit potentiell zu Lasten der Marktintegration – genauer: zu Lasten des Marktzugangs – entschieden worden. Für einen Vergleich der Rechtfertigungsmaßstäbe mangelt es demzufolge an einer Basis.

c. Rechtfertigung von Exportbeschränkungen

Hinsichtlich der Rechtfertigung von Exportbeschränkungen soll zwischen den möglichen Arten der Exportschranken differenziert werden.

aa. Diskriminierende Exportschranken

Für formell diskriminierende Exportbeschränkungen ist ein Vergleich beider Ansätze möglich. Wie bereits oben gesehen, umfaßt der Anwendungsbereich sowohl des australischen als auch des europäischen Tests diese Fall-gruppe.[227] Diskriminierende Exportbeschränkungen können gemäß dem europäischen Ansatz – ebenso wie diskriminierende Importbeschränkungen – ausschließlich über Art. 30 EG gerechtfertigt werden.[228] Der australische Test bedient sich ohnehin seines einheitlichen Rechtfertigungsmaßstabs. Somit kommt es für diese Fallgruppe zu einer erneuten Gegenüberstellung von Art. 30 EG einerseits sowie der in Section 92 hineingelesenen und vor allem in *Castlemaine Tooheys Ltd v South Australia* konkretisierten Rechtfertigung andererseits. Hinsichtlich eines Vergleichs der hier anwendbaren Rechtfertigungsmaßstäbe ist demzufolge auf das zu verweisen, was bereits im Rahmen der Rechtfertigung formell dis-

---

[227] Siehe dazu oben Teil 5, § 2, II., 3., b.

[228] *Becker*, in: Schwarze, EU-Kommentar, Art. 29 EG Rn. 24; *Steiner/Woods*, Textbook on EC Law, S. 154; *Oliver*, Free Movement of Goods in the European Community, Rn. 6.95; *Everling*, RIW Beilage 2 zu Heft 3/1993, 1, 7.

kriminierender Importbeschränkungen herausgearbeitet wurde.[229] Die dort aufgezeigten Gemeinsamkeiten und Unterschiede sind bei der hier in Rede stehenden Fallgruppe entsprechend gelagert.

Für die Fallgruppe der materiell diskriminierenden Exportschranken läßt sich aufgrund der bereits auf Tatbestandsebene ausgemachten Unterschiede an dieser Stelle lediglich folgendes feststellen: Maßnahmen der Mitgliedstaaten der Europäischen Gemeinschaft, die Exporte versteckt diskriminieren, fallen noch nicht einmal in den Anwendungsbereich des Art. 29 EG.[230] Eine Rechtfertigungsprüfung entfällt insofern. Maßstäbe für eine solche Prüfung mußte der EuGH nicht entwickeln.

Hingegen eröffnet der High Court für derartige Maßnahmen den Anwendungsbereich der Section 92 über seinen Einheitstest. Er bedient sich desjenigen Rechtfertigungsmaßstabs, den er auch im Rahmen der Importschranken durchgängig anwendet. Mangels eines einschlägigen europäischen Rechtfertigungsmaßstabs kann ein Vergleich der Rechtfertigungsmaßstäbe für materiell diskriminierende Exportschranken nicht durchgeführt werden.

bb. Diskriminierungsfreie Exportschranken

Exportbeschränkungen, die aus gleichförmig anwendbaren und zugleich nicht versteckt diskriminierenden Regelungen resultieren, fallen laut High Court und EuGH nicht in den Anwendungsbereich der jeweiligen Grundregel, sieht man einmal von dem weiterreichenden Ansatz des EuGH im Rahmen einer gemeinsamen Marktorganisation ab. Ein Vergleich etwaiger Rechtfertigungsmaßstäbe kann insoweit nicht angestellt werden. Für mitgliedstaatliche Exporthemmnisse, die im europäischen Markt einem Beschränkungsverbot unterliegen, findet zwar eine Rechtfertigungsprüfung statt. Insofern liegt also ein Rechtfertigungsmaßstab auf europäischer Seite vor. Es fehlt aber ein für einen Vergleich unentbehrlicher australischer Test für diese Fallgruppe.

---

[229] Siehe oben Teil 5, § 2, II., 4., b., aa.
[230] Siehe oben Teil 5, § 2, II., 3., b.

§ 3 Ergebnisse und Folgerungen

Im Verlaufe der vorstehenden Untersuchungen kristallisierten sich folgende Resultate heraus:

(1) Der europäische und australische Markt weisen zahlreiche strukturelle Parallelen auf. Obwohl das Commonwealth of Australia ein Nationalstaat ist, sind Teile des australischen Wirtschaftsrechts – begünstigt durch die enge Auslegung der Kompetenzverteilungsnorm Section 51 Nr. 1 der Bundesverfassung und die traditionell starke Stellung der Gliedstaaten im australischen Organisationsgefüge – (noch immer) uneinheitlich durch die Gliedstaaten geregelt. Zwar haben seit Beginn der neunziger Jahre verstärkte Kooperationen zwischen den Gliedstaaten und dem Bund dazu beigetragen, bestehende Handelshemmnisse abzubauen (sog. *new federalism*, der gewisse Ähnlichkeiten zur „Neuen Strategie" der Europäischen Gemeinschaft aufweist), doch präsentiert sich Australien selbst mehr als 100 Jahre nach seiner Gründung noch als unvollkommener Binnenmarkt.

(2) Ein Vergleich der beiden Systeme ergibt, daß der australische Ansatz im Hinblick auf positive Integration grundsätzlich kein Vorbild für die Europäische Gemeinschaft sein kann. Effektive, auf das Binnenmarktziel ausgerichtete positive Integration ist mittels der australischen Instrumente in einem so heterogenen Markt, wie dem der Europäischen Gemeinschaft, kaum zu verwirklichen. Der umfangreiche Kompetenzkatalog der Section 51 ist zu unsystematisch; warenverkehrsrelevante Normen vermochte er bislang nicht umfassend zu harmonisieren. Die *commerce clause* und die *corporations power* – beide sind im Gegensatz zu Art. 95 EG sachgegenstandsbezogen – weisen trotz ihrer generalklauselartigen Formulierungen nicht die hierzu notwendige Reichweite auf. Intergouvernementale Kooperationen zum Zweck der Rechtsangleichung waren im vergleichsweise homogenen australischen Markt unumgänglich, um warenverkehrsrelevante Handelshemmnisse zu reduzieren.

(3) Mit der zunehmenden Harmonisierung des europäischen Marktes könnte die strenge Rechtsprechung des High Court zum zwischenstaatlichen Element der Section 51 Nr. 1 eine gewisse Orientierung für den EuGH bieten, um die Regelungsbefugnisse des Gemeinschaftsgesetzgebers zu Gunsten der Mitgliedstaaten in Grenzen zu halten. Der High Court hat es nicht zuletzt durch die in diesem Punkt enge Auslegung der *commerce clause* geschafft, eine föderale Balance zwischen den Interessen der Gliedstaaten und des Bundes zu bewahren; zentralistischen Tendenzen haben die Richter zumindest hier keinen Vorschub geleistet.

(4) Unter dem Gesichtspunkt negativer Integration ist folgendes festzuhalten: Im Rahmen der Interessenkollision zwischen dezentraler Entscheidungsautonomie und freiem Warenverkehr prüfen der australische und der europäische Test methodisch übereinstimmend in einem ersten Schritt, ob eine einzelstaatliche Maßnahme in den Anwendungsbereich der jeweiligen Grundregel – Art. 28 f. EG auf europäischer, Section 92 auf australischer Seite – fällt. Sollte der Anwendungsbereich eröffnet sein, wird in einem zweiten Schritt untersucht, ob die warenverkehrsfeindliche Maßnahme dezentralen Ursprungs zu rechtfertigen ist.

(5) Der europäische Test ist auf den Ebenen des Anwendungsbereichs und der Rechtfertigung wesentlich komplexer strukturiert als sein australisches Pendant. Letzteres sieht für den Anwendungsbereich – unabhängig von der Natur der in Rede stehenden einzelstaatlichen Maßnahme – stets ein Diskriminierungsverbot vor, während der europäische Test mit Diskriminierungs- *und* Beschränkungsverbot arbeitet. Im Gegensatz zum EuGH hat der High Court die Entscheidung getroffen, daß Handelshemmnisse, die durch Regelungen entstehen, die weder formell noch materiell diskriminieren, immer als marktkonform einzustufen sind. Der australische Ansatz legt ferner auf der Ebene der Rechtfertigung nur einen einzigen Maßstab an, während der EuGH (meist) seinen Test in Abhängigkeit von der jeweils zu prüfenden einzelstaatlichen Maßnahme modifiziert.

(6) Für den Bereich der Importschranken kommt es zu enormen Abweichungen hinsichtlich der Methodik und der Ergebnisse. Indem der EuGH im Rahmen des Art. 28 EG nicht bei einem Diskriminierungsverbot stehenbleibt, sondern unterschiedslos anwendbare, produktbezogene Maßnahmen einem Beschränkungsverbot unterwirft, wird mitgliedstaatliche Entscheidungsautonomie einem deutlich größeren Rechtfertigungsdruck unterworfen als dies das umfassende Diskriminierungsverbot des australischen Tests erreichen kann. Der EuGH richtet also seinen Test zumindest für diesen Teilaspekt des freien Warenverkehrs weitgehend am Binnenmarktziel aus und stellt den Marktzugang sicher. Parallelen zwischen beiden Ansätzen bestehen für den Bereich der Importschranken in dem Punkt, daß sie dezentrale Entscheidungsautonomie mittels eines extensiven Diskriminierungsverbotes – erfaßt werden formelle und materielle Diskriminierungen – so weit zurückdrängen, daß zumindest dem Prinzip der Marktgleichheit in beiden Wirtschaftsräumen Rechnung getragen wird.

(7) Die Rechtfertigung formell diskriminierender Importschranken der Einzelstaaten fällt unter dem australischen Einheitstest insgesamt leichter als unter dem europäischen Ansatz. Gemeinsamer Ausgangspunkt auf dieser

Ebene ist eine Verhältnismäßigkeitsprüfung. Im Gegensatz zu Art. 30 Satz 1 EG gibt der australische Ansatz den Gliedstaaten das Spektrum der legitimen Allgemeininteressen nicht abschließend vor. Dezentrale Entscheidungsautonomie der australischen Gliedstaaten wird durch diese methodische Abweichung betont. Ausnahmen vom Prinzip der Marktgleichheit können insofern unter dem australischen Test einfacher erreicht werden. Trotz divergierender und nicht immer einheitlich verwandter Terminologie prüfen beide Ansätze in der Sache übereinstimmend die Geeignetheit, Erforderlichkeit und Angemessenheit einer einzelstaatlichen Maßnahme. Europäische und auch deutsche Einflüsse auf das australische Rechtssystem werden hier offensichtlich. Während der EuGH für diese Fallgruppe eine strenge Verhältnismäßigkeitskontrolle durchführt, scheint der High Court insbesondere in der Entscheidung *Castlemaine Tooheys Ltd v South Australia* den Grundstein für einen zurückhaltenderen Maßstab gelegt zu haben. Dadurch begünstigt der High Court die künftige Errichtung von Handelshemmnissen durch gliedstaatliche Maßnahmen.

(8) Hinsichtlich der Exportschranken fällt das Ergebnis nicht so eindeutig aus wie bei den Importschranken. Der Anwendungsbereich des australischen Tests reicht regelmäßig weiter als der des EuGH. Grundsätzlich erfassen zwar beide übereinstimmend formelle Diskriminierungen. Doch ist für versteckte Diskriminierungen lediglich der Anwendungsbereich des australischen Tests eröffnet, sollte auf europäischer Seite keine gemeinsame Marktorganisation einschlägig sein. Für den Bereich der Exportschranken wird dem Prinzip der Marktgleichheit somit in beiden Wirtschaftsräumen Rechnung getragen, während das Binnenmarktziel „Marktzugang" vom High Court völlig und vom EuGH weitgehend ausgeblendet wird. Für die Rechtfertigung diskriminierender Exportschranken gilt das für diskriminierende Importschranken Gesagte im wesentlichen entsprechend. Die warenverkehrsfreundlichere Tendenz des europäischen Ansatzes wird insofern bestätigt.

(9) Der australische Test begnügt sich stets mit einem umfassenden Diskriminierungsverbot. Daraus folgt, daß er – anders als der EuGH – kein Konzept für die Rechtfertigung von formell und materiell nichtdiskriminierenden Importbeschränkungen bereithalten muß. Konstellationen, in denen gleichförmig anwendbare und zugleich materiell nichtdiskriminierende Maßnahmen der Mitgliedstaaten durch zwingende Erfordernisse des Allgemeinwohls und über Art. 30 EG gerechtfertigt werden, können im australischen Markt systembedingt nicht auftreten. Ein Vergleich der Rechtfertigungstests ist in dieser Beziehung nicht möglich.

(10) Der High Court hat für das Problem der altruistischen Interessenwahrnehmung im Binnenmarkt noch keine Lösung entwickelt. Ob und inwieweit sich unter diesem Aspekt Schranken für potentiell warenverkehrsbehindernde Maßnahmen der Gliedstaaten entwickeln lassen, ist unklar. Für den umstrittenen europäischen Ansatz in dieser Frage lassen sich demzufolge keine neuen Anregungen gewinnen. Des weiteren gibt der High Court bislang keine ausdrückliche Antwort auf die Frage, an welchem Maßstab Schranken für die Warendurchfuhr zu messen sind.

(11) Der Blick auf die Entwicklung der Rechtsprechung zu Section 92 seit 1909 hat unter anderem gezeigt, daß in Zeiten, in denen der High Court dem *individual rights approach* folgte, ein Großteil der Schwierigkeiten insbesondere dann auftrat, wenn es galt, die genauen Grenzlinien für das Beschränkungsverbot australischer Prägung zu ziehen. Dieses in Australien nun historische Problem stellt den EuGH auch nach der *Keck*-Entscheidung und den darauf folgenden Urteilen immer noch vor eine schwierige Aufgabe. Trotz der zahlreichen unbeantworteten Fragen und der leichten Erschütterungen in *Bath v Alston Holdings Pty Ltd* präsentiert sich der heutige *free trade approach* des High Court gegenüber dem europäischen Test als vergleichsweise vorbildlich im Hinblick auf Rechtssicherheit.

Aus dem Vorstehenden läßt sich entnehmen, daß der Ansatz des EuGH in fast allen Belangen warenverkehrsfreundlicher zu nennen ist als der des High Court. Diejenigen Behinderungen für den freien zwischenstaatlichen Warenverkehr, die typischerweise aus dezentralen Entscheidungsstrukturen resultieren, werden vom europäischen Ansatz meist umfassender kontrolliert und an strengeren Maßstäben gemessen. Dieser Befund spiegelt nicht zuletzt den unterschiedlich hohen Stellenwert wider, der dem Ziel eines freien Warenverkehrs in beiden Wirtschaftsräumen zuteil wird.

Im übrigen indiziert dies, daß der aktuelle australische Ansatz nicht als Modell für künftige Entwicklungen des europäischen Tests dienen kann. Nimmt man das Binnenmarktziel des EG ernst und berücksichtigt das Ausmaß der (immer noch) bestehenden Handelshemmnisse im europäischen Markt[231], führt kein Weg an einem Beschränkungsverbot für nichttarifäre Handelshemmnisse vorbei. Der australische Test greift hier zu kurz. Er kann den Marktzugang von Waren nicht durchsetzen, sondern beschränkt sich darauf, Marktgleichheit zu gewährleisten.

---

[231] Siehe die Bestandsaufnahmen von *Oppermann*, Europarecht, Rn. 1313 ff.; *Streinz*, Europarecht, Rn. 983 ff.; *Steindorff*, ZHR 158 (1994), 149 ff.

Dieser Ansatz entspricht zwar der historisch bedingten starken Stellung der australischen Gliedstaaten. Insbesondere werden durch diese Vorgehensweise gliedstaatliche Policy-Entscheidungen bis zur Schwelle der Diskriminierung nicht angegriffen.[232] Doch letztendlich kann Marktintegration in der Europäischen Gemeinschaft von diesem Ansatz weder nachhaltige Unterstützung noch neue Impulse erwarten, wenn es darum geht, Handelshemmnisse zu beseitigen, die allein durch divergierende diskriminierungsfreie Normen hervorgerufen werden. Ein Konzept, das sich auf einen Diskriminierungstest zurückzieht, leistet regulatorischer Vielfalt und damit Handelshemmnissen der genannten Art Vorschub, es sei denn, daß intergouvernementale Kooperationen dieses Defizit kompensieren. Dies kann wiederum dazu führen, daß gegenseitige Anerkennung – an Stelle einer systematischen Harmonisierung – stärker in den Vordergrund treten muß, will man dennoch ein hohes Niveau an Marktintegration unter Beibehaltung dezentraler Entscheidungsstrukturen erreichen.[233] Angesichts der nicht immer überzeugenden Erfahrungen, die man in Europa mit dem Prinzip der gegenseitigen Anerkennung gemacht hat,[234] scheint eine Übertragung des australischen Ansatzes auf den europäischen Markt unter diesem Gesichtspunkt nicht allzu vielversprechend.

Geht man vom Binnenmarktziel aus, so weist auch der europäische Ansatz klar erkennbare Defizite auf. Vor allem kann die Reduzierung des Art. 29 EG zu einem Diskriminierungsverbot nicht überzeugen. Jedoch entspricht der europäische Test dank seiner insgesamt umfassenderen und strengeren Maßstäbe eher einer binnenmarktorientierten Zielsetzung als sein aktuelles australisches Pendant.

Diesem Befund steht nicht entgegen, daß der EuGH mit dem *Keck*-Urteil einen Schritt zurück in Richtung Diskriminierungsverbot getan[235] und sich damit wieder auf den immer noch weit entfernten australischen Ansatz zubewegt hat. Dem *Keck*-Urteil selbst und der es konkretisierenden Rechtsprechung ist zu entnehmen, daß der EuGH in *Keck* gerade keine radikale Wende hin zu einem Ansatz gemacht hat, der sich auf ein Diskriminierungsverbot beschränkt. Selbst

---

[232] Vgl. *Roth*, in: Festschrift für Großfeld, S. 929, 944 f.; *Bernard*, (1996) 45 ICLQ 82, 103 und 108.

[233] Vgl. *Zines*, The High Court and the Constitution, S. 151; *Coper*, (1989) 63 Australian Law Journal 463, 471; *Bernard*, (1996) 45 ICLQ 82, 103.

[234] Siehe zum erfolglosen Versuch, Handelshemmnisse über Art. 100 b EG a.F. zu beseitigen schon oben Teil 1, § 3, I., 2., f., aa.

[235] *Roth*, in: Festschrift für Großfeld, S. 929, 941; *ders.*, in: Gedächtnisschrift für Lüderitz, S. 635, 646; *Moore*, in: Craig/de Búrca, The Evolution of EU Law, S. 517, 525; *Tesauro*, The Internal Market of the EC in Light of the Recent Case-Law of the Court of Justice, Zentrum für Europäisches Wirtschaftsrecht – Vorträge und Berichte Nr. 65 (1996), S. 15 f.

wenn man die im *Keck*-Urteil getroffene Unterscheidung zwischen verkaufs- und produktbezogenen Vertriebsmodalitäten als nicht allzu gelungen und nur wenig trennscharf kritisiert, so beseitigt dieses Beschränkungsverbot immer noch deutlich mehr Handelshemmnisse als der australische Test.

Gegen eine Vorbildfunktion Australiens für den europäischen freien Warenverkehr spricht ferner die aufgrund des Gewaltenteilungsprinzips völlig zu Recht unabgestimmte Vorgehensweise der Legislative und Judikative. Während sich Gliedstaaten und Bund im Zuge des *new federalism* redlich bemühten, die durch divergierende Normen auftretenden Handelshemmnisse im Wege koordiniert-vereinheitlichender Regelungstätigkeiten und durch das *Mutual Recognition Scheme* gar nicht erst entstehen zu lassen oder zu beseitigen,[236] hat der High Court hier nur wenig nennenswerte Unterstützung geleistet. Anstatt das Streben nach einem effizienteren Markt durch eine extensive Auslegung der Section 92 (und auch der warenverkehrsrelevanten Regelungsbefugnisse des Bundes) zu fördern, die – wie noch unter dem *individual rights approach* – ein warnendes Zeichen für künftige gliedstaatliche Regelungstätigkeiten setzt, beschränkt er sich auf den nicht besonders integrationsfreundlichen Diskriminierungstest.

Handelshemmnisse, die durch vollständig diskriminierungsfreie gliedstaatliche Maßnahmen entstehen, müssen nun allein durch die Legislative angegangen werden. Die Beseitigung dieser Handelshemmnisse wird damit ausschließlich dem politischen Prozeß überantwortet.[237] High Court und Gesetzgeber ziehen insofern nicht an einem gemeinsamen Strang. Angesichts dessen wäre es sicherlich vermessen, mit Blick auf den aktuellen australischen Ansatz Parallelen zum EuGH ziehen zu wollen und den High Court als einen Motor der (Markt-)Integration zu bezeichnen. Ein solches Selbstverständnis liegt dem High Court fern. Anders als der EuGH leistet der High Court seit der Wende in *Cole v Whitfield* nur noch einen recht bescheidenen Beitrag zur Integration der gliedstaatlichen australischen Märkte. Er trägt durch seine Rechtsprechung dazu bei, die Regelungsbefugnisse der Gliedstaaten zu schützen und dezentrale, den Warenverkehr beschränkende Normen vor einem möglichen Verstoß gegen die Verfassung zu bewahren.

---

[236] Siehe dazu oben Teil 2, § 2.

[237] *Zines*, The High Court and the Constitution, S. 151; *Coper*, The Curious Case of the Callow Crayfish, S. 9 ff.; *ders.*, Crayfish and Credit Unions, S. 7; *ders.*, Some Reflections on Constitutional Change, S. 11; *ders.*, Section 92 and the Future of Agricultural Marketing, S. 9 ff.; *ders.*; in: Craven, Australian Federation – Towards the Second Century, S. 131, 138; *ders.*, (1989) 63 Australian Law Journal 463, 471.

Dem High Court ist jedoch zuzugestehen, daß er andere, im Hinblick auf Marktintegration günstiger zu nennende Voraussetzungen vorfindet als der EuGH. Seit Beginn des 20. Jahrhunderts existiert das Commonwealth of Australia als Nationalstaat. Diese politische Einheit zusammen mit dem gemeinsamen kulturellen und juristischen Erbe in allen Gliedstaaten und Territorien trug nicht zuletzt dazu bei, daß Australien trotz aller Unvollkommenheiten einen insgesamt doch recht homogenen Wirtschaftsraum bildet. Selbst in Bereichen, in denen divergierende Normen das Bild bestimmen, existiert ein für alle Australier akzeptables Mindestregulierungs- und Schutzniveau in sämtlichen australischen Gliedstaaten und Territorien.[238] Bestehende Abweichungen nehmen nicht die Ausmaße an wie in der Europäischen Gemeinschaft, in der Interessen und Wertvorstellungen von fünfzehn verschiedenen Nationalstaaten aufeinanderprallen. Das in dieser Hinsicht bestehende Konfliktpotential muß in Australien naturgemäß geringer ausfallen. Somit sind auch die Rahmenbedingungen für Marktintegration mittels gegenseitiger Anerkennung in Australien wesentlich günstiger als in Europa. Der Erfolg, der dem australischen *Mutual Recognition Scheme* – vor allem für den Bereich des Warenverkehrs – beschieden ist, bestätigt diese These.[239] Damit geht einher, daß das Bedürfnis für einen umfassenderen und integrationsfreundlicheren Ansatz der Rechtsprechung nicht in dem Maße gegeben ist wie (noch) zur Zeit in der Europäischen Gemeinschaft. Die durch gleichförmig anwendbare Maßnahmen entstandenen Handelshemmnisse können in Australien damit auf eine Weise abgeschafft werden, die das dezentrale Entscheidungssystem schont.

Mag man den aktuellen Ansatz des High Court aus den genannten Gründen nicht als Vorbild für den EuGH einstufen, so lassen sich dennoch aus der bald einhundertjährigen Geschichte der Rechtsprechung zu Section 92 Anregungen entnehmen, die in der Europäischen Gemeinschaft fruchtbar gemacht werden können. Dies gilt insbesondere für die Zeit, in der der High Court vom *individual rights approach* ausging und Beschränkungsverbote unterschiedlicher Reichweite vertrat.

Auffällig war hier insbesondere die Hartnäckigkeit, mit der die Richter des High Court an unpräzisen Kriterien festhielten – zu nennen sind etwa „*permissible regulation*" oder „*indirect burden*" –, um die Grenzlinie zwischen erlaubten und verbotenen staatlichen Maßnahmen auszuloten. Die daraus resultierende Rechtsunsicherheit für den *interstate trade and commerce* hat Gesetz-

---

238 *Wilkens*, in: Thomas/Saunders, The Australian Mutual Recognition Scheme: A New Approach to an Old Problem, S. 2, 4.

239 Siehe zum Erfolg des *Mutual Recognition Scheme* nur *Office of Regulation Review*, Report on the Impact of Mutual Recognition on Regulation in Australia: A Preliminary Assessment (1997), S. 33 ff.

geber, Gerichte und nicht zuletzt Marktteilnehmer in ganz Australien gleichermaßen über Jahrzehnte hinweg betroffen. Die Botschaft an den EuGH muß in Anbetracht dieser Erfahrungen lauten, künftig mit Kriterien zu arbeiten, die trennscharfe Abgrenzungen ermöglichen. Nur auf diese Weise lassen sich die in Australien vorgekommenen Versäumnisse und deren unübersehbare negative Folgen dauerhaft vermeiden. Ob die im *Keck*-Urteil gefundene Lösung diesem Anspruch gerecht werden kann, scheint allerdings angesichts der berechtigten Kritik äußerst fraglich.

Darüber hinaus muß eine Untersuchung des freien Warenverkehrs in Australien den Blick dafür schärfen, daß dezentrale Entscheidungssysteme nicht lediglich als potentielle Ursache für Handelshemmnisse im Gesamtmarkt und damit als struktureller Nachteil für einen Wirtschaftsraum zu begreifen sind. Indem die Stellung der Gliedstaaten gegenüber dem Bund betont wird, können die zweifellos bestehenden Vorteile föderaler Entscheidungssysteme, wie etwa größere Sachnähe und Experimentiermöglichkeiten bei geringerem Risiko für das gesamte Gemeinwesen, trotz der jüngsten Integrationsbestrebungen im australischen Markt immer noch problemlos realisiert werden. Anstatt – wie in der Europäischen Gemeinschaft vor allem in Zeiten vor der „neuen Strategie“ vielfach geschehen – über die Köpfe der Einzelstaaten hinweg wirtschaftsrelevante Normen durch die Zentralebene zu harmonisieren, wird in Australien die relativ integrationsfreundliche Ausgangslage genutzt.

In den Vordergrund rücken Kooperationen zwischen Bund und Gliedstaaten sowie das Konzept der gegenseitigen Anerkennung.[240] Die *commerce clause* wird nicht im Wege einer weiten Auslegung dazu instrumentalisiert, Handelshemmnisse auf Kosten dezentraler Entscheidungsautonomie zu beseitigen.[241] Zentralistische Tendenzen halten sich auch ein Jahrhundert nach der Gründung Australiens in engen Grenzen. Nun verbieten zwar allein schon die gravierenden strukturellen Unterschiede zwischen beiden Wirtschaftsräumen eine sklavische Nachahmung des australischen Modells. Doch sollten auch diese australischen Erfahrungen berücksichtigt werden, wenn es das Ausmaß zu bestimmen gilt, in dem dezentrale Entscheidungsautonomie zu Gunsten eines möglichst freien Warenverkehrs zu beschneiden ist.

Letztendlich regt die Untersuchung des australischen Tests zu Section 92 (erneut) dazu an, den europäischen Ansatz hinsichtlich der Rechtfertigungsmaßstäbe zu überdenken. Sicherlich trägt die abschließende Aufzählung der legitimen Rechtsgüter und deren betont restriktive Auslegung dazu bei, formell

---

[240] Siehe dazu oben Teil 2, § 2.
[241] Siehe dazu oben Teil 2, § 1, II.

diskriminierenden Maßnahmen der Mitgliedstaaten enge und klar definierte Schranken aufzuzeigen. Dennoch hat sich in der Vergangenheit das dogmatische Korsett, das sich der EuGH selbst anlegte, als zu unflexibel erwiesen. Bedürfnissen und Wertungen, die bei der Gründung der Europäischen Gemeinschaft nicht bekannt oder noch nicht in dem heutigen Ausmaß vorhanden waren, können formell diskriminierende Maßnahmen der Mitgliedstaaten nur schwer Rechnung tragen. Insbesondere die Entscheidungen des EuGH in den Fällen *Kommission/Irland* (Souvenirs)[242], *Wallonien*[243], *de Agostini*[244], *Decker*[245] und *PreussenElektra*[246] haben dies eindrucksvoll vor Augen geführt.[247]

Nicht zuletzt mit Blick auf den in dieser Beziehung variablen australischen Test liegt es nahe, die praxisfern und überholt wirkende[248] Unterscheidung aus

---

[242] EuGH, Rs. 113/80 (Kommission/Irland), Slg. 1981, 1625.

[243] EuGH, Rs. C-2/90 (Kommission/Belgien), Slg. 1992, I-4431.

[244] EuGH, verb. Rs. C-34-36/95 (Konsumentenombudsmannen/De Agostini/TV-Shop), Slg. 1997, I-3843.

[245] EuGH, Rs. C-120/95 (Decker/Caisse de maladie des employés privés), Slg. 1998, I-1831.

[246] EuGH, Rs. C-379/98 (PreussenElektra/Schleswag), Slg. 2001, I-2099; siehe dazu *Shuibhne*, (2002) 27 ELRev 408, 420 f.

[247] In diesem Zusammenhang ist ferner hinzuweisen auf das jüngst zur Dienstleistungsfreiheit ergangene Urteil des EuGH, Rs. C-55/98 (Skatteministeriet/Vestergaard), Slg. 1999, I-7641, 7666. Hier untersucht der EuGH, ob eine wohl *formal* diskriminierende nationale Regelung anhand der Kohärenz des Steuersystems oder der Wirksamkeit der Steuerkontrolle (Rz. 23) zu rechtfertigen ist. Der EuGH bedient sich damit zwingender Allgemeininteressen, denen eigentlich nur die Rechtfertigung gleichförmig anwendbarer Maßnahmen vorbehalten ist. Auch dies unterstreicht – einmal mehr – die Auflösungserscheinungen der in *Cassis de Dijon* begründeten Dogmatik hinsichtlich der Rechtfertigung handelshemmender nationaler Maßnahmen. Siehe zudem *Roth*, WRP 2000, 979, 983 f., der auf weitere Urteile des EuGH zur Arbeitnehmerfreizügkeit, Dienstleistungsfreiheit und Niederlassungsfreiheit hinweist, die den Schluß zulassen, daß auch formale Diskriminierungen aus Gründen des Allgemeininteresses gerechtfertigt werden können.

[248] *Von Wilmowsky*, Abfallwirtschaft im Binnenmarkt, S. 156 ff.; *ders.*, CMLRev 30 (1993), 541, 544; *ders.*, EuR 1992, 414, 416 spricht in diesem Zusammenhang von einer „Daumenregel". Die Beschränkung der zwingenden Erfordernisse auf gleichförmig anwendbare Maßnahmen dürfe man nicht allzu ernst nehmen. *Leible*, in: Grabitz/Hilf, Das Recht der Europäischen Union (Band 1), Art. 28 EG Rn. 20; *Becker*, in: Schwarze, EU-Kommentar, Art. 30 EG Rn. 43; *Hakenberg*, in: Lenz, EG-Kommentar, Art. 49/50 Rn. 20 und 26; *dies.*, Grundzüge des Europäischen Wirtschaftsrechts, S. 99; *Poiares Maduro*, We The Court, S. 52; *Kingreen*, Die Struktur der Grundfreiheiten des Europäischen Gemeinschaftsrechts, S. 154 ff.; *Ruge*, EuZW 2001, 247, 248; *Koenig/Kühling*, NVwZ 2001, 768, 770; *Roth*, WRP 2000, 979, 984; *Nowak/Schnitzler*, EuZW 2000, 627 ff.; *Streinz/Leible*, EuZW 2000, 459, 463; *Weiß*, EuZW 1999, 493, 497 f.; *Poiares Maduro*, Maastricht Journal of European and Comparative Law 6 (1998), 298, 310 f.; *Sack*, WRP 1998, 103, 110; *Novak*, DB 1997, 2589, 2592; meinen, daß die zwingenden Erfordernisse des Allgemeininteresses im Sinne der Cassis-Recht-

Cassis de Dijon aufzugeben. Zwingende Erfordernisse des Allgemeinwohls sollen auch formell diskriminierende Maßnahmen der Mitgliedstaaten rechtfertigen können, falls sie keine protektionistischen Ziele verfolgen. Der Gefahr, daß die Mitgliedstaaten diese neue Möglichkeit ausnutzen, um ihre eigenen Märkte vor Konkurrenz aus dem EG-Ausland zu schützen, begegnet das Verhältnismäßigkeitsprinzip als völlig ausreichendes Korrektiv.

Während das europäische Interesse an den australischen Problemlösungen zu der hier untersuchten Frage gering war, zeigten sich umgekehrt der australische Gesetzgeber, der High Court und nicht zuletzt das australische Schrifttum wesentlich offener für eine Auseinandersetzung mit dem europäischen Ansatz. Vor allem in den folgenden Punkten ist das System des australischen Warenverkehrs nachhaltig von europäischen Erfahrungen und Konzeptionen beeinflußt worden:

(1) Das *Mutual Recognition Scheme* geht auf europäische Wurzeln zurück. Aus den in der Europäischen Gemeinschaft gemachten Fehlern, wußte man in Australien zu lernen. Zudem konnten in Australien die vorteilhafteren Rahmenbedingungen genutzt werden. Das europäische Modell wurde dementsprechend modifiziert.[249] Eine Zwischenbilanz, die fünf Jahre nach Inkrafttreten des *Mutual Recognition Scheme* erstellt wurde, fällt insbesondere für den Warenverkehr durchweg positiv aus.[250]

(2) Die Prüfung der Verhältnismäßigkeit einer warenverkehrshemmenden Maßnahme orientiert sich in der Sache weitgehend am europäischen Modell. Der Dreiklang Geeignetheit, Erforderlichkeit und Angemessenheit einer einzelstaatlichen Maßnahme spiegelt sich in den Urteilen des High

---

sprechung auch formal diskriminierende Maßnahmen rechtfertigen können. Die Differenzierung zwischen unterschiedslos und unterschiedlich anwendbaren Maßnahmen habe der EuGH aufgegeben.

[249] Vgl. *Mullins/Saunders*, Economic Union in Federal Systems, S. xvi; *Wilkens*, in: Thomas/Saunders, The Australian Mutual Recognition Scheme: A New Approach to an Old Problem, S. 2, 3 f.: „*During December 1990 and January 1991, a small group of New South Wales officials attempted to work out the shape what mutual recognition would actually mean in the Australian context. We were familiar with the application of the concept in the European Economic Community (now the European Union). But we also knew that in the European context it involved an extensive bureaucratic administration and its effectiveness was dependent on the issuing of directives to ensure that minimum essential standards would apply. ... We wanted a more straight-forward, low maintenance approach in Australia, given the relative homogeneity of our States and Territories.*"

[250] Siehe *Office of Regulation Review*, Report on the Impact of Mutual Recognition on Regulation in Australia: A Preliminary Assessment (1997), S. 33 ff.

Court zu Section 92 wider.[251] Der High Court ist jedoch gehalten, sein bislang noch nicht abschließend geklärtes Verständnis des Verhältnismäßigkeitsgrundsatzes in weiteren Urteilen zu konkretisieren. Vor allem in diesem Zusammenhang bietet es sich an, die reichhaltigen europäischen Erfahrungen und Diskussionen in Australien fruchtbar zu machen. In den Vordergrund rücken dabei die Frage nach der Ausgestaltung der Angemessenheitsprüfung einer gliedstaatlichen Maßnahme, die Prüfungsintensität im Rahmen der Verhältnismäßigkeit – insbesondere für die Erforderlichkeit – und das Problem der altruistischen Interessenwahrnehmung durch Einzelstaaten. Für diese Komplexe finden sich in der australischen Rechtsprechung und Literatur nur ganz vereinzelte Lösungshinweise. Ein Rückgriff auf europäische Ansätze drängt sich hier auf.

(3) Bei der unvermeidlichen Entwicklung zusätzlicher legitimer gliedstaatlicher Interventionsinteressen durch die Rechtsprechung liegt eine Orientierung am Katalog des Art. 30 Satz 1 EG und den zwingenden Allgemeininteressen im Sinne des *Cassis*-Urteils nahe. Hierbei ist die seit *Cole v Whitfield* vorherrschende Grundhaltung des High Court zu berücksichtigen, der – anders als der EuGH – dezentrale Entscheidungsautonomie deutlich betont.

Nicht zuletzt angesichts der immer noch intensiven Diskussion in der Europäischen Gemeinschaft über den Umfang des Beschränkungsverbotes des Art. 28 EG muß es nicht verwundern, wenn in Australien künftig die Frage gestellt wird, ob man nicht doch zum *individual rights approach* zurückkehren solle. Insbesondere die konzentrierten Bemühungen zu Anfang der neunziger Jahre, den gesamtaustralischen Markt im Lichte des *new federalism* effizienter zu gestalten, ließen eigentlich eine intensivere Auseinandersetzung mit dieser Thematik erwarten. Bislang ist es dazu noch nicht gekommen. Der Grund hierfür liegt vermutlich in dem Erfolg des *Mutual Recognition Scheme* und der übrigen intergouvernementalen Kooperationen, die Marktzugangsbeschränkungen weitgehend Einhalt gebieten konnten. Sollte sich herausstellen, daß diese staatlichen Bemühungen unter marktintegrativen Gesichtspunkten doch nicht ausreichen, so wird wahrscheinlich eine solche Diskussion einsetzen. In diesem hypothetischen Fall verdienen die einschlägigen europäischen Erfahrungen künftig weitaus mehr Aufmerksamkeit in der australischen Rechtsprechung und Literatur als bisher.

---

[251] Siehe dazu oben Teil 5, § 2, II., 4., b., aa., bbb., aaaa. und bbbb.

Literaturverzeichnis

I. Kommentare

Calliess, Christian / Ruffert, Matthias (Herausgeber) — Kommentar des Vertrages über die Europäische Union und des Vertrages zur Gründung der Europäischen Gemeinschaft – EUV/EGV – , 2. Auflage, Neuwied-Kriftel 2002 (zitiert: *Bearbeiter*, in: Calliess/Ruffert, EUV/EGV)

Commentaire Mégret — Le droit de la CEE – 1: Préambule, principes, libre circulation des marchandises, deuxième édition entièrement refondue et mise à jour, Bruxelles 1992 (zitiert: Commentaire Mégret (Band 1))

Dauses, Manfred A. (Herausgeber) — Handbuch des EU-Wirtschaftsrechts Band 1, Loseblattsammlung, Stand: März 2002 (11. Ergänzungslieferung) München 2002 (zitiert: *Bearbeiter*, in: Dauses, Hdb. EU-WirtschaftsR (Band 1))

Geiger, Rudolf — EUV/EGV – Vertrag über die Europäische Union und Vertrag zur Gründung der Europäischen Gemeinschschaft, 3. Auflage, München 2000 (zitiert: *Geiger*, EUV/EGV)

Grabitz, Eberhard / Hilf, Meinhard (Herausgeber) — Das Recht der Europäischen Union, Teil I: Primärrecht, Altband I EUV, Art. 1-136 a EGV (Maastrichter Fassung), Stand: 14. Ergänzungslieferung Oktober 1999, München 1999 (zitiert: *Bearbeiter*, in: Grabitz/Hilf, Das Recht der Europäischen Union (Altband 1))

dies. — Das Recht der Europäischen Union, Teil I: Primärrecht, Band I EUV, EGV (Amsterdamer Fassung), Stand: 19. Ergänzungslieferung Februar 2002, München 2002 (zitiert: *Bearbeiter*, in: Grabitz/Hilf, Das Recht der Europäischen Union (Band 1))

von der Groeben, Hans / von Boeckh, Hans / Thiesing, Jochen / Ehlermann, Claus-Dieter (Herausgeber) — Kommentar zum EWG-Vertrag, Band 1 (Artikel 1-136), 3. neubearbeitete Auflage, Baden-Baden 1983 (zitiert: *Bearbeiter*, in: Groeben/Boeckh/Thiesing/Ehlermann, Kommentar zum EWG-Vertrag (Band 1)) *von der Groeben, Hans / Thiesing, Jochen / Ehlermann, Claus-Dieter (Herausgeber)* — Kommentar zum EU-/EG-Vertrag, Band 1 (Art. A-F EUV, Art. 1-84 EGV), 5. neubearbeitete Auflage, Baden-Baden 1997 (zitiert: *Bearbeiter*, in: Groeben/Thiesing/Ehlermann, Kommentar zum EU-/EG-Vertrag (Band 1))

dies. — Kommentar zum EU-/EG-Vertrag, Band 2/II (Art. 88-102 EGV), 5. neubearbeitete Auflage, Baden-Baden 1999 (zitiert: *Bearbeiter*, in: Groeben/Thiesing/Ehlermann, Kommentar zum EU-/EG-Vertrag (Band 2/II))

Hailbronner, Kay / Klein, Eckart / Magiera, Siegfried / Müller-Graff, Peter-Christian — Handkommentar zum Vertrag über die Europäische Union, Köln-Berlin-Bonn-München Stand: November 1998 (zitiert: *Bearbeiter*, in: Hailbronner/ Klein/ Magiera/Müller-Graff, Handkommentar zum Vertrag über die Europäische Union (EUV/EGV))

Lane, Patrick H. — Lane's Commentary on the Australian Constitution, 2nd edition, Sydney 1997 (zitiert: *Lane*, Commentary on the Australian Constitution)

Lenz, Carl Otto (Herausgeber) — Kommentar zu dem Vertrag zur Gründung der Europäischen Gemeinschaften, 2. Auflage, Köln-Basel-Wien 1999 (zitiert: *Bearbeiter*, in: Lenz, EGV-Kommentar)

Lumb, Richard D. / Moens, Gabriël A. — The Constitution of the Commonwealth of Australia – Annotated, 6th edition, Sydney 2001

Quick, John / Garran, Robert R. — Annotated Constitution of the Australian Commonwealth, Sydney 1901 (Neudruck: 1976)

Salger, Hanns-Christian (Herausgeber) — Handbuch der europäischen Rechts- und Wirtschaftspraxis, Herne-Berlin 1996 (zitiert: *Bearbeiter*, in: Salger, Handbuch der europäischen Rechts- und Wirtschaftspraxis)

Schwarze, Jürgen (Herausgeber) — EU-Kommentar, Baden-Baden 2000 (zitiert: *Bearbeiter*, in: Schwarze, EU-Kommentar)

Smit, Hans / Herzog, Peter (Herausgeber) — The Law of the European Community: A Commentary on the EEC Treaty – Vol. 1, Current Through: Release No. 40, New York July 2001 (zitiert: *Smit/Herzog*, The Law of the European Community Vol. I)

II. Monographien und Lehrbücher

Arndt, Hans-Wolfgang Europarecht, 4., neubearbeitete Auflage, Heidelberg 1999

Ahlfeld, Martin Zwingende Erfordernisse im Sinne der Cassis-Rechtsprechung des Europäischen Gerichtshofs zu Art. 30 EGV – Anwendungsbereiche und einzelstaatliche Regelungsspielräume, Baden-Baden 1997 (zitiert: *Ahlfeld*, Zwingende Erfordernisse im Sinne der Cassis-Rechtsprechung des EuGH zu Art. 30 EGV)

Balke, Barbara Steuerliche Gestaltungsfreiheit der Mitgliedstaaten und freier Warenverkehr im Europäischen Binnenmarkt, Baden-Baden 1998

Beutler, Bengt / Bieber, Roland / Pipkorn, Jörn / Streil, Jochen Die Europäische Union – Rechtsordnung und Politik, 5. Auflage, Baden-Baden 2001 (zitiert: *Beutler/Bieber/Pipkorn/Streil*, Die Europäische Union)

Beyer, Thomas C. W. Rechtsnormanerkennung im Binnenmarkt – Zur Interpretation von Art. 100 b des Vertrags zur Gründung der Europäischen Gemeinschaft im Spannungsfeld von Äquivalenzgrundsatz, Prinzip des gemeinschaftsrechtlichen Mindestrechtsgüterschutzes und mitgliedstaatlicher Regelungskompetenz, Berlin 1998 (zitiert: *Beyer*, Rechtsnormanerkennung im Binnenmarkt)

Blackshield, Tony / Williams, George Australian Constitutional Law and Theory – Commentary and Materials, 3rd edition, Sydney 2002

Blackshield, Tony / Coper, Michael / Williams, George The Oxford Companion to the High Court of Australia, Melbourne 2001

Bleckmann, Albert Europarecht – Das Recht der Europäischen Union und der Europäischen Gemeinschaften, 6., neubearbeitete und erweiterte Auflage, Köln-Berlin-Bonn-München 1997 (zitiert: Bleckmann, Europarecht)

Boeck, Ilka Die Abgrenzung der Rechtsetzungskompetenzen von Gemeinschaft und Mitgliedstaaten in der Europäischen Union – Zur Notwendigkeit und zu den Vorteilen bzw. Nachteilen der Aufstellung eines Kompetenzkatalogs in den Gemeinschaftsverträgen, Baden-Baden 2000 (zitiert: *Boeck*, Die Abgrenzung der Rechtsetzungskompetenzen von Gemeinschaft und Mitgliedstaaten in der Europäischen Union)

Booker, Keven / Glass, Arthur / Watt, Robert Federal Constitutional Law – An Introduction, 2nd edition, Sydney-Adelaide-Brisbane-Canberra-Melbourne-Perth 1998

Borchert, Manfred Außenwirtschaftslehre, 7., überarbeitete Auflage, Wiesbaden 2001

Bothe, Michael Die Kompetenzstruktur des modernen Bundesstaates in rechtsvergleichender Sicht, Berlin-Heidelberg-New York 1977 (zitiert: *Bothe*, Die Kompetenzstruktur des modernen Bundesstaates)

Brooks, Adrian Occupational Health and Safety Law in Australia, 4th edition, North Ryde 1993

Burmester, Thomas Inländerdiskriminierung im Lichte gemeinschaftsrechtlicher Lösungen: Probleme der umgekehrten Diskriminierung im Bereich des Gemeinschaftsrechts unter besonderer Berücksichtigung des freien Warenverkehrs (Art. 30 ff. EG-Vertrag), Kiel 1994 (zitiert: *Burmester*, Inländerdiskriminierung)

Burrows, F. Free Movement in European Community Law, Oxford 1987

Cecchini, Paolo The European Challenge 1992 – The Benefits of a Single Market, Aldershot-Brookfield-Hong Kong-Singapore-Sydney 1988

Chalmers, Damian / Szyszczak, Erika European Union Law Volume II – Towards a European Polity, Aldershot-Brookfield-Singapore-Sydney 1998 (zitiert: *Chalmers/Szyszczak*, European Union Law – Vol. II)

Cockburn, John A. Australian Federation, London 1901

Coper, Michael Encounters with the Australian Constitution, North Ryde 1987

ders.	Freedom of Interstate Trade under the Australian Constitution, Sydney 1983
Coper, Michael / Willliams, George (Herausgeber)	Justice Lionel Murphy – Influential or Merely Prescient?, Sydney 1997
Craig, Paul / de Búrca, Gráinne	EC Law – Text, Cases, and Materials, 2nd edition, Oxford 1998 (zitiert: *Craig/de Búrca*, EC Law)
Deakin, Alfred	The Federal Story: The Inner History of the Federal Cause (1880-1900), 2nd edition, Parkville 1963
Dehousse, Renaud	Community Competences: Are there Limits to Growth?, in: Dehousse, Renaud (Herausgeber), Europe After Maastricht – An Ever Closer Union?, München 1994
Detmold, Michael J.	The Australian Commonwealth: A Fundamental Analysis of its Constitution, Sydney 1985
Dieckheuer, Gustav	Internationale Wirtschaftsbeziehungen, 5., vollständig überarbeitete Auflage, München-Wien 2001
Douglas, Roger / Jones, Melinda	Administrative Law – Commentary and Material, 2nd edition, Sydney 1996
Ebenroth, Carsten Thomas	Gewerblicher Rechtsschutz und europäische Warenverkehrsfreiheit – Ein Beitrag zur Erschöpfung gewerblicher Schutzrechte, Heidelberg 1992
Ebenroth, Carsten Thomas / Hübschle, Wolfgang	Gewerbliche Schutzrechte und Marktaufteilung im Binnenmarkt der Europäischen Union, Heidelberg 1994 (zitiert: *Ebenroth/Hübschle*, Gewerbliche Schutzrechte und Marktaufteilung)
Ely, Jean / Ely, Richard	Lionel Murphy: The Rule of Law, Sydney 1986
Emiliou, Nicholas	The Principle of Proportionality in European Law: A Comparative Study, Oxford 1996
Emmert, Frank	Europarecht, München 1996 (zitiert: *Emmert*, Europarecht)
Epiney, Astrid	Umgekehrte Diskriminierungen – Zulässigkeit und Grenzen der discrimination à rebours nach europäischem Gemeinschaftsrecht und nationalem Verfassungsrecht, Köln-Berlin-Bonn-München 1995 (zitiert: *Epiney*, Umgekehrte Diskriminierungen)

Epiney, Astrid / Möllers, Thomas M. J. — Freier Warenverkehr und nationaler Umweltschutz – Zu dem den EG-Mitgliedstaaten verbleibenden Handlungsspielraum im Europäischen Umweltschutzrecht unter besonderer Berücksichtigung der Verhältnismäßigkeitsprüfung, Köln 1992 (zitiert: *Epiney/Möllers*, Freier Warenverkehr und nationaler Umweltschutz)

Falkenstein, Alfred — Freier Warenverkehr in der EG: Staatliche Handelsbehinderungen und Wettbewerbsverzerrungen – Erkennen und Abwehren, Baden-Baden 1989 (zitiert: *Falkenstein*, Freier Warenverkehr in der EG)

Fetsch, Johannes — Eingriffsnormen und EG-Vertrag – Die Pflicht zur Anwendung der Eingriffsnormen anderer EG-Staaten, Tübingen 2002 (zitiert: *Fetsch*, Eingriffsnormen und EG-Vertrag)

Fischer, Hans Georg — Europarecht – Grundlagen des Europäische Gemeinschaftsrechts und in Verbindung mit deutschem Staats- und Verwaltungsrecht, 3. Auflage, München 2001 (zitiert: *Fischer*, Europarecht)

Füller, Jens Thomas — Grundlagen und inhaltliche Reichweite der Warenverkehrsfreiheiten nach dem EG-Vertrag, Baden-Baden 2000

Galligan, Brian — A Federal Republic – Australia's Constitutional System of Government, Cambridge 1995 (zitiert: *Galligan*, A Federal Republic)

Ganten, Ted Oliver — Die Drittwirkung der Grundfreiheiten – Die EG-Grundfreiheiten als Grenze der Handlungs- und Vertragsfreiheit im Verhältnis zwischen Privaten, Berlin 2000 (zitiert: *Ganten*, Die Drittwirkung der Grundfreiheiten)

Garran, Robert R. — Prosper the Commonwealth, Sydney 1958

Gilpin, Robert — The Politcal Economy of International Relations, Princeton 1987

Gleeson, Murray — The Rule of Law and the Constitution, 2000 Boyer Lectures, Sydney 2000

Gormley, Laurence W. Prohibiting Restrictions on Trade Within the EEC – The Theory and Application of Articles 30 – 36 of the EEC Treaty, Amsterdam-New York-Oxford 1985 (zitiert: *Gormley*, Prohibiting Restrictions on Trade within the EEC)

Goss, Wayne Restoring the Balance – The Future of the Australian Federation, Canberra 1995

Graf, Michael Der Begriff „Maßnahmen gleicher Wirkung wie mengenmäßige Einfuhrbeschränkungen" in dem EWG-Vertrag, Köln 1972 (zitiert: *Graf*, Maßnahmen gleicher Wirkung)

Gunningham, Neil Safeguarding the Worker: Job Hazards and the Role of Law, Sydney 1984

Haberler, Gottfried Der internationale Handel – Theorie der weltwirtschaftlichen Zusammenhänge sowie Darstellung und Analyse der Aussenhandelspolitik, Berlin 1933 (zitiert: *Haberler*, Der internationale Handel)

Hakenberg, Waltraud Grundzüge des Europäischen Wirtschaftsrechts, 2. Auflage, München 2000

Hammer, Christina Handbuch zum freien Warenverkehr: Eine Analyse der Rechtsprechung zu Art. 30 EGV vor und nach dem Urteil „*Keck* und *Mithouard*", Wien 1998 (zitiert: *Hammer*, Handbuch zum freien Warenverkehr)

Hammerl, Christoph Inländerdiskriminierung, Berlin 1997

Hanks, Peter Constitutional Law in Australia, 2nd edition, Sydney-Adelaide-Brisbane-Canberra-Hobart-Melbourne-Perth 1996

Hanks, Peter / Cass, Deborah Australian Constitutional Law – Materials and Commentary, 6th edition, Sydney-Adelaide-Brisbane-Canberra-Hobart-Melbourne-Perth 1999 (zitiert: *Hanks/Cass*, Australian Constitutional Law)

Hartley, Trevor C. The Foundations of European Community Law – An Introduction to the Constitutional and Administrative Law of the European Community, 4th edition, Oxford 2000 (zitiert: *Hartley*, The Foundations of European Community Law)

Herdegen, Matthias Europarecht, 2., überarbeitete und erweiterte Auflage, München 1999

Hobe, Stephan Europarecht, Köln-Berlin-Bonn-München 2002

Hödl, Sascha Oliver Die Beurteilung von verkaufsbehindernden Maßnahmen im Europäischen Binnenmarkt – neue Interpretationsansätze zu Art. 30 EGV auf der Grundlage der Keck-Entscheidung, 1997 (zitiert: *Hödl*, Die Beurteilung von verkaufsbehindernden Maßnahmen im Europäischen Binnenmarkt)

Howard, Colin Australian Federal Constitutional Law, 3rd edition, Sydney 1985

von Ihring, Rudolf Zweck im Recht, Band 1, 4. Auflage, Leipzig 1904

Ipsen, Hans Peter Europäisches Gemeinschaftsrecht, Tübingen 1972

Isaac, Guy Droit communautaire général, 2. Auflage, Paris-Mailand-Barcelona-Mexico City 1989

Jackson, John H. / Davey, William J. / Sykes Jr., Alan O. Legal Problems of International Economics Relations – Cases, Materials and Text on the National and International Regulation of Transnational Economic Relations, 3rd edition, St. Paul 1995 (zitiert: *Jackson/Davey/William*, International Economic Relations)

Jaensch, Michael Die unmittelbare Drittwirkung der Grundfreiheiten, Baden-Baden 1997

Jarass, Hans D. Beschränkungen der Abfallausfuhr und EG-Recht, NuR 1998, 397 ff.

ders. Grundfragen der innerstaatlichen Bedeutung des EG-Rechts, Köln-Berlin-Bonn-München 1994

Jarvis, Malcom A. The Application of EC Law by National Courts – The Free Movement of Goods, Oxford 1998

Joseph, Sarah / Castan, Melissa Federal Constitutional Law – A Contemporary View, Sydney 2001

Joske, Percy E. Australian Federal Government, 2nd edition, Sydney 1971

Kapteyn, Paul J. G. / VerLoren van Themaat, Pieter / Gormley, Laurence W. — Introduction to the Law of the European Communities: From Maastricht to Amsterdam, 3rd edition, London-The Hague-Boston 1998 (zitiert: *Kapteyn/VerLoren van Themaat/Gormley*, Introduction to the Law of the European Communities)

Kenen, Peter B. — The International Economy, 3rd edition, Cambridge 1994

Kens, Paul — Lochner v. New York – Economic Regulation on Trial, Lawrence/Kansas 1998

Keßler, Jutta — Das System der Warenverkehrsfreiheit im Gemeinschaftsrecht – zwischen Produktbezug und Verkaufsmodalitäten, Baden-Baden 1997

Kilian, Wolfgang — Europäisches Wirtschaftsrecht – EGV-Wirtschaftsrecht und Bezüge zum deutschen Recht, München 1996 (zitiert: *Kilian*, Europäisches Wirtschaftsrecht)

Kingreen, Thorsten — Die Struktur der Grundfreiheiten des Europäischen Gemeinschaftsrechts, Berlin 1999

Klauer, Irene — Die Europäisierung des Privatrechts – Der EuGH als Zivilrichter, Baden-Baden 1998 (zitiert: *Klauer*, Die Europäisierung des Privatrechts)

Koenig, Christian / Haratsch, Andreas — Europarecht, 3. Auflage, Tübingen 2000

Kohler, Joachim — Abgaben zollgleicher Wirkung im Recht der Europäischen Gemeinschaften, Berlin 1978 (zitiert: *Kohler*, Abgaben zollgleicher Wirkung)

Kötz, Hein / Zweigert, Konrad — Einführung in die Rechtsvergleichung – auf dem Gebiete des Privatrechts, 3., neubearbeitete Auflage, Tübingen 1996 (zitiert: *Kötz/Zweigert*, Einführung in die Rechtsvergleichung)

Kraekel, Britta — Der Abbau von Maßnahmen kontingentgleicher Wirkung als Instrument zur Marktöffnung: Europäischen Gemeinschaften und MERCOSUR im Vergleich, München 1997 (zitiert: *Kraekel*, Abbau von Maßnahmen kontingentgleicher Wirkung)

La Nauze, John A. — The Making of the Australian Constitution, Melbourne 1972

Lane, Patrick H. A Manual of Australian Constitutional Law, 6th edition, Sydney 1995

ders. An Introduction to the Australian Constitutions, 6th edition, Sydney 1994

ders. The Australian Federal System, 2nd edition, Sydney-Melbourne-Brisbane-Perth 1979

Lang, Joachim Die Freiheit des Warenverkehrs – Kontinuität und Wandel in der Rechtsprechung des EuGH, Berlin 1997 (zitiert: *Lang*, Die Freiheit des Warenverkehrs)

Latimer, Paul Australian Business Law, 17th edition, Sydney 1998

Lecheler, Helmut Einführung in das Europarecht, München 2000

Lichtenwalder, Wolfgang Die Anwendung von Art. 30 EGV in der mitgliedstaatlichen Rechtsprechung, Frankfurt am Main-Berlin-Bern-New York-Paris-Wien 1995

Lonie, Ian / Bryant, Tannetje / Groom, Lawrence Victorian Local Government Law – A New System, Sydney 1997

Mattera, Alfonso Le marché unique européen – Ses règles, son fonctionnement, deuxième édition, Paris 1990 (zitiert: *Mattera*, Le marché unique européen)

McMillan, John / Evans, Gareth / Storey, Haddon Australia's Constitution – Time for Change?, Sydney-London-Boston 1983

Meier, Gert Die Cassis-Rechtsprechung des Gerichtshofs der Europäischen Gemeinschaften – Eine Entscheidungssammlung, 5. Auflage, Hamburg 1993 (zitiert: *Meier*, Die Cassis-Rechtsprechung)

Mercier, Pierre L'union européenne et la circulation des marchandises – les échanges entre Etats membres, Basel-Frankfurt a.M. 1995

Mestmäcker, Ernst-Joachim Europäisches Wettbewerbsrecht, München 1974

Millarg, Ivo Die Schranken des freien Warenverkehrs in der EG – Systematik und Zusammenwirken von Cassis-Rechtsprechung und Art. 30 EG-Vertrag, Baden-Baden 2001

Molle, Willem — The Economics of European Integration (Theory, Practice, Policy), Aldershot-Brookfield-Hong Kong-Singapore-Sydney 1990

Moore, Harrison — The Constitution of the Commonwealth of Australia, 2nd edition, Sydney 1910 (Neudruck: 1997)

Müller, Markus — Systemwettbewerb, Harmonisierung und Wettbewerbsverzerrung – Europa zwischen einem Wettbewerb der Gesetzgeber und vollständiger Harmonisierung, Baden-Baden 2000 (zitiert: *Müller*, Systemwettbewerb, Harmonisierung und Wettbewerbsverzerrung)

Müller-Graff, Peter-Christian — Binnenmarktziel und Rechtsordnung – Binnenmarktrecht, Bergisch Gladbach-Köln 1989 (zitiert: *Müller-Graff*, Binnenmarktrecht)

ders. — Unternehmensinvestitionen und Investitionssteuerung im Marktrecht – Zu Maßstäben und Schranken für die überbetriebliche Steuerung von Produktionsinvestitionen aus dem Recht des wettbewerbsverfaßten Marktes, Tübingen 1984 (zitiert: *Müller-Graff*, Unternehmensinvestitionen und Investitionssteuerung)

Mullins, Anne / Saunders, Cheryl (Herausgeber) — Economic Union in Federal Systems, Melbourne 1994

Nicolaysen, Gert — Europarecht I, Baden-Baden 1991

ders. — Europarecht II – Das Wirtschaftsrecht im Binnenmarkt, Baden-Baden 1996 (zitiert: *Nicolaysen*, Europarecht II)

Ogus, Anthony — Regulation – Legal Form and Economic Theory, Oxford 1994

Oliver, Peter — Free Movements of Goods in the European Community Under Articles 30 to 36 of the Rome Treaty, 3rd edition, London 1996 (zitiert: *Oliver*, Free Movement of Goods in the European Community)

Omar, Imtiaz — Constitutional Law, Sydney-Adelaide-Brisbane-Canberra-Melbourne-Perth 1998

Oppermann, Thomas — Europarecht – Ein Studienbuch, 2. Auflage, München 1999 (zitiert: *Oppermann*, Europarecht)

Painter, Martin Collaborative Federalism – Economic Reform in the 1990s, Cambridge 1998 (zitiert: *Painter*, Collaborative Federalism)

Parkinson, Patrick Tradition and Change in Australian Law, 2nd edition, Sydney 2001

Poiares Maduro, Miguel We The Court – The European Court of Justice and the European Economic Constitution, Oxford 1998 (zitiert: *Poiares Maduro*, We The Court)

Ratnapala, Suri Australian Constitutional Law – Foundations and Theory, Melbourne 2002 (zitiert: *Ratnapala*, Australian Constitutional Law)

Reich, Norbert Europäisches Verbraucherrecht – Eine problemorientierte Einführung in das europäische Wirtschaftsrecht, 3. neubearbeitete Auflage, Baden-Baden 1996 (zitiert: *Reich*, Europäisches Verbraucherrecht)

Richardson, Jack E. Patterns of Australian Federalism, Canberra 1973

Rose, Klaus / Sauernheimer, Karlhans Theorie der Außenwirtschaft, 13., überarbeitete Auflage, München 1999

Roth, Wulf-Henning Freier Warenverkehr und staatliche Regelungsgewalt in einem Gemeinsamen Markt – Europäische Probleme und amerikanische Erfahrungen, München 1977 (zitiert: *Roth*, Freier Warenverkehr und staatliche Regelungsgewalt in einem Gemeinsamen Markt)

Sawer, Geoffrey F. Australian Federalism in the Courts, Melbourne 1967

ders. Australian Federal Politics and Law 1929-1949, Melbourne 1963

ders. Modern Federalism, 2nd edition, Carlton 1976

ders. The Australian Constitution, 2nd edition, Canberra 1988

Schaefer, Detlef Die unmittelbare Wirkung des Verbots der nichttarifären Handelshemmnisse (Artikel 30 EWG-Vertrag) in den Rechtsbeziehungen zwischen Privaten: Probleme der horizontalen unmittelbaren Wirkung des Gemeinschaftsrechts, gezeigt am Beispiel des Art. 30 EWGV, Frankfurt 1987 (zitiert: *Schaefer*, Die unmittelbare Wirkung des Verbots der nichttarifären Handelshemmnisse)

Scheffer, Urban Die Marktfreiheiten des EG-Vertrages als Ermessensgrenze des Gemeinschaftsgesetzgebers, Frankfurt am Main-Berlin-Bern-New York-Paris-Wien 1997

Schmitz, Volker Die kommerzielle Kommunikation im Binnenmarkt im Lichte der neueren Rechtsprechung zur Warenverkehrsfreiheit, Baden-Baden 2000

Schneider, Hartmut Die öffentliche Ordnung als Schranke der Grundfreiheiten im EG-Vertrag, Baden-Baden 1998

Schwarze, Jürgen Europäisches Verwaltungsrecht: Entstehung und Entwicklung im Rahmen der Europäischen Gemeinschaft – Band 2, 1. Auflage, Baden-Baden 1988 (zitiert: *Schwarze*, Europäisches Verwaltungsrecht (Band 2))

Schweitzer, Michael / Hummer, Michael Europarecht: das Recht der Europäischen Union; das Recht der Europäischen Gemeinschaften (EGKS, EG, EAG); mit Schwerpunkt EG, 5., neubearbeitete und erweiterte Auflage, Neuwied-Kriftel-Berlin 1996 (zitiert: *Schweitzer/Hummer*, Europarecht)

Schwemer, Rolf-Oliver Die Bindung des Gemeinschaftsgesetzgebers an die Grundfreiheiten, Frankfurt am Main-Berlin-Bern-New York-Paris-Wien 1995

Solbach, Thomas Staatliche Regelungen von Verkaufsmodalitäten als Maßnahmen gleicher Wirkung wie mengenmäßige Einfuhrbeschränkungen im Sinne des Artikels 30 EGV, München 1996

Solomon, David Australia's Government and Parliament, 7th edition, Melbourne 1988 *ders.* The political High Court – How the High Court shapes politics, St. Leonards 1999 (zitiert: *Solomon*, The political High Court)

Spriggs, Shelley Viva La Difference: Mutual Recognition in the Federation of Australian States, Sydney 1997

Steinberger, Helmut GATT und regionale Wirtschaftszusammenschlüsse – Eine Untersuchung der Rechtsgrundsätze des Allgemeinen Zoll- und Handelsabkommens vom 30. Oktober 1947 (GATT) über die Bildung regionaler Wirtschaftszusammenschlüsse, Köln-Berlin 1963 (zitiert: *Steinberger*, GATT und regionale Wirtschaftszusammenschlüsse)

Steindorff, Ernst EG-Vertrag und Privatrecht, Baden-Baden 1996

ders. Grenzen der EG-Kompetenzen, Heidelberg 1990

Steiner, Josephine / Woods, Lorna Textbook on EC Law, 6th edition, London 1998

Streinz, Rudolf Europarecht, 5., völlig neubearbeitete Auflage, Heidelberg 2001

Stuckey, Eric B. Bluett Local Government Handbook (New South Wales), 13th edition, Sydney 1994

Taucher, Bernd Nationales Warenzeichenrecht versus Warenverkehrsfreiheit in der EG – Der spezifische Gegenstand des Warenzeichenrechts als schutzwürdiges Gut im Rahmen des Artikels 36 EG-Vertrag, Graz 1995

Thomas, Tony / Saunders, Cheryl (Herausgeber) The Australian Mutual Recognition Scheme: A New Approach to an Old Problem, Melbourne 1995

Tinbergen, Jan International Economic Integration, 2nd edition, Amsterdam 1965

Turner, Clive Australian Commercial Law, 23rd edition, Sydney 2001

Usher, John A. EC Institutions and Legislation, Essex 1998

Vermeesch, Robert B. / Lindgren, Kevin E. Business Law of Australia, 10th edition, Sydney 2001

Viner, Jacob Studies in the Theory of International Trade, New York London 1937

Vollbrecht, Andre — Warenverkehrslenkung nach dem Außenwirtschaftsgesetz im Rahmen des Europäischen Gemeinschaftsrechts, Heidelberg 1987

Waugh, John — The Rules – An Introduction to the Australian Constitutions, Melbourne 1996

Weatherill, Stephen — Law and Integration in the European Union, Oxford 1995

Weyer, Hartmut — Freier Warenverkehr und staatliche Regelungsgewalt in der Europäischen Union – Eine Analyse des Anwendungsbereichs der Art. 30-36 EG-Vertrag auf Grundlage der Rechtsprechung des EuGH, Berlin-New York 1997 (zitiert: *Weyer*, Freier Warenverkehr und staatliche Regelungsgewalt)

von Wilmowsky, Peter — Abfallwirtschaft im Binnenmarkt – Europäische Probleme und amerikanische Erfahrungen, Düsseldorf 1990 (zitiert: *von Wilmowsky*, Abfallwirtschaft im Binnenmarkt)

ders. — Europäisches Kreditsicherungsrecht – Sachenrecht und Insolvenzrecht unter dem EG-Vertrag, Tübingen 1996 (zitiert: *von Wilmowsky*, Europäisches Kreditsicherungsrecht)

Winterton, George / Lee, H. P. / Glass, Arthur / Thomson, James A. — Australian Federal Constitutional Law – Commentary and Materials, Sydney 1999 (zitiert: *Winterton/Lee/ Glass/Thomson*, Australian Federal Constitutional Law)

Wyatt, Derrick / Dashwood, Alan — European Community Law, 3rd edition, London 1993

Wynes, William A. — Legislative, Executive and Judicial Powers in Australia, 5th edition, Sydney 1976

Zäch, Roger — Grundzüge des Europäischen Wirtschaftsrechts, Zürich-Baden-Baden-Wien 1996

Zines, Leslie — The High Court and the Constitution, 4th edition, Sydney-Adelaide-Brisbane-Canberra-Melbourne-Perth 1997

III. Aufsätze

Ackermann, Thomas — Warenverkehrsfreiheit und „Verkaufsmodalitäten“, RIW 1994, 189 ff.

Anderson, Ross — The Main Frustrations of the Economic Functions of Government Caused by Section 92 and Possible Escapes Therefrom, (1953) 26 Australian Law Journal 566 ff.

ders. — The States and Relations With the Commonwealth, in: Else-Mitchell, R. (Herausgeber), Essays on the Australian Constitution, 2nd edition, Sydney-Melbourne-Brisbane 1961, S. 93 ff.

Arnull, Anthony — Quantitative Restrictions and Measures Having Equivalent Effect: Anyone for Tripe?, (1993) 18 ELRev 314 ff.

Balthasar, Alexander — „Inländerdiskriminierung“ in der EU nach dem EG-Vertrag und aus österreichischer Sicht, ZÖR 53 (1998), 143 ff.

Barents, René — New Developments in Measures Having Equivalent Effect, CMLRev 18 (1981), 271

Bassi, U. / Coppenolle, K. — La libre circulation des marchandises, RMUE 4-1993, 195 ff.

Beasley, F. R. — The Commonwealth Constitution: Section 92 – Its History in the Federal Conventions, (1948-1950) 1 University of Western Australia Law Review 97 ff., 273 ff. und 433 ff.

Becker, Ulrich — Von „Dassonville“ über „Cassis“ zu „Keck“ – Der Begriff der Maßnahmen gleicher Wirkung in Art. 30 EGV, EuR 1994, 162 ff.

Behrens, Peter — Die Konvergenz der wirtschaftlichen Freiheiten im europäischen Gemeinschaftsrecht, EuR 1994, 145 ff.

Beier, Friedrich-Karl — Gewerblicher Rechtsschutz und freier Warenverkehr im europäischen Binnenmarkt und im Verkehr mit Drittstaaten, GRUR Int. 1989, 603 ff.

Bell, Andrew S. — Section 92, Factual Discrimination and the High Court, (1991) 20 Federal Law Review 240 ff.

Béraud, René Christian L'aménagement des monopoles nationaux prévus à l'article 37 du traité C.E.E. à la lumière des récents développements jurisprudentiels, RTDE 15 (1979), 537 ff.

ders. Les mesures d'effet équivalent au sens des articles 30 et suivants du Traité de Rome, RTDE 4 (1968), 265 ff.

Bernard, Nicolas Discrimination and Free Movement in EC Law, (1996) 45 ICLQ 82 ff.

Bernhard, Peter „Keck" und „Mars" – die neueste Rechtsprechung des EuGH zu Art. 30 EGV, EWS 1995, 404 ff.

Bini, Marco Mutual Recognition and the Reference Power, (1998) 72 Australian Law Journal 696 ff.

von Borries, Reimer / Petschke, Matthias Gleichwertigkeitsklauseln als Instrument zur Gewährleistung des freien Warenverkehrs in der Europäischen Gemeinschaft, DVBl. 1996, 1343 ff.

Brennan, Gerard A Tribute to Sir Anthony, in: Saunders, Cheryl (Herausgeber), Courts of Final Jurisdiction: The Mason Court in Australia, Sydney 1996, S. 1 ff.

Brown, Bill Mutual Recognition on the Way, (1992) 66 Law Institute Journal 808 ff.

de Búrca, Gráinne The Role of Equality in European Community Law, in: Dashwood, Alan / O'Leary, Siofra (Herausgeber), The Principle of Equal Treatment in E.C. Law, London 1997, S. 17 ff.

dies. The Principle of Proportionality and its Application in EC Law, (1993) 13 YEL 105 ff.

Calliess, Christian Nach dem „Tabakwerbung-Urteil" des EuGH: Binnenmarkt und gemeinschaftsrechtliche Kompetenzverfassung im neuen Licht, JURA 2001, 311 ff.

Campbell, Lisbeth Lionel Murphy and the Jurisprudence of the High Court Ten Years On, (1996) 15 University of Tasmania Law Review 22 ff.

Carney, Gerard The Re-Interpretation of Section 92: The Decline of Free Entreprise & The Rise of Free Trade, (1991) 3 Bond Law Review 149 ff.

Carroll, Peter — Mutual Recognition: Origins and Implementation, (1995) 54 Australian Journal of Public Administration 35 ff.

Chapman, Ralph J.K. — Federalism, Intergovernmental Relations and the Australian Policy Process, Federalism Conference Australian National University Canberra, February 16-17, 1984

Classen, Claus Dieter — Auf dem Weg zu einer einheitlichen Dogmatik der EG-Grundfreiheiten, EWS 1995, 97 ff.

Connolly, C. B. E. — *Cole v. Whitfield* – The Repeal of Section 92 of the Constitution, (1991) 16 University of Queensland Law Journal 290 ff.

Coper, Michael — Constitutional Obstacles to Organised Marketing in Australia, (1978) 46 Review of Marketing and Agricultural Economics 71 ff.

ders. — Constitutional Obstacles to Organised Marketing in Australia: A Postscript, (1978) 46 Review of Marketing and Agricultural Economics 355 ff.

ders. — Crayfish and Credit Unions: Caught in the Net of Section 92 of the Australian Constitution; Credit Union Legal Seminar 1989, Terrigal, 26-28 April 1989 (zitiert: *Coper*, Crayfish and Credit Unions)

ders. — Intergovernmental Relations and Microeconomic Reform, Edited Version of an Address to the Centre of Comparative Constitutional Studies Seminar at the University of Melbourne 13 August 1992, Canberra 1992

ders. — Section 92 and the Future of Agricultural Marketing, Address to the Australian Agricultural Economics Society (Victorian Branch) – Symposium: Section 92 of the Constitution: Economic and Legal Implications, Melbourne, 13 October 1988 (zitiert: *Coper*, Section 92 and the Future of Agricultural Marketing)

ders. — Section 92 and the Impressionistic Approach, (1984) 58 Australian Law Journal 92 ff.

ders. Section 92 of the Australian Constitution Since *Cole v. Whitfield*, in: Lee, Hoong P. und Winterton, George (Herausgeber), Australian Constitutional Perspectives, Sydney 1992, S. 129 ff.

ders. Some Reflections on Constitutional Change, Australian Society of Labor Lawyers – Tenth Annual National Conference, 3rd Session: Labor vs The Constitution – Revisited, Canberra 26-28 August 1988 (zitiert: *Coper*, Some Reflections on Constitutional Change)

ders. The Curious Case of the Callow Crayfish – The New Law Relating to Section 92 of the Australian Constitution, The Parliament of the Commonwealth of Australia – Discussion Paper No. 1 (1989-90), Canberra 1989 (zitiert: *Coper*, The Curious Case of the Callow Crayfish)

ders. The Economic Framework of the Australian Federation: A Question of Balance, in: Craven, Gregory (Herausgeber), Australian Federation – Towards the Second Century, Melbourne 1992, S. 131 ff. (zitiert: *Coper*, in: Craven, Australian Federation – Towards the Second Century)

ders. The Role of Courts in the Preservation of Federalism, (1989) 63 Australian Law Journal 463 ff.

ders. The Second Coming of the Fourth Arm: The Role and Functions of the Inter-State Commission, (1989) 63 Australian Law Journal 731 ff.

de Costa, Alex The Corporations Law and Cooperative Federalism after *The Queen v Hughes*, (2000) 22 Sydney Law Review 451 ff.

Cowan, Zelman A Comparison of the Constitutions of Australia and the United States, (1955) 4 Buffalo Law Review 155 ff.

Cranston, Ross From Co-operative to Coercive Federalism and Back?, (1979) 10 Federal Law Review 121 ff.

Crommelin, Michael The Federal Model, in: Craven, Gregory (Herausgeber), Australian Federation – Towards the Second Century, Melbourne 1992, S. 33 ff.

Cullen, Richard Section 92: Quo vadis?, (1989) 19 University of Western Australia Law Review 90 ff.

ders. Canada and Australia: A Federal Parting of the Ways, (1989) 18 Federal Law Review 53 ff.

Curtin, Deirdre The Constitutional Structure of the Union: A Europe of Bits and Pieces, CMLRev 30 (1993), 17 ff.

Daniele, Luigi Réflexions d'ensemble sur la notion de mesures ayant un effet équivalent à des restrictions quantitatives, RMC 1984, 477 ff.

Dashwood, Alan States in the European Union, (1998) 23 ELRev 201 ff.

Dauses, Manfred A. Die Rechtsprechung des EuGH zum Verbraucherschutz und zur Werbefreiheit im Binnenmarkt, EuZW 1995, 425 ff.

ders. Dogmatik des freien Warenverkehrs in der Europäischen Gemeinschaft, RIW 1984, 197 ff.

ders. Grundlagen der Rechtsprechung des Europäischen Gerichtshofes – Auswirkungen auf Bund und Länder, BayVBl. 1989, 609 ff.

Dauses, Manfred A. / Roth, Tilman Neuere Entwicklungen in der Rechtsprechung des EuGH zur Warenverkehrsfreiheit in der EU, ZLR 1996, 507 ff.

Dawson, Daryl The Founders' Vision, in: Craven, Gregory (Herausgeber), Australian Federation – Towards the Second Century, Melbourne 1992, S. 1 ff.

Derham, D. P. The Second Hughes and Vale Case, (1956) 29 Australian Law Journal 476 ff.

Detmold, Michael J. Australian Law: Federal Movement, (1991) 13 Sydney Law Review 31 ff.

Deringer, Arved — Zum Spannungsverhältnis zwischen den Freiheiten des Gemeinsamen Marktes und den nationalen Interessen der Mitgliedstaaten, in: Europäische Gerichtsbarkeit und nationale Verfassungsgerichtsbarkeit – Festschrift zum 70. Geburtstag für Hans Kutscher, herausgegeben von Wilhelm G. Grewe, Hans Rupp und Hans Schneider, Baden-Baden 1981, S. 95 ff. (zitiert: *Deringer*, in: Festschrift für Kutscher)

Dörr, Oliver — Die Warenverkehrsfreiheit nach Art. 30 EWG-Vertrag – doch bloß ein Diskriminierungsverbot?, RablesZ 54 (1990), 677 ff.

Dubach, Alexander — Freier Warenverkehr in der Europäischen Union: Der Gerichtshof auf neuen Pfaden?, DVBl. 1995, 595 ff.

Ebenroth, Carsten Thomas — Neue Ansätze zur Warenverkehrsfreiheit im Binnenmarkt der Europäischen Union, in: Festschrift für Henning Piper, herausgegeben von Willi Erdmann, Wolfgang Gloy und Rolf Herber, München 1996, S. 133 ff. (zitiert: *Ebenroth*, in: Festschrift für Piper)

ders. — Herausforderungen für das internationale Wirtschaftsrecht, RIW 1994, 1 ff.

Ebenroth, Carsten Thomas / Hübschle, Wolfgang — „Bestand" und „Ausübung" gewerblicher Schutzrechte, EWS 1994, 109 ff.

Edwards, Meredith / Henderson, Alan — Council of Australian Governments – A Vehicle for Reform, in: Carroll, Peter / Painter, Martin (Herausgeber), Microeconomic Reform and Federalism, Canberra 1995, S. 21 ff.

Ehlermann, Claus-Dieter — Das Verbot der Maßnahmen gleicher Wirkung in der Rechtsprechung des Gerichtshofes, in: Hamburg – Deutschland – Europa : Festschrift für Hans Peter Ipsen zum siebzigsten Geburtstag, herausgegeben von Rolf Stödter und Werner Thieme, Tübingen 1977, S. 579 ff. (zitiert: *Ehlermann*, in: Festschrift für Hans Peter Ipsen)

Ehlers, Dirk — Die Grundfreiheiten des europäischen Gemeinschaftsrechts (Teil I), JURA 2001, 266 ff.

ders. Die Grundfreiheiten des europäischen Gemeinschaftsrechts (Teil II), JURA 2001, 482 ff.

Ehricke, Ulrich Staatliche Handelsmonopole im Recht der EU – Art. 37 EG-Vertrag: Bestandsaufnahme und Perspektiven, WuW 1995, 691 ff.

Ehring, Hubert Zur Abgrenzung des Beihilfeverbots vom Verbot der zollgleichen Abgaben und der inländischen Abgaben, welche die Einfuhr höher belasten als die inländische Erzeugung, EuR 1974, 108 ff.

Ensthaler, Jürgen Die umgekehrte Diskriminierung im EWG-Vertrag, RIW 1990, 734 ff.

Everling, Ulrich Abgrenzung der Rechtsangleichung zur Verwirklichung des Binnenmarktes nach Art. 100a EWGV durch den Gerichtshof, EuR 1991, 179 ff.

ders. Die Rechtsprechung des EuGH zum freien Warenverkehr im Binnenmarkt, ZLR 1989, 304 ff.

ders. Die Wiederaufbereitung abgebrannter Brennelemente in anderen Mitgliedstaaten der Europäischen Gemeinschaft, RIW Beilage 2 zu Heft 3/1993, 1 ff.

ders. Einlagensicherung der Banken im Europäischen Binnenmarkt, ZHR 162 (1998), 403 ff.

ders. Gestaltungsbedarf des Europäischen Rechts, EuR 1987, 214 ff.

ders. Probleme der Rechtsangleichung zur Verwirklichung des europäischen Binnenmarktes, in: Festschrift für Ernst Steindorff zum 70. Geburtstag am 13. März 1990, herausgegeben von Jürgen F. Baur, Klaus J. Hopt und K. Peter Mailänder, Berlin-New York 1990, S. 1155 ff. (zitiert: *Everling*, in: Festschrift für Steindorff)

ders. Reflections on the Structure of the European Union, CMLRev 29 (1992), 1053 ff.

ders. Wirtschaftsfreiheit im europäischen Binnenmarkt – Anspruch und Realität, in: Schwarze, Jürgen (Herausgeber) Wirtschaftsverfassungsrechtliche Garantien für Unternehmen im europäischen Binnenmarkt, Baden-Baden 2001, S. 11 ff.

ders. Zum Begriff der Ware im Binnenmarkt der EGV und sein Verhältnis zu den Dienstleistungen, in: Währung und Wirtschaft – Das Geld im Recht, Festschrift für Hugo J. Hahn zum 70. Geburtstag, herausgegeben von Albrecht Weber, Baden-Baden 1997, S. 365 ff. (zitiert: *Everling*, in: Festschrift für H.J. Hahn)

ders. Zur föderalen Struktur der Europäischen Gemeinschaft, in: Staat und Völkerrechtsordnung, Festschrift für Karl Doehring, herausgegeben von Kay Hailbronner, Georg Ress und Torsten Stein, Berlin-Heidelberg-New York-London-Paris-Tokyo-Hong Kong 1989, S. 179 ff. (zitiert: *Everling*, in: Festschrift für Doehring)

ders. Zur Funktion der Rechtsangleichung in der Europäischen Gemeinschaft – Vom Abbau der Verzerrungen zur Schaffung des Binnenmarktes, in: Du droit international au droit de l'intégration, Liber Amicorum Pierre Pescatore, herausgegeben von F. Capotorte, C.-D. Ehlermann, J. Frowein, F. Jacobs, R. Joliet, T. Koopmans, R. Kovar, Baden-Baden 1987, S. 227 ff. (zitiert: *Everling*, in: Liber Amicorum Pierre Pescatore)

Fezer, Karl-Heinz Europäisierung des Wettbewerbsrechts, JZ 1994, 317 ff.

Fischer, Hans Georg Abschied von „Dassonville" und „Cassis de Dijon"? – Zur neuesten Rechtsprechung des EuGH auf dem Gebiet des freien Warenverkehrs, WiB 1994, 182 ff.

Fischer, Thomas C. / Neff, Stephen C. Some American Thoughts About European "Federalism", (1995) 44 ICLQ 904 ff.

Fitzgerald, Brian F. Proportionality and Australian Constitutionalism, (1993) 12 University of Tasmania Law Review 263 ff.

Fletcher, Christine The Australian Territories and New Federalism, Australian National University – Federalism Research Centre Discussion Papers No. 13, Canberra 1992

Fronia, Joachim — Transparenz und Vermeidung von Handelshemmnissen bei Produktspezifikationen im Binnenmarkt, EuZW 1996, 101 ff.

Galligan, Brian — The Future of Australian Federalism, in: Prasser, Scott / Starr, Graeme (Herausgeber), Policy & Change – The Howard Mandate, Sydney 1997, S. 85 ff. (zitiert: *Galligan*, in: Prasser/Starr, Policy & Change – The Howard Mandate)

Geradin, Damien — Free Trade and Environmental Protection in an Integrated Market: A Survey of the Case Law of the United States Supreme Court and the European Court of Justice, (1993) 2 Florida State University Journal of Transnational Law & Politics 141 ff.

ders. — Trade and Environmental Protection: Community Harmonization and National Environmental Standards, (1993) 13 YEL 151 ff.

Geradin, Damien / Stewardson, Raoul — Trade and environment: Some lessons from Castlemaine Tooheys (Australia) and Danish Bottles (European Community), (1995) 44 ICLQ 41 ff.

Götz, Volkmar — Anmerkung zu EuGH, Urteil vom 5. 10. 2000 – C-376/98 Bundesrepublik Deutschland ./. Europäisches Parlament und Rat der Europäischen Union, JZ 2001, 34 ff.

Grabitz, Eberhard — Das Recht auf Zugang zum Markt nach dem EWG-Vertrag, in: Hamburg – Deutschland – Europa: Festschrift für Hans Peter Ipsen zum siebzigsten Geburtstag, herausgegeben von Rolf Stödter und Werner Thieme, Tübingen 1977, S. 645 ff. (zitiert: *Grabitz*, in: Festschrift für Hans Peter Ipsen)

ders. — Über die Verfassung des Binnenmarktes, in: Festschrift für Ernst Steindorff zum 70. Geburtstag am 13. März 1990, herausgegeben von Jürgen F. Baur, Klaus J. Hopt und K. Peter Mailänder, Berlin-New York 1990, S. 1229 ff. (zitiert: *Grabitz*, in: Festschrift für Steindorff)

Grabitz, Eberhard / von Bogdandy, Armin — Vom Gemeinsamen Markt zum Binnenmarkt – Statik und Dynamik des Europäischen Marktes, JuS 1990, 170 ff.

Grano, Joseph D. — Teaching the Commerce Clause, (1998) 78 Boston University Law Revue 1163 ff.

Graser, Alexander — Zum Stand der Diskussion zur Inländerdiskriminierung, DÖV 1998, 1004 ff.

Greaves, Rosa — Advertising Restrictions on the Free Movement of Goods and Services, (1998) 23 ELRev 305 ff.

Gundel, Jörg — Die Neuordnung der Rechtsangleichung durch den Vertrag von Amsterdam, JuS 1999, 1171 ff.

ders. — Die Rechtfertigung von faktisch diskriminierenden Eingriffen in die Grundfreiheiten des EGV, JURA 2001, 79 ff.

Hamilton, Stuart — The Intergovernmental Agreement on the Environment: Three Years On, in: Carroll, Peter / Painter, Martin (Herausgeber), Microeconomic Reform and Federalism, Canberra 1995, S. 185 ff.

Happe, Claus-Michael — Überlegungen zur Rolle von Art. 100 b EWGV im System der Warenverkehrsfreiheit des EWGV, in: Festschrift für Albert Bleckmann zum 60. Geburtstag : Europa '93 – Auf dem Weg zur Europäischen Union, herausgegeben von Martin Coen, Sven Hölscheidt, Stefan Ulrich Pieper, S. 119 ff. (zitiert: *Happe*, in: Festschrift für Bleckmann)

Hawke, Robert J. — Towards a Closer Partnership, Speech delivered to the National Press Club, Canberra, July 19th 1990

Heermann, Peter W. — Artikel 30 EGV im Lichte der „Keck"-Rechtsprechung: Anerkennung sonstiger Verkaufsmodalitäten und Einführung eines einheitlichen Rechtfertigungstatbestands?, GRUR Int. 1999, 579 ff.

Heselhaus, Sebastian — Rechtfertigung unmittelbar diskriminierender Eingriffe in die Warenverkehrsfreiheit, EuZW 2001, 645 ff.

Hilf, Meinhard / Frahm, Katharina — Nichtigerklärung der Richtlinie zum Tabakwerbeverbot: Das letzte Wort?, RIW 2001, 128 ff.

Hirsch, Günter Das Verhältnismäßigkeitsprinzip im Gemeinschaftsrecht, Zentrum für Europäisches Wirtschaftsrecht – Vorträge und Berichte Nr. 80, Referat im Rahmen der Vortragsreihe „Grundfragen der Europäischen Rechtsordnung“, Bonn, 29. Februar 1997 (zitiert: *Hirsch*, Das Verhältnismäßigkeitsprinzip im Gemeinschaftsrecht, Zentrum für Europäisches Wirtschaftsrecht – Vorträge und Berichte Nr. 80 (1997))

ders. Die aktuelle Rechtsprechung des EuGH zur Warenverkehrsfreiheit, ZEuS 1999, 503 ff.

Horan, Christopher Section 122 of the Constitution: A „Disparate and Non-Federal“ Power?, (1997) 25 Federal Law Review 97 ff.

Howard, Colin Case Notes: *Cole v Whitfield*, *Bath v Alston Holdings Pty Ltd*, (1988) 16 Melbourne University Law Review 852 ff.

ders. Freedom of Interstate Trade, (1968) 6 Melbourne University Law Review 237 ff.

ders. Section 92 and the Discrimination Test, (1988) 62 Law Institute Journal 644 f.

ders. Section 92 of the Constitution: The First Rift in the New Order, (1988) 62 Law Institute Journal 760 f.

Jarass, Hans D. Die Kompetenzverteilung zwischen der Europäischen Gemeinschaft und den Mitgliedstaaten, AöR 121 (1996), 173 ff.

ders. Elemente einer Dogmatik der Grundfreiheiten, EuR 1995, 202 ff.

ders. Elemente einer Dogmatik der Grundfreiheiten II, EuR 2000, 705 ff.

Jestaedt, Thomas / Kästle, Florian Kehrtwende oder Rückbesinnung in der Anwendung von Art. 30 EG-Vertrag: Das Keck-Urteil, EWS 1994, 26 ff.

Joerges, Christian „Good Governance“ im Europäischen Binnenmarkt: Über die Spannungen zwischen zwei rechtswissenschaftlichen Integrationskonzepten und deren Aufhebung, EuR 2002, 17 ff.

Kaufmann, Bernd — EG-Gleichwertigkeitsverordnung, DB 1996, 277 ff.

Kennett, Geoffrey — Constitutional Interpretation in the *Corporations* Case, (1990) 19 Federal Law Review 223 ff.

Kingreen, Thorsten / Störmer, Rainer — Die subjektiv-öffentlichen Rechte des primären Gemeinschaftsrechts, EuR 1998, 263 ff.

Kirk, Jeremy — Constitutional Guarantees, Characterisation and the Concept of Proportionality, (1997) Melbourne University Law Review 1 ff.

Kischel, Uwe — Die Kontrolle der Verhältnismäßigkeit durch den EuGH, EuR 2000, 380 ff.

Kleier, Ulrich F. — Freier Warenverkehr (Art. 30 EWG-Vertrag) und die Diskriminierung inländischer Erzeugnisse, RIW 1988, 623 ff.

Klein, Eckart — Deutschlandrechtliche Grenzen einer Integration der Bundesrepublik Deutschland in die Europäischen Gemeinschaften, DÖV 1989, 957 ff.

Kluth, Winfried — Die Bindung privater Wirtschaftsteilnehmer an die Grundfreiheiten des EG-Vertrages, AöR 122 (1997), 557 ff.

Koenig, Christian — Europäische Integration und Systemwettbewerb zwischen mitgliedstaatlichen Rechtsordnungen, EuZW 1998, 513 ff.

ders. / Kühling, Jürgen — Das PreussElektra-Urteil des EuGH: Freibrief für Abnahme- und Vergütungspflichten in der Energiewirtschaft, NVwZ 2001, 768 ff.

Koenig, Christian / Sander, Claude — Bleibt der EuGH dem Keck'schen Telos treu?, EuZW 1996, 8 ff.

Kommers, Daniel / Waelbroeck, Michael — Legal Integration and the Free Movement of Goods: The American and European Experience, in: Cappelletti, Mauro / Seccombe, Monica / Weiler, Joseph H. H. (Herausgeber), Integration Through Law, Vol. I – Methods, Tools and Institutions, Book 3 – Forces and Potential for a European Identity, Berlin-New York 1986, S. 165 ff.

Krämer, Ludwig — Environmental Protection and Article 30, CMLRev 30 (1993), 111 ff.

Krislov, Samuel / Ehlermann, Claus-Dieter / Weiler, Joseph — The Politcal Organs and the Decision-Making Process in the United States and the European Community, in: Cappelletti, Mauro / Seccombe, Monica / Weiler, Joseph H. H. (Herausgeber), Integration Through Law, Vol. I – Methods, Tools and Institutions, Book 2 – Political Organs, Integration Techniques and Judicial Process, Berlin-New York 1986, S. 3 ff.

Kühne, Gunther — Anmerkung zum Urteil des EuGH vom 13.3.2001 – C-379/98 PreussenElektra AG ./. Schleswag AG, JZ 2001, 759 ff.

La Nauze, John A. — A little Bit of Lawyers' Language – The History of 'Absolutely Free' 1890-1900, in: Martin, Allan W., Essays in Australian Federation, Melbourne 1969, S. 57 ff. (zitiert: *La Nauze*, in: Martin, Essays in Australian Federation)

Lane, Desmond — Disallowance of Local Laws in Victoria, (1996) 1 Local Government Law Journal 123 ff.

Lane, Patrick H. — The Present Test for Invalidity Under Section 92 of the Constitution, (1988) 62 Australian Law Journal 604ff.

ders. — Trade and Commerce: Definition and Degree, (1961) 35 Australian Law Journal 278 ff.

Latham, John — Book Reviews – *Sawer*, Cases on the Constitution of the Commonwealth Australia, 2nd edition 1957, and *Wynes*, Legislative, Executive and Judicial Powers in Australia, 2nd edition 1957, (1957) 1 Melbourne University Law Review 266 ff.

Lee, Hoong P. — Proportionality in Australian Constitutional Adjudication, in: Lindell, Geoffrey (Herausgeber), Future Directions in Australian Constitutional Law – Essays in Honour of Leslie Zines, Sydney 1994, S. 126 ff.

Lee, Margaret / Quinlan, Michael — Co-ordinating the Regulation of Occupational Health and Safety in Australia: Legal and Political Obstacles and Recent Developments, (1994) 7 Australian Journal of Labour Law 33 ff.

Lenaerts, Koen Federalism: Essential Concepts in Evolution – The Case of the European Union, (1998) 22 Fordham International Law Journal 746 ff.

Lenz, Carl Otto Ein undeutlicher Ton, NJW 1994, 1633 f.

ders. Vertrag von Maastricht – Ende demokratischer Staatlichkeit?, NJW 1993, 1962 ff.

Loftus, Paul Proportionality, Australian Constitutionalism and Governmental Theory – Changing the Grundnorm, (1999) 3 Southern Cross University Law Review 30 ff.

Longo, Michael Co-operative Federalism in Australia and the European Union: Cross-pollinating the Green Ideal, (1997) 25 Federal Law Review 127 ff.

Lüder, Tilman Die Grenzen der *Keck*-Rechtsprechung, EuZW 1996, 615 ff.

Marceno, Guiliano Pour une interprétation traditionelle de la notion de mesure d'effet equivalent à une restriction quantitative, CDE 1984, 291 ff.

Martenczuk, Bernd Die differenzierte Integration und die föderale Struktur der Europäischen Union, EuR 2000, 351 ff.

Mason, Anthony Book Review, (1983) 6 University of New South Wales Law Journal 234 ff.

ders. Trends in Constitutional Interpretation, (1995) 18 University of New South Wales Law Journal 237 ff.

ders. The Australian Constitution 1901-1988, (1988) 62 Australian Law Journal 752 ff.

ders. The Role of a Constitutional Court in a Federation – A Comparison of the Australian and the United States Experience, (1986) 16 Federal Law Review 1 ff.

Mattera, Alfonso Le principe de la reconnaissance mutuelle: instrument de préservation des traditions et des diversités nationales, régionales et locales, RMUE 2-1998, 5 ff.

Matthies, Heinrich Artikel 30 EG-Vertrag nach Keck, in: Festschrift für Ulrich Everling – Band 1, herausgegeben von Ole Due, Marcus Lutter und Jürgen Schwarze, Baden-Baden 1995, S. 803 ff. (zitiert: *Matthies*, in: Festschrift für Everling (Band 1))

ders. Zur Anerkennung gleichwertiger Regelungen im Binnenmarkt der EG (Art. 100 b EWG-Vertrag, in: Festschrift für Ernst Steindorff zum 70. Geburtstag am 13. März 1990, herausgegeben von Jürgen F. Baur, Klaus J. Hopt und K. Peter Mailänder, Berlin-New York 1990, S. 1287 ff. (zitiert: *Matthies*, in: Festschrift für Steindorff)

ders. Zur Auslegung des Gemeinschaftsrechts im Vorlageverfahren (Art. 177 EWG-V), in: Rechtsvergleichung, Europarecht und Staatenintegration – Gedächtnisschrift für Léontin-Jean Constantinesco, herausgegeben von Gerhard Lüke, Georg Ress, Michael R. Will, Köln-Berlin- Köln-Berlin-Bonn-München 1983, S. 471 ff. (zitiert: *Matthies*, in: Gedächtnisschrift für Constantinesco)

McCamish, Carl The Use of Historical Materials in Interpreting the Commonwealth Constitution, (1996) 70 Australian Law Journal 638 ff.

McConvill, James / Smith, Darryl Interpretation and Cooperative Federalism: *Bond v R* from a Constitutional Perspective, (2001) 29 Federal Law Review 75 ff.

McGee, Andrew / Weatherill, Stephen The Evolution of the Single Market – Harmonisation or Liberalisation, (1990) 53 Modern Law Review 578 ff.

McQueen, Rob Why High Court Judges make poor historians: The Corporations Act Case and early attempts to establish a national system of company regulation in Australia, (1990) 19 Federal Law Review 245 ff.

Mégret, Jacques L'aménagement des monopoles français en execution de l'article 37 instituant la CEE, RTDE 8 (1972), 558 ff.

Meier, Gert — Anmerkung zum Urteil des EuGH vom 9.12.1997 – EuGH, Rs. C-265/95 (Kommission/Frankreich), EuZW 1998, 85 ff.

Mestmäcker, Ernst-Joachim — Die Wirtschaftsverfassung in der Europäischen Union, Zentrum für Europäisches Wirtschaftsrecht – Vorträge und Berichte, Nr. 28, Referat im Rahmen der Vortragsreihe „Das Weißbuch der Kommission und die Realität des Binnenmarktes – Erfolge und Mißerfolge", Bonn 8. Februar 1993

ders. — Staat und Unternehmen im europäischen Gemeinschaftsrecht, RabelsZ 52 (1988), 526 ff.

ders. — Zur Wirtschaftsverfassung in der Europäischen Union, in: Ordnung in Freiheit – Festgabe für Hans Willgerodt zum 70. Geburtstag, herausgegeben von Rolf H. Hasse, Josef Molsberger und Christian Watrin, Stuttgart-Jena-New York 1994, S. 263 ff. (zitiert: *Mestmäcker*, in: Festgabe für Willgerodt)

Meurer, Thomas — Verpflichtung der Mitgliedstaaten zum Schutz des freien Warenverkehrs, EWS 1998, 196 ff.

Micklitz, Hans W. — Das Keck-Urteil des EuGH – vom Binnenmarkt zurück zum Freihandel?, IStR 1994, 86 ff.

Moench, Christoph — Der Schutz des freien Warenverkehrs im Gemeinsamen Markt, NJW 1982, 2698 ff.

Moens, Gabriël A. — Freedom of Movement of Goods in the European Community, (1990) 17 Melbourne University Law Review 733 ff.

Möschel, Wernhard — Anmerkung zum Urteil des EuGH vom 15.12.1993, Rs. C-292/92 (Hünermund u.a./Landesapothekenkammer Baden-Württemberg), NJW 1994, 782 ff.

ders. — Kehrtwende in der Rechtsprechung des EuGH zur Warenverkehrsfreiheit, NJW 1994, 429 ff.

Möstl, Markus — Grenzen der Rechtsangleichung im europäischen Binnenmarkt, EuR 2002, 318 ff.

Montag, Frank — Umweltschutz, Freier Warenverkehr und Einheitliche Europäische Akte, RIW 1987, 935 ff.

Moore, Gillian The Principle of Equal Treatment: From Market Unifier to Fundamental Right?, in: Craig, Paul / de Búrca, Gráinne (Herausgeber), The Evolution of EU Law, Oxford 1999, S. 517 ff.

Moore, Sarah Re-visiting the limits of Article 30 EEC, (1994) 19 ELRev 195 ff.

Mülbert, Peter O. Privatrecht, die EG-Grundfreiheiten und der Binnenmarkt, ZHR 159 (1995), 2 ff.

Müller-Graff, Peter-Christian Binnenmarktauftrag und Subsidiaritätsprinzip?, ZHR 159 (1995), 34 ff.

ders. Europäisches Gemeinschaftsrecht und Privatrecht, NJW 1993, 13 ff.

von Münch, Ingo Australien als juristisches Experimentierfeld, NJW 1996, 3324 f.

Münch, Peter L. Die Entwicklung des australischen Föderalismus – Vom „unechten Staatenbund“ zum „unechten Bundesstaat“, Der Staat 1996, 284 ff.

Neergaard, Ulla B. Free Movement of Goods from a Contextual Perspective – A Review Essay, Maastricht Journal of European and Comparative Law 6 (1999), 151 ff.

Nelson, Helen Recipes for Uniformity: The Case of Food Standards, (1992) 27 Australian Journal of Political Science 63 ff.

Nicholson, G. R. The Constitutional Status of the Self-Governing Northern Territory, (1985) 59 Australian Law Journal 698 ff.

Nicolaysen, Gert Inländerdiskriminierung im Warenverkehr, EuR 1991, 95 ff.

Novak, Meinhard Ungleichbehandlung von ausländischen Produkten oder Dienstleistungen – Einheitliche Rechtfertigungstatbestände im EG-Vertrag, DB 1997, 2589 ff.

Nowak, Carsten / Schnitzler, Jörg Erweiterte Rechtfertigungsmöglichkeiten für mitgliedstaatliche Beschränkungen der EG-Grundfreiheiten, EuZW 2000, 627 ff.

Nygh, Peter E. An Analysis of Judicial Approaches to the Interpretation of the Commerce Clause in Australia and the United States of America, (1967) 5 Sydney Law Review 353 ff.

ders. The Concept of Freedom in Interstate Trade, (1967) 5 University of Queensland Law Journal 317 ff.

ders. The Police Power of the States in the United States und Australia, (1966-67) 2 Federal Law Review 183 ff.

Oliver, Peter Measures of Equivalent Effect: A Reappraisal, CMLRev 19 (1982), 217 ff.

ders. Some Further Reflections on the Scope of Articles 28-30 (Ex 30-36) EC, CMLRev 36 (1999), 783 ff.

Page, A. C. The concept of measures having an effect equivalent to quantitative restrictions, (1977) 2 ELRev 105 ff.

Pinder, John The Single Market: a step towards European Union, in: Lodge, Julie (Herausgeberin), The European Community and the Challenge of the Future, London 1989, S. 94 ff. (zitiert: Pinder, in: *Lodge*, The European Community and the Challenge of the Future)

Pernice, Ingolf Harmonization of Legislations in Federal Systems: Constitutional, Federal and Subsidiarity Aspects, in: Pernice, Ingolf (Herausgeber), Harmonization of Legislations in Federal Systems: Constitutional, Federal and Subsidiarity Aspects – The European Union and the United States of America Compared, Baden-Baden 1996, S. 9 ff.

Petschke, Matthias Die Warenverkehrsfreiheit in der neuesten Rechtsprechung des EuGH, EuZW 1994, 107 ff.

Philips, Jeremy / Uliel, Eytan Case Note, *United States v Lopez*: Constitutional Interpretation in the United States and Australia, (1995) 18 University of New South Wales Law Journal 532 ff.

Phillips, P. D. The Trade and Commerce Power, in: Else-Mitchell, R. (Herausgeber), Essays on the Australian Constitution, 2nd edition, Sydney-Melbourne-Brisbane 1961, S. 129 ff.

Poiares Maduro, Miguel The Sage of Article 30 EC Treaty: To Be Continued, Maastricht Journal of European and Comparative Law 6 (1998), 298 ff.

Polachek, Solomon W. Conflict and Trade, Journal of Conflict Resolution 24 (1980), 55 ff.

Reher, Tim / Schöner, Markus Werbeverbot für Tabakerzeugnisse – geht das Prinzip der begrenzten Einzelermächtigung in Rauch auf?, EWS 1998, 294 ff.

Reich, Norbert Anmerkung zu EuGH, Urt. v. 24.11.1993 – verb. Rs. C-267/91 und 268/91 (Tribunal de grande instance Strasbourg), ZIP 1993, 1815 ff.

ders. Competition Between Legal Orders: A New Paradigm of EC Law?, CMLRev 29 (1992), 861 ff.

ders. The „November Revolution" of the European Court of Justice: *Keck*, *Meng* and *Audi* revisited, CMLRev 31 (1994), 459 ff.

Rose, Dennis J. Federal Principles for the Interpretation of Section 92 of the Constitution, (1972) 46 Australian Law Journal 371 ff.

ders. The Bizarre Destruction of Cross-Vesting, in: Stone, Adrienne / Williams, George (Herausgeber), The High Court at the Crossroads – Essays in Constitutional Law, Sydney 2000, S. 186 ff.

Roth, Wulf-Henning Altruistische Interessenwahrnehmung im Binnenmarkt – Eine Skizze -, in: Festschrift für Wolfgang Fikentscher zum 70. Geburtstag, herausgegeben von Bernhard Großfeld, Rolf Sack, Thomas M. J. Möllers, Josef Drexl und Andreas Heinemann, Tübingen 1998, S. 723 ff. (zitiert: *Roth*, in: Festschrift für Fikentscher) *ders.* Annotation to Joined Cases C-267 and 268/91 *Bernhard Keck and Daniel Mithouard*, Judgement of 24 November 1993, Case C-292/92, *Ruth Hünermund et al. v. Landesapothekenkammer Baden-Württemberg*, Judgment of 15 December 1993, CMLRev 31 (1994), 845 ff.

ders. Der rechtliche Rahmen der Wirtschafts- und Währungsunion, Beiheft 1 zu EuR 1994, 45 ff.

ders. Die Freiheiten des EG-Vertrages und das nationale Privatrecht, ZEuP 1994, 5 ff.

ders. Die Grundfreiheiten und das Internationale Privatrecht – das Beispiel Produkthaftung –, in: Gedächtnisschrift für Alexander Lüderitz, herausgegeben von Haimo Schack, München 2000, S. 635 ff. (zitiert: *Roth*, in: Gedächtnisschrift für Lüderitz)

ders. Die Harmonisierung des Dienstleistungsrechts in der EWG, EuR 1986, 340 ff. und EuR 1987, 7 ff.

ders. Die Niederlassungsfreiheit zwischen Beschränkungs- und Diskriminierungsverbot; in: Gedächtnisschrift für Brigitte Knobbe-Keuk, herausgegeben von Werner Flume und Wolfgang Schön, Köln 1997, S. 729 ff. (zitiert: *Roth*, in: Gedächtnisschrift für Knobbe-Keuk)

ders. Diskriminierende Regelungen des Warenverkehrs und Rechtfertigung durch die „zwingenden Erfordernisse“ des Allgemeininteresses, WRP 2000, 979 ff.

ders. Drittwirkung der Grundfreiheiten?, in: Festschrift für Ulrich Everling, Band II, herausgegeben von Ole Due, Marcus Lutter und Jürgen Schwarze, Baden-Baden 1995, S. 1231 ff. (zitiert: *Roth*, in: Festschrift für Everling)

ders. Einlagensicherung im Binnenmarkt – Anmerkungen zum Urteil des EuGH vom 13.5.1997 – Rs. C-233/94, ZBB 1997, 373 ff.

ders. Freier Warenverkehr nach „Keck“, in: Festschrift für Bernhard Großfeld zum 65. Geburtstag, herausgegeben von Ulrich Hübner und Werner F. Ebke, Heidelberg 1999, S. 929 ff. (zitiert: *Roth*, in: Festschrift für Großfeld)

ders. Rückzug des Europäischen Gerichtshofs vom Binnenmarktkonzept?, in: Forschungsinstitut für Wirtschaftsverfassung und Wettbewerb (Herausgeber), Marktwirtschaft und Wettbewerb im sich erweiternden europäischen Raum, Referate des XXVII. FIW-Symposiums, Köln-Berlin-Bonn-München 1995, S. 21 ff. (zitiert: *Roth*, in: FIW (Hrsg.), Marktwirtschaft und Wettbewerb im sich erweiternden europäischen Raum)

ders. Wettbewerb der Mitgliedstaaten oder Wettbewerb der Hersteller? Plädoyer für eine Neubestimmung des Art. 34 EGV, ZHR 159 (1995), 78 ff.

ders. Zur Tragweite der Harmonisierung im Recht des unlauteren Wettbewerbs, in: Festschrift für Ernst-Joachim Mestmäcker zum 70. Geburtstag, herausgegeben von Ulrich Immenga, Wernhard Möschel und Dieter Reuter, Baden-Baden 1996, S. 725 ff. (zitiert: *Roth*, in: Festschrift für Mestmäcker)

Ruge, Reinhard Anmerkung zum Urteil des EuGH vom 13.03.2001 – Rs. C-379/98 (PreussenElektra/Schleswag), EuZW 2001, 247 f.

Rumble, Gary A. Commonwealth/State Co-operative Basis for the Australian Wheat Board and the National Companies and Securities Commission: Some Constitutional Issues, (1980) 7 Adelaide Law Review 348 ff.

Sack, Rolf Auswirkungen der Art. 30, 36 und 59 ff. EG-Vertrag auf das Recht gegen den unlauteren Wettbewerb, GRUR 1998, 871 ff.

ders. Staatliche Regelungen sogenannter „Verkaufsmodalitäten“ und Art. 30 EG-Vertrag, EWS 1994, 37 ff.

ders. Staatliche Werbebeschränkungen und die Art. 30 und 59 EG-Vertrag, WRP 1998, 103 ff.

Saunders, Cheryl — Australian Economic Union, in: Mullins, Anne / Saunders, Cheryl (Herausgeber), Economic Union in Federal Systems, Sydney 1994, S. 1 ff. (zitiert: *Saunders*, in: Mullins/Saunders, Economic Union in Federal Systems)

dies. — Constitutional and Legal Aspects, in: Galligan, Brian / Hughes, Owen / Walsh, Hughes (Herausgeber), Intergovernmental Relations and Public Policy, North Sydney 1991, S. 39 ff. (zitiert: *Saunders*, in: Galligan/Hughes/Walsh, Intergovernmental Relations and Public Policy)

dies. — Intergovernmental Arrangements: Legal and Constitutional Framework, Papers on Federalism No. 14, Melbourne 1989

dies. — The Concept of Non-Justiciability in Australian Constitutional Law, in: Galligan, Brian (Herausgeber), Essays in Legal Theory: A Collaborative Work, Melbourne 1984, S. 29 ff. (zitiert: *Saunders*, in: Galligan, Essays in Legal Theory: A Collaborative Work)

dies. — The Impact of Intergovernmental Arrangements on Parliament, Papers on Federalism No. 1, Melbourne 1984

Sawer, Geoffrey F. — Cooperative Federalism and Responsible Government in Australia, The Fourth Alfred Deakin Lecture, 16 September 1970

ders. — Introduction – Constitutional Law, in: Paton, George W. (Herausgeber), The British Commonwealth – The Development of its Laws and Constitutions – Vol. II, The Commonwealth of Australia, London 1952, S. 38 ff. (zitiert: *Sawer*, in: Paton, The Commonwealth of Australia)

ders. — The Separation of Powers in Australian Federalism, (1961) 35 Australian Law Journal 177 ff.

Schärf, Wolf-Georg — Vertragverletzungsverfahren wegen Nichteinschreitens von Behörden, EuZW 1998, 617 f.

Schilling, Theodor Gleichheitssatz und Inländerdiskriminierung, JZ 1994, 8 ff.

ders. Rechtsfragen zu Art. 30 EGV, EuR 1994, 50 ff.

Schneider, Hans-Peter Tollhaus Europa – Unzeitgemäßes zum Werbeverbot für Tabakerzeugnisse, NJW 1998, 576 ff.

Schöne, Franz-Josef Die „umgekehrte Diskriminierung" im EWG-Vertrag, RIW 1989, 450 ff.

Schoff, Paul The High Court and History: It Still Hasn't Found(ed) What It's Looking For, (1994) 5 Public Law Review 253 ff.

Schorkopf, Frank Neuer Interventionsmechanismus der Kommission zur Gewährleistung der Warenverkehrsfreiheit, EuZW 1998, 237 ff.

Schubert, Thure „Merck II", „Warner Brothers" und die Renaissance möglicher Grenzen des gemeinschaftsrechtlichen Erschöpfungsgrundsatzes, EWS 1998, 119 ff.

Schwarze, Jürgen Der Schutz des nationalen Kulturguts im europäischen Binnenmarkt, JZ 1994, 111 ff.

ders. Anmerkung: Zum Anspruch der Gemeinschaft auf polizeiliches Einschreiten der Mitgliedstaaten bei Störungen des grenzüberschreitenden Warenverkehrs durch Private, EuR 1998, 53 ff.

Schweitzer, Michael / Streinz, Rudolf Reinheitsgebot für Bier und freier Warenverkehr, RIW 1984, 39 ff.

Schwintowski, Hans-Peter Freier Warenverkehr im europäischen Binnenmarkt – Eine Fundamentalkritik an der Rechtsprechung des EuGH zu Art. 28 EGV, RabelsZ 64 (2000), 38 ff.

Seidel, Martin Ziele und Ausmaß der Rechtsangleichung in der EWG – Zur britischen Auffassung, EuR 1979, 171 ff.

Selway, Brad M. The Rise and Rise of the Reasonable Proportionality Test in Public Law, (1996) 7 Public Law Review 212 ff.

Sexton, Michael / Maher, Laurence W. Competitive Public Enterprises with Federal Government Participation; Legal and Constitutional Aspects, (1976) 50 Australian Law Journal 209 ff.

Sharwood, R. L. Section 92 in the Federal Conventions: A Fresh Appraisal, (1958) 1 Melbourne University Law Review 331 ff.

Shuibhne, Niamh Nia The free movement of goods and Article 28 EC: an evolving framework, (2002) 27 ELRev 408 ff.

Siebert, Horst Stichwort: Zölle IV: Zollunionen und Präferenzzonen, in: Handwörterbuch der Wirtschaftswissenschaft – Band 9 Wirtschaft und Politik bis Zölle, Nachtrag, herausgegeben von Willi Albers, Karl Erich Born, Ernst Dürr, Helmut Hesse, Alfons Kraft, Heinz Lampert, Klaus Rose, Hans Heinrich Rupp, Harald Scherf, Kurt Schmidt und Waldemar Wittmann, Stuttgart-New York-Tübingen-Göttingen 1988, S. 666 ff. (zitiert: *Siebert*, in: Handwörterbuch der Wirtschaftswissenschaft – Band 9)

Siehr, Kurt Handel mit Kulturgütern in der EWG, NJW 1993, 2206 ff.

Slater, Terry The National Food Authority: A Case Study in Intergovernmental Reform, in: Carroll, Peter / Painter, Martin (Herausgeber), Microeconomic Reform and Federalism, Canberra 1995, S. 135 ff.

Smith, Patrick J. Free movement of goods within the EC and s 92 of the Australian Constitution, (1998) 72 Australian Law Journal 465 ff.

Soares, António Goucha Pre-emption, Conflicts of Powers and Subsidiarity, (1998) 23 ELRev 132 ff.

Sonter, David Intention or Effect? Commonwealth and State Legislation after Cole v Whitfield, (1995) 69 Australian Law Journal 332 ff.

Spätgens, Klaus Zum Problem der sogenannten Inländerdiskriminierung nach dem EWG-Vertrag, in: Festschrift für Otto-Friedrich Freiherr von Gamm, herausgegeben von Willi Erdmann, Hans-Kurt Mees, Henning Piper, Otto Teplitzky, Wolfgang Hefermehl und Peter Ulmer, Köln-Berlin-Bonn-München 1990, S. 201 ff. (zitiert: *Spätgens*, in: Festschrift für Freiherr von Gamm)

Staker, Christopher Free Movement of Goods in the EEC and Australia: A Comparative Study, (1990) 10 YEL 209 ff.

ders. Section 92 of the Constitution and the European Court of Justice, (1990) 19 Federal Law Review 322 ff.

Starke, Joseph G. Current Topics – The Constitution and Control of the Economy, (1987) 61 Australian Law Journal 1 ff.

ders. Current Topics – Centenary of the Australasian Federation Conference of 1890, (1990) 64 Australian Law Journal 611 ff.

ders. Editorial – The *Cole v Whitfield* Test for Section 92 Explained and Applied; the Demise of the Theory of "Individual Rights", (1991) 65 Australian Law Journal 123 ff.

Stein, Torsten Keine Europäische „Verbots"-Gemeinschaft – das Urteil des EuGH über die Tabakwerbeverbot-Richtlinie, EWS 2001, 12 ff.

Steinberg, Philipp Zur Konvergenz der Grundfreiheiten auf der Tatbestands- und Rechtfertigungsebene, EuGRZ 2002, 13 ff.

Steindorff, Ernst Anerkennung im EG-Recht, in: Festschrift für Werner Lorenz zum siebzigsten Geburtstag, herausgeben von Bernhard Pfister und Michael R. Will, Tübingen 1991, S. 561 ff. (zitiert: *Steindorff*, in: Festschrift für Lorenz) *ders.* — Drittwirkung der Grundfreiheiten im europäischen Gemeinschaftsrecht, in: Wege und Verfahren des Verfassungslebens – Festschrift für Peter Lerche zum 65. Geburtstag, herausgegeben von Peter Badura und Rupert Scholz, München 1993, S. 575 ff. (zitiert: *Steindorff*, in: Festschrift für Lerche)

ders. — Gemeinsamer Markt als Binnenmarkt, ZHR 150 (1986), 687 ff.

ders. — Probleme des Art. 30 EWG-Vertrag, ZHR 148 (1984), 338 ff.

ders. — Unvollkommener Binnenmarkt, ZHR 158 (1994), 149 ff.

Steiner, Josephine — Drawing the Line: Uses and Abuses of Article 30, CMLRev 29 (1992), 749 ff.

Streinz, Rudolf — Das Prinzip der gegenseitigen Anerkennung und seine Auswirkungen auf die nationalen Lebensmittelrechte, ZLR 1993, 31 ff.

ders. — Konvergenz der Grundfreiheiten – Aufgabe der Differenzierungen des EG-Vertrags und der Unterscheidung zwischen unterschiedlichen und unterschiedslosen Maßnahmen? Zu Tendenzen der Rechtsprechung des EuGH, in: Völkerrecht und deutsches Recht – Festschrift für Walter Rudolf zum 70. Geburtstag, herausgegeben von Hans-Wolfgang Arndt, Franz-Ludwig Knemeyer, Dieter Kugelmann, Werner Meng und Michael Schweitzer, München 2001, S. 199 ff. (zitiert: *Streinz*, in: Festschrift für Rudolf)

ders. — Mindestharmonisierung im Binnenmarkt, in: Everling, Ulrich/Roth, Wulf-Henning (Herausgeber), Mindestharmonisierung im Europäischen Binnenmarkt, Baden-Baden 1997, S. 9 ff.

Streinz, Rudolf / Leible, Stefan — 10 % mehr Eiskrem für alle!, ZIP 1995, 1236 ff.

dies. — Die unmittelbare Drittwirkung der Grundfreiheiten, EuZW 2000, 459 ff.

Stuyck, Jules Annotation to Joined Cases C-34/95, C-35/95 and C-36/95, *Konsumentenombudsmannen (KO)* v. *De Agostini (Svenska) Förlag AB* and *Konsumentenombudsmannen (KO)* v. *TV-Shop i Sverige AB*, Judgment of 9 July 1997, CMLRev 34 (1997), 1445 ff.

Szczekalla, Peter Grundfreiheitliche Schutzpflichten – eine „neue" Funktion der Grundfreiheiten des Gemeinschaftsrechts, DVBl. 1998, 219 ff.

Taberner, John G. / Lee, David J. Section 92 and the Environment, (1991) 65 Australian Law Journal 266 f.

Taplin, John H.E. The National Road Transport Commission – The First Three Years as an Agent of Reform, in: Carroll, Peter / Painter, Martin (Herausgeber), Microeconomic Reform and Federalism, Canberra 1995, S. 152 ff.

Temby, Ian "In this labyrinth there is no golden thread" – Section 92 and the Impressionistic Approach, (1984) 58 Australian Law Journal 86 ff.

Tesauro, Giuseppe The Internal Market of the EC in the Light of the Recent Case-Law of the Court of Justice, Zentrum für Europäisches Wirtschaftsrecht – Vorträge und Berichte Nr. 65, Referat im Rahmen der Vortragsreihe „Europa vor der Regierungskonferenz 1996, Bonn, 29. Januar 1996 (zitiert: *Tesauro*, The Internal Market of the EC in the Light of the Recent Case-Law of the Court of Justice, Zentrum für Europäisches Wirtschaftsrecht – Vorträge und Berichte Nr. 65 (1996))

Trubek, David M. Consumer Law, Common Markets and Federalism: Introduction and General Concepts, in: Cappelletti, Mauro / Seccombe, Monica / Weiler, Joseph H. H. (Herausgeber), Integration Through Law, Vol. III – Consumer Law, Common Markets and Federalism in Europe and the United States, Berlin-New York 1987, S. 1 ff.

Ulmer, Peter Zum Verbot mittelbarer Einfuhrbeschränkungen im EWG-Vertrag, AWD 1973, 349 ff.

Walsh, Paul / Treacy, Pat / Feaster, Trudy The Exhaustion and Unauthorised Exploitation of Trade Mark Rights in the European Union, (1999) 24 ELRev 259 ff.

Wellinghausen, Walter Anmerkung zum Urteil des EuGH vom 11.7.1974, Rs. 8/74 – Staatsanwaltschaft ./. Benoît und Gustave Dassonville, EuR 1975, 322 ff.

Weatherill, Stephen After Keck: Some Thoughts on How to Clarify the Clarification, CMLRev 33 (1996), 885 ff.

ders. Consumer Safety Legislation in the United Kingdom and Article 30 EEC, (1988) 13 ELRev 87 ff.

Weiler, Joseph H.H. The Constitution of the Common Market Place: Text and Context in the Evolution of the Free Movement of Goods, in: Craig, Paul / de Búrca, Gráinne (Herausgeber), The Evolution of EU Law, Oxford 1999, S. 349 ff.

Weiß, Wolfgang Nationales Steuerrecht und Niederlassungsfreiheit, EuZW 1999, 493 ff.

Weyer, Hartmut Die Rechtsprechung zum freien Warenverkehr: Dassonville – Cassis de Dijon – Keck, DZWir 1994, 89 ff.

ders. Freier Warenverkehr, rein innerstaatliche Sachverhalte und umgekehrte Diskriminierung, EuR 1998, 435 ff.

ders. Nationale Werbebeschränkungen im System des freien Warenverkehrs, DZWir 1993, 359 ff.

White, Eric L. In Search of the Limits to Article 30 of the EEC Treaty, CMLRev 26 (1989), 235 ff.

Wilkins, Roger Mutual Recognition: The First Eight Months, in: Thomas, Tony / Saunders, Cheryl (Herausgeber), The Australian Mutual Recognition Scheme: A New Approach to an Old Problem, Melbourne 1995, S. 2 ff.

ders. The Problems of Duplication and Inconsistency of Regulation in a Federal System, in: Grabosky, Peter / Braithwaite, John (Herausgeber), Business Regulation and Australia's Future, Canberra 1993, S. 181 ff.

von Wilmowsky, Peter Abfall und freier Warenverkehr: Bestandsaufnahme nach dem EuGH-Urteil zum wallonischen Einfuhrverbot, EuR 1992, 414 ff.

ders. Ausnahmebereiche gegenüber EG-Grundfreiheiten, EuR 1996, 362 ff.

ders. EG-Vertrag und kollisionsrechtliche Rechtswahlfreiheit, RabelsZ 62 (1998), 1 ff.

ders. Grenzüberschreitende Abfallentsorgung: Resourcenkonflikt im Gemeinsamen Markt, NVwZ 1991, 1 ff.

ders. Waste Disposal in the Internal Market: The State of Play After the ECJ's Ruling on the Walloon Import Ban, CMLRev 30 (1993), 541 ff.

ders. Zugang zu den Boden- und sonstigen Naturschätzen anderer Mitgliedstaaten: EWG-Vertrag und US-Verfassung im Vergleich, RabelsZ 54 (1990), 692 ff.

Wils, Wouter P. J. The Search for the Rule in Article 30 EEC – Much Ado About Nothing?, (1993) 18 ELRev 475 ff.

Wright, Joan Mutual Recognition and the Market for Goods, (1993) 21 Australian Business Law Review 270 ff.

dies. The Scheme Affecting Goods, in: Thomas, Tony / Saunders, Cheryl (Herausgeber), The Mutual Recognition Scheme: A New Approach to an Old Problem, S. 18 ff.

Lord Wright of Durley Section 92 – A Problem Piece, (1954) 1 Sydney Law Review 145 ff.

Zines, Leslie Characterisation of Commonwealth Laws, in: Lee, Hoong P. / Winterton, George (Herausgeber), Australian Constitutional Perspectives, Sydney 1992, S. 33 ff.

ders.	The Commonwealth, in: Craven, Gregory (Herausgeber), Australian Federation – Towards the Second Century, Melbourne 1992, S. 70 ff.
ders.	The Present State of Constitutional Interpretation, in: Stone, Adrienne / Williams, George (Herausgeber), The High Court at the Crossroads – Essays in Constitutional Law, Sydney 2000, S. 224 ff.
ders.	The States and the Constitution, in: Moens, Gabriël A., Constitutional and International Law Perspectives, St. Lucia 2000, S. 98 ff. (zitiert: *Zines*, in: Moens, Constitutional and International Law Perspectives)
Zuleeg, Manfred	Die Verfassung der Europäischen Gemeinschaft in der Rechtsprechung des Europäischen Gerichtshofs, BB 1994, 581 ff.

IV. Reports

Advisory Council for Inter-governmental Relations	Register of Commonwealth-State Co-operative Arrangements Hobart 1986
Australasian Federal Convention	Official Record of the Debates, Third Session, Melbourne, 20 January to 17 March 1898, Volume II
Committee of Inquiry into Australia's Standards and Conformance Infrastructure	Linking Industry Globally, Canberra 1995
Commonwealth Interdepartmental Committee	Grey-Letter Law – Report on Quasi-regulation, Canberra 1997
Commonwealth of Australia – Business Regulation Review Unit	Packaging and Labelling of Food Products, Review of Business Regulation Information Paper No. 4, Canberra 1986
Constitutional Commission	Final Report – Volume I, Canberra 1988

Constitutional Commission	Final Report – Volume II, Canberra 1988
Council of Australian Governments	Principles and Guidelines for National Standard Setting and Regulatory Action by Ministerial Councils and Standard Setting Bodies, Canberra 1995
Department of Immigration, Local Government and Ethnic Affairs	Local Government Regulation of Land and Building Development, Canberra 1990
Industry Commission	Microeconomic Reform Scoreboard Annual Report Series 1996-97, Canberra 1997
Industry Commission	Packaging and Labelling, Report No. 49, Canberra 1996
Industry Commission	Work, Health and Safety – Inquiry into Occupational Health and Safety, Volume II – Appendices, Report No. 47, Canberra 1995
Inter-State Commission	Road Use Charges and Vehicle Registration, Canberra 1990
Inter-State Commission	The Efficiency of Interstate Transport Arrangements Second Report – Harmonisation of Road Vehicle Regulation in Australia, Volume I and II, Canberra 1988
Interim National Occupational Heath and Safety Commission	Report, Canberra 1984
Legislative Assembly of Western Australia Standing Committee on Uniform Legislation and Intergovernmental Agreements	Uniform Legislation, 21st Report in the 35th Parliament, Perth 1998
National Australasian Convention Debates	Official Report Volume I – Sydney, 2 March to 9 April 1891, Sydney 1891
National Australasian Convention Debates	Official Report Volume III – Adelaide, 22 March to 5 May, 1897, Adelaide 1897

Office of Regulation Review	Report on the Impact of Mutual Recognition on Regulation in Australia: A Preliminary Assessment, Canberra 1997
Parliament of Victoria Federal-State Relations Committee	Report on Australian Federalism: The Role of the States, Second Report on the Inquiry into overlap and duplication of roles and responsibilities between the Commonwealth and the State; and areas of responsibility for which the States should have an enhanced role for the benefit of the Federation, Melbourne 1998
Parliament of Victoria Federal-State Relations Committee	Report on Federalism and the Role of the States: Comparisons and Recommendations, Third Report on the Inquiry into overlap and duplication of roles and responsibilities between the Commonwealth and the State; and areas of responsibility for which the States should have an enhanced role for the benefit of the Federation, Melbourne 1999
Prime Minister's Independent Task Force on Food Standards	Food: A Growth Industry, Canberra 1998
Productivity Commission	Microeconomic Reform by Australian Governments 1997-98 Annual Report Series, Melbourne 1998
Review Committee to the Minister for Industrial Relations	Review of Occupational Health and Safety in Australia, Canberra 1990
Trade Practices Commission	Report on Self-Regulation in Australian Industry and the Professions, Volume III – Compendium of Self-Regulation Schemes in Australia, Canberra 1988

V. Sonstiges

- In Conversation: An Interview with *Sir Anthony Mason*, (1996) 17 Singapore Law Review 3 ff.
- Interview with *Sir Garfield Barwick*, Bar News (NSW Bar Association), Summer 1989, 9 ff.

Swantje Richters

Diskriminierung im Bereich der Warenverkehrsfreiheit

Frankfurt am Main, Berlin, Bern, Bruxelles, New York, Oxford, Wien, 2003. 268 S.
Europäische Hochschulschriften: Reihe 2, Rechtswissenschaft. Bd. 3747
ISBN 3-631-50992-8 · br. € 45.50*

Ziel der Arbeit war es, herauszuarbeiten, inwieweit der Gesichtspunkt der Diskriminierung in der Rechtsprechung des Europäischen Gerichtshofes noch eine Rolle im Hinblick auf die Maßnahme gleicher Wirkung im EG-Vertrag spielt. Nachdem der Gerichtshof in seiner „Dassonville-Entscheidung" die Maßnahme gleicher Wirkung weit ausgelegt und sich von einem Diskriminierungsverbot distanziert hatte, wurde die Frage der Diskriminierung in den Urteilen „Cassis" und „Keck" wieder relevant. Die „Cassis-Formel" sollte nur auf unterschiedslose Maßnahmen anwendbar sein und nach der „Keck-Formel" sollten sogenannte Verkaufsmodalitäten grundsätzlich nicht in den Anwendungsbereich einer Maßnahme gleicher Wirkung fallen, wenn sie die in- und ausländischen Waren „rechtlich und tatsächlich gleich berühren". Im Rahmen dieser Arbeit wird die Rechtsprechung des Gerichtshofes im Hinblick auf die genannten Formeln analysiert, auf ihre Einheitlichkeit untersucht und insbesondere auch, ob die Anwendbarkeit der „Cassis-Formel" und der „Keck-Formel" zueinander in Einklang stehen.

Aus dem Inhalt: Die Relevanz des Gesichtspunktes der Diskriminierung in der Warenverkehrsfreiheit des EG-Vertrages · Das Vorliegen einer Maßnahme gleicher Wirkung gemäß Art. 28 EGV und die Anwendbarkeit der „Cassis-Formel" · Das Urteil „Keck" und die Relevanz der Diskriminierung

Kolibri 360 GmbH
Ferdinand-Jühlke-Straße 7
99095 Erfurt, Deutschland
produktsicherheit@kolibri360.de

Druck:
CPI Druckdienstleistungen GmbH
im Auftrag der
Kolibri 360 GmbH
Ferdinand-Jühlke-Str. 7
99095 Erfurt